Lieber Leser...

Ich freue mich sehr, dass mein Buch auf irgendeinem Weg in deinen Händen gelandet ist.

Dieses Buch wurde vor und während der COVID-19-Pandemie geschrieben. Als wir nichts von dieser Krankheit wussten und sorglos die tollsten Feste feierten, als die erste Welle uns überschwemmte und wir plötzlich Kontaktbeschränkungen unterlagen und sämtliche Zusammenkünfte verboten waren. Dieses Buch erscheint zu einer Zeit, in der wir gerade die 2. Welle durchleben und bereits mit Mutationen kämpfen müssen. Zwar hoffen wir, in eine Normalität zurückkehren zu dürfen, doch wissen wir nicht, wie lange uns diese Pandemie noch so stark bewegt, dass an große Festlichkeiten nicht zu denken ist.

Es ist also eher riskant, ein Buch, das den Namen *Sei mein Gast* trägt, zu dieser Zeit herauszugeben. Natürlich stelle ich mir ebenfalls die Frage: „Ist überhaupt Bedarf da?“, und diese Frage kann ich mit einem klaren *Ja* beantworten. Denn wir *hoffen* – wir Menschen sind sozial, brauchen die Gemeinschaft, suchen den Kontakt zu unseren Liebsten und möchten unsere schönsten Tage im Leben voller Liebe in der Gesellschaft unseres Umfeldes feiern. Wir möchten durch gemeinsames er*leben* Bewusstsein schaffen und gemeinsame wundervolle Erinnerungen kreieren. Erinnerungen an Momente, die uns dann durch eine Zeit wie die jetzige tragen werden, Erinnerungen, die bleiben, die dir keiner wegnehmen kann – selbst wenn alles um dich herum zusammenzubrechen scheint.

Dieses Buch wird die ein oder andere wundervolle Erinnerung in dir wachrufen, du wirst schmunzelnd an er*lebte* Feierlichkeiten zurückdenken, du wirst jedoch auch eine unfassbare Lust bekommen, deine nächste Party zu planen. Fällt dir *Sei mein Gast* in die Hände, wenn die Pandemie selbst ihren Schrecken verloren hat und wir uns ganz selbstverständlich in der Normalität bewegen können, so werden diese Zeilen dein Bewusstsein schärfen und dich jede Planung, jede Feierlichkeit – ja jeden Moment – noch bedeutsamer er*leben* lassen. Du schaffst Momente, die für immer bleiben.

Ich danke all meinen Freunden, mit denen ich lachend und weinend, tanzend und singend, schlemmend und genussvoll die schönsten Erinnerungen teilen darf – die, die eine starke Bindung und Vertrauen schaffen und mich rückblickend berühren, mich schmunzeln lassen und Sehnsucht hervorrufen.

Mein besonderer Dank gilt meinen Freunden Ruth Pflaum und Thomas Meister. Mut, Loyalität und starker Zusammenhalt sind hier keine hohlen Phrasen. Ohne ihr Vertrauen in mich, ihren Zuspruch, ihren Schutz, ihre Unterstützung und ihre stete Erreichbarkeit in schwerer Zeit wäre dieses Buch nicht möglich gewesen.

Stellvertretend für alle Steuerberater, die in der Pandemie an vorderster Front für kleine und kleinste Unternehmen eintreten und kämpfen, möchte ich neben der Wolfgang Sievert Steuerberatungsgesellschaft zudem noch die Auth Treuhand Steuerberatungsgesellschaft, im Besonderen Lars Heinen, erwähnen.

Lieber Leser, sei mein Gast, lass uns auf die Reise gehen.

Deine Nadine

Sei mein Gast

Impressum

Der Verfasser weist ausdrücklich darauf hin, dass im Text enthaltene externe Links vom Verfasser nur bis zum Zeitpunkt der Veröffentlichung eingesehen werden konnten. Auf spätere Veränderungen hat der Verfasser keinerlei Einfluss. Eine Haftung des Verfassers ist daher ausgeschlossen.

1. Auflage 2021

Verfasser, Copyright © Nadine Dorau
Nadines Schmeckerei
Bahnhofstrasse 1
47829 Krefeld

Redaktion,
Projektmanagement: Henriette Frädrich

Layout und Satz: Die Schreiberei
www.dieschreiberei.net

Korrektorat und Lektorat: Die Schreiberei

Covergestaltung: Die Schreiberei

Druck und Bindung: BPP Best Preis Printing ug. & Co KG
www.best-preis-printing.de
Triple AAA Druckproduktion
Reßweg 26
82205 Gilching

Printed in the EU

ISBN: 978-3-00-067360-3

www.nadines-schmeckerei.de
www.nadinedorau.de

Foto: Ines Schaefer Portraiture
Visagistin: Sandra Ruelke

Widmung

Für die Lieben meines Lebens.

Die, die Essenz meines Tuns sind. Die, in denen ich Vorbild und Kritiker sehe. Die, die dies in mir sehen.

Die, die einfach „sind“ und „sein“ lassen.

Für Romeo und Barbara.

In ewiger Liebe,

Nadine

Inhalt

Foto: Ines Schaefer Portraiture
Hair and Make Up: Sandra Ruelke

Die perfekte Gastgeberin

Komme als Gast und gehe als Freund!

Zu gerne sitze ich mit Familie und Freunden zusammen und liebe es, gemeinsame Essen, Grillabende oder Feierlichkeiten selbst auszurichten. Nur eine Sekunde nach dem Aussprechen meiner Einladung stelle ich mir jedes Mal die gleiche Frage: Wie kann ich dieses Fest zu einem wundervollen Ereignis für meine Gäste machen? Denn wenn es etwas gibt, was wir sicherlich alle gerne sind, dann ist das *Der perfekte Gastgeber*.

Die Motivation beim Ausrichten verschiedenster Essen läuft bei mir immer auf Hochtouren, dennoch gibt es dann auch ab und an gewisse Downs. Ich frage mich selbstkritisch, ob ich genug Essen für meine Gäste habe, ob die Getränkeauswahl jedem zusagt und ob es meinen Gästen wohl gefallen wird.

Ruth Pflaum

Deshalb freue ich mich von Herzen, dass es nun endlich ein Buch gibt, welches mit Liebe und Leidenschaft jedes einzelne Kapitel eines perfekten Gastgebers beschreibt. Diese beschriebenen Seiten sind das Werk einer Expertin, die mit ihrer liebevollen Art das *Perfekte-Gastgeber-Sein* mit Leichtigkeit vermittelt.

Ich habe Nadine vor einigen Jahren auf einem Seminar kennengelernt und habe seitdem jeden Tag ihrer Zielstrebigkeit und ihres Erfolges miterleben dürfen. Die Autorin dieses Buches ist eine der beeindrucktesten Frauen, die ich kenne. Bei ihr gibt es kein *das geht so nicht*. Nein! Sie beweist stattdessen mit Mühelosigkeit genau das Gegenteil. Und genau das ist so einzigartig an Nadine – und in diesem Werk. Während wir oftmals grübeln, wie wir etwas machen müssen, weil es gesellschaftlich so gefordert ist, wird hier in unterschiedlichsten Themenbereichen professionell aufgezeigt, was wirklich geht. Motivierend, inspirierend und leidenschaftlich ansteckend wird in den folgenden Kapiteln über die Basics der Gastfreundschaft, Kreativität, Planung und vieles mehr geschrieben. Sie halten ein komplettes Lexikon für Gastgeber in den Händen. Und es macht auch noch richtig Spaß, es zu lesen.

Ich begleite meine liebe Freundin nun seit den ersten Gedankengängen zu ihrem Buch und verfolge gespannt und mit unglaublicher Vorfreude jede neue Idee. Von der Recherche über Radio- und Promibesuche war jeder einzelner Schritt mit ihr ein Erlebnis. Die bewundernswerte Art, wie sie sich ihrer Leidenschaft zum Essen und dem Ausrichten von Feierlichkeiten hingibt, ist einzigartig. Jedoch ist diese Perfektion für Nadine selbst nie genug, denn sie strebt immer nach mehr. So investiert sie stets nebenbei in ihre persönliche und professionelle Weiterbildung. Für mich sind die positive Resonanz und die überaus für sich sprechenden 5-Sterne-Bewertungen von Nadine in Onlineportalen der Beweis dafür, wie erfolgreich ihr Konzept ist. Ohne jeden Zweifel ist sie die perfekte Gastgeberin. Ihre vollen Terminkalender und ausgebuchten Kochevents sind hierfür der beste Beweis, wie angesehen und wertgeschätzt ihre professionelle Erfahrung ist.

„Ich spreche hier aus eigener Erfahrung, denn Nadine hat mir für den wohl wichtigsten Tag meines Lebens die Augen geöffnet und ein unvergessliches Catering zusammengestellt."

Ich habe noch genau meine Aussage, mit der ich an Nadine herantrat, im Kopf. Ich habe sie nach unserer kurzen Bekanntschaft gebeten, mir zu helfen, da ich mit den Vorschlägen anderer Caterer für unser *Weltenbummler-Hochzeitsessen* absolut nicht zufrieden und eher enttäuscht war. Keiner hat meine Vorstellungen auch nur ansatzweise getroffen, bis *Nadines Schmeckerei* ins Spiel kam. Die etwas außergewöhnliche Wunschäußerung, dass wir gerne Fränkisch,

Amerikanisch, Asiatisch und Italienisch in unserem Buffet untergebracht hätten, hat sie nicht abgeschreckt. Im Gegenteil! Nadine nahm die Herausforderung sofort an und zauberte daraus eine kulinarische Reise der Geschmackssinne.

Anschaulich und vor allem anwendungsfreundlich wird in diesem Buch alles von Grund auf erklärt, so dass es keinerlei offene Fragen für die Leser gibt. Nadines Lieblingswort ist *grandios* – und genau das wird hier widergespiegelt. Lassen Sie sich von der Einfachheit des Perfektionismus überzeugen und feiern Sie zukünftig den perfekten Gastgeber – sich selbst!

Ihre Ruth Pflaum

(Unternehmerin Spedition Pflaum GmbH
& beste Freundin von Nadine)

Februar 2021

Prolog

Einfach phänomenal!

Mit Liebe kochen ist Nahrung für die Seele

Wenn es ein Adjektiv oder eine Beschreibung für Nadine gibt, dann das hier: phänomenal. Synonyme für *phänomenal* sind unter anderem: außergewöhnlich, außerordentlich, beispiellos, einmalig, einzigartig, großartig, hervorragend, ohne Beispiel, ohnegleichen, ungewöhnlich, unvergleichbar, ausnehmend, exzeptionell, formidabel, singulär, fantastisch, unvergleichlich, sondergleichen, extraordinär, schön, fett, bemerkenswert, cool, erstaunlich, mega, glänzend, irre eindrucksvoll, klasse, unglaublich, spektakulär, vorzüglich, beachtlich, beeindruckend, wunderbar, brillant.

Henriette Frädrich

Das Wörterbuch sagt, phänomenal bedeutet „in bewunderungswürdiger und Erstaunen erregender Weise einzigartig, ohnegleichen". Ja, das hier ist eine Lobhudelei für Nadine Dorau. Denn Nadine ist einfach phänomenal. Nadine ist Gastgeberin durch und durch, mit Leib und Seele. Es heißt nicht umsonst Gast-GEBER. Nadine gibt ihren Gästen einfach alles: ihr Herz, ihre Energie, ihre Aufmerksamkeit, ihre Zeit, ihre Ideen, ihre Kreativität, ihre Liebe, ihre Wertschätzung, ihre Lebensfreude. Wo Nadine ist, herrscht immer der Spirit von *alles ist möglich*. Für Nadine ist nie etwas unmöglich. Wenn man so will, ist Nadine ein ewiges Kind, und das ist absolut positiv gemeint. Denn sie wird nie müde, sich auszuprobieren, immer wieder Neues zu entdecken und umzusetzen und den ganzen Tag über zu spielen. Denn ja, alles, was Nadine anpackt, erscheint immer so, als würde sie spielen. Ihre tägliche Arbeit als Cateringunternehmerin mit eigenem Bistro ist ihre Spielwiese, auf der sie sich mit niemals versiegender Lust, Freude und ihrer ansteckenden Leidenschaft austobt.

Nadine ist wie Madonna. Sie erfindet sich immer wieder neu. Wenn Nadine eine Idee hat, wird in einem Tempo umgesetzt, da schlackern einem die Ohren. Man hat schon fast Angst vor ihren vielen (und oft so verrückten!) Ideen, denn kaum spricht sie sie aus, bekommen ihre Ideen auch schon Beine und sind in der Mache. Wo andere noch fackeln, überlegen, zaudern, zögern und grübeln, hat sie schon längst alles am Start. Und wenn Nadine etwas macht, dann richtig und mit vollem Einsatz, halbe Sachen gibt es bei ihr nicht.

Als ehemalige Journalistin und Redakteurin hat mich schon allein ihr Fragenkatalog unglaublich beeindruckt, den sie für ihre Interviewgäste in diesem Buch erarbeitet hat. Während mir für DJ Giulia Siegel oder Tamara Gräfin von Nayhauß vielleicht zehn Fragen eingefallen wären, kommt Nadine mit einem ganzen Fragenkatalog an. Sie stellt Fragen, die gehen so tief rein in die Materie, da würde ich im Leben nicht draufkommen. Allein diese Fragen zu erarbeiten setzt stundenlange Recherche voraus. Und was macht Nadine? Sie schüttelt all das einfach so aus ihrem Kochjackenärmel. Egal, was Nadine anpackt, in ihrem Hirn scheinen immer zehn Türen gleichzeitig aufzugehen, aus denen es dann nur so sprudelt.

Nadines unbändige Neugier und ihr immenser Tatendrang sind ihr Markenzeichen. Allein für besagte Interviews scheut sie keine Mühen. Sie könnte den Fragenkatalog auch einfach per Mail verschicken, sich schriftlich beantworten lassen und die Antworten ins Buch einfügen. Aber sowas kommt bei Nadine nicht in die Tüte. Sie will Menschen kennenlernen, sie will Neues erleben, und dafür nutzt sie jede Gelegenheit. Auch wenn sie in ihrem eh schon voll ausgelasteten Alltag als Cateringunternehmerin sich Zeit nehmen und selbst einiges an Geld investieren muss, macht sie das total gern. Sich einfach mal *nur für ein Interview* ins Auto oder in den Flieger zu setzen und hunderte Kilometer durch Deutschland düsen, zwei Tage unterwegs sein, on top alles so organisieren und managen, dass alle Caterings und die Schmeckerei in der Zeit auch ohne sie laufen, das kann nur sie.

„Bei allem, was Nadine tut, stellt sie sich eine Frage nie: Kann ich das? Nadine macht einfach, legt los, setzt um. Wenn sie sich eine Frage stellt, dann höchstens: Wie mache ich das?"

Legendär war auch, wie Nadine Spitzenpolitiker Wolfgang Bosbach zu sich in die Schmeckerei zu einer selbst gestalteten Interview-Session einlud. Mit Live-Stream und Videoaufnahmen. Nadine stellte dabei alte Journalistenhasen regelrecht in den Schatten, top vorbereitet und mit smarten Fragen löcherte sie den Politiker.

Dass man bei Nadine und ihrer Umtriebigkeit schon mal Ohrenschlackern bekommt, bleibt nicht aus. Aber schert sich Nadine um das, was andere von ihr denken? („Kann die das?“, „Darf die das?“) Nö. Nadine macht weiter. Immer weiter. Die deutsche Schauspielerin Anna Thalbach sagte in einem Interview in der Magazinbeilage „Doctor“ der ZEIT (13/2020):

„Meine Mutter hat mich immer ermutigt, bei mir zu bleiben und mich nicht davon abhängig zu machen, was andere von mir denken oder erwarten. Irgendwann habe ich etwas Wichtiges festgestellt: dass es ziemlich egal ist, wie ich reagiere – wenn ich mich beschwert habe, galt ich als frech und aufsässig, wenn ich still blieb als arrogant. Die Leute sahen in mir, was sie wollten, mein Einfluss darauf war sehr gering. Das zu begreifen war sehr befreiend.“

Genau so scheint es Nadine zu managen. Sie ist befreit, macht ihr Ding und lässt die Leute reden, wenn sie reden wollen. Und während die anderen reden, macht sie das, was Nadine immer macht: Sie setzt um, treibt ihre Ideen voran und haut immer größere Dellen ins Universum.

No risk, no fun

Nadine scheut sich auch nicht, Risiken einzugehen. Vielleicht die entscheidendste aller Unternehmerqualitäten. Sie riskiert viel. Und dabei stolpert man eben auch mal. Manche ihrer Ideen stellen sich im Nachhinein als *naja, vielleicht doch nicht so klug* heraus. Aber statt sich zu grämen, steht Nadine auf, klopft sich den Staub von den Knien, richtet ihr Krönchen und sucht mit blitzenden Augen und ihrem unvergleichlichen Lachen (Schon mal Nadine lachen gehört? Das ist ein echtes Erlebnis!) schon wieder die nächste Herausforderung. Bange machen gilt nicht, schon gar nicht für das Stehaufmännchen (äh, Stehauf-Lady!) Nadine. So hatte Nadine z. B. vor einiger Zeit die grandiose Idee, ihre Social-Media-Kanäle und ihre Website nur noch mit Schwarz-Weiß-Bildern zu bestücken. Sie kündigte das lange und ausführlich auf ihren Social-Media-Kanälen an, begründete und erklärte, warum, wieso, weshalb. Die Intention dahinter war sogar halbwegs einleuchtend: sich von der Bilderflut im Netz abheben, besonders und anders sein. Ich weiß noch, wie ich damals ihren schwarz-weißen Instagram- und Facebook-Feed sah und dachte: hm. Schwarz-weiße Bilder wirken normalerweise immer sehr ästhetisch und kunstvoll. Aber schwarz-weißes Essen sieht einfach komisch aus. Da fehlt was. Da fehlt richtig was. Da fehlen die Strahlkraft und die Energie. Es regt nicht an, macht nicht an. Und ich dachte: Das passt so gar nicht zu Nadine. Denn Nadine und ihre Welt sind bunt und voller Strahlkraft. Zum Glück hat Nadine das nach nur wenigen Tagen selbst auch erkannt. Und ihre Bilder wieder in Farbe gepostet. Ihr Kommentar dazu, sinngemäß: „Ein Satz mit X. Das war wohl nix.“ Und auch das ist das Bewundernswerte an Nadine: Wenn sie *Fehler* macht oder etwas nicht so läuft wie geplant, gibt sie auch das unumwunden zu. Was lernen wir hier von ihr: einfach mal machen. Mut zum Risiko. Experimentieren. Ausprobieren. Und wenn sich eine Idee als naja *vielleicht doch nicht so gut wie angedacht* herausstellt, dann rudert man eben zurück und macht es wieder anders. So what? Das Leben ist eine Spielwiese. Probiere dich halt aus. Auch das macht Nadine zum Rolemodel und Vorbild.

Nadine ist eigensinnig. Eigensinnig im wahrsten Sinne des Wortes. Sie hat ihren eigenen Sinn. Und das ist gut. Wenn ihr etwas nicht zu 100 Prozent gefällt, wird es nicht gemacht, koste es, was es wolle. So kann ich mich z. B. auch daran erinnern, wie sie mit unglaublich viel Aufwand über mehrere Tage hinweg ein Fotoshooting organisierte, bei dem neue Bilder für ihre neue Website geschossen werden sollten. Und wer Nadine kennt, weiß, dass sie sich nicht einfach hinter die Küchentheke stellt, einen Topf in die Hand nimmt und nett in die Kamera lächelt. Nein, nicht doch! Nadine hat auch hier keine Kosten und Mühen gescheut, das Einzigartige und Besondere zu kreieren. Sie ließ ganze Welten entstehen, jedes Bild sollte eine Geschichte erzählen. Es gab opulente Kostüme, Promi-Models und sogar ein Pferd. Ich will mir nicht ausmalen, was dieses Shooting gekostet haben muss. Für meine Begriffe sahen die Bilder Hammer aus! Und was macht Nadine? Irgendwas passte ihr dann doch nicht. Und bevor sie etwas in die Welt bringt, was nicht zu 100 Prozent ihren Ansprüchen genügt, macht sie es lieber gar nicht. Die Bilder fanden nie den Weg auf ihre Website.

Oder sie macht mal eben einen Firmenvideotrailer im Parcours-Style und jumpt von Mauern und Dächern durch ihr geliebtes Krefeld-Uerdingen. Oder sie baut den Vorspann der berühmten Netflix-Doku *Chef's Table* im Nadine-Style* nach. Oder sie fragt die Community, welche Gerichte sie auf die neue Karte setzen soll und nennt ihre Kreationen *Itzi Bitzi*, *Pulled Porn* oder *Manolo*.** Von heute auf morgen mal eben für ein Spontan-Catering zu den Filmfestspielen nach Cannes und über Nacht 1000 Kilometer auf der Autobahn schrubben? Na klar geht das. Bei Nadine geht das. Normal kann jeder. Aber außergewöhnlich kann Nadine. Nadines Ideen, Einfallsreichtum und Energie sind keine Grenzen gesetzt.

Tue (und koche) Gutes und rede darüber

Apropos Social-Media. Ich kenne kaum jemanden, der die Klaviatur der Selbst-PR mit solch einer Leichtigkeit und Authentizität bespielt wie Nadine. Sie ist ihre eigene PR- und Marketing-Agentur. Und sie macht das um Klassen besser als jeder Marketing-Experte. Jeden Tag postet sie Updates und Infos rund um das, was sie tut. Es macht Spaß, Nadine zu folgen. Man kommt dabei aus dem Staunen nicht heraus. Ob es nun Updates zu ihren täglichen To-dos und Herausforderungen sind, Bilder von ihren leckeren Menüs oder einfach nur Gedanken zu dem, was sie gerade beschäftigt – egal, was sie mit der Welt teilt, es ist immer spannend, unterhaltsam, inspirierend und manchmal auch wirklich bewegend (wenn sie z. B. ihre Community daran teilhaben lässt, wie sie verzweifelt nach einem ausgebüchsten, verletzten Hund mit einer Spürhundestaffel sucht – zum Glück mit Happy End – oder wie sie kostenfreie Mahlzeiten für Feuerwehrmän-

* http://bit.ly/chefs-table-nadine

** https://nadines-schmeckerei.de/snackerei/

ner im Kampf gegen sommerliche Dürre anbietet)*. Social-Media-Kanäle mit Postings aus Texten, Bildern und Videos zu bestücken, ist verdammt viel Arbeit, das weiß ich aus eigener Erfahrung. Es kostet so viel Zeit und Energie. Und während ich mich bei sowas echt abkämpfe, schüttelt Nadine auch das einfach aus ihrem Ärmel, als wäre es das Leichteste auf der Welt. Darauf einmal angesprochen sagte Nadine nur verwundert: „Aber ich empfinde das einfach nicht so. Das macht mir alles wirklich Spaß!“

Auf die Frage, woher Nadine all diese Energie nimmt, antwortet sie lachend: „Ich trinke keinen Alkohol und habe bis auf einmal aus Versehen einen Haschkeks in Amsterdam noch nie Drogen genommen. Meine *Droge* und mein Aufputschmittel ist mein Job. Ich liebe, was ich tue. Es ist, als wäre ich damit an unendliche Energie angeschlossen.“ Hatte ich erwähnt, dass Nadine auch noch alleinerziehende Mutter eines Fast-Teenager-Jungen ist? Hatte ich erwähnt, dass Nadine zudem auch noch regelmäßig Tiere aus dem Tierheim bei sich aufnimmt? Was auch immer sich Nadine da jeden Morgen in ihrer Schmeckerei in den Drink mixt, diese geheime Unlimited-Energy-Formel will ich bitte auch!

Überraschung!

Es gibt kaum etwas, was Nadine nicht kann. Aber was sie ganz besonders gut kann: mit ihren Ideen immer wieder überraschen und dich als Auftraggeber oder Gast sprachlos machen. Nadine ist ein wandelndes Überraschungs-Ei. So hatte ich z. B. bei Nadine für das crazy Junggesellinnenabschiedswochende meiner kleinen Schwester Nina – es ging mit neun Mädels in einem Mini-Tourbus von München über Köln nach Amsterdam ans holländische Meer – für die Tour *Care-Pakete* bestellt. Letztlich hatte ich ihr keine Vorgaben gemacht, außer „9 Mädels, 2 Tage, ess- und trinkbar on the road in einem Bus“. Ich habe mich voll und ganz auf Nadines Ideen verlassen (das kann man übrigens immer blind!). Als dann am großen Tag ihre *Care-Pakete* geliefert wurden, klappte mir nur noch die Kinnlade runter. Sie hatte für uns alle süße Körbchen besorgt, die bestückt waren mit leckerstem Fingerfood (Wraps, Frikadellen und leckere Soßen, leckere Stullen, Macarons und, und, und). On Top Schnaps und Getränke. Alles liebevoll verpackt und mit einer *Pittiplatsch-Figur* (meine Schwester und ich sind Ossi-Girls - und im Osten war und ist *Pittiplatsch* legendär) behängt. Generell hatte sie mit der Wahl des Foods das Motto *Osten* umgesetzt. Es fanden sich Club-Cola und andere (N)Ostalgien in ihren Körbchen. Meiner Schwester packte sie noch eine ganze Flasche glitzernden Johannisbeeren-Likör (ja, sowas gibt's!) und einen, von ihr ausgefüllten Lottoschein mit Glückszahlen zum Einlösen und einer liebevollen persönlichen Nachricht dazu (Das wunderschöne JGA-Körbchen kann auf *http://bit.ly/jga-körbchen* bewundert werden). All das war einfach nur WOW.

* https://www.wz.de/nrw/krefeld/wirtin-kocht-als-danke schoen-fuer-die-feuerwehr_aid-24418251

Für das von mir organisierte Event *Geile Uschi Kongress** (welches all in all über fünf Stunden ging) beauftragte ich bei Nadine für die 250 Zuschauer *Pausen-Snack-Survival-Futter-Tüten* und das Backstage-Catering (beides vegetarisch). So ein Backstage-Catering für 25 Personen zu kredenzen und zu liefern ist das eine. Aber 250 Tüten mit selbstgemachten Wraps, Obst, Macarons und Getränken zu bestücken noch mal eine ganz andere Nummer. Bei Nadine, wie immer, kein Problem. Die Snack-Tüten waren eine tolle und willkommene Überraschung für die Event-Gäste. Und das Catering sowieso unglaublich lecker.

Ach, ich könnte noch zig Seiten mit Lobhudelei für Nadine füllen. Nadine ist einfach phänomenal. In meiner Begriffswelt ist Nadine eine echt geile Uschi, weshalb ich sie bereits 2017 in meiner damaligen Interviewreihe zu Gast hatte – und mir Nadine die eine oder andere wirklich unglaubliche Geschichte aus ihrem Leben erzählte. Wer Lust hat, Nadine besser kennenzulernen: Das Video in der Kurzversion gibt es hier *www.bit.ly/nadine-interview*, in der kompletten Version hier *www.bit.ly/nadine-interview-lang*.

Schon lange spielt Nadine mit dem Gedanken, all ihr Wissen und all ihre Erfahrungen in einem Buch weiterzugeben. Problem: Der wuselige Flummi Nadine hat überhaupt keine Zeit, geschweige denn die Ruhe, sich einfach mal jeden Tag ein paar Stunden ruhig und konzentriert an den Schreibtisch zu setzen und in die Tasten zu hauen. Stundenlang stillsitzen? Das ist für das Energiebündel der reinste Horror. Aber Nadine wäre nicht Nadine, wenn sie nicht auch dafür eine Lösung parat hätte. Geht nicht, gibt's schließlich nicht in ihrer Welt. Und wenn sie etwas selbst nicht bewerkstelligen kann, holt sie sich eben Unterstützung ins Boot. Umso mehr freue ich mich, dass Nadine mir ihr Vertrauen geschenkt hat, gemeinsam ihr längst überfälliges Buch schreiben zu dürfen.

Kennengelernt haben Nadine und ich uns locker und per Zufall über Social-Media. Persönlich kennengelernt haben wir uns dann auf meinem Seminar „Das macht man doch nicht? DOCH! – Warum uns Rulebreaking weiterbringt". In dem Seminar geht es darum, seinen eigenen Weg zu finden und zu gehen und alle wichtigen Dinge so zu tun, wie man sie für richtig hält. Eigentlich war Nadine da völlig fehl am Platz, denn wenn jemand genau das mit jeder Faser lebt, dann sie. Sie hätte dieses Seminar eigentlich geben können. Nicht ich.

---

* www.geile-uschi.com

Nach vielen Jahren der Freundschaft bekam Nadine dann eines Tages per Zufall mit, dass ich als Autorin und Journalistin nicht nur meine eigenen Bücher schreibe, sondern gelegentlich auch als *Ghostwriterin* oder *Co-Autorin* für und mit anderen zusammen ihre Bücher schreibe. Und so flatterte ihre aufgeregte Sprachnachricht auf mein Smartphone: „Henriette, was, du bist ‚Ghost'? Ich will doch schon so lange ein Buch schreiben, aber bekomme es selbst nicht so richtig hin. Kannst du meine Gedanken sortieren, kannst du mich hier anleiten, mir die richtigen Fragen stellen und meine Worte und Ideen in Sätze und letztlich in ein ganzes Buch umwandeln?" Wie immer sprudelte Nadine über vor Energie und Tatendrang. Im ersten Moment habe ich sie etwas ausgebremst, denn ich weiß, wie viel Arbeit es macht, ein Buch zu schreiben. Und ich weiß auch, wieviel Arbeit Nadine schon allein in ihrem Daily-Business hat. „Willst du wirklich ein Buch schreiben? Das kostet so viel Blut, Schweiß und Tränen! Und all das hochpotenziert zu deinem täglichen Pensum oben drauf?", fragte ich sie. Aber ich kannte die Antwort natürlich schon. Natürlich wollte Nadine. Es ist, als ob sie all das nur noch mehr anspornen würde. Nach dem Motto, jetzt erst recht. Und wenn sich Nadine etwas in den Kopf gesetzt hat, das Ziel aber nicht selbst erreichen kann, dann holt sie sich eben Hilfe ins Boot.

Der Prozess, das Buch mit Nadine zu schreiben, brachte mich immer wieder zum Staunen. Ihre tausenden Sprachnachrichten brachte ich zu Papier, schickte ihr diese zur Korrektur, und was kam zurück? Großartige, fantastische Ergänzungen in Form von fröhlichen, informativen, faktisch belegten und detailliert erklärten Texten. Nadine entdeckte gerade die Autorin in sich. Sie brauchte mich gar nicht. Denn das konnte sie alles selbst wunderbar. Ich stand ihr im Laufe des Prozesses mehr und mehr als Sparringspartnerin zur Seite. Nadine steckte auch hier ihr ganzes Herz hinein, immer mit der Motivation „Es muss das Beste sein!". Und so warnte ich sie vor: „Nadine, das ist viel zu viel, dein Verlag wird davon mindestens die Hälfte wieder rausschmeißen! Es ist alles so toll geschrieben aber eben viel zu lang!" Natürlich wollte ich nicht, dass Nadine enttäuscht ist, und erklärte ihr, dass all ihre Arbeit nicht umsonst gewesen sein muss, denn schließlich könne sie die Texte ja auch als Blog-Artikel auf ihre Website einstellen. Doch Nadine wusste selbst, wann sie sich reinsteigern und Vollgas geben muss und wann *Schluss* ist. So fiel ich fast aus allen Wolken, als sie mir sagte, dass der Verlag alles genau so will - mehr als 500 Seiten - und am liebsten sogar noch mehr.

Und so sendete mir Nadine über Wochen noch nachts um eins neue Kapitel und Korrekturen, sie erweiterte, ergänzte, stellte um und schmiss raus, was das Zeug hält. Sie erwartet jedoch nicht mehr als von sich selbst – und ich glaube, dass sie dies auch als normales Pensum ansieht. Ist Nadine anstrengend als Auftraggeberin? Nein. Denn ich durfte selbst so viel von ihr lernen.

War dieses Buch zu schreiben für Nadine einfach und mühelos, so wie scheinbar alles in ihrem Leben einfach und mühelos ist? Nein. Denn ein Buch zu schreiben mit einer klaren Struktur, stimmigen Kapiteln, einem disziplinierten Workflow ist das eine und Herausforderung genug. Und dann kommt Nadine mit ihren hohen Ansprüchen, die sie stets an sich und alles, was sie tut, stellt, mit ihren Millionen Ideen und all den vielen Themen, die sie alle unbedingt mit unterbringen möchte. Wie oft habe ich ihr geraten: „Nein, Nadine, das ist viel zu viel, das schießt über das Ziel hinaus!". Und wie oft sagte Nadine mir dann: „Henriette, das ist mir egal, wir machen das genau so! Ich will eine Enzyklopädie schreiben, eine Gastgeber-Bibel!" Und was tue ich? Ich ergebe mich Nadine. Niemand entkommt Nadines Charme, ihrem Willen und ihren Ideen. Und so ist aus dem ursprünglich geplanten *Lifestyle-Ratgeber* dieses XXL-Werk entstanden, was du nun in deinen Händen hältst.

Und während ich hier gefühlt die Tinte trocken puste, weil der letzte Satz geschrieben ist, meldet sich Nadine bei mir, die eigentlich müde vom Buchschreiben sein müsste. Und sie fragt mich: „Was hältst du eigentlich von einer App für das Buch?"

Guten Appetit & gute Reise!

Henriette Frädrich

Februar 2021

Sei mein Gast!

Die geheime Zutat ist immer Liebe

Weißt du, was ich total gerne mache? Ich mache gerne Sachen zum allerersten Mal. Etwas zum ersten Mal machen, ist pure Magie und so unendlich spannend. Ich liebe es, herauszufinden, wie die Welt und alle möglichen Dinge funktionieren. Und so sitze ich hier und habe zum ersten Mal in meinem Leben ein Buch geschrieben.

Eigentlich ist mir alles, was ich tue, eine Herzensangelegenheit. Doch dieses Buch hier ist so viel mehr. Ich möchte alle meine Erfahrungen und all mein Wissen an dich weitergeben. Ich möchte dich inspirieren, aber vor allem möchte ich dir Lust darauf machen, jede Gelegenheit zum Essen, Feiern und Beisammensein mit anderen Menschen zu nutzen. Wer mich kennt, weiß, ich mache keine halben Sachen. Bei mir ist mehr immer mehr. Und so ist dieses Buch ein echt dicker *Klopper* geworden, ein Rundumschlag aus Ratgeber, vielen Inspirationen, Ideen, Methoden, Hilfestellungen, Anekdoten, Hintergrundinfos, Stories, Rezepten und noch so vielem mehr. Das Buch ist eine Reise in meine Welt, in Nadines Welt, die vor allem eins ist: bunt. Das Leben ist bunt. Ich liebe die Vielfalt des Lebens. Danke, dass du mit mir auf diese Reise kommst und du dieses Buch jetzt gerade in deinen Händen hältst.

Dieses Buch liefert dir alles, was du brauchst, um dein Event oder deine Feier selbst zu planen, zu entwickeln und umzusetzen. Und solltest du dir doch Unterstützung bei und von einem Caterer holen, hilft dir das Buch dabei ebenso, weil es dir alles an die Hand gibt, mit dem du mit deinen Fragen und Wünschen an die Caterer herantreten und selbstbewusst sagen kannst: „So möchte ich das!“

Lebe dieses Buch

Das Layout dieses Buches ist wahrlich ungewöhnlich. Ich habe mich entschieden, dir mit einer Menge Platz neben meinen Texten die Möglichkeit zu geben, deine Ideen, deine Reminder und deine handschriftlichen Gedanken direkt hier zu notieren.

Du bist also dazu eingeladen, dieses Buch zu deinem ganz persönlichen Einzelstück zu formen. Es soll in deinen Händen wachsen und von Jahr zu Jahr, von Veranstaltung zu Veranstaltung durch deine Notizen immer reichhaltiger werden und eine inspirierende Erinnerung sein.

So, lass uns gemeinsam dieses Buch leben.

Foto: Phil Stev

Party? Hat hier jemand Party gesagt?

Ich selbst bin eigentlich so gar nicht der Party- und Feier-Typ. Aber: Ich liebe, liebe, liebe, liebe, ja, ich lieeeeeeebe es, Feiern und Events jeglicher Art zu planen und zu organisieren. Bei den meisten Menschen ist es ja eher andersrum. Aber tatsächlich plane ich lieber als zu feiern. Mir bereitet es Hochgenuss und es ist mir die allergrößte Freude, wochenlang eine Veranstaltung zu organisieren mit allem, was dazu gehört. Ich liebe die Konzeptentwicklung und die Durchführung und Umsetzung von Ideen.

Alle meine Ideen stecke ich in Events und Partys. Ich finde es so schön, Partys zu entwickeln, Feierlichkeiten zu gestalten und Menüfolgen zu planen. Ich liebe es, meine Kunden zu beraten und dann dabei zusehen zu dürfen, wie das Konzept aufgeht. Die Erleichterung in den Gesichtern meiner Kunden zu sehen („Gott sei Dank, sie versteht mich!") und ihre Freude darüber erleben zu dürfen, dass sie mit meiner und unserer Arbeit zufrieden waren, ist jedes Mal ein Geschenk für mich.

Für mich ist das ganze Leben eine Party. Ja, auch die wirklich richtig schlechten Zeiten gehören, wenn auch nur innerlich, gefeiert. Denn mit Abstand erkennst du, wie sehr dich diese Niederlage weitergebracht hat, erkennst dich selbst, deine Stärken, deine Schwächen und gehst bewusst in eine neue Zukunft.

Für mich gibt es nichts, was man nicht in eine Feierlichkeit oder in einen kulinarischen Rahmen packen könnte. Am liebsten würde ich jeden Tag zu einem Motto-Tag machen und diesen entsprechend mit Deko, Food und passenden Aktionen begleiten. Wie sang DJ Bobo so schön in den tiefsten 90er-Jahren: There' s a party, don't you know today there is a party, open up your heart, we gonna start it. Und DJ Bobo hat recht: Mach dein Herz auf, das Leben ist eine Party, los geht´s!

Zum Beispiel ertappe ich mich schon jetzt dabei, wie ich meine *Book-Release-Party*, also das große Buchveröffentlichungsevent, plane. Dabei habe ich noch keine zehn Seiten geschrieben, und ich hatte mir das bisher auch gar nicht vorgenommen. Dennoch setzt mein Hirn im Vollautomatikmodus im Hintergrund bereits alles um. Es scannt Locations (Wäre es in einer Bücherei oder einem Buchladen nicht wundervoll?), es produziert verrückte Ideen am laufenden Band, es plant Menüs und Fingerfood, Goodie-Bags, Verlosungsaktionen, Music-Acts (sollte ich DJ Bobo einladen?) und, und, und.

Mein Hirn ist eine Event- und Catering-Planungsmaschine – und ich kann rein gar nichts dagegen machen.

Gastronomie ist mein Leben!

Letztlich wurde mir das in die Wiege gelegt. Ich musste das beruflich machen, ich hatte keine andere Wahl. Und hätte ich eine Wahl gehabt, ich hätte mich sowieso dafür entschieden. Denn schon als kleines Mädchen fand ich es toll, jede Gelegenheit zu nutzen, aus einem Geburtstag oder auch nur aus einem ganz normalen Treffen mit Freunden etwas Besonderes zu machen. Ich habe mir immer irgendwelche Show-Sachen überlegt, eine Zaubershow wurde organisiert oder eine Verlosung meiner Kuscheltiere. Was mussten meine Freunde alles über sich gehen lassen, wenn sie bei mir waren!

Auch die Neugier aufs Kochen war schon immer da. Ich habe schon als Teenager das berühmte *Miracoli* verfeinert mit Sahne und Butter. Ich habe auch versucht, *Miracoli* zu kopieren und die Tomatensoße mit dem einzigartigen *Miracoli*-Geschmack selbst zu kochen. Lecker war meine Soße allemal, aber was habe ich mich geärgert, dass sie eben nie wie *Miracoli* geschmeckt hat.

Ich lebe die Gastronomie, seit ich auf der Welt bin und musste bzw. durfte diesen Weg gehen. Ich bin in eine Metzgerfamilie hineingeboren worden und habe schon als kleines Mädchen meiner Mama im Laden geholfen. Während andere Mädchen in ihren Puppenwagen ihre Puppen und Teddys durch die Gegend schoben, habe ich in meinen Wagen Schinkenwurst eingeladen und zu meiner Mama gebracht.

Auch wenn das Leben in einer Metzgerei für mich Normalität und mein Zuhause war, war für mich relativ schnell klar, dass ich selbst keine Metzgerin werden möchte. Dennoch habe ich die Ausbildung zur Metzgergesellin absolviert, eine harte Zeit, in der ich es als einziges Mädchen nicht leicht hatte (die *braven* Mädchen ließen sich zur Fleischereifachverkäuferin ausbilden). Rückblickend war die Ausbildung aber mehr als wichtig und sinnvoll für mich, denn so habe ich u. a. gelernt, vernünftig mit Lebensmitteln umzugehen.

In unserer Metzgerei haben wir damals in den 80er-Jahren auch einen Partyservice angeboten. Und genau das war es, was sowohl meine Neugier, mein Interesse als auch meine Leidenschaft weckte. Viele Jahre später gibt es die Metzgerei nicht mehr, aber dafür die *Schmeckerei*. Ich bin sehr dankbar dafür, dass sich unsere Metzgerei über all die Jahre weiterentwickeln durfte und ich heute, zusammen mit meiner Mutter Barbara, dort das machen kann, was ich möchte und liebe.

Ich fühle mich bei allem, was ich tue, unendlich wohl, bin glücklich und so dankbar, dankbar für eine Mutter, die mich in Liebe und Freiheit und mit Urvertrauen hat aufwachsen lassen. Sie schenkt mir nicht nur das Vertrauen, welches ich in mich habe, sondern auch immer wieder ihr Vertrauen. Sie *zieht mit*, egal welche Idee ich habe. Sie bremst nicht. Stattdessen fördert sie mich und lässt geschehen in vollem Vertrauen in mich. Meine Mama ist die Personifizierung des Zitates:

„Zwei Dinge sollen Kinder von ihren Eltern bekommen: Wurzeln und Flügel"

– Johann Wolfgang von Goethe

„Wurzeln und Flügel" – mit so einfachen Worten kann man genau das so anschaulich beschreiben, was wir alle gut gebrauchen können, um tatkräftig und lebensfroh durchs Leben zu gehen. Wir benötigen Wurzeln, um fest stehen zu können, auch wenn um uns herum mal alles stürmt und tobt. Diese Erdung stellt sicher, dass wir uns nicht in Luftschlössern verlieren, sondern aktiv handeln können. Sie schenkt uns Stärke. Gerade in schweren Zeiten ist es gut zu wissen, wo man steht und in bewegten Zeiten hilft es, mit beiden Beinen fest auf dem Boden zu bleiben. Die Flügel aber brauchen wir, um uns emporzuheben, um dort mit den Vögeln am Himmel zu tanzen. Flügel lassen uns immer wieder ein bisschen besser werden, ein Stück weiterkommen und uns persönlich weiterentwickeln.

Bitte denkt nicht, dass ich komplett ohne Regeln aufgewachsen bin, und denkt auch nicht, dass zwischen meiner Mama und mir nur *heile Welt* ist. Das war früher nicht so und ist auch heute nicht so. Allerdings wissen wir, dass eine *doofe* Situation nichts an dem Fakt der Vertrautheit und der Liebe ändert. Das ist auch etwas, was ich von meiner Mutter gelernt habe: Viele wichtige Zitate und Weisheiten, die dich die Persönlichkeit meiner Mama erahnen lassen, die mir heute mein Leben erleichtern und die ich auch meinem Sohn mitgebe, in der Hoffnung, dass sie bei ihm ebenso das Vertrauen in sich fördern wie bei mir.

So sagte meine Mutter früher, wenn wir mal Streit hatten wegen der unfassbar vielen, doofen Hausaufgaben: *„Nadine, wir müssen da jetzt durch. Ich finde das genauso anstrengend wie du und wäre jetzt auch lieber mit dir draußen beim Toben. Aber die Lehrer sitzen am längeren Hebel. Und wenn du es nicht lernst, dann kannst du sitzen bleiben und dann musst du noch länger in die Schule."* Das habe ich verstanden, sie hatte recht, sie war auf meiner Seite. Und ich habe die Aufgaben gemacht.

Oder:

„Nadine, wir sind immer ein Miteinander und nie ein Gegeneinander. Du kannst dir also bei allem, was ich dir sage, sicher sein, dass ich es immer nur gut meine. Nur so funktioniert das Miteinander-Leben."

„Die Situation war ja vorher nicht anders, nur, dass du es jetzt weißt."

„Das sind nur Wellen, die kommen und gehen. Aber der Grund, auf dem du stehst, ist und bleibt ruhig."

„Nadine, die Zeit vergeht eh, dann kannst du sie doch auch nutzen."

„Selbstbestimmtheit heißt auch, es nicht auf andere zu schieben. Was wiederum heißt, dass du ganz alleine alles erreichen kannst und für alles verantwortlich sein darfst. Ist das nicht befreiend?"

„Meine Tochter wird ihr Leben lang noch ‚bitte' und ‚danke' sagen müssen, ich zwinge sie nicht jetzt schon dazu."

„Warum meine Tochter mit 14 nicht arbeitet, wie ‚alle anderen'? Weil meine Tochter auch nie rauchen wird wie ‚alle anderen'. Sie wird so viel erreichen wollen und so hart arbeiten müssen, sie darf jetzt Kind sein!"

„Einen Tod wirst du sterben müssen, aber du entscheidest, welchen." (metaphorisch gemeint bei der Entscheidung, ob Metzgergesellen- oder Verkäuferin-Ausbildung)

Meine Mama stand und steht hinter mir, vor mir oder neben mir, so, wie es für mich situativ wichtig ist und war. Heute leben wir Tür an Tür, wir arbeiten zusammen und so kannst du dir sicher vorstellen, wie eng das Band ist. Gerade in meiner Beziehung zu meinem Sohn ist meine Mutter mein Vorbild, das ich stetig erreichen möchte.

Langweilig ist mir nie, denn ich habe mich zusammen mit meiner Schmeckerei immer weiterentwickelt, erfinde mich und uns immer wieder neu. Die Schmeckerei, die Gastronomie, die Kulinarik, all das ist mein Zuhause, meine große Liebe, all das bin ICH.

Rein ins Abenteuer, relax und enjoy the ride!

Mein Sohn hat ein Motto. Wann immer es mal stressig wird oder ich hektisch um ihn herumwirbele, brabbelt er vor sich hin und sagt: „Chill mal dein Leben". Manchmal kann er das sogar, ohne etwas zu sagen, ausschließlich mit einem Stöhnen und Augenverdrehen. Und was soll ich sagen, das, wofür andere zig Jahre in teuren Seminaren brauchen und zig schlaue Bücher lesen müssen, weiß er mit seinen 12 Jahren. Chill dein Leben. So einfach ist das. Wir stressen uns alle viel zu viel, machen uns Druck wegen nichts und allem. Genau das möchte ich auch immer wieder meinen Kunden und allen, die selbst Feierlichkeiten organisieren möchten, auf den Weg geben. Natürlich stelle ich mich nicht hin und sage „Hey ho, Bro, chill mal dein Leben", dafür bin ich dann doch im Herzen zu sehr eine Lady. Aber es geht um den Kern. Vertrau dir und verkrampf dich nicht. Ein Fest planen zu dürfen, Menschen zusammenzubringen, und ihnen leckeres Essen und tolle Drinks anzubieten, ist im Kern ja immer etwas total Schönes. Weißt du was mein damals 4-jähriger Sohn mal einer netten Dame geantwortet hat, als sie freundlich fragte: „Na, was ist denn dein Lieblingsfeiertag?". Er sagte: „Immer der nächste". Auch hier steckt soviel Weisheit drin, dass es mich manchmal regelrecht geschüttelt hat, wenn er einfach so die Essenz des Lebens aus dem Ärmel schüttelte.

Leider habe ich ganz oft das Gefühl, dass meine Kunden total angespannt und gestresst sind und so gar keinen Spaß daran haben. Vielleicht ist es die Angst, etwas falsch zu machen. Oder auch die Angst, dass es, in den heutigen Alles-ist-so-toll-ich-muss-es-auf-Instagram-zeigen-Zeiten, nicht toll genug ist. Umso mehr Spaß habe ich daran, Lockerheit rein zu bringen, die Menschen beim Planen und beim Umsetzen zu unterstützen und sie erleben zu lassen, dass alles ineinandergreift, aufgeht und funktioniert. Ich liebe es, bis zum letzten Moment unter Strom zu stehen, fokussiert und konzentriert zu arbeiten, ja, durchaus auch etwas angespannt zu sein und dann zu sehen, wie die Anspannung mit der Zufriedenheit der Gäste weicht. Das ist jedes Mal so toll!

Aus Angst, etwas falsch zu machen, trauen sich viele Menschen nicht, Dinge anders zu machen, einfach mal etwas ausprobieren oder die eine oder andere ungewöhnliche Idee umsetzen. Stattdessen greift man lieber auf Altbewährtes und leider eben oft auch Langweiliges zurück. Man ist lieber spießig und brav als verrückt, cool und anders. Das finde ich so schade! Denn auf welcher Spielwiese kann man sich mehr austoben als auf der kulinarischen und gastronomischen? Am Ende des Tages ist es *nur* Essen und *nur* eine Feier. Es ist keine OP am offenen Herzen, es ist keine politische Entscheidung, bei der es um das Wohl von Millionen Bürgern geht. Es ist nur Essen und nur eine Feier. Deshalb können wir hier spielen und so vieles entdecken, völlig risikolos. Wir können uns kulinarisch trauen, spannende Locations raussuchen, einen anderen Ablauf wählen und, und, und. Wir haben unendliche Möglichkeiten, es gibt eigentlich keine Limits. Nur die, die wir uns selbst setzen. Auch hier möchte ich dir mit meinem Buch Mut machen und dich regelrecht dazu anstacheln, deine Events mit Kreativität, Mut, Freude, Spaß und Neugier zu gestalten.

„Addung ich domme", das war Romeos, ja das ist mein Sohn, erster Drei-Wort-Satz. Eine volle Aussage! Und was für eine! Gerade mal zwei Jahre jung, hoch oben auf der höchsten Rutsche: „Achtung, ich komme!" Ohne Angst, ohne Einschränkungen, ohne Zweifel. Die drei Worte waren einzeln schon so stark und in der Verbindung erst recht, so dass ich heute noch oft an diesen Satz denke und mir ein Beispiel nehme. Lasst uns so die Party feiern und das Leben leben, das wir wollen, nehmen wir uns ein Beispiel an Romeo.

Es erfüllt mich mit Dankbarkeit und Demut, dass wir Kunden bei ihren Events begleiten dürfen und sie uns das Vertrauen schenken, z. B. ihren *größten und wichtigsten Tag im Leben*, eine Hochzeit, kulinarisch begleiten und gestalten zu dürfen. Dankbar und stolz bin ich auch, wenn wir über Generationen hinweg unsere Kunden begleiten dürfen. Wenn Kunden kommen, die uns für Taufen, Kommunionen oder Geburtstagsfeiern buchen, bei denen schon meine Eltern vor vielen Jahren das Catering bei anderen Events durchgeführt haben. So wachsen wir über Jahre gemeinsam und dürfen so viele unterschiedliche Festlichkeiten zusammen erleben. Für mich ist das von unschätzbarem Wert.

I love my job. Und das gibt mir Energie.

Ich glaube allerdings, ich habe gar keinen *richtigen* Job, so wie andere Menschen. Ja, ich habe Verantwortung und ich habe auch Verpflichtungen, das heißt aber auch, ich habe alles in MEINER Hand.

Ich bekomme oft die Frage gestellt: Nadine, wie machst und schaffst du das alles? Du hast einen Laden, machst jeden Tag zig Caterings, fährst selbst auf Seminare, denkst dir immer wieder etwas Neues aus, hast immer wieder neue, verrückte Ideen, die du auch meistens sofort umsetzt – wie um alles in der Welt kriegst du das hin, ohne auszupowern und umzufallen? Schläfst du auch mal? Nimmst du, wie bei Asterix und Obelix, einen geheimen Zaubertrank? Und wenn ja, kann man den kaufen? Woher nimmst du all die Energie her?

Ich verrate dir gern mein *Geheimnis*. Es ist ganz einfach. Denn ich empfinde all das, was ich tue, überhaupt nicht als Belastung oder als Anstrengung. Bei fast allem, was ich tue, überwiegt immer das Gefühl und der Gedanke: „Boah, ist das geil, macht das Spaß!“ Ich freue mich einfach an dem, was ich jeden Tag auf die Beine stellen und umsetzen darf. Das nimmt mir keine Energie, im Gegenteil, es gibt mir Energie. Ich liebe einfach, was ich tue. Ich muss schmunzeln, wenn uns jemand anerkennend für unser *tolles* Konzept lobt. Denn ganz ehrlich: Wir haben gar keins. Wir machen nur immer das, was wir gerade wollen und worauf wir Lust haben.

Dinge auszuprobieren ist mein Lebenselixier. Das ist mein „YEAH, her damit!“ Das Geschäft läuft? Cool! Können wir nicht einfach noch eher aufmachen oder rund um die Uhr öffnen? Und dann probiere ich es einfach aus. Ich fackle da gar nicht lange rum. Zack, Idee, zack, ausprobieren. Ich mach das einfach mal und freue mich diebisch daran, zu beobachten, was passiert. Wie ich schon sagte, für mich ist all das ein großes Spiel und ich wahrscheinlich die besessenste Spielerin. An Weihnachten, wenn es eh schon stressig genug ist, einfach mal on top noch ein Weihnachtsbrunch oder ein Weihnachtsdinner anbieten? Ich bin gespannt, ob es funktioniert, die Leute es annehmen und probiere es natürlich aus. Bei jeder Idee, die ich umsetze, denken sich wahrscheinlich viele, herrje, jetzt dreht sie völlig durch. Aber ich drehe so gerne durch! Ich liebe das! Bis 23 Uhr abends Late-Night-Shopping in der Schmeckerei? Warum nicht? Berühmte Persönlichkeiten zu Vortragsevents einladen und sie selbst interviewen? Warum nicht?

Als Wolfgang Bosbach zum politischen Gespräch in der Schmeckerei geladen war, sagte nachher ein Gast zu mir: „Wow, du kennst dich politisch so gut aus, ich wusste nicht, dass du das auch kannst.“ Ja, ich wusste das auch nicht, ich erarbeite mir das alles. Vorbild ist mein Sohn, als er drei Jahre alt war. Es war damals anatomisch nicht möglich, dass er ein bestimmtes Spiel die Treppen hochbringt. Ich sagte

Romeo: „Wenn du jetzt noch ein Spiel spielen willst, musst du es holen“. Wie gesagt, anatomisch war es ausgeschlossen, dass er es schafft, genau dieses Spiel hoch zu schleppen. Ich wusste das. Er aber nicht. So erkämpfte er sich Stufe für Stufe nicht nur im übertragenen Sinn den Weg nach oben. Ich hatte vorausgesetzt, er könnte es schaffen. Und so schaffte er es. Ich habe vorausgesetzt, dass ich ein Interview führen kann, also führte ich es.

Meine Komfortzone war schon immer die Zone außerhalb der normalen Komfortzone. Meine Komfortzone ist das Abenteuer, das Neue, das Unbekannte – da lebe ich, da fühle ich mich wohl, da blühe ich auf, da wachse ich, da gedeihe ich. Innerhalb der normalen Komfortzone gehe ich jämmerlich ein und fühle ich mich gefangen. Wenn ich z. B. Kunden habe, die mich dazu *zwingen*, in dieser Komfortzone zu bleiben, dann ist das etwas, was mich erschöpft und ermüdet.

„Das habe ich noch nie vorher versucht, also bin ich völlig sicher, dass ich es schaffe.“

– Pippi Langstrumpf

Wir können alle so viele, tolle und schöne Sachen in unserem Leben machen und kreieren, es wäre doch die pure Verschwendung, es nicht zu tun. Es gibt immer mehr zu tun, immer mehr zu entdecken, immer Neues zu lernen. Natürlich bin ich auch mal müde und erschöpft und natürlich ist es auch toll, einfach mal einen Tag lang nichts zu tun und sonntags faul im Bett liegen zu bleiben. Aber ich kann dieses faul sein nur dann richtig genießen, wenn ich den Rest meiner Zeit gerockt und alles gegeben habe.

Meine wichtigsten Werte sind Unabhängigkeit, Freiheit, Fülle und Spaß. Daran jeden Tag zu arbeiten, diese Werte zu leben, mein buntes Leben zu gestalten und das meiner Kunden ebenfalls ein bisschen bunter machen zu dürfen, erfüllt mich mit Glück. Und das ist mir persönlich so viel mehr Wert, als mal ein bisschen müde zu sein oder etwas weniger Energie zu haben. Die Liebe zu und die Freude an meiner Arbeit, kreiert bei mir Energie. Ich möchte so viel wie möglich aus und mit meiner Lebenszeit machen und alles erleben, was möglich ist.

Für mich ist das Leben ein großes Abenteuer. Ein Experiment. Ein tolles, buntes Spiel. Eine Mega-Party. Mit ganz viel Glitzer und einer ordentlichen Portion *Yeah!*

Das Leben ist zu kurz, um es nicht zu feiern und nicht zu genießen. Und der Sinn des Lebens so einfach:

Das Leben ist kurz.

Iss die Pommes.

Kauf die Schuhe.

Buche die Reise.

Willkommen in der Welt der Kulinarik und der Festlichkeiten. Lass uns gemeinsam die Welt zu einem Welcome-Place machen. Schön, dass du dabei bist!

Deine Nadine

Februar 2021

PS: Gleichberechtigung ist mir natürlich wichtig. Doch genauso wichtig ist mir auch die einfache und gute Lesbarkeit meines Buches. Ich verzichte daher bewusst auf genderneutrale Schreibweisen (die mit diesem komischen Stern in der Mitte). Denn ich finde, es stört den Lesefluss total. Ich verzichte auch bewusst darauf, bei personenbezogenen Hauptwörtern immer die männliche und weibliche Form zu schreiben, weil auch das, so finde ich, beim Lesen stört und man nur darüber stolpert. Wenn ich z. B. *Gastgeber* schreibe, meine ich das im neutralen Sinne und beziehe Männer, Frauen und sonstige Geschlechter mit ein. Dies impliziert keinesfalls eine Benachteiligung des jeweils anderen Geschlechts, sondern ist im Sinne der sprachlichen Vereinfachung als geschlechtsneutral zu verstehen. Ich vertraue darauf, dass du – ob Leser oder Leserin – hiermit gut klarkommen wirst.

Gastfreundschaft, Kreativität, Essen & Liebe

Foto: Alessandro Biascioli / iStock

Welcome!

Als perfekter Gastgeber sollte der einzige Fokus deines *Warums* sein, deine Gäste glücklich zu machen.

Im Disney-Klassiker *Die Schöne und das Biest* ist das Lied *Sei hier Gast* und seine Inszenierung ein magischer, zauberhafter und herzerwärmender Filmmoment. Das lebendige Geschirr tanzt um den seit Jahren unverhofft aufgetauchten ersten Gast, das Mädchen Belle, herum und rastet sprichwörtlich aus, dass endlich wieder jemand im Haus ist, dem sie ihre Gastfreundschaft schenken und den sie von vorn bis hinten bedienen und kulinarisch verwöhnen dürfen. Denn dafür leben diese kleinen, drolligen Figuren. Sie wollen nichts anderes, als einen Gast glücklich zu machen. (Diese Filmsequenz ist so schön, unbedingt bei YouTube anschauen!)

Und genau das macht es aus, ein Gastgeber zu sein. Wir können von dem sprechenden Kerzenständer und der singenden Teekanne eigentlich alles lernen, was es braucht, um ein perfekter Gastgeber zu sein. Schau dir den Filmausschnitt an, et voilà, du weißt Bescheid.

Ein Gastrokritiker sagte einmal sinngemäß über den bekannten und innovativen Spitzenkoch Grant Achatz (mehr über ihn später): Wenn du ein Restaurant betreibst oder in der Hospitality-Branche (z. B. in einem Hotel) arbeitest, sollte der einzige Fokus deines *Warums* sein, die Menschen, deine Gäste, glücklich zu machen. Es geht darum, ein Erlebnis zu kreieren, das ein Lächeln auf ihre Gesichter zaubert. Deine Arbeit sollte darauf abzielen, für das ultimative Vergnügen deines Gastes zu sorgen. Verzaubere ihn, bring ihn zum Lachen, erwärme sein Herz, begeistere ihn. Stelle ihn in den Mittelpunkt all deiner Bemühungen und Bestrebungen.

Als Gastgeber bist du eine One-(Wo)Man-Show

Als Gastgeber kannst du je nach Veranstaltung in eine ganze Reihe an Rollen schlüpfen. Je nach Feierlichkeit bist du Projektmanager, Dekorateur, Fahrer, Einkäufer, Tischdecker, Florist, Kellner, Koch, Sommelier, Entertainer, DJ und Putzkraft in Personalunion.

Und zusätzlich soll nicht nur der „Place to be" perfekt ausgestattet sein – was vom nachgefüllten Klopapier bis hin zu stimmungsvoll flackernden Kerzen reicht – sondern eben auch du! Hinreißend und charmant und wundervoll anzusehen – der perfekte und entspannte Gastgeber.

Du lädst ein, planst dein Menü, gehst einkaufen, suchst die Getränke aus, stellst sie kalt, kochst, richtest den Tisch feierlich her, bedienst und empfängst deine Gäste, bespielst sie mit der perfekt auserwählten Playlist und sorgst dich um jeden einzelnen deiner Lieben.

Und hinterher, wenn alle Gäste schon auf dem Nachhauseweg sind, räumst du noch ein bis zwei Stunden auf. Mit einem Lächeln auf dem Gesicht, denn du bist erfüllt. Erfüllt von einem liebevollen Zusammentreffen, das ohne Stress aber dafür mit viel Herzlichkeit eine gemeinsame Erinnerung bedeutet.

Was heißt das, ein guter Gastgeber zu sein? Es heißt wortwörtlich, dem Gast zu geben. Du gibst dem Gast deine Zeit, deine Liebe, deine Energie, deine Aufmerksamkeit, deine Kreativität, deine Freude, ein liebevolles Essen, erfrischende oder wärmende Getränke. Du gibst deinem Gast das Gefühl von absolutem Willkommen sein. Du lässt deine Gäste genießen und sich umsorgt, geliebt und geschätzt fühlen. Dein Gast fühlt sich wohl bei dir. Dein Gast kann sich zurücklehnen und genießen. Eines der schönsten Komplimente, was wir für unsere Schmeckerei bekommen, ist, wenn unsere Kunden sagen, sie fühlen sich bei uns wie Zuhause. Der perfekte Gastgeber bist du, wenn deine Gäste sich umsorgt wie in einem Highclass-Treatment fühlen, dabei jedoch so locker und entspannt wie zu Hause sie selbst sein können. Für mich ist es darum das Größte, wenn unsere Gäste, die wir in der Schmeckerei bewirten, uns sagen, dass sie sich wie zu Hause fühlen und keine Angst haben, zu laut zu lachen oder den letzten Tropfen feine Sauce vom Teller zu kratzen.

Was ich ganz wichtig finde: Ein guter Gastgeber gibt all das von Herzen. Wir können die beste Planung haben, das beste Essen, den teuersten Wein, die most fancy Location und die beeindruckendste Dekoration – wenn wir unseren Gästen dabei nicht das Gefühl geben können, dass wir all das für sie wirklich von Herzen auf die Beine gestellt haben, können wir uns die Mühe auch sparen. Ist es nicht so, dass wir sofort spüren, ob wir uns bei einer Feier, auf einer Party oder in einem Restaurant wohlfühlen? Meistens ist es sogar unbewusst. Eine abweisende, genervte Kellnerin, ein gestresster Gastgeber oder ein Restaurantinhaber, der einem das Gefühl gibt, man würde als Gast nur stören, schlagen automatisch auf unser Gastgemüt. In ein Restaurant, wo zwar das Essen gut schmeckt, wir uns aber nicht wohl fühlen, gehen wir nie wieder.

Fachliche und sachliche Gastgeber-Qualitäten kann man lernen. Ein wahrer Gastgeber zu sein, ist hingegen eine Haltung und ein Mindset. Richtest du dein Event mit all den Tipps aus diesem Buch aus, jedoch ohne deine Liebe und ohne deinen Spaß daran, so gelingt dir sicher eine *fachlich korrekte Veranstaltung*. Was aber fehlen würde, ist deine Persönlichkeit und dein Engagement. Und das spüren Gäste. Immer.

Wenn es dir gelingt, dass deine Gäste ihre Zeit *in deiner Obhut* genießen, spricht sich bald herum, dass du mit Leichtigkeit und *innerer Grandezza* jede Feierlichkeit zum Highlight machst, ganz egal ob du zur Scheunenparty oder zum gesetzten Dinner einlädst. Im Business trumpfst du auf, wenn du dich von der Masse absetzt und deine Mitarbeiter, Kunden und Geschäftspartner mit Außergewöhnlichem überraschst. Der perfekte Gastgeber kannst du nur sein, wenn du dich auch selbst wohlfühlst und du wirklich Lust auf diese Rolle hast, sie mit Herz, Leib und Seele lebst und liebst. Deshalb ist es auch wichtig, dass du deine Feierlichkeit so gestaltest, wie es auch dir gefällt. Und nicht einzig und allein darauf ausrichtest, anderen zu gefallen. Mit deinem individuellen SEIN bist du die Party, hältst den (roten) Faden in der Hand und lenkst geschickt die Stimmung in die angemessene Richtung. Du begeisterst unauffällig und eben mit Spaß an deinem Tun.

Als perfekter Gastgeber setzt du immer (d)ein Statement. Ein gelungenes Event wirkt immer nachhaltig. Denn diese perfekten Momente, die du kreiert hast, sorgen für gemeinsame, schöne Erinnerungen. Im Besonderen bleibt bei deinen Gästen das Gefühl, in deiner Gegenwart und von dir initiiert einen wundervollen Augenblick GELEBT zu haben und willkommen und geschätzt zu sein.

Essen ist Liebe

Kochen und Essen sind Sinnlichkeit pur

„Man kann nicht gut denken, gut lieben, gut schlafen, wenn man nicht gut gegessen hat."

– Virginia Wolf, britische Schriftstellerin

Auf die Lebenszeit gerechnet verbringen die Deutschen fünf Jahre ihrer Gesamtlebenszeit mit essen, knapp zwei Jahre lang werden Mahlzeiten gekocht, vorbereitet und Brote geschmiert.* Diese Werte ändern sich natürlich mit den sich ständig verändernden Lebens- , Koch- und Essgewohnheiten der Menschen. Und: Diese Werte sind auch interessanterweise von Kultur zu Kultur völlig unterschiedlich. So widmen die Türken weltweit gesehen dem Kochen und Essen am meisten Zeit: Fast drei Stunden täglich! Im Vergleich: Die Deutschen bringen es nur auf zwei Stunden, die Amerikaner nur knapp auf eine Stunde (Hallo, Fast-Food-Welt ...).**

In ihrer Diplomarbeit untersuchte die Soziologin Stephanie Junk 2009 die Soziologie des Essens*** und kam zum Schluss, dass die Art und Weise, wie Menschen sich ernähren eng mit anderen Aspekten ihrer Lebensführung verknüpft ist. Die Gesamtheit der gesellschaftlichen Strukturen wird mit der Nahrung auf unbewusste Weise weitergegeben. Unser Ernährungsverhalten und unsere soziale Lage stehen in enger Beziehung miteinander. Es heißt also nicht umsonst: Du bist, was du isst.

Alle Sinne

Kochen ist ein sinnliches Erlebnis durch und durch. Essen führt zusammen, was zusammengehört und trennt, was eben nicht zusammengehört – im kulinarischen genauso wie im metaphorischen Sinne. Liebe, Lust und Leidenschaft verbinden sich über das Kochen und Essen: Essen sättigt und befriedigt alle Sinne und wird eins mit dir. Nahrung heilt uns, Nahrung verschmilzt mit uns, Nahrung verbindet uns mit dem Kreislauf der Natur.

Während das Einkaufen und Zubereiten von Lebensmitteln auch mehr Pflicht als Kür sein kann, für den ein oder anderen gar lästi-

* https://www.presseportal.de/pm/24835/2631810

** https://de.statista.com/statistik/daten/studie/37082/umfrage/durchschnittliche-zeit-in-minuten-die-am-tag-mit-essen-und-trinken-verbracht-wird/

*** https://www.thalia.de/shop/home/artikeldetails/ID22142350.html?retn=thdedvbu:devi

ge Notwendigkeit, ist es für den nächsten eine Minimeditation, die uns aus dem Alltagstrott herausholt und sich wahrhaftig im Hier und Jetzt abspielt.

Die liebevolle Zubereitung von Speisen kitzelt unsere Sinne schon lange vor dem Schmecken. Der Anblick. Der Geruch. Das Fühlen. Und ja, sogar die Geräusche! Mal ehrlich, gibt es ein schöneres Geräusch als das Brutzeln von Öl in einer Pfanne? Der Moment, wenn die Flamme des knisternden Gasherdes überschlägt, das Fleisch anröstet und die Kruste entsteht. Wenn du Butter erhitzt, Pasta zufügst und so lange schwenkst, bis die Butter und die Pasta karamellisierend verschmelzen, dieses Geräusch der Pfanne, wenn sie über den Herd schleift, ich kann es fast hören. Für mich die perfekte Symphonie.

Foto: Nadines Schmeckerei

Das Riechen eines Gerichtes weckt tiefste, im Unterbewusstsein verborgene Gefühle. Der Duft des warmen, cremigen Milchreises unserer Kindheit schenkt uns das Gefühl von Sicherheit und Geborgenheit. Sein Rezept hat Generationen überdauert, und nun bist du es, der es für seine Kinder so liebevoll zubereitet, wie deine Eltern es einst für dich getan haben. Oder die Speise, die für dich den Übergang in eine andere Jahreszeit bedeutet, die Erdbeeren und der Spargel im Frühling, das Eis im Sommer, die Kürbissuppe im Herbst und im Winter grüßen dann Kohlrouladen, Sauerbraten, deftige Eintöpfe, Glühwein, Gänsebraten und Plätzchen. Ist es nicht jedes Mal ein besonderer Augenblick, wenn wir die saisonalen Köstlichkeiten zum ersten Mal im Jahr wieder essen dürfen? Die ersten Juni-Erdbeeren, der erste Spargel, die ersten Pilze im Herbst, das erste Stück Gänsebraten im Dezember. Nichts schmeckt mehr als das, worauf wir ein Jahr warten mussten. Es ist immer die Sehnsucht und die alltägliche Nichtverfügbarkeit, die Begierde weckt.

Foto: Nadines Schmeckerei

Fühlbar ist Genuss, wenn du mit geschlossenen Augen über die raue Oberfläche eines Salbeiblatts streichst, wenn du feinfühlig Thymianblättchen abstreifst und grob das Beil über den Rosmarin wippst. Du nimmst feinste Kräuter in deine Handhöhle und lässt den einzigartigen Geschmack mit deinen Fingerspitzen in das Gericht rieseln. Fast meditativ rührst du mit dem groben Holz des Kochlöffels deine Kompositionen zusammen und spürst in deiner Hand, wie sich zusammenfügt, was dein Gericht außergewöhnlich macht.

Wenn wir Essen, Nahrung, Gerichte oder Speisenzutaten sehen und mit unseren Augen erfassen, weckt das in uns immer Gefühle. Es regt unseren Appetit an und lässt uns das Wasser im Mund zusammenlaufen, oder es lässt uns vor Ekel erschauern. Wir drücken uns die Nase am Käseladen oder an der Bäckerei platt, bewundern die Köstlichkeiten, die so schön und lecker aussehen. Die bunte Ware im Obst- und Gemüseladen kitzelt unsere gute Laune, denn sie strahlt in allen Regenbogenfarben: die roten Tomaten, die orangenen Mandarinen, die gelben Bananen, der grüne Brokkoli, die blauen Pflaumen, die violetten Auberginen. Gehen wir in einen chinesischen Supermarkt oder entdecken das *Little China* einer internationalen Großstadt, so ist der Ausflug auf die Märkte ein unsere Sinne herausforderndes Abenteuer. Getrocknete Fledermäuse und kleine Schildkröten am Spieß, ominöse Pülverchen und noch nie gesehene Wurzelknollen.

Foto: Nadines Schmeckerei

„Was, das kann man essen?", fragen wir uns dann entsetzt. Essen würden wir es nie. Aber unsere Neugier und Faszination ist geweckt. Essen kann Vertrauen wecken, Zusammenhalt spiegeln, kann traditionell sein oder innovativ. Selten gehen wir beim Essen Kompromisse ein, wir entscheiden uns am liebsten, wenn vor allem unser Sehsinn sich angesprochen fühlt.

Ganz gleich, wo du eine Speise siehst und welche Speise das ist, du siehst viel mehr als Essen, du siehst Gefühle. In fremden Ländern ist der Anblick der verschiedenen Zutaten oder ganzen Gerichten immer ein Abenteuer. Wir futtern uns im Urlaub durch die kulinarischen Besonderheiten des Landes. Aber daheim angekommen sehnen wir uns nach dem Vertrauten und freuen uns über unsere heimische Küche.

Ist der erste Bissen unseres Alltags erst gegessen, so sind wir wirklich wieder da. In meiner Schmeckerei höre ich besonders oft „Also das habe ich im Urlaub wirklich vermisst!" Meistens sind es unsere Mettbrötchen, unser dunkles Brot oder die zünftig-deftige Frikadelle, die saftig aus der Pfanne kommt und in deutschen Senf getaucht für einen Wiederkehrenden bedeutet „Ich bin wieder hier, in meinem Quartier" und „Hach, ich bin endlich wieder zu Hause."

Foto: Phil Stev

Hast du eine Speise mit deinen Augen, deiner Nase, deinen Händen und deinen Ohren erfasst, fehlt nur noch eins in diesem wunderbaren Sinneskonzert: Deine Sinne wollen nun auch schmecken. Unweigerlich musst du in das Objekt der kulinarischen Begierde beißen. Was dann passiert: Alle Synapsen verbinden sich zu einem Feuerwerk, du spürst in jeder Sekunde die Befriedigung der Lust an richtig gutem Essen. Die absolute Performance auf deinen Geschmacksknospen kann dabei ein Stück süße, saftige Wassermelone, genauso hervorrufen wie ein indisches, exotisches *Kashmiri Lamb*, ein einfacher Burger genauso wie ein *von feinster Trüffelpaste ummanteltes mit Rosmarinschaum getopptes Filet Mignon*, das saftig rosa daher kommt und sich in Safranbutter suhlt.

Wir essen nicht *um der Nahrung willen*, es geht schon lange nicht mehr nur darum, einfach satt zu sein. Essen nährt uns vielseitig auf so vielen anderen Ebenen und ist Kulturgut aller Gesellschaften. Für mich sind Kochen und Essen vor allem eins: Kulinarisch manifestierte Liebe.

Geht nicht gibt's nicht

Meine Geheimzutat ist die Neugier. Neugier lässt dich kreativ sein.

„Ich habe gar keine besonderen Talente. Ich bin einfach nur schrecklich neugierig."

– Albert Einstein

Ich bekomme oft die Frage gestellt: Nadine, du bist so kreativ, du sprudelst über vor Ideen und setzt auch alles immer sofort um, wie machst du das nur? Die Antwort ist ganz ehrlich ganz einfach: Meine Geheimzutat ist die Neugier. Ich bin leidenschaftlich neugierig und wissbegierig. Kreativität entsteht und wächst daraus von ganz allein und automatisch. Menschen, die nicht neugierig sind und die nicht mit offenen Augen durch die Welt und ihr Leben gehen, können hundert Bücher über Kreativität lesen, sie können es aber niemals sein. In der kreativen Agenturszene wird gern und oft die Metapher des *Thinking-out-of-the-box* bemüht, also das berühmte *Um-die-Ecke-Denken*. Dabei geht es vielleicht gar nicht darum, aus der Box heraus zu denken, sondern vor allem darum, was man mit der Box anstellen kann. Ein ganz anderer Blickwinkel, der ganz neue und andere Welten eröffnet.

Ich platze jeden Tag vor Neugier und freue mich jeden Morgen auf alles, was mir ein neuer Tag an Abenteuern, Erlebnissen und Erkenntnissen bringen wird. Ich habe z. B. noch nie ein Buch geschrieben. Herrlich! Was freue ich mich gerade an dieser Arbeit, daran und an all den Recherchen, die ich machen darf. Mir macht das so Spaß! Ich darf mich in Themen vertiefen und spannende Menschen kennenlernen.

Wie feiern z. B. Juden, wie sehen ihre Festlichkeiten aus, welche Traditionen pflegen sie, was gibt es zu essen? All das wusste ich nicht, bis mir Giulia Siegel in unserem Interview (siehe Seite XY) ganz viel darüber erzählt hat und ich staunend und wissbegierig alles in mich aufgesaugt habe. Es gibt so vieles, was ich lernen und entdecken darf, mich beeindrucken neue Dinge und Erfahrungen immer wieder aufs Neue. Ja, ich gebe zu, ich bin ein Abenteuer-Junkie. Neues zu lernen kickt mich, erfüllt mich, beglückt mich. Ich liebe es, in andere Welten und Themen einzutauchen und alles aus verschiedenen Blickwinkeln und Perspektiven zu betrachten. Wenn ich einen DJ, wie in diesem Buch Giulia Siegel, befrage, bekomme ich ganz neue Sichtweisen und Hintergründe präsentiert. Normalerweise buche ich einen DJ für mein Event, der spielt die Musik, und zack, erledigt. Aber da steckt so viel mehr dahinter!

Ich lerne demütig. Denn nach 40 Jahren Erfahrung in der Gastronomie könnte ich mich ja nun zurücklehnen und sagen: Ich kenne alles, ich weiß alles, ich weiß, wie der Hase läuft. Aber genau das ist nicht der Fall. Es gibt in der Gastronomie und in der Kulinarik so unendlich viel zu entdecken und immer wieder Neues zu lernen. Es geht ja nicht nur darum, Bekanntes zu verstehen und zu begreifen, sondern auch mit dem vorhandenen Wissen Neues zu gestalten. Nur so entstehen neue Konzepte, coole Ideen und nicht zuletzt auch Innovationen. Die Welt verändert sich, nichts bleibt, wie es ist – schon allein deshalb haben wir nie ausgelernt. Allein in meiner Branche gibt es so vieles, was ich noch nicht weiß und was auf mich und darauf entdeckt zu werden wartet. Wie sehr freue ich mich auf diese Entdeckungen!

Für mich ist der berühmte Blick über den Tellerrand eine Lebenseinstellung. Ich verstehe das wortwörtlich. Den Horizont erweitern. Es ist so wichtig, gerade für uns Gastgeber, gerade weil wir den Anspruch haben, unsere Gäste immer mit neuen Ideen und Konzepten zu überraschen. Die ganze Welt kann jeder von uns als einzige, wunderbare Inspirationsquelle sehen. Überall können wir uns etwas abschauen und dann für die von uns ausgerichteten Events und Feierlichkeiten adaptieren. Ich habe eine Brille auf, die alles aufsaugt und filtert: Ach guck, so machen die das also! Da wäre ich nie draufgekommen, ist ja spannend, mal sehen, was ich davon auch bei mir mal in einem anderen Zusammenhang einbauen kann. Und dann kann eine so kleine Inspiration in absolute Sphären wachsen, die nichts mehr mit der anfänglichen Anschauung zu tun haben, aber daraus entstanden sind.

Foto: Nadines Schmeckerei

Dein Leben, deine Party, deine Regeln

Die Sucht nach dem (wiederkehrenden) allerersten Mal

Ich bin süchtig! Süchtig nach dem ersten Mal. Süchtig danach, Dinge zu tun, die unmöglich erscheinen, Partys zu inszenieren, deren Dekoration, Musik und deren Speisen einer Illusion gleichen. Ich lade dich in diesem Kapitel ein, deinen unmöglichen Traum zu träumen.

Den Song *The Impossible Dream* aus dem Musical *Man of La Mancha* nahm Frank Sinatra am 18. November 1966 mit einem Ernie-Freeman-Arrangement für sein Reprise-Album *That's Life* auf. Sinatra sang den Song nie außerhalb dieser Studioaufnahme. Besonders schön finde ich diesen Song auch in der Version von Sarah Connor.

Träume auch du deinen unmöglichen Traum! Vielleicht findest du, dass der Song so gar nicht passt und absolut unpassend ist zu einem Buch, das den Titel *Der perfekte Gastgeber* trägt, schließlich geht es ja um deinen Gast und nicht um deine Selbstverwirklichung. Aber: Ich möchte dir gerne erklären, warum dieses Lied, das eher einer Aufforderung gleicht, so wichtig ist.

Mit der Erlaubnis meiner lieben Freundin Ruth, möchte ich ihre Hochzeit als Beispiel nennen.

Ruth habe ich bei einem gemeinsam besuchten Rhetorik-Seminar kennengelernt. Sie bat mich, sie bei den Planungen für ihre Hochzeit zu unterstützen. Natürlich hätte ich Ruth am liebsten selbst becatert, war aber schon komplett mit Hochzeiten und Events ausgebucht. Hinzu kam, dass wir leider 700km voneinander entfernt wohnen und Ruth fühlte sich wohler damit, einen Caterer vor Ort zu buchen.

Die große Problematik allerdings war, dass Ruth und ihr Mann Karsten sich von allen Caterern unverstanden fühlten. Ruth hatte Ideen, Anregungen und bestimmte Vorstellungen, wusste jedoch nicht, wie diese perfekt konzipiert werden konnten, so dass für die Gäste der rote Faden klar erkennbar sein würde. Die Caterer, schlugen stets das gleich langweilige 08/15-Konzept vor.

Eine Hochzeit wie alle, also das wollte Ruth nun wirklich nicht.

Verzweifelt wandte sich Ruth also an mich, unsere Freundschaft war damals noch wirklich jung, beruflich kannte Ruth mich überhaupt nicht aus eigener Erfahrung und das einzige was sie aus dem Seminar wusste, war, dass ich es ebenfalls liebe zu provozieren, zu illusionieren und das *Unmögliche* zu planen.

Die Hauptarbeit war also, ein kreatives Konzept und eine Anforderungsliste zu erarbeiten, mit der Ruth vor Ort die Caterer anfragen und an sie herantreten konnte.

Ruths Wunsch war, dass sich in der Hochzeitsfeier die Reiseleidenschaft von ihr und ihrem widerspiegelt. Beide reisen leidenschaftlich

Foto: Ines Schaefer Portraiture
Hair and Make Up: Sandra Ruelke

viel und gern um die ganze Welt, sie lieben fremde Kulturen, fremde Länder und das bunte Essen aus aller Welt. All das sollte beim Hochzeitscatering aufgegriffen werden. Und schon allein diese Anforderung lässt viele Türen zugehen: Denn das geht doch nicht! Verschiedene Länderküchen an einem Abend, davon rät einem erstmal jeder ab. Wenn du eine asiatische Vorspeise hast, kannst du auf gar keinen Fall mit einem amerikanischen T-Bone-Steak weiter machen und mit einem Französischen Macaron enden! Diese Art zu denken, ist tatsächlich in ganz vielen Köpfen drin. Das geht nicht.

Aber warum nicht?

Eine Hochzeit gehört zu den allerbesondersten Tagen im Leben eines jeden Paares. Und da darf man natürlich den Anspruch haben, dass die eigene Hochzeitsfeier den individuellen Wünschen entspricht. Hier bin ich oft regelrecht schockiert, wie wenig sich Catering-Anbieter einfallen lassen. Da hat man halt seinen Katalog an Menüs und Deko, und alle Kunden bekommen das gleiche aufgetischt. Hochzeit wie am Fließband? Nein, danke. Ja, gerade die Ideenfindung und die Konzeptarbeit verlangt viel Mühe, Einsatz und auch Zeit. Aber das sollte es mir als leidenschaftlichem Catering-Unternehmer wert sein.

So habe ich Ruth also unterstützt, habe ihr einen kompletten Menüvorschlag gemacht und auch viele Ideen für den Aufbau und Ablauf geliefert. Und dann sage ich: Na klar geht das! Das ist ja genau das Spannende! Wie können wir all das miteinander verstricken, so dass es zwar bunt zusammengewürfelt ist, aber im großen Rahmen wiederum zusammenpasst? Wie können wir das so gestalten, dass die Gäste Spaß daran haben und hinterher sagen: „Boah, wie cool war das denn bitteschön?“ Und so haben wir gemeinsam die Idee erarbeitet, Ruths Hochzeitsgäste auf eine kulinarische Weltreise zu schicken. Statt langweiligem gesetzten Menü sollte es Streetfood-Stände geben. Jeder konnte sich überall so oft bedienen, wie er mochte. Die Stände besetzen kulinarisch die Länder, die Ruth und ihr Mann Karsten am liebsten bereisten.

All das haben wir in einem Konzept aufgeschrieben. Mit diesem Konzept und diesen Ideen ist Ruth dann an die Caterer herangetreten, damit konnte sie sagen: „So möchte ich das. Könnt ihr das umsetzen?“.

Denn nach meiner Erfahrung ist die Umsetzung fast nie die Schwierigkeit. Die viel größere Herausforderung ist vielmehr, Ideen zu entwickeln, Ideen zu haben, den Mut zu haben, fremdes Terrain zu betreten und Dinge anders zu machen. Denn auch in der Cateringbranche herrscht Angst und Unsicherheit. Lieber macht man das, was man kennt und von dem man meint, dass es *normal* und *richtig* ist, als einfach mal etwas Neues auszuprobieren.

Dabei ist kreativ und mutig zu sein, mit Lust, Laune und Spaß Neues auszuprobieren nirgends so einfach und verlockend wie in der Gastronomie und der Kulinarik! Starre und spießige Sterne-Regeln und Michelin-Etepetete hin oder her – wir können Regeln brechen, kreativ sein, experimentieren und alles so gestalten, wie wir es für richtig halten. Das ist doch wunderbar!

Ich beobachte das leider immer wieder: Viele meiner Gäste und Kunden kommen immer wieder mit dieser Herausforderung zu mir, dass es überall nur 08/15-Standardprogramm gibt, sie sich aber etwas Besonderes oder zumindest Anderes als üblich wünschen. Die Kunden selbst wissen aber nicht, was und wie. Und hier darf ich dann ins Spiel kommen, denn das ist genau das, was mir Spaß macht: Je anspruchsvoller der Wunsch, desto besser! Je verrückter, desto besser! Je mehr die anderen das nicht können, desto mehr blühe ich auf und desto mehr Spaß habe ich daran, die Ideen zu entwickeln, den Kunden vorzustellen – und dann zu sehen, wie unglaublich toll das angenommen wird und wie gerne ausgefallen gegessen und gefeiert wird, wenn es richtig verpackt und konzeptionell professionell vorbereitet ist. Geht nicht? Da muss ich immer lachen. Das gibt es einfach nicht.

Und umso schöner ist, dass im Zuge der Arbeit an Ruths Hochzeit unsere Freundschaft entstanden ist: Kulinarik verbindet.

Ja! Manchmal sollte man sich lieber Nudeln als Sorgen machen. Dem Neuen wohnt ein Zauber inne.

Ich höre deine Frage schon: „Aber, sowas Neues kann doch viel einfacher schiefgehen als 08/15. Schließlich hat man doch die Erfahrungswerte, wenn man etwas häufig wiederholt." Hier sage ich: Nein. Denn nur dem Neuen wohnt immer ein Zauber inne. Etwas zum allerersten Mal tun, zu entwickeln, zu konzipieren und in deinen Kosmos zu bringen, ist spannend, adrenalingeladen und bringt dich weiter, immer weiter! Menschlich, persönlich und als Gastgeber.

Du hast wirklich nichts zu verlieren. Sei unbefangen und mutig, probiere dich aus. Ja, es kann schiefgehen. Die Erfahrung jedoch ist unbezahlbar! Nehmen wir ruhig noch ein Beispiel zum Anlass, um kurz in das Thema *Zum ersten Mal – meine Sucht* einzutauchen. Es ist heute der 03.05.2020 mitten in der Coronazeit. Vor etwa einer Woche hat es mir mit diesem täglichen Einerlei gereicht und ich musste mal endlich wieder etwas anderes, neues machen, konzipieren, erschaffen, etwas mit echten Menschen, verdammt! Ihr fehlt mir so!

Zur Erinnerung: Im Jahr 2020 traf die Coronakrise unter anderem auch die Gastronomie- und Eventbranche hart. Es durften keine Events stattfinden. Was aber u. a. noch möglich war, war der Besuch eines Autokinos.

Ich wollt ein Live-Event! Ha! Denn was die ganzen Autokino-Betreiber können, das kann ich schon lange! Und ich will's besser! Ich will nicht einfach nur einen Film abspielen! Ich will etwas mit echten Menschen! Basta.

Ich wollte unbedingt am 1. Mai als Veranstaltungsdatum festhalten. Denn freitags fanden die stillen Demonstrationen der Gastronomen unter dem Motto *leere Stühle* statt. Ich hatte nicht mehr viel Zeit, nur noch sechs Tage blieben mir, um das Event auf die Beine zu stellen. Es mussten schnell Livemusiker her, und eine Möglichkeit, die Musik leise zu übertragen, damit sich keiner gestört fühlt. Schließlich sollte das Event auf dem Parkplatz der Schmeckerei stattfinden, mitten in einem Wohngebiet. Nun brauchen Livemusiker stets eine Pause, was jedoch tun, wenn die Gäste eine halbe Stunde im Auto auf das nächste Set warten müssen. Das könnte ganz schön langweilig sein! Ich könnte doch aus meinem – diesen! – Buch lesen! Ja! Perfekt! Eine halbe Stunde Musik, eine halbe Stunde Lesung, eine weitere halbe Stunde Musik.

Die Idee entwickelte sich also aus der Not. Aber wie kann ich es verwirklichen? Wie machen es die Autokinos? Mit einer Übertragung ins Radio, mmhhh, muss ich dafür einen Sender kaufen? Das Internet wusste Antwort! Ich muss mich an die Bundesnetzagentur wenden. Ein sehr netter Herr teilte mir mit, was ich jetzt alles brauche, um direkt vom Parkplatz in die Autos zu übertragen: Ich bräuchte eine Sequenz (Voll cool! Damit gehört mir dann ein Stück von einem Satelliten!) und eine Unbedenklichkeitsbescheinigung der Medienanstalt NRW. Auf meine Nachfrage: „Aha, aber wie kommt denn dann die Musik aus dem Mikrofon und der Gitarre über die Anlage in den Satelliten?" (Kein Witz, genauso frage ich, wenn ich mich auf neuem Terrain bewege. Natürlich muss dann der Gesprächspartner, egal ob mir gegenübersitzend oder am anderen Ende der Leitung, schmunzeln.) Also wurde mir noch mitgeteilt „Sie brauchen einen: Sender." So! Das waren also die To-dos.

Angefixt von dem Gedanken, diese *Silence Party* super schnell realisieren zu können, musste ich dann den Rest schriftlich erarbeiten, ein Konzept an die Bundesnetzagentur senden, die Unbedenklichkeitsbescheinigung beantragen und *Huch*, ich brauche ja auch Gäste! Genau! Gäste akquirieren, das fällt mir leicht, und ehrlich gesagt waren meine bescheidenen zehn Parkplätze schneller ausverkauft, als die Antworten der Radioagenturen zurückkamen.

Die Antworten beinhalteten also zunächst die Freigabe und die Bescheinigung der Unbedenklichkeit. Super! Dann das zu unterschreibende Angebot der Bundesnetzagentur. Preis: 400 € für die Zur-Verfügung-Stellung. Finde ich ok. Und 100 € für die Miete des Satelliten für ein ganzes Jahr. Finde ich auch ok. Was dann kam, fand ich dann nicht mehr ok: „Aufgrund der sehr hohen Anfragen der Autokinos kann Ihnen eine Sequenz erst in drei Wochen zur Verfügung gestellt werden." Nein! So ein Mist!

Nun, was sollten wir jetzt tun? Party verlegen? Mmhhh, passt mir ja gar nicht. Ich suche mir jetzt erstmal jemanden aus dem Worldwideweb, der Sender vermietet, der musste ja schließlich auch noch her! Also *Köln-Ton* angerufen, nah an Krefeld und laut Internet sehr gut aufgestellt. Als ich dem Herrn von meinem Vorhaben erzählte, wandte dieser gleich ein, auch ein Sender würde wohl erst in etwa einem Monat wieder zur Verfügung stehen können. „Ich kann Ihnen jedoch folgendes anbieten", holte er tief Luft und erzählte mir von Minisendern und Kopfhörern und von Empfängern, die die Gäste dann im Auto haben, samt Ladestation. Perfekt! Gebucht! Kosten? 25 Empfänger samt Kopfhörer plus Sender, also Antenne, alles für 400 €. Die Party war also zum 1. Mai weiter im Spiel!

Ach, und was soll ich sagen, wie oft habe ich in dieser Zeit gehört: „Das kannst du nicht! Das kostet mehr, als es dir einbringt! Das ist zu kurzfristig! Das ist unmöglich!“ Ok. Für dich vielleicht. Aber nicht für mich!

Ich kann das Unmögliche und das will ich auch! Und ich habe nicht gesagt, ich will dabei reich werden! Ich habe gesagt, ich will endlich wieder was tolles planen, Gäste verzaubern und Glück spüren! Wieso kurzfristig? Wir haben noch ganze drei Tage, um eine Bühne zu bauen, einen Pavillon zu besorgen und feine Gourmettaschen für die Gäste zu packen! Selbst wenn ich einen Zehn-Stunden-Tag in der Schmeckerei leiste, habe ich ja noch mindestens sechs Stunden, um dann an meinem Herzensprojekt zu arbeiten!

Bis vor wenigen Wochen habe ich ja gedacht, ich hätte ein solches Event erfunden, Livemusik mit Kopfhörern zu hören. Ganz klar war das für mich meine Idee, schließlich würde das ja keiner machen, wenn nicht gerade Coronazeit wäre. Nun, meine Freundin Ruth hat mich eines Besseren belehrt, als sie von meiner Idee hörte und meinte „Ja, cool! Davon hab´ ich dir schon mal erzählt, so eine Silence-Party habe ich auf der Aida mal mitgemacht!“

Na toll! Und es stimmt auch noch! Ich erinnere mich, sie hat mir davon erzählt, wahrscheinlich habe ich diese Idee irgendwo unbewusst abgespeichert, die jetzt einfach für dieses Event als Inspiration diente. Was hat das jetzt mit dem Thema des Kapitels zu tun?

Es ist mutig, das Unbekannte zu wagen, sich selbst auszuprobieren, bis heute habe ich das, was hier gerade stattfindet, ja auch noch nie gemacht. Ich habe noch nie eine Lesung gehabt, noch niemandem mein Buch, wenn auch nur teilweise, vorgestellt, noch nie eine Radiosequenz kaufen wollen, noch nie mit Köln-Ton zusammengearbeitet, noch nie Kopfhörer und kleine Sender geliehen, noch nie eine Bühne bauen lassen und auch noch nie eine Silence-Autoparty geplant. Für so viele *Noch Nies* auf einmal muss es eine Belohnung geben. Und ja, die gibt es! Das Gefühl, es geschafft zu haben, ein kleines Stück von *Unbesiegbarkeit* – auch durch das schlimme Covid-19 – meinen Bezug zu euch nicht zu verlieren und trotz aller Widrigkeiten ein Event planen zu dürfen.

Wisse die Fakten: Kontaktverbot. Geschlossene Schmeckerei. Versammlungsverbot im Freien.

Und nutze die Vielzahl an anderen Möglichkeiten, die sich dir dann bieten, und baue die Fakten mit ein. Lasse dich nicht einschränken! Niemals! Dieses Live-Event zu Coronazeiten war wirklich etwas ganz Neues. Die Hochzeit von Ruth war wirklich etwas ganz Großes. Oft jedoch geht es um viel kleinere Dinge, in denen wir uns einschränken lassen.

Wie oft höre ich von angefragten Firmen: „Nein, das geht nicht“? Gerade heute noch, als ich eine Eistorte zum Muttertag angefragt habe:

„Ich möchte gerne eine Eistorte bestellen mit Minze, Erdbeere und Stracciatella. Es soll aussehen, als sei ein Stück herausgeschnitten worden und dieses Stück soll über und über mit rosa und weißen Schokoladenrosen besetzt sein.“

„Das geht nicht. Die Rosen können wir aus Marzipan machen.“

„Wir mögen aber kein Marzipan.“

„Dann aus Zucker, die kann man aber nicht essen.“

„Dann haben die Rosen keinen Sinn für mich, danke, dann brauche ich die Torte doch nicht.“

„Das wäre viel zu teuer, wenn wir die Rosen aus Schokolade machen.“

„Danach habe ich doch gar nicht gefragt, ob es dann teurer ist. Können sie jetzt die Torte machen mit Schokoladen-Rosen oder nicht?“

„Ja, aber dann kostet die Torte 50 anstatt 40 €.“

Man, das gibt‘s doch nicht! Ja klar mache ich das für einen Aufpreis von 10 €!

Und so werden wir ganz oft eingeschränkt. Zumindest wird versucht und abzuschrecken, sogar vom Auftragnehmer. „Das ist doch viel zu teuer/nicht im Verhältnis oder, oder, oder.“ Das möchte ich jedoch selbst entscheiden! Darum sind meine Angebote an meine Gäste meist sogar noch ausladender als die Ideen des Paares selbst. *Wegstreichen* kann man immer noch, jedoch kannst du dann selbst entscheiden!

Darum meine Aufforderung an dich: Bitte lebe deinen *impossible dream* und liebe ihn. Fordere ihn heraus und freue dich auf die nächste Stufe, die du erreichst, wenn du schon wieder das Unmögliche möglich gemacht hast!

Mit dem Wissen *Ich werde zwar besser, aber es wird niemals leichter* schließe ich das Kapitel, denn obschon das letzte Event eine Herausforderung war, ist das nächste Event immer das Wichtigste und das plane ich dann mit ebenso viel Enthusiasmus. Nämlich auch zum allerersten Mal!

Foto: Nadines Schmeckerei

Mettbrötchen und Fakten

Wenn man sich in gute Hände begibt, darf man den Profis wirklich vertrauen.

Foto: Nadines Schmeckerei

Ich bin Nadine Dorau. Aber warum hat die Welt auf mein Buch gewartet? Was macht mich eigentlich zur Expertin, die dir hier ihr Buch verkaufen will? Jeder von uns hat einen bestimmten Betrag nur einmal zur Verfügung – warum solltest du also deine 30 €, deine 40 €, deine 50 € für ein Buch von Nadine Dorau anstatt von Jamie Oliver ausgeben?

Weil ich etwa 68 Mal im Jahr heirate (und ich würde glatt selbst nochmal!), 72 Geburtstage feiere, 46 Kommunionen und Konfirmationen begleite, 22 Grundsteinlegungen kulinarisch unterstütze ,14 Täuflinge catere und unzählige Seminare, Fortbildungen, Jubiläen und Eröffnungen beliefere. Es stellt sich also zwangsläufig eine gewisse Routine ein, die bei dem ein oder anderen in einer *Job-Lethargie* enden könnte, mich jedoch, gerade weil ich routiniert bin, spielen und tanzen lässt!

Eine traurige Bilanz gibt es leider ebenfalls, so war dieses Jahr geprägt von vielen Trauergesellschaften, die wir begleitet haben, lieb gewonnene Gäste, die von uns gegangen sind und eben ein letztes Mal zu ihrer Trauerfeier von uns gecatert wurden. In diesem Jahr haben wir zum ersten Mal Giveaways für eine Trauerfeier gefertigt, und ebenfalls zum ersten Mal wurde die Schmeckerei in einem Testament erwähnt: Die Hinterbliebenen sollten das Beerdigungscafé über uns ausrichten lassen. Dafür gab es sogar ein separates Konto. Ganz schön kess von dem alten Herrn, der erwähnte, dass je älter er werden würde, um so mehr sei schließlich auf dem Sparkonto und umso größer könnte dann ja die *Party* werden. Kein Scherz, genau so hat er es geschrieben.

Jetzt noch eine freudige Bilanz: Zum großen Jaques-Offenbach Jahr 2019 durften 2000 (!) Picknickkörbe gefertigt werden. Das heißt 2000 Wraps, 6000 Macarones, 8000 Grissini, 2000 belegte leckere Landbrote, 8000 Falafel, 300 Liter Sauce zu den Falafeln, 2000 Quiche und 240 kg Trauben.

Was Mettbrötchen mit Vertrauen zu tun haben

Ich merke immer wieder, wie wichtig es ist, dass Kunden oder Gäste uns Profis und unserem Wissen und unserer Erfahrung vertrauen. Manchmal möchte ich meine Kunden wirklich wie die Schlange Ka aus dem Dschungelbuch ein klein wenig hypnotisieren und ihnen *vertrau mir* ins Ohr singen. Damit hege ich keine fiesen Absichten wie Bösewicht Ka, sondern selbstverständlich nur gute!

So haben wir zum Beispiel für ein Firmenevent eine Behörde beliefert. Die Chefsekretärin, die alles geplant und bei uns bestellt hatte, orderte bei uns u. a. für den Zwischensnack halbe belegte Brötchen – allerdings bitte keine Mettbrötchen. Ich versuchte unsere Kundin zu überzeugen, dass wir unbedingt ein paar Mettbrötchen mit auf die Platte packen sollten, denn Mettbrötchen, man glaubt es kaum in Zeiten von Veggie- und Healthy-Clean-Eating, laufen einfach immer richtig gut. Es ist die Magie des Mettbrötchens. Niemand würde sich eins zu Hause machen. Aber wenn man mal eins unter die Nase gehalten bekommt, dann greift man einfach zu, beißt rein und denkt sich: „Klug war‘s nicht. Aber geil!“ Meine Kundin lehnte jedoch dankend ab: „Nee. Echt nicht. Brauchen wir wirklich nicht.“

Nun hatte meine Kundin Glück, dass ich eh immer mache, was ich möchte. Natürlich habe ich (kostenlos dazu) Mettbrötchen gemacht und mitgeschickt. Und guess what? Welche Brötchen waren als erstes weg? Die Mettbrötchen. War ich überrascht? Nein. Ich wusste das. Natürlich habe ich mich ansonsten voll und ganz auf Ihre Wünsche eingestellt und Veggie-Brötchen mit Käse, Humus, Gemüse usw. zubereitet, die natürlich auch gern gegessen wurden. Witzigerweise wollte meine Kundin für die Kaffeepause auch keine Muffins haben. Und was macht Dickkopf Nadine? Klar stelle ich auch Muffins mit hin. Und guess what? Klar waren die Muffins ebenfalls als erstes in der Kaffeepause weg.

Habe ich mich über die Wünsche und Bedürfnisse der Auftraggeberin gestellt? Nein. Denn im Grunde becatere ich ja nicht sie persönlich, sondern ihre Gäste. Und ich habe bei meinen kleinen *Dickkopf-Aktionen* an die Gäste gedacht. Ich wusste einfach, dass sie sich auf Mettbrötchen und Muffins stürzen würden. Wenn die Gäste glücklich sind, sieht das natürlich auch die Auftraggeberin, und die tolle Auswahl fällt zurück auf sie. Also sollten am Ende des Tages alle glücklich sein.

Wenn man sich in gute Hände begibt, darf man den Profis wirklich vertrauen. Vertrau mir!

Ach, und das ist übrigens der Grund, warum du mein Buch gekauft hast von deinem Geld. Du kannst mir vertrauen.

Illustration: Sonja Hausmanns

Was darf ich, was nicht?

Was du als Gastgeber darfst, was du besser lässt und wo du auf *Regeln* getrost pfeifen kannst.

Als Gastgeber gibt es eine ganze Menge an No-Gos und Fettnäpfchen, in deren Falle wir als perfekter Gastgeber natürlich nicht tappen möchten. Die meisten No-Gos verstehen sich von selbst und sind offensichtlich. Sie beruhen auf klarem, normalem Menschenverstand, auf unserer Erziehung, den Regeln des Anstandes oder wurden vom Benimm-Guru schlechthin – Adolph Freiherr von Knigge – etabliert.

Einige No-Gos sind jedoch ganz schön tricky und eben nicht so offensichtlich. Denn manchmal denkt man einfach nicht daran oder weiß es wirklich nicht besser. Trotz meiner Philosophie *geht nicht, gibt's nicht* und als Fan des kreativen Rulebreakings, gibt es auch für mich Dinge, die wir uns als Gastgeber unbedingt verkneifen sollten. Und dann gibt es natürlich auch No-Gos, die in genau die andere Richtung abzielen: man meint es einfach nur (zu) gut und übertreibt mit dem Etepetete. Und ganz ehrlich: Manche sogenannte No-Gos kannst du auch getrost vergessen!

Hier nun also für dich mein Sammelsurium an Dos und Don'ts. Alles persönlich, subjektiv, auf meiner Meinung und vor allem jahrelanger Erfahrung beruhend. Dieses Buch soll ein Rundumschlag sein, sowohl für den privaten Gebrauch als auch für den formellen. Um so wichtiger, dass du dich auf allen Parketten sicher bewegen kannst.

Woher kommen unsere Regeln eigentlich?

Woher kommen diese ganzen *Umgangsformen* überhaupt? Wer hat denn mal bestimmt, was sich schickt und was nicht? Ich finde das eine wirklich spannende Frage und habe mich auch hier für dich schlau gemacht.

Nun, die Wurzeln unserer Benimmregeln liegen unseren jahrtausendealten Verhaltensregeln und Ritualen zu Grunde, die unsere abendländische Kultur, Moral und Ethik geprägt haben.

„Eine besondere Bedeutung für das Christentum und unsere daraus abgeleitete Moral, die in die Umgangsformen eingeht, haben zum Beispiel die sogenannten zehn Gebote oder die Bergpredigt aus der Bibel, in der solche ethischen Verhaltensweisen wie *Du sollst nicht töten* oder das *liebe Deinen Nächsten* aus der Bergpredigt bereits beschrieben wurden. Eine noch wichtigere Quelle aus der Verfassung ist aber der Grundsatz *Die Würde des Menschen ist unantastbar*. Daraus folgert die Forderung, man möge sich immer so verhalten, dass sowohl die Würde des Mitmenschen als auch die eigene nicht verletzt werde. Rituale ergeben sich ganz besonders aus der Geschichte und der Tradition, etwa leitet sich die Kleiderordnung bei offiziellen Anlässen oder bei Tanzbällen, teils aus der jeweiligen Mode, teils aber auch aus geschichtlichen Festlegungen ab. Aus all diesen Wurzeln ergeben sich insgesamt die Quellen für unsere Umgangsformen." (Quelle: https://de.m.wikibooks.org/wiki/umgangsformen:_grundkonzepte)

Illustration: Sonja Hausmanns

Die Einladung

Wie lade ich heute ein?

Wie darf man heute eine Einladung verschicken? Es gibt hierfür eine einfache Faustregel – je größer und offizieller das Event, desto offizieller und förmlicher darf auch die Einladung sein. Dennoch fällt es mir schwer, hier zu sagen: „Das musst du in dem Fall so machen" und „Das darfst du auf gar keinen Fall machen". Es kommt eben auch immer auf deine Persönlichkeit an, deine Zeit, deine Energie, und ja, auch dein Budget. Denn 120 individuelle Einladungskarten auf teurem Büttenpapier zu schreiben und zu versenden, kostet nicht nur etliche Euro extra, sondern auch Zeit.

Prinzipiell ist natürlich heute alles erlaubt und jeder macht es so, wie er kann und möchte. Dennoch freuen wir uns mehr über eine tolle, individuell gestaltete Einladung im Briefkasten als über eine schnelle WhatsApp-Gruppen-Nachricht. Apropos: Davon rate ich unbedingt ab, sobald du mehr als sechs Gäste hast. Ich wurde zu einer großen Jubiläumsgeburtstagsparty eines Freundes eingeladen. Er lud circa 100 Freunde, Bekannte und Kollegen ein. Das alles mit einer Sprachnachricht und einem Location-Link via WhatsApp-Gruppe. Einige seiner Gäste kannte ich, den Großteil aber nicht. Er forderte nun alle auf, per Emoji-Daumen-hoch oder Daumen-runter zu antworten, ob man denn nun dabei ist. Du kannst dir nicht vorstellen, wie genervt ich innerhalb kürzester Zeit war, als ständig neue WhatsApp-Nachrichten eintrudelten. Denn natürlich kommentierten die Gäste alles, stellten Rückfragen, schickten alberne Emojis und GIFs etc. Die Gruppe habe ich ganz schnell verlassen. Was auch immer ein komisches Gefühl hinterlässt: „Nadine hat die Gruppe verlassen". Über die Einladung habe ich mich sehr gefreut. Über die Art und Weise der Einladung nicht.

Wenn du schon eine Einladung per WhatsApp versenden möchtest oder musst, dann versuche, es wenigstens individuell zu tun. Du kannst den Text per Copy-and-Paste 100-fach verwenden. Aber versende ihn wenigstens an jeden einzelnen. Eine Gruppe ist in diesem Fall ein No-Go. Ganz zu schweigen von irgendwelchen Datenschutzdingen. Wollen wirklich alle deine Gäste, dass ihre Nummer mal eben mit 80 fremden Personen geteilt wird?

Genauso ist es beim Versand der Einladung per E-Mail. Du kannst deine Gäste gern per E-Mail mit einem schönen Text einladen. Der Vorteil ist hier, du kannst verschiedene hilfreiche Links (Anfahrt, Location etc.) einfügen, so dass sich deine Gäste gleich informieren können. Achte auch hier auf den individuellen Versand, bzw. setze den Verteiler in Blindkopie. So können deine Gäste direkt und einfach antworten. Am schönsten sind natürlich immer individuelle Einladungen auf Papier per Post versandt. Oder ganz besonders gestaltete, ausgefallene Einladungen. Im Internet und bei Instagram oder Pinterest findest du unzählige Ideen und Inspirationen.

Mehr Informationen zu Einladungen findest du im Hochzeitsglossar *Papeterie* und im Abschnitt *Feiern* in den Kapiteln *20er-Jahre-Gatsby-Party* und *90er-Party*.

Illustration: Sonja Hausmanns

Die Gästeliste

Wer darf kommen? Wer muss kommen? Wer soll bitte bloß nicht kommen?

Bei einer lockeren, eher kleinen Party ist klar, dass du nur die Menschen einlädst, auf die du wirklich Lust hast. Bei einer Hochzeit hingegen wird es schon schwieriger. Nicht nur, weil hier gleich zwei Menschen (das Paar) die Gästeliste bestimmen und sich darüber einig werden müssen, sondern weil hier auch oft Gästewelten aufeinanderprallen. Auch verlangt hier die Etikette oft, dass du bestimmte Personen einladen musst, mit denen du freiwillig nicht ein Bier trinken würdest. Was also tun?

Nun, hier kommt es ein bisschen auf deine *Rebell-Qualitäten* an. Ich persönlich finde, es ist, selbst bei einer Hochzeit, DEINE Party. Und deshalb bestimmst DU die Regeln. Und auch die Gäste. Ich möchte dich dazu ermutigen, den Mut zu haben, die griesgrämige Tante Erna nicht einzuladen, wenn du schon bei dem Gedanken daran, dass sie mit ihrem missbilligenden Blick alles mies macht und die Stimmung vergiftet (und damit deine Gäste ansteckt) schlecht Laune bekommst. Und auch wenn deine Mutter Tante Erna unbedingt einladen will („Sie gehört doch zur Familie!“, „Aber sie ist doch meine Schwester!“, „Aber sie hat dir doch früher immer diese niedlichen Socken gestrickt!“), hast du das Recht auf ein „Nein, du kommst hier nicht rein.“ Wenn deine Mutter sich damit nicht wohlfühlt, dann ist das einzig und allein ihr Problem und die Angelegenheit zwischen ihr und Erna. Aber lass dich bitte nicht von Familienmitgliedern bedrängen, wer alles dabei sein muss. Es ist deine Party. Du gibst ein Riesenbudget dafür aus. Du investierst so viel Zeit und Energie. Es ist dein Event, dein Tag. Hier geht es niemals darum, anderen etwas zu beweisen oder die Erwartungen anderer pflichtbewusst zu erfüllen.

Wenn du unsicher bist, ob du das wirklich so rigoros machen darfst, frage dich, was das Schlimmste sein könnte, was passieren würde, wenn du Tante Erna nicht einlädst. Nun, Erna wird sauer sein. Vielleicht aber auch nicht. Vielleicht interessiert es sie auch gar nicht. Vermutlich ist nur deine Mutter nervös, weil sie ein Problem damit hat. Und genau das ist es wie gesagt auch: Ihr Problem. Nicht deins. Hinzu kommt, dass solche Erna-Gäste meistens sowieso immer etwas zu meckern haben. Selbst wenn sie da sind, werden sie meckern. Also ist es am Ende auch völlig egal, ob sie dabei sind oder nicht. Und du wählst einzig und allein die Variante, bei der dein Bauch entspannt *puh, so fühlt es sich richtig an* sagt.

Mehr Infos zu deiner *perfekten Gästeliste* findest du auch im Hochzeitsglossar.

Illustration: Sonja Hausmanns

Sitzordnung

Wer sitzt wo?

Bei einem gesetzten Essen machst du dir auf jeden Fall Gedanken darüber, wen du wohin platzierst. Die richtigen Menschen zusammen an einem Tisch zu setzen, ist Kunst und Herausforderung zugleich. Ich könnte dir hier zig Abhandlungen liefern über die perfekte Sitzordnung und auch hier gibt es engmaschige Knigge-Empfehlungen. Diese sind jedoch teils sehr starr und nicht immer passend.

Ich empfehle dir hier stattdessen, auf dein Bauchgefühl zu vertrauen. Was du unbedingt machen musst, ist, dich mit dieser Thematik auseinanderzusetzen und eine Sitzordnung vorzugeben. Denn sonst hast du wirklich Chaos und sorgst für Missstimmungen unter den Gästen, wenn sie sich, wie in alten Schulzeiten, Plätze selbst suchen müssen. „Ist hier noch frei, dürfen wir uns dazu setzen?"– „Ähm, nein, ist leider schon besetzt." – sowas sorgt immer irgendwie für komische Stimmung.

Es spricht überhaupt nichts dagegen, deine Gäste nach Alter sortiert zu platzieren, oder die Cliquen zusammenzulassen. Warum denn auch nicht? Menschen verbringen nun mal gern Zeit mit Menschen, die sie kennen oder die ihnen ähnlich sind.

Andererseits kannst du auch gern deine Gäste mischen, ganz bewusst. Du solltest hier jedoch genau überprüfen, ob du dir vorstellen kannst, dass diese zusammengewürfelten Konstellationen dann auch wirklich harmonieren. Werden sie Interesse aneinander haben? Sind sie aufgeschlossen, neue Menschen kennenzulernen? Wie kannst du eventuell auch Gespräche zwischen Fremden initiieren, so dass das Eis gebrochen ist? Wichtig: Erzwinge hier nichts! Nichts schadet dir und deiner Party mehr als lauter an ihren Plätzen frustrierte Gäste, an deren Haltung und Gesichtszügen man erkennen kann, wie doof sie es finden, dass sie nicht neben Freunden, sondern neben völlig fremden Zeitgenossen sitzen müssen. Vorsicht ist auch beim Trennen von Paaren geboten. Kommt fast immer nicht so gut an.

Illustration: Sonja Hausmanns

Den Tisch eindecken

So richtig? Wie geht das eigentlich?

Für den perfekt gedeckten Tisch benötigst du: Geschirr, Besteck und Gläser. Um genau zu sein:

Platzteller, Vorspeisen-, Hauptspeisen-, und Brotteller, Suppenlöffel, Vorspeisengabel und Messer, das Tafelbesteck für den Hauptgang und das Dessertbesteck. Hinzu kommen Wasser-, Rot-, und Weißweingläser sowie eine leicht gestärkte Serviette.

Der Platzteller sowie einige Besteckteile werden an der Grundlinie entlang ca. 1-2 cm von der Tischkante entfernt ausgerichtet.

Die Teller

Die Teller werden mittig platziert, so weit so gut! Bestenfalls nutzt du einen Platzteller, gerade bei festlichen Anlässen komplettieren sie deine Tafel. Der Platzteller dient als Platzhalter, er bleibt einschließlich bis zum letzten Gang auf der Tafel. Der Suppenteller steht auf dem Hauptgangteller. Der Brotteller steht ganz außen links neben der linken Besteckreihe. Das (Brot-)Messer findet auf dem Brotteller Platz.

Der Brotteller

Zuletzt kommt der kleine Teller oder der Mittelteller für das Brot oder den Toast auf den Tisch. Dieser wird links der Gabel nicht an der Grundlinie eingedeckt, um den Gast nicht zu behindern. Entweder man platziert ihn mit dem Oberrand auf einer Linie mit den Zinkenspitzen der zweiten Gabel (wenn es keine zweite Gabel gibt, an der Hauptgabel) oder an der linken Einbuchtung der Gabel. Das Messer wird auf den rechten Rand des Tellers, Messerspitze auf eine Linie mit dem Oberrand des Tellers und der Gabelspitzen sowie mit der Schneide nach links, aufgelegt.

Das Besteck

Das Besteck* wird wie auch der Platzteller ca. 1-2cm von der Tischkante aufgelegt. Das Besteck sollte etwa ein Fingerbreit Abstand zum Teller haben. Alle weiteren Besteckteile werden in gleichem Abstand zueinander gelegt, so dass man noch eine Geldkarte dazwischen durchziehen kann.

Gabel (endet auf L – immer links).
Messer (endet auf R – immer rechts).

Diese Eselsbrücke kannst du dir gut zu Nutze machen und es auch so deinen Kindern weitergeben. Mir hat das sehr geholfen! Der Suppenlöffel findet neben den Messern Platz.

* https://www.hotelfach-wissen.de/service/tisch-eindecken

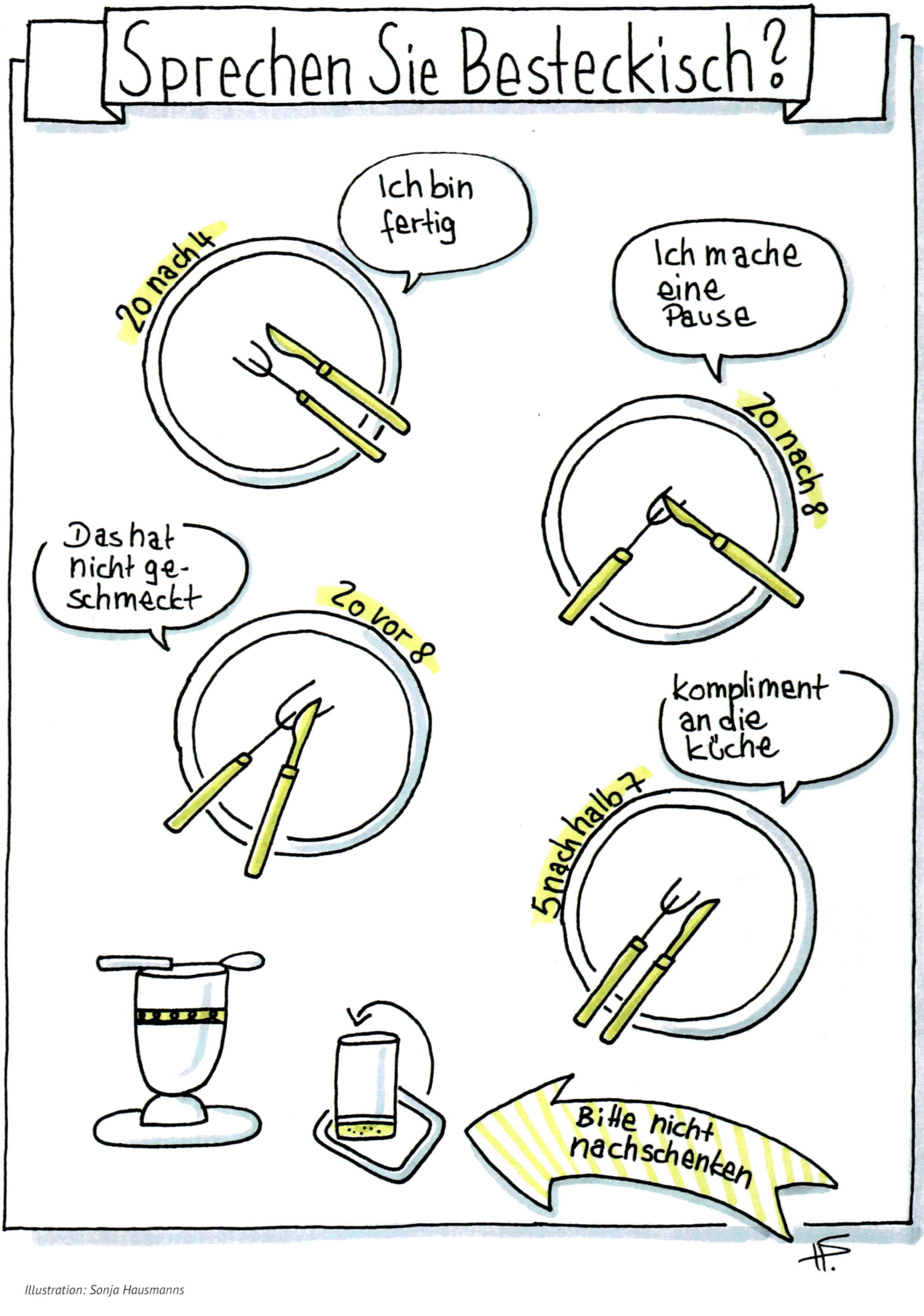

Illustration: Sonja Hausmanns

Die Reihenfolge

Ganz rechts liegt der Suppenlöffel. Daneben das Vorspeisenmesser, dann das Messer für den Hauptgang. Auf der rechten Seite dürfen maximal vier Besteckteile liegen. Außer dem Hauptgangmesser können noch das Fischmesser, das Mittelmesser oder der Suppenlöffel dort liegen.

Links liegt am Teller die Gabel für den Hauptgang, daneben also ganz außen die Gabel für die Vorspeise. Dann folgen links Brotteller und Messer.

Auf der linken Seite können maximal drei Besteckteile liegen. Die zweite Gabel wird so weit nach oben geschoben, dass die Zinkenenden mit den Zinkenspitzen der ersten Gabel auf einer Linie liegen. Die dritte Gabel wird wieder an der Grundlinie ausgerichtet.

Über dem Teller werden das Dessertbesteck und Käsebesteck platziert. Die Gabel zeigt nach rechts, der Löffel nach links.

Das Dessertbesteck und das Besteck für den Käsegang werden oberhalb des Tellers eingedeckt. Normalerweise deckt man Löffel und Gabel ein. Weiß man aber, dass z. B. nur Schokomousse serviert wird, kann man auch nur einen Löffel hinlegen.

Der Löffel liegt über der Gabel, und die einzelnen Bestecke werden ebenfalls so dicht zusammengelegt, dass man eine Geldkarte dazwischen ziehen kann. In der Schule haben wir dazu eine – für heutige korrekte Zeiten nicht mehr ganz so passende – kleine Eselsbrücke gelernt: ER (der Löffel) liegt auf IHR (der Gabel).

Außerdem kann man sich folgende Regeln merken: Das gefährlichere Besteckteil wie die Gabel oder das Messer liegen immer unten. Die Besteckteile werden so positioniert, dass der Kellner sie problemlos neben den Teller ziehen kann. Das heißt, der Löffel bzw. das Messer wird mit dem Stiel nach rechts und die Gabel mit dem Stiel nach links gelegt.

Besteck-Positionen und ihre Bedeutung: Sprechen mit Messer und Gabel oder: Was will mein Gast mir sagen?

Wer weiß, wie man das Besteck nach einem Essen auf dem Teller platziert, kann schnell zum Gewinner werden. So erging es etwa einem Kandidaten im TV-Quiz mit Günther Jauch. Er gewann eine Million Euro, weil er wusste, dass die *20-nach-4*-Stellung ein Zeichen für den Kellner ist. Aber auch im ganz alltäglichen Leben kann es nicht schaden, die *Besteckspräche* zu beherrschen – denn gute Tischmanieren kommen immer an.

Vor allem bei Restaurantbesuchen oder bei Einladungen zu offiziellen Essen spielt die Position des Bestecks eine bedeutsame Rolle, denn damit sendet man Signale an das Personal. Grundsätzlich wichtig dabei ist die Vorstellung des Tellers als eine Uhr sowie von Messer und Gabel als deren Zeiger.

Die verschiedenen Besteck-Positionen und ihre Bedeutung

Die 20-nach-4-Stellung: Ich bin fertig*

Messer und Gabel werden parallel zueinander auf der Telleruhr abgelegt. Die Griffe zeigen nach rechts unten – bildlich gesprochen also auf vier Uhr. Das Messer stellt den Stundenzeiger dar, der auf die vierte Stunde zeigt, die Gabel liegt als Minutenzeiger auf der zwanzigsten Minute – zwanzig nach vier. Gäste, die ihr Besteck so platzieren, geben dem Kellner damit den Hinweis, dass sie fertig sind und ihr Teller abgeräumt werden kann.

Die 20-nach-8-Stellung: Ich mache eine Pause

Liegen Messer und Gabel in einem Dreieck angeordnet, auf der achten Stunde und der zwanzigsten Minute – uhrzeitlich gesprochen also auf 8:20 Uhr – bedeutet das für das Servicepersonal: Der Gast legt gerade eine Essenspause ein. Der Tisch kann also noch nicht abgeräumt werden.

Die 20-vor-8-Stellung: Das hat gar nicht geschmeckt!

Weil diese Regel im Knigge nicht offiziell auftaucht, ist sie äußerst umstritten. Trotzdem wird sie häufig von Restaurantgästen als Geringschätzung der Kochkünste der Restaurantküche eingesetzt. Bilden Messer und Gabel auch hier ein Dreieck zueinander, wobei sich Klinge und Zinken in der Mitte zur 7:40-Uhr-Position treffen, kann das für den Kellner unzufriedene Gäste bedeuten.

Die 5-nach-halb-7-Stellung: Kompliment an den Küchenchef

Hat es dem Gast geschmeckt, kann er das natürlich auch durch sein Besteck ausdrücken. In diesem Fall wird das Besteck mit beiden Griffen nach links unten parallel zueinander positioniert. Für den Kellner heißt das, er kann abräumen und dem Chefkoch das Kompliment seines Gastes übermitteln.

Die Löffelchen-Stellung: Bitte nicht nachschenken!

Etwas anzüglich ausgedrückt, existiert in vielen Restaurants mit orientalischer Küche die Löffelchen-Stellung. Diese hat aber nichts mit dem zärtlichen Miteinander von Mann und Frau zu tun. Vielmehr bedeutet sie im gastronomischen Zusammenhang, dass ein Gast den Teelöffel auf seinem leeren Teeglas platzieren sollte, wenn nicht mehr nachgeschenkt werden soll. In den Brauhäusern des Rheinlands gilt das übrigens für die Bierdeckel. Wer hier die nächste Runde auslassen möchte, sollte sich mit der Deckelchen-Stellung auskennen.

* http://www.serviceseiten50plus.de/themen-fenster/essen-trinken/langseite-essen-trinken/article/tischknigge-besteck-positonen-und-ihre-bedeutung/

Die Gläser

Sind die Bestecke eingedeckt, kommen die Gläser an die Reihe (maximal vier auf dem Tisch pro Person). Diese sollten nur in poliertem und einwandfreiem Zustand auf den Tisch gestellt werden. Damit sie auch beim Einsetzen sauber bleiben, sollte man sie so wenig wie möglich anfassen, das heißt, nur am Stiel nehmen und gegebenenfalls Handschuhe tragen.

Das erste Glas, welches auf den Tisch eingesetzt wird, ist das Richtglas. Es ist das Glas zum Hauptgang und somit meist das Rotweinglas. Dieses wird im rechten Winkel von Hauptgangmesser und Dessertbesteck platziert. Alle anderen Gläser werden nach diesem ausgerichtet.

Wie viele Gläser auf dem Tisch stehen, hängt von der Anzahl der Gänge und den Getränken, die dazu serviert werden, ab. Außerdem spielt der Platz auf dem Tisch eine wichtige Rolle. Wenn der Tisch nicht groß genug ist, können auch keine vier Gläser dort Platz finden.

Eingedeckt werden können Wassergläser, Rotwein- und Weißweingläser und Sektgläser. Diese kann man in verschiedenen Formen aufstellen, wobei beachtet werden muss, dass die hohen Gläser hinten (z. B. das Sektglas) stehen und das kleinere (meist das Wasserglas) vorne.

Die Servietten

Die Servietten finden auf dem Teller Platz, steht der erste Gang bereit, werden sie links neben die Gabelbesteckreihe oder auf den Brotteller gelegt.

Der kleine Servietten-Knigge: Platzierung der Serviette*

Servietten sind in jedem Restaurant und an jeder festlich gedeckten Tafel eine Selbstverständlichkeit. Doch gerade deshalb stellen sich in Bezug auf den korrekten Umgang mit ihnen im Alltag immer wieder zahlreiche Fragen. „Wo gehört die Serviette beim Essen hin?“, „Was tun, wenn sie auf den Boden fällt?“ und, und, und.

Wohin mit der Serviette vor dem Essen?

Die Serviette wird unmittelbar vor dem ersten Gang vom Tisch genommen und zu einem Rechteck gefaltet auf den Schoß gelegt. Die beste Art, eine mittelgroße Serviette dort zu platzieren, ist folgende: Falte die Serviette etwa zu einem Drittel ein, und lege sie so auf den Schoß, dass der Knick zum Tisch zeigt und die offene Seite zu dir. So kannst du die innen liegende Hälfte zum Mund führen und die Schmutzfläche danach innen verstecken.

Vorteil: Der Teil der Serviette, der mit deiner Kleidung in Berührung kommt, bleibt immer sauber, da du dir mit dem eingefalteten Drittel vor dem Trinken die Lippen abtupfen kannst.

Die Serviette wird nicht um den Hals geknotet oder gar ins Hemd bzw. den Gürtel gesteckt, auch wenn deine Bluse oder deine Krawatte noch so teuer war.

* https://www.sekada.de/kommunikation/stil-und-etikette/artikel/der-kleine-servietten-knigge-wohin-mit-der-serviette/

Wohin mit der Serviette während des Essens?

Ehe du zum Glas greifst, tupfe die Lippen kurz ab. So vermeidest du unschöne Fettspuren. Denke daran, den Teil der Serviette, der mit deinen Lippen in Berührung gekommen ist, nicht auf deine Kleidung zu legen. Ansonsten bleibt die Serviette während des gesamten Essens auf deinem Schoß.

Wohin mit der Serviette, wenn du während des Essens aufstehst?

Seit einiger Zeit mehren sich Veröffentlichungen, in denen zum Ablegen der Serviette während des Essens folgendes empfohlen wird: Lege deine Serviette auf dem Stuhl/auf der Stuhllehne ab, falls du – etwa bei einem Buffet – während des Essens den Tisch verlassen willst. Das ist eine Sitte aus den USA, die in Deutschland nicht gilt!

Der deutsche Parkplatz für die Serviette während einer Unterbrechung des Essens ist nach wie vor links neben dem Gedeck. Diese Regel hat ihren Sinn: Wenn alle Gäste ihre Serviette links ablegen, kommt niemand durcheinander, welche Serviette seine ist. Außerdem stehen rechts vom Gedeck die gefüllten Gläser, so dass das Aufnehmen und Ablegen der Serviette ein Pannenrisiko darstellen kann.

Wohin mit der Serviette nach dem Essen?

Du faltest die Serviette locker entgegen dem Originalkniff – um Schmutzspuren zu verdecken – und legst sie links neben deinem Teller ab. Auch für Papierservietten gilt: Sie gehören neben den Teller und nicht mehr darauf. Denn das Bedienungspersonal muss in vielen Fällen die Teller spülmaschinenfertig in der Küche abgeben. Das bedeutet, dass auf dem Teller befindliche Speisereste von der Papierserviette getrennt werden müssten. Um dem Personal das zu ersparen, platzierst du die Serviette neben dem Teller.

Illustration: Sonja Hausmanns

Illustration: Sonja Hausmanns

Die Begrüßung

Eine korrekte Begrüßung kann eine Wissenschaft für sich sein

Eine korrekte Begrüßung kann eine Wissenschaft für sich sein. Dabei ist die Begrüßung ganz einfach, wenn man diese simplen Regeln kennt und anwendet. Das kannst du übrigens auch wunderbar im Alltag jenseits einer Feierlichkeit anwenden und ausprobieren!

Wer grüßt zuerst? Wer wird zuerst begrüßt?

Es grüßt immer zuerst, wer einen Raum betritt, ob du nun in einen Konferenzraum kommst oder in ein Wartezimmer beim Arzt.

Bei einer zufälligen Begegnung, z. B. auf dem Flur, begrüßt immer derjenige zuerst, der sein Gegenüber zuerst erblickt.

Solltest du in einen Raum kommen, in dem bereits mehrere Personen warten – z. B. bei einer Party – gibt es verschiedene Szenarien:

Du begrüßt den Gastgeber zuerst und bedankst dich gleichzeitig für die Einladung.

Wenn es keinen Gastgeber gibt, begrüßt du als erstes die Menschen, die du kennst.

Wenn du niemanden kennst, begrüßt du die Anwesenden der Reihe nach. Wiederhole hier gern deinen Namen.

Im Jobrahmen gibt es eine Ausnahme. Hier grüßt immer der *Rangniedrigere* den *Ranghöheren* – also Angestellter seinen Chef. In einem Business-Meeting oder bei einem Geschäftsessen wird also nicht unbedingt die Dame zuerst begrüßt, sondern die ranghöchste Person im Raum und danach alle anderen in absteigender Hierarchie (sofern diese bekannt ist). Wer in der Runde keine Rangordnung feststellen kann, begrüßt wie oben angesprochen alle der Reihe nach.

Ladies first gilt also nicht im beruflichen Kontext. Aber auch hier bestätigt die Ausnahme die Regel: Bei Abendveranstaltungen darf gern wieder die Dame zuerst begrüßt werden.

Eine Begrüßung muss nicht kompliziert sein, ein einfaches „Guten Tag, Frau Dorau“ ist völlig ausreichend und angemessen. Der Gegrüßte darf genauso zurück grüßen im gleichen formalen Wortlaut. Hier geht es weniger um die genauen Worte, sondern um die Förmlichkeit: Auf ein förmliches *Guten Tag* solltest du also nicht mit einem *Hallo* antworten. Wenn dich jemand begrüßt, ist es auch unangebracht, wenn du nur zurück nickst.

Natürlich trittst du als Gast – aber auch als Gastgeber – souverän auf. Du hast eine selbstbewusste Haltung, fühlst dich wohl, gibst die Hand und lächelst.

Zur Begrüßung gehört in vielen Fällen ein Handschlag.

Im Geschäftsleben entscheidet stets der Ranghöhere, ob er seinem Gegenüber die Hand reicht. Achtung, tricky: Falls du also als *rangniedrigere* Person in einen Raum kommst, grüßt du zwar zuerst. Aber eben zunächst nur verbal. Der Ranghöhere entscheidet dann, ob er dir auch die Hand reicht. Deshalb bitte nie mit ausgestreckter Hand auf andere zulaufen – Fauxpas!

Eine Ausnahme bist du als Gastgeber. Hast du eingeladen, bist du praktisch die ranghöchste Person im Raum und es wird erwartet, dass du als Gastgeber deine Gäste mit einem Händedruck willkommen heißt. Allerdings auch hier – falls die Gäste nicht nach und nach erscheinen – den ranghöchsten Gast zuerst.

Herzen, Bützen, Busserln?

Küss die Hand gnädige Dame! Wie geht das eigentlich richtig *das Begrüßen*? Muss ich eine Umarmung aushalten können? Verschwimmen durch unsere kosmopolitische Haltung die Begrüßungsgebärden der verschiedenen Kulturen oder bin ich einfach nur komisch?

Ganze YouTube-Tutorials und Online-Kurse drehen sich um genau dieses Thema und enden oft in der Selbsterkenntnis „das liegt dann wohl an mir". Es werden *Kuschelkurse* angeboten, um dir die diagnostizierte jedoch nicht bestehende Angst vor Nähe zu nehmen. Bei meiner Recherche zu diesem Thema bin ich sogar auf Streichelbehandlungen gestoßen, die deine Sinne anregen sollen, so dass du Körperkontakt als angenehm spüren kannst.

Mein Gedanke dazu: „Du kannst, wenn du Unsicherheit in Menschen schürst, wohl alles verkaufen". Denn wenn du dich nicht von jedem x-beliebigen Menschen umarmen lassen möchtest, so ist das keine *Humanphobie* oder gar *Sozialphobie*, sondern eben ganz einfach der Schutz deiner Distanzzone. Hier liegt der Fehler nicht bei dir, sondern beim Gegenüber der deine *Wohlfühlzone* durchbricht.

Sein ungeniertes Verhalten kann vielerlei Ursachen haben, zum einen kann das einfach das Fehlen jeglicher Empathie sein, zum anderen will er damit seine eigene Unsicherheit kaschieren. Denn so besteigt der Umarmende zwangsläufige ein höheres Treppchen der Hierarchie. Zum Dritten weiß er es einfach nicht besser und zum vierten, er kommt aus einer Kultur, in der die Begrüßung auf diese Art gang und gäbe ist. Die letzte Möglichkeit ist die peinlichste, wenn sie einseitig ist: die stärkeren Gefühle für eine Person und das damit verbundene *körperliche Nähe suchen*. Natürlich gibt es noch sämtliche weitere Möglichkeiten. Meist laufen jedoch auch diese (zum Beispiel der Versuch, besonders schnell *nah* und freundschaftlich mit jemandem zu sein) auf eine der oben genannten Fakten aus – in diesem Fall *die eigene Unsicherheit kaschieren*.

Das Bedürfnis nach einer verbindlichen Formel zum Grüßen deines Gegenübers wird also immer stärker, während auch die Verunsicherung im gleichen Maße wächst.

Ich möchte dir gerne beide Seiten beleuchten und dir die passenden Werkzeuge (Danke an Michael Ehlers für die Schulung!) an die Hand geben, die du nutzen kannst, um dich situativ angemessen, freundlich, jedoch auch bestimmend und rücksichtsvoll zu verhalten.

Das erste Werkzeug ist immer das Wissen. Das zweite ist das Verstehen. Das dritte ist das Umsetzen.

Mir ist es darum wichtig, dass ich dir nicht nur eine Liste überreiche „so gehst du mit Knuddlern um" oder „so merkst du, ob eine Person umarmt werden mag", sondern dir ebenfalls die Warums erkläre.

Crowding Situations, das sind Situationen, in denen wir besonders eng und auf kleinstem Raum mit anderen uns oft nur oberflächlich bekannten oder gar fremden Menschen verweilen müssen. Das kann die Schlange im Supermarkt genauso sein wie der Aufzug oder das Gedränge auf dem Weihnachtsmarkt. Dieser Impuls des Unwohlseins ist also ein ganz normales Gefühl, welches immer den Verlust deiner Distanzzone beinhaltet. Dieser Impuls und das unbehagliche Gefühl stammt aus einer Zeit, in der unser Territorialverhalten überlebensnotwendig war und ist uns auch nach Jahrtausenden der Evolution erhalten geblieben.

Im Laufe einer Beziehung, sei es nun eine Freundschaft oder eine freundschaftliche Geschäftsbeziehung oder die Schwiegereltern in spe, ändern sich die Distanzzonen. Je länger eine Beziehung andauert, umso kleiner wird meist die Distanzzone. Hier ist nun die Empathie gefragt: Wann ist der richtige Zeitpunkt *einen Schritt weiter zu gehen* und zur Begrüßung und zum Abschied die Umarmung anzustreben?

Wenn du der *Knuddler* bist, so musst du zwingend notwendig sehr aufmerksam die Person studieren. Ist er/sie introvertiert oder eher extrovertiert? Landet zwischendurch mal seine Hand zum wohlwollenden Schulterklopfen auf deinem Körper oder zieht diejenige den Stuhl zunächst stets ein Stück zurück, wenn ihr euch trefft, um etwas mehr Abstand zu gewinnen? Kennt ihr euch lediglich verbal oder aus Chatrooms, die jedoch psychisch in die Tiefe gingen, so kannst du ganz frei fragen: „Ich habe das Gefühl, wir kennen uns das ganze Leben lang, so dass ich dich jetzt umarmen würde, doch ich strecke dir erstmal meine Hand zum Gruß" – so hast du offen gesagt, was du denkst und bereits mitgeteilt, dass du für eine Umarmung offen wärst. Dein Gegenüber verlässt jetzt, wenn er deine Hand nimmt und dich trotzdem umarmt, seine Wohlfühlzone aus freien Stücken. Du dringst nicht ein. Die Atmosphäre zwischen euch bleibt entspannt.

Wenn du der Mensch bist, der der *Bussi-Bussi-Gesellschaft* so gar nichts abgewinnen kann, so musst du mit deiner Körpersprache bewusst arbeiten, bei emotionalen Hornochsen eventuell sogar etwas übertreiben. Du musst jedoch auch die Körpersprache des Gegenübers verstehen lernen, auf die du reagieren kannst. Du musst dich einer Umarmung nicht einfach fügen, nun soll natürlich aber auch keine angestrengte Stimmung entstehen. Dem entgehst du, wenn du immer einen Schritt voraus bist, siehst du zur Begrüßung die kleinste Bewegung, die auf eine Umarmung hindeutet, so streckst du die Hand zum traditionellen Gruß per Handschlag aus. Schwieriger ist es, wenn eine ganze Gruppe zusammensteht. Hier würdest du wohl gern deine beste Freundin drücken, alle anderen aber nicht. Wie kann man das handeln? Du stößt dazu und kannst schon aus ein paar Metern Entfernung rufen: „Hallo, ihr Lieben, fühlt euch alle gedrückt!". Stehst du mit einer Gruppe zusammen und eine weitere Person stößt dazu, die einfach alle umarmt, egal ob beste Freundin, weitläufige Bekannte oder fremde Person, so ist es natürlich an deinen Freunden/Bekannten, dir die Person vorzustellen. Ist der Satz ausgesprochen: „Das ist die Katja, sie ist eine entfernte Verwandte von..., das ist die Nadine, die beste Freundin von..." so streckst du direkt die Hand zum Gruß aus. Falls diese Bekanntmachung nicht fällt, weil jemand dieses Buch nicht gelesen hat und eben den richtigen Umgang nicht kennt, so übernimmst du das Ruder: „Hi, mein Name ist, ich bin die Freundin von..." und streckst die Hand aus.

Bist du der Gastgeber und Gäste kommen zu deiner Party, so machst du sowieso deine eigenen Regeln und streckst die Hand aus, bei denjenigen, die du nicht so gern umarmen magst.

Bist du Gast, erwiderst du die Begrüßung des Gastgebers, außer es geht dir zu nah, so greift wieder der Tipp *schnell die Hand ausstrecken*.

Wir haben jetzt also die Werkzeuge Hintergrundwissen und Verstehen. Bevor du zur Umsetzung deines Wissens im Alltag und auf einer Party kommst und somit zum letzten Werkzeug, dem Üben, möchte ich dir noch einen Tipp mit auf den Weg geben: Dein Gegenüber wird dein Verhalten nicht als ablehnend werten, wenn du freundlich bist und auch dein Gegenüber kann genauso fühlen wie du und sich zu Beginn mit der Frage: „Wie begrüße ich denn jetzt?" unsicher sein.

Durch die Corona-Pandemie, ausgebrochen im Jahr 2019, gilt die Umarmung noch immer bei manchen als Gesundheitsgefährdung und sozial ungeschickt. Die Anzahl der Knuddler potenziert sich darum nach unten, ist jedoch nicht völlig versiegt.

Der US-Anthropologe Edward Hall hat in den 1960er Jahren folgende Zonen erforscht und ermittelt:

- *ab 3,60m Abstand von der nächsten Person: Wohlfühlfaktor (öffentlicher Raum)*
- *1,20m bis 3,60m: soziale Zone (zum Beispiel geschäftliche Distanz)*
- *0,60m bis 1,20m: persönliche Zone*
- *bis 0,60m: intime Zone*

Diese Information ist als Anhaltspunkt wichtig für dich. Du hast jetzt ein wichtiges Werkzeug – nämlich faktisch ermittelte Werte – die du *in etwa* einhalten kannst, um Erstkontakte professionell zu meistern.

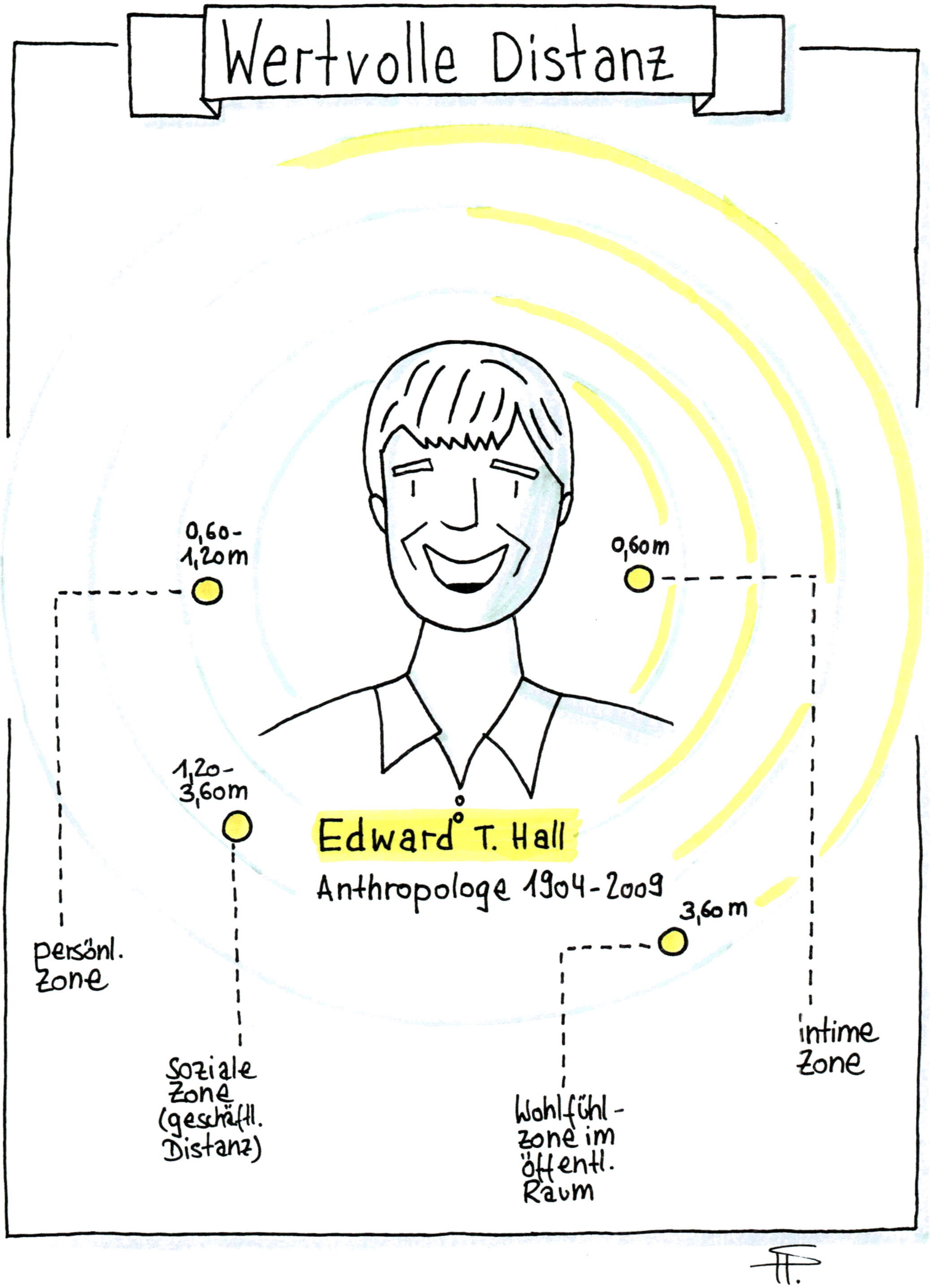

Illustration: Sonja Hausmanns

Dos

Gerne bitte so...

Sorge für eine angenehme Temperatur

Es ist für deine Gäste unangenehm, wenn sie in einen kalten Raum kommen. Merke: Ein kühler Raum bringt kühle Stimmung. Das ist ein echter Stimmungskiller. Gerade frierende Frauen motzen und nörgeln schnell. Da du entsprechend keine fröstelnde Atmosphäre willst, heizt du den Raum vorher auf und bringst ihn auf eine angenehme Temperatur. Wenn deine Gäste da sind und sich deine Location durch die anwesenden Gäste zusätzlich aufheizt, kannst du die Temperatur jederzeit wieder herunter regulieren. Du machst einfach die Fenster und Türen auf und holst frische Luft hinein. Aber das geht schnell und ist weniger dramatisch als andersherum.

Illustration: Sonja Hausmanns

Lass die Putzlappen bitte liegen

Als guter Gastgeber putzt du nicht, während deine Gäste noch da sind, koste es, was es wolle. Du kannst zwar verschüttete Getränke oder einige Kleinigkeiten beseitigen, aber wenn du in der Küche Gläser und Schüsseln während der Party spülst, werden deine Gäste das als Zeichen dafür sehen, dass sie gehen sollen. Auch wenn du es hasst, Chaos zu sehen, denke immer daran, dass eine spaßige Feier wichtiger ist als dass alles sauber ist, wenn die letzten Gäste gehen.

Selbst wenn nur noch wenige Gäste da sind, sendet Aufräumen das Zeichen, dass du möchtest, dass sie gehen. Wenn du wirklich willst, dass die Party zu Ende ist, dann sei lieber ehrlich, statt zu hoffen, dass sie die Zeichen richtig deuten können.

Illustration: Sonja Hausmanns

Liebe das Chaos

Wenn jemand Wein auf deinem Teppich verschüttet, eine Schüssel mit Nachos umfällt oder versehentlich eine Vase umstößt, dann versuche, nicht zu verärgert zu handeln oder dafür zu sorgen, dass deine Gäste sich für das, was passiert ist, schlecht fühlen. Du hast beschlossen, die Party zu schmeißen und großes Chaos gehört eben dazu. Wenn man sieht, dass du verärgert oder gestresst bist, dann fühlen deine Gäste sich furchtbar und für deine Gäste ist dann schnell klar: Du bist verklemmt und kannst keine spaßige Party feiern.

Sage bei einem Malheur stattdessen z. B.: „Mach dir darum keine Sorgen. Das passiert auf Partys ständig, es ist keine große Sache."

Wenn du verhindern möchtest, dass Dinge, die dir wirklich viel bedeuten, kaputt gehen, bringe sie vor der Party *in Sicherheit*.

Illustration: Sonja Hausmanns

Ist genügend Platz, Licht und Strom für deinen Caterer vorhanden?

Wenn du einen Caterer beauftragst hast, kläre bitte unbedingt im Vorfeld mit ihm ab, was er an Strom, Licht und Platz benötigt. Solltest du keine riesige XXL-Küche haben, finde unbedingt eine Lösung dafür, wo der Caterer seine Arbeit gut machen kann. Oft haben die Gastgeber das gar nicht auf dem Schirm und fallen dann völlig aus den Wolken, wenn sie am Tag der Party gar nicht wissen, wohin eigentlich mit dem Caterer.

Ich habe es leider schon erlebt, dass mir als Caterer ein enger, dunkler Platz unter der Treppe zugewiesen wurde. Da muss ich es dann in Kauf nehmen, dass ich als *schwierige Künstlerin* gelte, wenn ich anmerke, dass es nicht so einfach ist, einen tollen Teller anzurichten, wenn man mir kein Licht und keinen anständigen Platz zur Verfügung stellt. Mit Handlicht und Kerzen zu arbeiten mag witzig klingen, ist es bei der Arbeit jedoch nicht.

Hier muss der Gastgeber dann entscheiden: Lasse ich vom Caterer einen tollen Teller anrichten, mache mal eben für einen Moment das Licht an und nehme in Kauf, dass dafür kurz die Stimmung gestört wird, oder nicht?

Illustration: Sonja Hausmanns

Solche Überraschungen wären aber im Vorfeld zu vermeiden, wenn dein Caterer über das herausfordernde Setting Bescheid weiß. So kann man gemeinsam versuchen, das Problem zu lösen, z. B. durch das Bereitstellen oder Mitbringen von LED-Batterielampen.

Ist genügend Strom da? Was ist wichtiger, Beleuchtung, Musik oder das Beheizen der elektrischen Rechauds? Auch hierfür kannst du für Alternativen (z. B. per Brennpaste beheizte Rechauds – Achtung: Diese müssen beständig gecheckt und gewechselt werden) sorgen, wenn du diese Dinge vorher klärst.

Es gibt für alles eine Lösung, wenn man die Dinge vorher und rechtzeitig klären kann. Also gilt: Planen, planen, planen, planen! Und so viele Infos wie möglich sammeln. Dann läuft das auch.

Mehr Informationen über die Zusammenarbeit mit Caterern erhältst du auch im Hochzeitsglossar!

„Wenn keine Gäste kommen, die größer als 2,20 Meter sind, muss auf Schränken nicht Staub gewischt werden."

– Aus meinem neuen Haushaltsratgeber

Danke sagen – aber vorher

Wusstest du, worüber sich Gastgeber, Service-Leute und Dienstleister richtig freuen (weil es so selten vorkommt und wirklich immer eine Überraschung ist)? Ein Dankeschön. Nicht nur hinterher, wo ein Dankeschön eine Selbstverständlichkeit sein sollte, sondern auch schon im Vorfeld. Warum nicht dem Floristen, dem Location-Inhaber oder dem Caterer schon vorher Danke sagen? Ein Dankeschön vor der zu erbringenden Leistung zu übermitteln, ist sicher ungewöhnlich, aber eine wirksame Motivationsspritze.

Wir Dienstleister sind so dankbar und freuen uns wahnsinnig, wenn wir eine kleine Aufmerksamkeit bekommen. Du wirst in besonderer Erinnerung bleiben, wenn du zum Beispiel nach der Beratung und der festen Bestellung einen Gruß samt Blumen, Schokolade oder einer anderen kleinen Aufmerksamkeit sendest oder deiner Vorfreude mit einer schönen Karte und netten Worten wie „Vielen Dank für die tolle Beratung! Wir freuen uns, dass wir Sie für die kulinarische Begleitung/Dekoration/(etc) an unserem großen Tag an unserer Seite wissen."

Wenn ich solche netten Worte und Aufmerksamkeiten bereits vorab bekomme, gebe ich mir natürlich nochmal extra Mühe und behandele die Familie sogar etwas bevorzugt. Jeder wird schließlich gern wertgeschätzt.

Illustration: Sonja Hausmanns

Don‘ts

Und so bitte nicht...

Absolute No-Gos, die offensichtlich und uns allen bewusst sind, sind zum Beispiel unsaubere Toiletten, warmer Wein und kaltes Essen. Eine nicht angenehm temperierte Location, egal ob Wohnung, Haus, Zelt, oder, oder, oder.

Lass deine Gäste nicht warten

No-Gos sind jedoch ebenfalls, deinen Gast warten zu lassen. Das Warten auf einen reservierten Tisch, wenn du z. B. in ein Restaurant eingeladen hast, ist und bleibt peinlich und ärgerlich. Gehe darum niemals in ein noch nie von dir *getestetes* Restaurant, sei es auch noch so hip und angesagt. Verlasse dich hier lieber auf das altbewährte oder teste die coole, neue Gastro einfach vorab mit der besten Freundin oder deinem Kumpel. Achte auf alles, was dir wichtig ist, stört dich etwas? Zu langes Warten auf den Tisch? Das Essen? Der Service oder die Rechnung? Du kannst dir sicher sein, wenn die Situation schon jetzt im nur kleinen Kreis nervt, wird sie dir am besonderen Tag deine Halsschlagader sprengen. Ich glaube ja im Übrigen, dass Nackenschmerzen tatsächlich *nur* extremer Muskelkater der Halsschlagader sind.

Deine Gäste warten lassen ist Stimmungskiller Nummer eins, das gilt auch, wenn du zu dir geladen hast. Sei für deinen Gast oder deine Gäste da, bereite alles so vor, dass du nicht ständig abwesend bist, du nicht andauernd *noch mal kurz* in die Küche musst, dein Kind versorgst, den Nachbarn auch mal schnell ein Dessert rüber bringst. Das ist einfach extrem unhöflich, stört ständig die Gemütlichkeit und ist für deine Gäste anstrengend.

Illustration: Sonja Hausmanns

Und sonst noch?

Einen Gast im Zug oder Durchgang zu platzieren, ist für denjenigen richtig ungemütlich und auch immer ein Zeichen von mangelndem Respekt. Achte darauf, wenn du den Tisch, der zur Tafel wird, mit Stühlen bestückst. Geht es wirklich nicht anders? Dann musst du diesen Platz nehmen.

Die Lautstärke der Musik ist, gerade wenn du ein gemischtes Publikum an Gästen geladen hast, schwierig. Achte hier auf ein angenehmes Maß in der Mitte. Während des Essens lieber leise. Später dann gerne etwas lauter, wenn die wichtigen Gespräche erledigt sind und du die Gäste zum Tanzen animieren möchtest.

Auch die Beleuchtung darf nicht grell und auch nicht zu dunkel sein. Beides ist auf Dauer anstrengend. Überlege wie es für dich gemütlich ist, nichts geht über den Versuch, probiere verschiedene Varianten aus.

Nur keinen Stress

Absolutes Gastgeber-No-Go: Stress. Den solltest du unbedingt vermeiden. Und genau deshalb planen wir ja deine Feier so intensiv – damit du eben nicht in die Stressfalle tappst. Denn nichts zieht die Stimmung mehr hinunter als ein gestresster Gastgeber. Deine Gäste fühlen sich nicht wohl und nicht willkommen, wenn sie das Gefühl haben, die Ursache für deinen angespannten Zustand zu sein. Zudem überträgt es sich auf deine Gäste, wenn du als Gastgeber gestresst und angespannt bist. Aufgescheucht, verschwitzt und hektisch durch die Gegend zu rennen, ist ein Tabu. Bleibe souverän, die Zeit zurück drehen kannst du eh nicht.

Natürlich passiert die eine oder andere Panne immer. Oder Dinge laufen eben nicht so wie geplant, was dich schnell aus dem Konzept bringen kann. Was auch immer Unvorhergesehenes passiert, du bleibst ruhig. Du atmest. Du machst ein innerliches Ohm. Du machst weiter. Du änderst, was du ändern kannst. Und den Rest akzeptierst du. Keine hysterischen Nervenzusammenbrüche. Am Ende des Tages ist eben doch *nur eine Feier*. Es ist keine OP am offenen Herzen, es geht nicht um Leben und Tod. Es ist weder lebensnotwendig noch lebensbedrohlich. Es ist vielleicht nur der Kuchen, der nicht so angeliefert wurde, wie gewünscht.

Was auch immer passiert, nichts wird davon besser, wenn du gestresst oder nervös bist, ausflippst, oder einen cholerischen oder hysterischen Anfall bekommst. Das hat noch nie jemandem geholfen.

Illustration: Sonja Hausmanns

Nerve deinen Gast nicht

Wie bei allem im Leben: Das richtige Maß ist entscheidend. Denn auch wenn ein guter Gastgeber den Gast in den Mittelpunkt seiner Aufmerksamkeit und Bemühungen stellt, ist es ein schmaler Grat zwischen *aufmerksam* und *aufdringlich*. Wenn der Kellner alle fünf Minuten zum Wein einschenken vorbeikommt und damit jedes Mal das Gespräch unterbricht, ist das nicht mehr liebevoll und fürsorglich, sondern einfach nervig. Aufdringliche Gastgeber lassen sich den Gast extrem unwohl fühlen.

Viele Gastgeber meinen es sicher auch einfach nur gut oder sind selbst verunsichert. Doch dann gilt das Credo, lieber zu viel als zu wenig. Ich habe es ja nur gut gemeint ist eben nicht immer gut.

So war ich z. B. in einem gehobenen Restaurant bei einer meiner Lieblingsköchinnen zum Abendessen. Da ich Fisch nicht mag, wollte ich den Fisch-Gang einfach auslassen. Es gab genug andere köstliche Gänge, auf die ich mich gefreut habe. Ich brauchte auch keinen Ersatz für den Fisch-Gang. Dennoch hat mich das Servicepersonal regelrecht bequatscht – zwar nett und sehr freundlich – dass sie mir einen Ersatz-Gang bringen dürfen. Ich habe schließlich nachgegeben, ich wollte nicht unhöflich sein, dennoch habe ich mich damit nicht wohl gefühlt. Als mir dann auch noch Stopfleber als Ersatz für das Fischgericht gebracht wurde, hätte ich am liebsten losgeheult. Ich finde Stopfleber ganz schrecklich. Ich habe sie aus Anstand gegessen, aber ich war alles andere als glücklich damit. Mir hat das letztlich den Abend verdorben, auf den ich mich so gefreut hatte und ich habe diese Situation bis heute als sehr unangenehme Erinnerung gespeichert. Und genau das wollen wir als Gastgeber natürlich nicht *anrichten*: Dass sich unsere Gäste widerwillig und mit schlechten Gefühlen an unser Dinner oder unser Event erinnern.

Als ich in einem südlichen Land im Urlaub war, wurde ich als Gast im Hotel immer wieder regelrecht genötigt, anderes zu wollen als das, was ich wollte. Es war so anstrengend und nach ein paar Tagen wollte ich schon nicht mehr ins Restaurant gehen, denn solche Szenen spielten sich permanent ab:

„Was möchten Sie trinken?“

„Ein Wasser, bitte.“

„Aber es ist Frühstückszeit.“

„Ja, ich möchte aber gerne ein Wasser.“

„Wir haben auch Kaffee.“

„Ich möchte keinen Kaffee.“

„Warum nicht?“

„Ich trinke gerne nur Wasser.“

„Dann mache ich einen Tee.“

„Ich möchte keinen Tee. Kann ich bitte Wasser haben?“

„Warum?"

„Ich trinke nur Wasser."

„Wir haben auch Kakao."

Das Ganze haben wir auch noch mit Saft durchgespielt. Und ich war kurz davor, aus purer Verzweiflung meinen Kopf auf die Tischkante knallen zu lassen. Wo war die versteckte Kamera? Ich weiß, das ist sicher alles gut gemeint. Aber ich trinke wirklich gerne Wasser zum Frühstück und nur nachmittags manchmal einen Kaffee. Warum kann das von dem Gastgebenden nicht schon beim ersten Verneinen verstanden werden?

Du siehst, oft ist ein „Nein, danke" wirklich ein „Nein, danke". Du bist unsicher, ob dies ein ehrliches „Nein, danke, ich möchte wirklich Wasser" oder „Nein, danke, ich möchte keinen Nachschlag" war? Das Gefühl habe ich bei manchen Gästen auch, zum Beispiel, wenn es darum geht, noch einmal zuzugreifen. Wenn ich also frage: „Darf ich dir noch etwas auflegen" und das wird verneint, dann sage ich allenfalls noch: „Ich mach's gerne, sag mir Bescheid oder bitte bediene dich auch selbst, wenn du noch etwas möchtest."

Dies gilt natürlich nicht, wenn deine Gäste dir sagen, sie möchten nichts für Zuhause eingepackt bekommen. JEDER WILL RESTE! Ich frage hier schon gar nicht mehr: „Darf ich dir was für Zuhause einpacken?". Sondern ich mache es einfach.

So! Bis hierher, gut gemacht! Wir haben die doofen *No-Gos* fast überstanden, Dein Gast fühlt sich rundum wohl.

Diese No-Gos kannst du echt vergessen

Egal ob du Gast oder Gastgeber bist, manches No-Go braucht heute wirklich kein Mensch mehr! Hier also offizielle Entwarnung. Sollte deshalb jemand komisch gucken oder eine irritierte Bemerkungen machen, kannst du gern mir die Schuld geben und auf mich verweisen.

Niemals!

Wirklich niemals solltest du einen Teller zweimal benutzen. Aha! Willkommen in den 80ern auf dem Traumschiff. Diese Regel ist nicht nur veraltet, sondern längst durch allgemeine Umweltachtsamkeit überholt. Als Gastgeber kannst du dies entsprechend noch ankündigen: „Bitte seid so lieb, benützt eure Teller der Umwelt zu liebe gleich mehrmals“. Selbstverständlich bekommen deine Gäste für den Nachtisch neue Teller, hier muss sich das Tiramisu nicht mit der Bolognese-Sauce vermischen.

Niemals!

Niemals als Erster zum Buffet, die Tanzfläche stürmen, sich selbst einen Cocktail mixen? Ganz ehrlich? Diese Menschen sind meine Helden! Sie machen einen Abend zum rauschenden Fest. Hach, gäbe es doch nur mehr solche Menschen.

Ja, auch als Gastgeber, darfst du in die Bresche springen, wenn sich keiner traut. Dann greifst eben du beherzt zum Teller und teilst das laut mit: „Also ich hol mir jetzt was vom Buffet!“.

Niemals!

Einen Promi anquatschten. Hey, es ist eine Party! Als Gastgeber ist es besonders einfach für dich, wenn z. B. ein Freund einen Promi mitbringt. Begrüße ihn und biete etwas an, behandle ihn genauso zuvorkommend, wie jeden anderen Gast.

Natürlich fällst du deinem Objekt der Begierde nicht direkt um den Hals und langweilst ihn/sie mit Plattitüden wie: „Ich habe alle deine Filme gesehen“. Versuche Augenkontakt aufzunehmen, sprich ein ehrliches Kompliment aus oder suche Gemeinsamkeiten. Bei mir geht sowas stets über Tiere, und ich glaube, alle Promis, die ich mag, haben Tiere. Du kannst das Gespräch beginnen mit: „Ich hab‘ letztens gezappt und bin bei einer spannenden Doku über dich hängen geblieben / habe einen Zeitungsartikel über dich gelesen / auf deinem YouTube-Channel habe ich gesehen, dass du einen Malteser/Karthäuser/Mischling hast. Sag mal, stimmt es, dass diese Rasse besonders anhänglich/verfressen/verspielt ist?“

Du beißt auf Granit und dein Star entpuppt sich als Schnuppe? Kein Ding, Klatsch und Tratsch für die nächste Party!

Niemals!

Zu laut lachen und ausgelassen tanzen? Ach Quatsch! Genieße diesen Tag! Habe selbst Spaß und sei lebendig! Also tanze, lache und singe auch als Gastgeber.

Illustration: Sonja Hausmanns

Planen

Foto: Ridofranz / iStock

Planung ist alles

Was *unaufgeregt* einfach aussieht und genauso wirken soll, verlangt eine gute Planung.

Freude und Spaß daran zu haben, liebe Menschen einzuladen, für sie ein leckeres Essen zu zaubern, gemeinsam mit ihnen eine wunderbare Zeit zu erleben und unvergessliche Momente für alle zu kreieren, das schaffen die perfekte Gastgeberin und der perfekte Gastgeber. Was meist *unaufgeregt* einfach aussieht und eben genauso wirken soll, verlangt eine gute Planung.

„Die sechs Schritte einer soliden Planung:

1. Ich weiß, was ich tue!

2. Oh …

3. Nee, doch nicht.

4. Was zur Hölle?

5. Ich lass das jetzt so!

6. Schnaps.“

Das Genießen eines guten Gerichtes trägt im Alltag, wie auch auf jeder Party maßgeblich zur Stimmung bei. Während wir im gewöhnlichen Tagesablauf auf uns selbst und den kleinsten Kreis bedacht sein müssen, stellt sich bei Partys die Herausforderung, eine große Anzahl individueller Geschmäcker nicht nur zu treffen, sondern sie kulinarisch auch zu begeistern.

Eine Feier auszurichten, ist wie ein Konzert zu spielen, viele Mitspieler und Faktoren bestimmen die Musik und damit letztlich die Wirkung. Aber wie soll man nur komponieren? Was bringt man wie zusammen, wo fängt man an? So ist es im kulinarischen Bereich z. B. äußerst unwirksam, wenn du auf einer lockeren Stehparty ein Fünf-Gänge-Menü anbietest oder du deine Gäste im feinsten Zwirn lädst, dann jedoch Chili con Carne servierst. Andererseits können gezielt gesetzte Brüche und Kontraste auch ihre Wirkung entfalten. So kommt es also immer darauf an, dir im Vorfeld Gedanken darüber zu machen, mit welchen Elementen du deine Gäste überraschen und welche Wirkung du erzielen möchtest.

Die Entscheidung, wie du deine Feier planst, hängt von diesen Faktoren und Fragen ab:

- Was ist der Anlass?
- Warum willst du deine Feier ausrichten?
- Mit welchem Gefühl sollen deine Gäste nach Hause gehen?
- Welche Wirkung möchtest du erzielen?
- Wenn es keine Beschränkungen gäbe: Wie sieht deine *Traumfeier* aus? Was sind deine Vorstellungen?
- Wie viele Personen erwartest du?
- Wie viel Zeit hast du für Planung und Durchführung?
- Wie groß ist dein Budget-Topf? Wie viel Geld kannst und möchtest du für deine Feier ausgeben?

Was bei deinen Vorbereitungen und bei der Durchführung enorm hilft: Ein guter Plan! Wenn du eine große Party ausrichtest oder ein Event planst, brauchst du einen Ablauf. Glaube mir, die extra Arbeit lohnt sich. Du hast eine tolle Party oder ein tolles Event, ohne dass du dich dabei völlig verrückt machst und du deine eigene Party versaust, weil du als Gastgeber zu gestresst bist. Bei der Konzeption dürfen wir kreativ ohne Ende sein. Bei der Durchführung halten wir uns strikt an unseren Plan. Je mehr Zeit wir in die Planung stecken und an jedes noch so kleine Detail denken, desto gelassener, ruhiger und souveräner können wir am großen Tag umsetzen, haben alles im Blick und alles unter Kontrolle. Natürlich schützt auch der beste Plan nicht vor unvorhergesehenen Dingen, aber wir können auch auf so etwas gelassener und souveräner reagieren, wenn ansonsten alles andere weiter wie am Schnürchen läuft. Es entspannt enorm, wenn wir nicht 20 Bälle gleichzeitig jonglieren müssen. Natürlich schadet eine gewisse MacGyver-Mentalität und eine ordentliche Portion Improvisationstalent nichts, und es ist toll, wenn wir das beherrschen. Dennoch bin ich der festen Überzeugung, dass nichts entspannter ist als einen guten Plan einfach nur abzuarbeiten und Schritt für Schritt umzusetzen. Das senkt die Herzfrequenz und schont das Nervenkostüm, glaube mir.

Deshalb mein Mantra für dich: Planung ist alles. Planung ist alles. Planung ist alles.

Do-it-yourself oder Outsourcing?

Die wichtigste Frage zuerst: Möchtest du das Essen für deine Gäste selbst zubereiten oder bestellst du alles bei einem Caterer, einem Restaurant oder in einem Hotel?

Hast du Spaß am Kochen, bist du erfahren und hast du Freude an so einem Projekt? Dann kannst du dich guten Gewissens dieser schönen Aufgabe stellen. Wenn es dir allerdings eher ein Graus ist, Stunden über Stunden in der Küche zu stehen und sich jetzt schon Schweißperlen auf deiner Stirn bilden, beim Gedanken daran, das alles managen zu müssen, dann macht es wenig Sinn, wenn du dich in diese Aufgabe hineinzwingst. Wo keine Freude und kein Spaß am Werk sind, da auch kein gutes Ergebnis. Meine Überzeugung.

Es ist durchaus möglich, für eine große Personenzahl selbst zu kochen. Hier empfiehlt sich jedoch ein einfaches Gericht, so dass du nicht zu viel Arbeit damit hast. Denn du willst natürlich nicht gestresst in die Party starten und kein Gast möchte gern von einem gereizten, übermüdeten und hektischen Gastgeber begrüßt werden. *Your disco needs you*, sang einst Kylie Minogue. Und so sage ich: Dein Gast braucht dich, und zwar frisch, fröhlich, aktiv und aufmerksam.

Ganz wichtig ebenfalls, und das wird gern komplett vergessen und sorgt immer mal wieder für *Schockstarre-Momente*, denn: Hast du genügend Geschirr, Teller, Schüsseln, Gläser, Tassen und Besteck? Hast du genügend Schalen und Gefäße zum Anrichten und zur Präsentation?

Schätze dich, deine Fähigkeiten und deine Kochkünst e also selbst gut ein, ob du wirklich gerne alles selbst managen, vorbereiten und kochen möchtest oder eine Firma damit beauftragst.

Was natürlich auch geht, und auch das haben viele gar nicht auf dem Schirm: Du kannst auch einen (einfachen) Teil deiner Speisen selbst zubereiten und einen anderen (aufwändigeren) Teil bei einem Caterer bestellen. So kannst du dich auf das Zubereiten der Speisen beschränken, die du sehr gut kannst und dir einfach von der Hand gehen. Und natürlich kannst du dir auch immer Unterstützung ins Boot holen. Frage Freunde oder deine Familie, wer dich bei den Vorbereitungen unterstützen kann und wer z. B. Auch selbst noch etwas beisteuern kann (Salat, Beilagen, Kuchen etc.).

Beauftragst du einen Caterer, löst sich damit auch manchmal automatisch das eine oder andere Problem, z. B. die Frage nach der Warmhaltung. Ist der Caterer für die warmen Gerichte verantwortlich, hast du zusätzlich noch den Vorteil, dass die Warmhaltemöglichkeiten über den Caterer bereit gestellt werden.

Als Planungs- und Entscheidungsfindungstool ist die Grafik eine gute Hilfe.

Selbst kochen oder einen Caterer beauftragen?

„Hm, ich weiß noch nicht …"

- Was ist dein Anlass? Überlege, ob du dir wirklich zutraust und Lust darauf hast, selbst zu kochen. Dass du bei deiner eigenen Hochzeit natürlich nicht eigenhändig kochst, versteht sich von selbst.

- ***Tipp:*** Bis zu fünf Personen kannst du locker in Buffetform oder mit einem Menü bewirten

„Ich möchte auf jeden Fall selbst kochen!"

- Siehe Basic-Faustformeln für zehn Personen // 20 Personen

- Hast du genug Töpfe, Pfannen, Schüsseln, Geschirr, Besteck und Warmhaltemöglichkeiten?

  „Ja."

  „Nein: Ich leihe mir alles, was ich brauche."

  - Achte darauf, dass du das geliehene Equipment einige Tage vor dem Event erhältst. So kannst du das mental von deiner Liste abhaken und dir schon mal einen Überblick verschaffen.

„Ich koche auf gar keinen Fall selbst."

- Caterer, Restaurant, Hotellerie anfragen und beauftragen

Foto: Phil Stev

Zeitmanagement

Mehr ist mehr!

Ein gutes Zeitmanagement hat schon manchen Gastgeber vor hysterischen Kollapsen bewahrt. Baue dir bei den Vorbereitungen deines Events und auch am Eventtag selbst unbedingt zeitliche Puffer ein. Überprüfe und plane, was für die Party alles zu tun ist. Schätze realistisch ab, wie lange du für die einzelnen Aufgaben brauchst. Die Erfahrung zeigt: Es dauert immer länger! Eine Stunde Zeit für die Deko eines ganzen Festsaals eingeplant? Come on! Wenn du nicht gerade eine zehnköpfige Unterstützungsmannschaft parat hast (die auch noch koordiniert werden muss), ist dies kaum zu bewältigen. Wo musst du überall einkaufen? Wie viele Läden möchtest du abklappern? Was muss online bestellt werden und wann wird geliefert?

Foto: nito100 / iStock

Plane unbedingt auch genügend Zeit für dich selbst ein. Das wird allzu oft vergessen. Zeit, in der du dich noch mal zurückziehen kannst, Zeit, in der du dich in Ruhe (!) frisch machst, umziehst, stylst. Zu oft haben wir Gastgeber genau dafür keine Zeit mehr, rennen dann hektisch ins Badezimmer, frischen uns mehr schlecht als recht auf, schmieren uns in Eile das Make-Up ins Gesicht, machen uns doch nicht die aufwendige Frisur, die wir geplant hatten, ziehen uns hektisch das schöne, neue Kleid über und verschmutzen es im schlimmsten Falle noch. Was dann passiert, ist schade: Denn oft fühlen wir uns genau deshalb nicht so *wow* und *schön*, wie wir uns das vorher ausgemalt und vorgestellt hatten. Und mit diesem unsicheren Gefühl wollen wir dann unsere Gäste souverän begrüßen? Das kann nicht gut gehen.

Plane in jedem Fall immer genügend zeitliche Puffer ein. Das bewahrt dich vor Stress und Schweißausbrüchen. Solltest du noch Zeit übrighaben, dann nutzt du diese Zeit für dich. Du entspannst dich, trinkst eine schöne Tasse Kaffee, atmest noch einmal ruhig durch, genießt die Ruhe vor dem Sturm. Die perfekte Vorbereitung, um dann deine Gäste mit einem Lächeln zu begrüßen.

Bereite so viel wie möglich vor

Du solltest Getränke und Snacks immer mit einem zeitlichen Puffer vorbereiten. Also wenn du denkst, es reicht, um 17 Uhr mit allem fertig zu sein, plane so, dass du um 16 Uhr fertig bist. Glaube mir, dieser Puffer wird dich retten und du wirst dankbar für deine eigene, smarte Planung sein.

Auch wenn du die Guacamole nicht so gern ein oder zwei zusätzliche Stunden lang draußen stehen lassen willst, solltest du so viel Essen und Getränke wie möglich vorher vorbereiten, damit die Gäste nicht kommen, wenn du gerade begonnen hast, den Kürbiskuchen zu backen. Fertig zu sein, wenn die ersten Gäste kommen, kann dir dabei helfen, eine bessere Party zu schmeißen.

Lasse ein paar einfache Aufgaben für die letzten Minuten in der Küche liegen. Dies ist eine tolle Gelegenheit für schüchterne Gäste, die dir gerne helfen möchten. Schäme dich nicht, einen Freund um Hilfe zu bitten, wenn du eine große Party schmeißt. Es kann spaßiger sein, alles für die Party mit einem Freund vorzubereiten.

Basic-Faustformeln & Ideen

Alle Rezeptideen findest du im Rezeptteil

Bewirtung von bis zu 10 Personen

Heiß:

- Eine vielfältige Fleischauswahl aus dem Ofen ist möglich. Du kannst sehr gut ein Schweinefilet auf der oberen Schiene zubereiten, während unten zeitgleich leckere Hühnchenfilets brutzeln.
- Bratkartoffeln: In deiner Pfanne brutzeln Kartoffeln, die du einen Tag vorher bereits gekocht und geschnitten hast
- Aromatischer Pfannenreis: In einer anderen Pfanne brutzelst du Reis an, den du ebenfalls einen Tag vorher gekocht hast.
- Ofengemüse: Immer perfekt für viele Gäste! Hau auf das Blech alles, was der Gemüsehändler so hergibt: Karotten, Aubergine, Fenchel, Zucchini, Kohlrabi, PakChoi, Staudensellerie, Süßkartoffeln, und, und, und. Olivenöl, Salz und Pfeffer drauf, ein paar Zweige Rosmarin und dann ab in den Ofen für 20 Minuten. Du wirst sehen, sogar Gemüseskeptiker werden es lieben!
- Ratatouille: Kannst du wunderbar am Vortag vorbereiten und fertigkochen. Es schmeckt sogar noch besser, wenn es einen Tag gut durchziehen kann.
- Ein Auflauf oder ein der Jahreszeit angepasster Eintopf ist auch denkbar.

Du hast die Wahl:

- Stelle alle Gerichte auf den Tisch zur Selbstbedienung.
- Oder baue eine kleine Ecke als *Buffetecke* auf. Das hat den Vorteil, dass zu später Stunde erneut gegessen werden kann.
- Frage ggf. einen lokalen Caterer ob dieser dir Rechauds (also Warmhaltebehälter) zur Verfügung stellt.
- Wenn du Fleisch zubereitest, frage in deiner Metzgerei (denn oft bietet sie auch Partyservice an), ob sie Rechauds haben. Dann ist die Chance groß, dass du diese sogar kostenlos leihen kannst, wenn du dein Fleisch dort kaufst.
- Die Kosten für Rechauds sind meiner Meinung nach gut angelegtes Geld. Heißes oder warmes Essen soll auch genauso gegessen werden.

Du hast auch bei heißen Gerichten jede Menge Spielraum. Natürlich sollte deine gereichte Speise zum Gesamtkonzept passen, bei einem gemütlichen Spieleabend passt ein Auflauf ausgezeichnet, während ein gesetztes Essen mit deftiger Erbsensuppe merkwürdig wirken würde.

Heiß/kalt gemischt

- Einen Lachs kalt oder heiß serviert mit einem Brot und dazu gute Butter und Meerrettich - eine wunderbare Vorspeise, die sowohl im Frühling, im Herbst als auch im Winter funktioniert.
- Im Sommer kannst du ein Vitello Tonnato servieren oder eine Burrata-Platte mit Anti Pasti.
- Die Hauptspeise kann als gefüllter Braten folgen. Mache dir den Hauptgang so einfach wie möglich, damit alle deine Gäste zeitgleich warmes Essen genießen können.
- Das Dessert kannst du ein wenig aufwendiger gestalten, denn dieses kannst du wunderbar einen Tag im Voraus vorbereiten. Hier ist wichtig: Hast du genügend Kapazität, um es zu kühlen?
- Für deine größtmögliche Gelassenheit empfehle ich, das Essen in Buffetform anzubieten. Sonst kommst du mit dem Anrichten und Servieren überhaupt nicht mehr hinterher. Oder du machst es wie beim berühmten *Dimanche de Grand-Mère* in Frankreich: Alles, was Oma gekocht hat, kommt in schönen Schüsseln direkt auf den Tisch und jeder nimmt sich.
- Je nach Jahreszeit wählst du eine feine Suppe oder eine raffinierte kalte Vorspeise.
- Die Hauptspeise kann Saltimbocca oder Sauerbraten aus dem Ofen sein. Wunderbar ist auch eine vorzügliche Pasta, die mit einigen Handgriffen zu einem besonderen Gericht avanciert.
- Den Abschluss kannst du deftig mit Käse und Brot, im Winter als Fondue gereicht, oder süß mit einem warmen oder kalten Dessert gestalten.

Kalt:

- Je mehr Gäste du begrüßen möchtest, desto weniger Auswahl und aufwendige *Kleinspeisen* solltest du anbieten.
- Während ein Fingerfood-Buffet für fünf Personen noch wunderbar zu managen ist, können Häppchen für zehn Personen, (arrangiert in kleinen Gläschen, Schälchen oder Tellerchen) absolut nervenaufreibend sein.
- Entscheidest du dich dennoch für Fingerfood (welches auch satt machen soll), kannst du etwa mit 20 Häppchen pro Person rechnen, die über den Abend verteilt gegessen werden. Bei einer Gäs-

tezahl von zehn Personen kommst du also bereits auf 200 Teile, die liebevoll hergestellt und arrangiert werden wollen. (Anregungen und Rezepte für easy Fingerfood findest du im Rezeptteil). Für dich deutlich einfacher (aber nicht weniger lecker und effektvoll) wird es, wenn du *kalte Platten* anbietest.

Bewirtung von bis zu 20 Personen

So, Freunde der Tischkultur, jetzt werden die Kochjackenärmel hochgekrempelt, denn jetzt wird's richtig spannend! Du möchtest bis zu 20 Gäste einladen und selbst bewirten? Das ist eine wunderbare Herausforderung, die du meistern wirst!

Heiß:

- Süßkartoffel-Chili con Carne-Auflauf: Wie wäre es mal mit einer Chili con Carne, jedoch in Auflaufform, gestapelt mit Süßkartoffel? Das Gericht lässt sich am Vortag einfach zubereiten und am Tag deiner Feierlichkeit im Ofen perfekt erwärmen. Du kannst diesen Auflauf zusätzlich mit Fetakäse bestreuen, das wird richtig lecker! Reiche Baguette dazu und schon sind alle glücklich und satt. Einfach, schnell und genussvoll. Übrigens: Ein Auflauf bleibt wesentlich länger heiß als ein Braten!

Heiß/kalt gemischt

- Kombiniere! Ein heißer, vegetarischer Auflauf aus Süßkartoffeln, Quinoa, Kichererbsen, Feigen und Datteln in Sahne gebacken und mit vielerlei Käse überstreut, bildet die Grundlage für dein Gästeessen. Das ist für mich die außergewöhnlichere Variante, mit der du deine Gäste überraschen kannst und dich vom sonstigen 08/15 abhebst.
- Dazu reichst du kalte Frikolinos, Schnitzelchen und Hähnchenschenkel.
- Gare Schweinefilet am Stück im Ofen, bereite Lammkronen zu und biete eine kalte Roastbeef-Platte an.
- Ganz herrlich dazu passt ein Krautsalat oder ein Farmersalat in Kefirsahnedressing.
- Du kannst natürlich *den Spieß auch umdrehen* und ein heißes Fleischgericht anbieten und dann eine kalte Salatauswahl dazu, samt Baguette und Butter. Dies ist die etwas *normalere* Nummer-Sicher-Variante.

Kalt:

- Kaltes Essen ist oft wesentlich aufwendiger als heißes Essen, auch wenn man das so erst mal nicht glauben mag.
- Bei 20 Personen rate ich dir von Fingerfood ab (es sei denn, du hast eine riesige Küche mit unendlich Platz zum Kühlen und Aufbewahren, viel Zeit, unendlich viel Geschirr und eine mehrköpfige Hilfsmannschaft, die dich unterstützt.).
- Glaube mir, für 20 Personen ein sättigendes Fingerfood herzustellen, ist unglaublich anstrengend. Die Vorbereitungen, das Arrangieren in aberhunderten Schälchen, das *hinter deinen Gästen herräumen* und das Spülen der Schälchen wird dich als Privatperson, die auf Ihrer eigenen Party glänzen will, schlichtweg viel zu lang beschäftigen. Das ist übrigens auch der Grund, warum Caterer Fingerfood hochpreisig anbieten müssen: Der Aufwand ist enorm.

„Mäßigkeit ist verhängnisvoll. Nichts hat soviel Erfolg wie das Übermaß."

– Oscar Wilde

Ich empfehle dir auch hier, deine kalten Speisen auf großen Platten und Tellern anzurichten. Der bekannte Kochstar Jamie Oliver macht es immer wieder vor, wie toll, cool und stylish das geht. Es ist zudem unglaublich gesellig, wenn alles auf dem Tisch steht und sich jeder bedienen kann. Große, alte Porzellanplatten und coole Tabletts zum Anrichten findest du auf Flohmärkten. Es kann gern zusammengewürfelt sein. Roastbeef-Platten, Frikadellen, Bierbeißer, Schnitzelchen, Honigmelone am leckeren Schinken gereicht und Käse-Platten sind hier die richtige Lösung für dich. Dazu Dips, Saucen und Salate, eine leckere Brotauswahl und Kräuterbutter.

Money, money, money

Alles steht und fällt mit deinem Budget

„Qualität bedeutet, dass der Kunde zurückkommt. Und nicht die Ware."

– Hermann Tietz, deutscher Kaufmann und Namensgeber der Hertie-Kaufhäuser

Jetzt mal Tacheles: Egal, welche Feier du planst, alles steht und fällt mit deinem Budget. Da können wir uns drehen und wenden und auf den Kopf stellen, dein Budget beeinflusst deine Planungen und Möglichkeiten maßgeblich. Das heißt nicht automatisch, dass ein kleines Budget alles limitiert und ein großes Budget alles möglich macht. Denn auch wenn du nur ein kleines Budget ausgeben kannst, gibt es immer kreative Wege und Lösungen, um deine Feier zu etwas Besonderem zu machen. Eben so wenig verspricht ein großes Budget automatisch, dass alles bombastisch gut wird, nur weil du viel Geld in die Hand nehmen kannst.

Mein Motto: Qualität und Hochwertigkeit ist alles

Ich gebe es ganz offen zu, wenn ich eins nicht ausstehen kann, dann ist es, an der Qualität zu sparen. Ich möchte Qualität, und zwar immer. Lieber verzichte ich auf etwas, als dass ich mich mit schlechter Qualität zufriedengebe. Ich verzichte lieber auf die billige Rose und nehme dafür die teure Tulpe. Etwas zu kaufen, nur weil es billig ist, kommt für mich nicht in Frage. Die teure Tulpe ist immer noch schöner als die billige Rose, weil du einfach Qualität kaufst.

Sich für Qualität zu entscheiden, ist immer auch eine Frage der eigenen Haltung, des Bewusstseins und auch deiner Verantwortung.

Ich werde oft gefragt, ob es Sinn macht, bei einfachen Produkten wie Mehl oder Zucker zu sparen und hier immer die günstigste Variante zu nehmen. Da sage ich ganz klar: Nö. Das macht überhaupt keinen Sinn. Denn zum einen reden wir hier über Cent-Beträge. Du *sparst* vielleicht 50 Cent, wenn du statt des teureren Raffinade-Zuckers, der 1,20 Euro kostet den günstigeren Zucker für 70 Cent das Kilo nimmst. Selbst wenn du sehr viel Zucker brauchst, sind die Beträge, die du *sparst*, lächerlich gering. Da lohnt sich allein die Auseinandersetzung mit der Frage schon nicht.

Foto: Marian Vejcik / iStock

Und mal ehrlich, wie furchtbar sind diese dünnen Papierlagen von billigem Zucker und Salz? Du packst es einmal an, schwups, alles rieselt heraus und zerreißt. Und ob der Baum für das Papier, was hier genutzt wird, wirklich neutral gerodet wurde – also mit *geplantem Wiederaufbau* –, wage ich stark zu bezweifeln. Die Erde ist der einzige Planet mit Schokolade, don‘t forget!

Zum anderen geht es auch hier um die ethische und soziale Verantwortung. So frage ich mich zum Beispiel, wie es möglich ist, ein Kilo Zucker für 50 Cent zu verkaufen. Der Zucker muss ja von einem Bauern aus Zuckerrohr gewonnen werden, wieviel muss man da anbauen, verbrauchen, verarbeiten? Bei den Preisen, die wir zahlen, kann das doch alles nicht mit rechten Dingen zugehen. So entscheide ich mich lieber gern für den etwas teureren Zucker und hoffe, dass entsprechend auch etwas mehr Lohn beim Bauer ankommt.

Wie ist es bei Salz? Auch hier tut es ein klassisches und qualitatives deutsches Salz vollkommen. Hier brauchen wir kein crazy Hipster-Ibiza-Salz, wenn wir es lediglich zum Kochen benutzen. Zum speziellen Würzen hingegen empfehle ich gern ein hochwertiges und besonderes Salz. Zum Beispiel macht bei einem guten Steak ein hochwertiges Himalaya-Salz einen wirklichen Unterschied. Es ist schöner und intensiver im Geschmack und rundet das gesamte Geschmackserlebnis hervorragend ab. Letztlich brauchst du vom Himalaya-Salz auch weniger, und damit sparst du dann schon wieder in der Menge und es gleicht sich aus.

Generell gilt diese Faustformel: Gerne von allem weniger, dafür aber auf Top-Qualität setzen. Das ist so viel besser in jeglicher Hinsicht, als auf Menge und billige Masse zu setzen.

Support your local farmer: regional und saisonal

Sich dafür zu entscheiden, regional und jahreszeitenaktuell einzukaufen, ist nicht nur eine Frage der Haltung, des Bewusstseins und der gesellschaftlichen und ökologischen Verantwortung, du sparst damit auch richtig viel Geld!

Nein, wir müssen im Winter unser Dessert nicht unbedingt mit Erdbeeren planen. Oder einen Wassermelonen-Cocktail im Dezember anbieten. Und im Sommer möchte auch niemand Kürbis und Kohlgemüse essen. Im November braucht niemand grünen Spargel zum Dessert. Das Schöne an unserer deutschen Küche ist, dass wir eine so unglaublich vielfältige Jahreszeitenküche haben. Entsprechend der Jahreszeit können wir auch wunderbar unsere Festlichkeiten und die passenden Menüs planen. Wenn du regional und saisonal einkaufst, bekommst du immer hervorragende und dennoch preiswerte Qualität. Wenn du saisonal und regional einkaufst, ist es auch für dich viel praktischer, denn alles ist gut, einfach und vor allem auch in großen Mengen verfügbar.

Obendrauf: Ist ‚mehr' statt ‚weniger' drin?

Kennst du das *Obendrauf-Geschäft*? Das ist eine wunderbare Möglichkeit, um das Quäntchen mehr für dein Geld zu bekommen. Statt nach Rabatten oder Nachlässen zu fragen, statt zu feilschen und zu dealen, also um ein *Weniger* zu fragen, fragst du stattdessen nach *mehr*. Psychologisch viel angenehmer und schöner für beide Seiten!

Wie das geht? Ganz einfach. Deine Lieblingshändler, bei denen du regelmäßig einkaufst und die dich schon eine Weile kennen, geben dir sicher gern hier und da Prozente und runden ab, aber viel lieber geben sie dir etwas obendrauf. Wenn du z. B. bei deinem Blumenhändler alles für deine Hochzeit bestellst (Tischdeko, Blumen fürs Auto, Brautstrauß, etc.), bekommst du bestimmt obendrauf etwas gratis dazu (Brautschmuck, Streublumen, Blumenkränze). Das ist mein *Trick*, ich deale ganz oft gar nicht um den Preis, sondern frage, was es on Top dazu gibt, ohne Aufpreis. Das ist auch so viel einfacher, denn so hast du vieles aus einer Hand, ohne dass du für jeden einzelnen Posten noch zig verschiedene Läden abklappern musst, was für dich nur wieder extra Planungs- und Zeitaufwand bedeutet. Ich frage da auch immer ganz offen nach: „Lieber Händler, ich würde gern alles bei dir bestellen. Was bekomme ich da von dir obendrauf?". Meine Erfahrung ist: Das lehnt niemand ab, niemand sagt hier *nein*, selbst bei den Läden, wo ich das erste Mal bin, die mich gar nicht kennen (z. B. Wenn ich die Lieblingsläden meiner Kunden für ihre Hochzeit kontaktiere und einbinde). Ich finde, es fühlt sich auch viel besser an – für beide Seiten – als zu fragen, ob man preislich noch etwas entgegenkommen könnte.

Dieses *Obendrauf-Geschäft* machen wir übrigens auch sehr gern bei uns in der Schmeckerei. Wenn z. B. jemand sein Catering gern selbst machen möchte und bei uns lediglich das Fleisch bestellt, bekommt derjenige natürlich von uns ein Rechaud kostenfrei geliehen. Das verstehe ich unter *Kundenservice*. Kleine, individuelle und persönliche Geschäfte beraten dich hier immer gern und mit viel Goodwill, so dass du mit einem Schwung immer noch eine ganze Extraportion auf deinen Qualitätskauf obendrauf bekommst. Probiere es bei der nächsten Gelegenheit aus, du wirst staunen!

Blumendeko: Her mit den bunten Blütenträumen

Wenn es um Blumendekoration geht, haben wir heute wirklich tolle Möglichkeiten. Dank Instagram und Co. hat sich z. B. der Bohème-Chic etabliert, wilde Wiesenblumen auf Tischen und in bunten Sträußen sind ein toller und günstiger Hingucker. Du kannst dir deinen Blumenschmuck beim Floristen oder in der Gärtnerei holen, aber du kannst auch hier eine ganze Menge selbstmachen und gestalten, nutze dafür die unzähligen Blumenfelder zum Selbsternten. Inspirationen gibt es auf Instagram und Pinterest wahrlich zur Genüge. Auch hier helfen dir Freunde mit Freude am Dekorieren sicher sehr gern.

Noch einmal zu den wunderschönen Blumenfeldern: In immer mehr Ortschaften hast du die Möglichkeit, Blumen direkt vom Feld selbst zu ernten. Diese Blumen sind so schön und günstig – und obendrein ist das Selbstpflücken oder -schneiden ein echtes Happening und macht richtig viel Spaß. So kannst du auf deiner Feier deine Tische oder den Raum sympathisch, persönlich und individuell schmücken. Ich finde es auch viel schöner und spannender, wenn nicht jeder Tisch zu hundert Prozent genauso gedeckt und dekoriert ist wie der nächste. Zudem unterstützt du damit auch die regionalen Blumenbauern.

Eine andere wunderbare Möglichkeit, um budgetschonend tolle Blumen zu kaufen: Frage in deinem Blumenladen, welche Blumen gerade Saison haben. Denn die saisonalen Blumen sind deutlich günstiger und haben auch eine deutlich bessere Qualität als importierte Produkte. Lass dir auch gern vom Profi erklären, welche Blumen gut zusammenpassen, und damit meine ich nicht nur optisch, sondern tatsächlich im Sinne von *zusammenpassen*. Denn es ist tatsächlich so, dass sich manche Blumen gegenseitig *vergiften*, wenn sie im selben Gesteck stecken, weil sie sich nicht vertragen. Achtest du auch auf so etwas, halten deine Blumen länger und du hast länger Freude daran.

„Qualität lebt durch Leidenschaft und nicht von Vorschriften."

– Georg Wilhelm Exler, deutscher PR-Manager

Darum: Suche dein eigenes WARUM für das Bewusstsein der Qualität. Das kann die Nachhaltigkeit genau so sein wie der Tierschutz und sogar die Redewendung „Wer billig kauft, kauft zweimal".

Fleisch: Lieber weniger vom Guten als mehr vom Schlechten

Qualität statt Quantität gilt natürlich auch für dein Essen. Lieber weniger vom Guten als mehr vom Schlechten! Bevor du ein billiges Rinderfilet minderer Qualität kaufst, kaufe lieber ein teures Hüftsteak von guter bis sehr guter Qualität. Das ist immer noch besser als das billige Rinderfilet, sowohl *physisch* als auch *psychisch*. Der Geschmack ist anders, das Fleisch verliert nicht so viel Wasser beim Braten, es hatte eine vernünftige Reifezeit, eine vernünftige Lagerzeit, es ist qualitativ hochwertig und letztlich ein Genuss. Billiges Fleisch hingegen schrumpft in der Pfanne und über alles andere muss ich dir sicher keine Vorträge halten, unter welchen Umständen billiges Fleisch zustande kommt. Das weißt du (auch wenn wir es zu gern verdrängen). Wenn du billiges Fleisch kaufst, isst und deinen Gästen anbietest, machst du immer ein Verlustgeschäft. Ein Verlustgeschäft für deinen Kopf, deine Seele und deinen Bauch. Billig produziertes Fleisch ist Massenware, der falsche Tierhaltung zugrunde liegt. Und das kann niemals Genuss sein.

Auch bei deinen Gerichten kannst du, wenn du auf Fleisch nicht verzichten möchtest, auf die Formel *weniger ist mehr* setzen. So zauberst du zum Beispiel einen außergewöhnlichen Auflauf aus gekochtem Schinken, Süßkartoffeln, Datteln, gutem Hackfleisch, leckerer Bechamelsauce, etwas Hollandaise, gutem Gouda und tollem Feta. Das ist, so finde ich, viel leckerer und qualitativ hochwertiger als ein billiges Stück Fleisch.

Geschirr: Wer hat von meinem Tellerchen gegessen?

Schon die sieben Zwerge kamen in die Bredouille mit ihrem Geschirr, als sie einen unangekündigten Gast – Schneewittchen – bei sich beherbergen mussten. Es gab nur sieben Gedecke aber kein achtes. So musste die von der Stiefmutter ausgesetzte Königstochter eben von den Zwergentellerchen naschen.

Das soll dir und deinen Gästen natürlich nicht passieren. Das Thema *Geschirr* ist tatsächlich ein Thema, was viele bei ihren Plänen gar nicht auf dem Schirm haben. Wenn du nicht genügend Geschirr hast und es dir leihen musst, schlägt das in der Tat ganz schön zu Buche. Das ist oft ein überraschend hoher Betrag, der aber, geschickt geplant, nicht sein muss.

Bei privaten und eher lockeren Feierlichkeiten, die du bei dir Zuhause oder in einem anderen privaten Umfeld veranstaltest, empfehle ich dir wirklich folgendes: Lass dir Teller, Gläser, Geschirr, Schüsseln und Besteck von Freunden und Bekannten geben und leihe dir alles kostenfrei zusammen. Es spricht hier wirklich rein gar nichts dagegen. Und du sparst so wirklich einen ordentlichen Batzen Geld! Zudem kann dieser *gemischte Geschirr-Salat* auch wunderbar zur guten und lockeren Stimmung beitragen und sorgt schon für das eine oder andere Gesprächsthema. Gäste, die sich noch nicht kennen, können aufeinander zugehen und sagen: „Hey, du isst gerade von meinem Teller, schmeckt es? Sag mal, woher kennst du Nadine eigentlich?" Oder du kannst deine Gäste vorstellen mit: „Und das ist Martina, sie hat die wunderschönen Blümchenteller mitgebracht. Und das hier ist Anja, sie hat mir die tollen Cocktailtumbler für heute geliehen.»

Wenn du hingegen privat eher etwas Gediegeneres wie ein gesetztes Dinner planst, und du nicht über passendes oder ausreichendes Geschirr verfügst, lohnt sich die einmalige Investition in ein schönes Set wirklich. Es gibt heute so tolle, stylishe und dennoch preiswerte Geschirrsets bei Zara Home, H&M Home, Ikea, Butlers und in vielen Läden und selbst Online-Shops zu kaufen. Die nachhaltige Variante? Stöbere durch eBay Kleinanzeigen. Es muss kein Meissner Porzellan oder andere extrem teure Marken sein. Kaufst du dir dein Set selbst, hast du es dann auch einfach in deinem Bestand. Und spätestens bei deinem zweiten Event hat es sich, verglichen mit dem Leihpreis, schon gelohnt. Zudem sparst du auch einiges an Aufwand (Fahrerei, Recherche und Zeit), wenn du dein Geschirr nicht leihen musst.

Wenn du ein großes Fest planst, z. B. deine Hochzeit mit 150 Gästen, kommst du natürlich nicht drum herum und musst das Geschirr leihen. Eventuell kannst du hier aber auch ein *Obendrauf-Geschäft* draus machen und deinen Caterer fragen, ob er dir das Geschirr kostenfrei zur Verfügung stellt, wenn du alles andere ohne Preisnachlass bei ihm beziehst.

Deine Planungsformel kurz zusammengefasst:

- Kleine Dinnerparty bis sechs Personen >> Kauf dir ein Set
- Gemischte, lockere Freunde-Party bis 20 Personen >> Leihen bei Family & Friends
- Großes Event 20 bis 150 Personen >> Geschirr bei Caterer leihen

Fotograf: Ein gutes Bild ist Gold wert

Ein Bild sagt mehr als 1000 Worte. Und so sprechen auch tolle Fotos von deinem Event für sich. Lohnt es sich also, einen Foto-Profi zu engagieren? Das liegt natürlich in deinem eigenen Ermessen. Bei einer Privatfeier reicht es sicher, wenn jeder mit seinem Smartphone die üblichen Schnappschüsse macht und dir hinterher schickt oder direkt auf deinen Social-Media-Kanälen postet. Jaja. Datenschutz und so weiter. Deine Freunde kennen dich, bist du sehr zurückhaltend mit dem was du *preisgibst*, so werden sie auch nicht einfach drauflosposten. Die andere Alternative ist, eine Dropbox einzurichten. Hier können alle Gäste ihre Bilder hochladen, die wiederum von allen Gästen genutzt werden können. Aber je *größer* und *wichtiger* dein Event ist, desto existenzieller und unverzichtbarer sind gute Bilder. Natürlich brauchst du bei deiner Hochzeit einen richtig guten Fotografen bzw. Fotografin. Und ja, verdammt, die sind richtig teuer! Gerade bei Hochzeiten ist es wichtig, jeden Moment einzufangen. Und das kann nun mal nur ein guter Fotograf. Darauf solltest du, egal, wie knapp dein Budget ist, nicht verzichten. Hier erfährst du eine ganze Bandbreite an Tipps im Hochzeitsglossar.

Wohingegen du bei einem Geburtstag oder einer Kommunion nicht zwingend den Profi brauchst. Letztendlich, ganz gleich für welche Gelegenheit dein Profi von dir gebucht wird. Vor allem bei den Bild- und Verwendungsrechten solltest du die üblichen Total-Buyout-Honorare, die pro Bild in die hunderte gehen können, unbedingt vermeiden. Hier kommt es immer auf die Absprache mit dem Fotografen an.

> ***Tipp:*** Ein Klassiker, aber einfach immer wieder gut: Stelle deinen Gästen Einweg-Kameras zur Verfügung. Denn die meisten Gästen machen Bilder mit ihrem Handy, aber die bekommst du nie zu Gesicht. So hingegen können sie tolle und einmalige Schnappschüsse einfangen, die weder der Fotograf noch du *schnappen* könnte. Die Gäste lassen die Kameras dann liegen und du bringst sie zum Entwickeln. So hast du zusätzlich tolle Bilder und Erinnerungen.

Family & Friends: Nutze, was da ist!

Wenn du eine Feier planst, bieten dir Freunde oder Familienmitglieder meistens gern ihre Hilfe an. So möchte deine Tante Antonia vielleicht einen Kuchen backen und mitbringen, deine Freundin Jutta macht gern einen Salat und dein Hobbykoch-Schwager das Dessert. Hilfe angeboten zu bekommen ist toll. Hilfe anzunehmen noch toller. Denn oft tun wir uns damit etwas schwer. Aber wenn es zu deinem Event passt (vor allem bei einem eher privaten Anlass) spricht überhaupt nichts dagegen, wenn du gewisse Aufgaben *outsourcst*. Eventuell gehört der Milchreisauflauf deiner Tante Emma aus Schottland sowieso zu deinen Lieblingsgerichten, dann freust du dich doch umso mehr, wenn du ihn deinen Gästen – garniert mit einer schönen persönlichen Geschichte – servieren kannst. Die Beziehung zwischen dir und deinen Gästen wird so übrigens nachhaltig gestärkt - mit persönlichen Geschichten die Herz und Gaumen verzaubern. Hilfe anzunehmen entlastet dich finanziell. Denn lässt du diesen Part beim Caterer oder Konditor ausfallen, so sparst du dir gut gerne einen nicht allzu kleinen Betrag.

Achtung: Das gilt natürlich nur, wenn du auch wirklich begeistert von der Koch- und Backkunst deiner Liebsten bist.

Außerdem sind deine Gäste, die zum Buffet oder deinem Dinner etwas beisteuern wollen, dafür richtig dankbar. Vielleicht weil sie sowieso so gern selbst kochen und backen und hier mal wieder eine Gelegenheit bekommen, ihr Können unter Beweis zu stellen. Aber auch, weil sie so etwas haben, das sie dir schenken können. Denn statt irgendeinem Geschenk (komm, sei ehrlich, du hast doch eh schon alles, oder?) ist der mitgebrachte Kuchen und die damit verbundene investierte Zeit und Aufmerksamkeit doch ein viel schöneres Geschenk.

Gerade auch bei Hochzeiten schlägt die Hochzeitstorte budgetär richtig zu Buche. Hochzeitstorten vom Konditor sind wahnsinnig teuer (zu Recht, wohlgemerkt, weil es in der Tat einfach ein immenser Aufwand ist, diese kleinen Kunstwerke zu gestalten und zu produzieren). Wenn du also 100 Gäste hast, müsstest du eine Torte fertigen lassen, die für 100 Gäste reicht. Das können problemlos schon mal vierstellige Beträge sein, die so eine Torte kostet. Kein Scherz. Hier kannst du also etwas tricksen. Lass dir eine kleine Torte backen, diese ist dann vielleicht nur zweistöckig statt fünfstöckig. Dann bekommt jeder Gast davon nur ein kleines, eher symbolisches Stück. Aber natürlich sollen deine Gäste nun nicht an Kuchenhunger leiden. Natürlich hast du hier vorgesorgt. Lass zusätzlich dazu von deinen Freunden und deiner Oma, deiner Schwester, deinem Onkel, deiner netten Lieblingskollegin und sonstigen backbegeisterten Bekannten Kuchen und Torten kreieren und gestalte rund um deine Hochzeitstorte ein individuelles Kuchenbuffet. Glaube mir, du machst damit einige deiner Gäste richtig glücklich, wenn es als Alternative leckeren Oma-Blechkuchen (the good and real simple stuff!), einen frischen Erdbeerkuchen oder ein paar Marmormuffins gibt.

Good friends. Good wine. Good food. Good times.

Spare dir das Beste zusammen

Was machst du aber, wenn für dich klar ist, dass alle bisher aufgeführten *Maßnahmen* für dich nicht in Frage kommen? Denn du willst das Teuerste vom Teuren, du willst die teure Rose, du willst das teure Fleisch, du willst die teure fünfstöckige Torte, du willst den teuren Floristen, du willst das teuerste Catering. Wenn dem so ist, dann sage ich dir: Vorlauf ist alles!

Es gibt ein echtes Geheimrezept, damit du dir das Beste vom Besten leisten und deinen Gästen anbieten kannst. Ich warne dich aber: Das Rezept ist uralt und in den heutigen *Ich-will-alles-und-jetzt-sofort-und-gleich-Zeiten* nicht gerade beliebt.

Ich lüfte nun das Geheimnis: Und es heißt … tada … SPAREN.

Ja, du kannst dir deine *Mega-ich-lass-es-krachen-Luxusparty* zusammensparen. Wenn du alle Kosten innerhalb von zwei bis drei Monaten zusammen haben musst, wird es schwierig. Aber vielleicht weißt du schon mit 35, dass du es bei deinem nächsten runden Geburtstag echt krachen lassen und die ultimative Party feiern möchtest. So hast du fünf Jahre lang Zeit, darauf hinzuarbeiten, immer wieder etwas Geld beiseite zu legen.

So mache ich das immer. Ich wusste z. B. als ich meinen Ex-Mann kennen gelernt habe: Den will ich heiraten! Und ab dem Moment habe ich angefangen zu sparen. Denn für mich war immer klar, wenn ich heirate, dann Bähm-Boom-Wow! Ich wollte das teure Besteck anmieten, ich wollte die teure Location, ich wollte all den teuren Chichi, das teure Essen, und alle möglichen besonderen und überraschenden Extras (typisch Nadine halt).

Mit genügend Zeit im Vorlauf kannst du alles geldmäßig entzerren. Ich weiß, Sparen ist in den heutigen Zeiten nicht sexy, aber ich beharre auf die Wirksamkeit dieser simplen Methode. Wenn du also noch viel Zeit vor einem Event hast, kannst du hohe Geldsummen auf mehrere Jahre verteilen und es fällt am Ende gar nicht mehr so sehr ins Gewicht.

Location

Gerade, wenn du eine private Feier ausrichtest, und du die Möglichkeit hast, bei dir zu Hause zu feiern, dann nutze sie. Es spricht rein gar nichts dagegen.

Hast du einen Garten, kannst du diesen (abhängig von der Jahreszeit) immer wunderbar nutzen. Aufgrund der geringen Wetter-Planungssicherheit in unseren deutschen Gefilden, in denen es auch im Hochsommer kalt und nass sein kann, brauchst du immer einen Plan B. Hast du eine überdachte Terrasse? Einen Partykeller? Kannst du ein Zelt aufbauen? Oder ist im Wohnzimmer genügend Platz für deine Gäste?

In deinem Zuhause kannst du auch wunderbare individuelle Partys und Feiern entstehen lassen. Denn hier ist deine Personality drin, die du in angemietete Locations kaum reinbekommst. Wenn du eine Feier mit überschaubarer Gästezahl ausrichtest, kannst du hochwertig einkaufen gehen, kannst eine Küchenparty in lockerer Atmosphäre schmeißen und hast auch sonst alle Möglichkeiten, deine Party individuell und locker zu gestalten. Vielleicht könnt ihr auch gemeinsam kochen? Natürlich funktioniert auch wunderbar ein gesetztes Dinner, eine Party mit Fingerfood und Buffet und guter Musik toll zu Hause.

Wenn du zu Hause feierst, brauchst du keine teure Locationmiete auszugeben. Geld, das du stattdessen z. B. in die Qualität deines Essens investieren kannst. Falls du jedoch weder Lust hast, eine Pre- noch einen Postsäuberungstag deines Heims extra für die Party einzulegen, deine Wohnung einfach zu klein ist, die Nachbarn *ungemütlich* auf ausgelassene Stimmung reagieren oder du dir einfach eine traumhafte Location gönnen möchtest, so verweise ich dich gerne auf das Hochzeitsglossar hier im Buch. Dort findest du jede Menge Anregungen und Tipps, die dich bei der Suche und beim Finden der perfekten Location unterstützen.

Es kommt immer darauf an …

Natürlich ist das hier nur eine Auswahl an Tipps, Ideen und Vorschlägen. Denn Budget und persönliche Werte sind bei uns allen völlig individuell und verschieden. Wenn ich mich z. B. mit unseren Kunden in unseren *Rundum-Sorglos-Paket-Besprechungen* austausche und Konzepte für ihre Feiern erarbeite, stelle ich immer wieder fest, dass jeder ganz andere Prioritäten hat, auf andere Dinge Wert legt. Dem einen ist die Torte heilig, dafür ist ihm die Blumendeko nicht so wichtig. Der andere möchte unbedingt gern die teure Location mieten, ist aber bei der Menügestaltung bereit, günstigere Alternativen zu wählen. So kann man bei jedem *Fall* unterschiedliche Dinge einsparen und ich darf jedesmal von neuem smart und clever, angepasst an die Bedürfnisse und Prioritäten der Kunden, konzipieren.

Wem z. B. die Stimmung, das ausgelassene Feiern, die Party und das Miteinander sehr wichtig sind, dann hat das Priorität. Dementsprechend ist dann aber auch klar, dass du einen guten DJ brauchst. Spare niemals am DJ und lass bloß nicht Onkel Jürgen an den Rechner! Worauf es bei einem DJ wirklich ankommt und warum dieser so essentiell wichtig für deine ganze Party ist, erfährst du im Kapitel xy. Hier hat DJ Giulia Siegel aus dem Nähkästchen geplaudert und mir einiges verraten.

Du kannst dein Budget immer priorisieren und planen und dementsprechend auch sparen. Auf einer Kommunion brauchst du natürlich keinen DJ, dafür sind hier aber schöne Blumen und eine Hingucker-Kommunionstorte wichtig. Auf deinem Geburtstag hingegen ist vielleicht die Torte nicht so wichtig, dafür aber umso mehr gute Musik und gute Stimmung.

Wenn du eine gute Party haben willst, spare nicht an der Musik. Wenn du kulinarische Highlights setzen willst, investiere in High Quality Food und in von sich aus schon hochpreisige und hochwertige Nahrungsmittel. Bei einer Dinnerparty kannst du schlecht mit Bratwürstchen – sind sie auch noch so hochwertig – auffahren. Bei einer Geburtstagsparty mit Schwerpunkt *Stimmung, Spaß, Musik* sind gute Würstchen hingegen schon wieder passend.

Wenn du ein Event planst, priorisieren also für dich: Was ist dir wichtig? Worum geht es dir? Was hat unverrückbare Priorität? Wo lässt du dich auf Kompromisse ein? So kannst du bestimmen, wo Alternativen und Kompromisse möglich sind und wo auf keinen Fall.

Aber weißt du, was für mich immer gilt? Mehr ist mehr. Und zwar hier: Wir sollten uns mehr Zeit nehmen. Mehr Zeit für gute Gespräche. Mehr Zeit für gutes Essen. Mehr Zeit für Freunde und Familie.

And what about the Mengen?

Ist mehr wirklich mehr? Oder ist weniger mehr?

„Hat es Ihnen geschmeckt?"

„Danke, gut, es war nur etwas viel. Gegen Ende habe ich schon gekämpft."

„Das ist ein Buffet!"

Eine Frage, die ich als Cateringunternehmerin immer wieder gestellt bekomme, ist die Frage nach den Mengen. Wenn z. B. Kunden bei mir ein Catering bestellen, kommt ganz oft die Frage, ob man denn auch tatsächlich für 50 Personen bestellen muss, wenn man 50 Gäste erwartet. Also die eigentliche Frage ist: Geht nicht auch weniger? Kann ich nicht auch für 40 Personen bestellen, reicht das nicht dicke aus? Ist mehr wirklich mehr? Oder ist weniger mehr?

Ich bin da ganz rigoros und sage: Nein. Es reicht nicht, das sind schließlich 20% weniger und natürlich plane und kalkuliere ich ein Buffet oder Catering immer exakt für die genannte Personenzahl. Hier dürfen sich meine Kunden auf meine jahrelange Erfahrung verlassen und mir blind vertrauen, dass wir alles so vorbereiten werden, dass es weder zu viel noch zu wenig ist.

Weder ein geplündertes Menü, in dem nicht einmal die (essbare) Dekoration übrigbleibt, noch eine große Menge an Resten lassen auf die perfekte Party samt grandiosen Gastgebenden schließen, ganz im Gegenteil. Was bleibt, ist ein unangenehmes Gefühl und die Erinnerung an eine peinliche Situation.

Finde also einen Caterer, der Wert auf Nachhaltigkeit legt, in den 2020er-Jahren angekommen ist und nicht mehr dem alten Glaubenssatz *Masse statt Klasse* unterworfen ist, jedoch selbstverständlich dafür sorgt, dass deine Gäste satt nach Hause gehen können. Denn Genuss wird schnell zu einem MUSS wenn du die Reste der letzten Party über viele Tage hinweg essen wirst und andersrum nach der Party mit Hunger noch zu einem Fastfood-Giganten zu fahren, ist zwar total 80er, aber eben ebenfalls nicht Sinn der Sache. Beides ist kein Aushängeschild für dich als Gastgebenden.

Übrigbleiben darf etwas, bei 50 Personen etwa 2,5 kg - das wäre ein Wert von drei Personen, dies ist vertretbar und diese *Überproduktion* muss sein, um die Auswahl an Speisen zu gewährleisten, sonst kommt es schnell zu der *Katastrophe*, dass die Auswahl für die letzten Gäste, die an das Buffet kommen, nicht mehr gegeben ist.

Unsere Faustregel daher: Wir haben ein Food-Gewicht pro Person, das ich meinen Kunden gern erkläre. 300 bis 400 Gramm sind die Regel pro Person. Wenn ein Event über mehrere Stunden gehen soll, empfiehlt es sich, auf 700 Gramm hoch zu gehen. Und sollte man auch. Denn auf einer Party futtert man sich ja meistens so durch, probiert hier und da, und nach dem Dessert kann man nach einer wilden Tanzrunde dann auch schon mal wieder von vorne anfangen oder es kommt der obligatorische herzhafte Mitternachtssnack (Currywurst!).

Wenn es um ein BBQ oder allgemeines Grillen geht, werden drei Teile Fisch oder Fleisch à 100g g pro Person gerechnet, zuzüglich Beilagen. Falls es nur Salate geben soll, empfehlen wir 300g Salat (angemacht) und einen kleinen Blattsalat mit Essig und Öl, zuzüglich vier kleine Brötchen pro Person plus 50g Kräuterbutter.

Deine Faustformel

Ich möchte dir direkt noch eine Faustformel an die Hand geben, diese kannst du für dich selbst beim Kochen für deine Veranstaltung nutzen, jedoch auch deine in Frage kommenden Caterer mit diesen Mengen konfrontieren und einfach mal nachhaken.

Eine Pizza wiegt beim Italiener zwischen 360g (spärlich belegt) und 500g (üppig belegt). Wir sind uns also einig, dass eine Pizza nicht für den ganzen Abend reicht. Bei einem Buffet wird mehr gegessen. Wenn du also davon ausgehst, dass du beim Italiener noch einen Salat mit Burrata als Vorspeise und ein Tiramisu als Dessert wählst, bist du bereits bei einem Gewicht von 560g bis 700g. Das sind jeweils Tellergerichte. Noch einmal zur Erinnerung: Bei einem Buffet mit großer

Auswahl, wo alles mal probiert werden will, isst du automatisch mehr.

Wenn wir also davon ausgehen, dass du lediglich eine Hauptspeise anbieten möchtest, wird diese schon bei

- 200g Fleisch
- 150g kohlenhydratreiche Beilage
- 50g vitamin- und/oder eiweißreiche Beilage

also insgesamt 500g liegen. Da das Fleisch selten ohne Sauce oder zumindest Jus gereicht wird, und die etwaigen Kartoffeln eventuell an Sauce Hollandaise gereicht werden, bist du schon bei einem Gewicht von mindestens 600g. Du wählst als Beilage ein französisches Ratatouille, so wiegt dies schon weitaus schwerer als lediglich geschmorte Karamellmöhrchen. Also kannst du schon mit 700g rechnen. Wir sind immer noch bei der Hauptspeise.

Möchtest du eine Vorsuppe reichen, so rechnest du 250ml. Das ist *nur* eine Suppentasse, dazu gibt es ein *kleines* Brötchen oder zwei Scheiben frisches Baguette, etwa 50g. Du entscheidest dich für eine Auswahl an Antipasti samt Melone an einem guten Schinken und feine Gambas am leichten Dip, so kannst du ebenfalls mit etwa 300g rechnen. Denn auch hier reichst du natürlich Baguette oder Brot dazu. Wir sind also mittlerweile bei einem Gewicht von EINEM GANZEN KILOGRAMM!

Und es gab ja noch nicht einmal Dessert! Rechne erneut 100g feine dunkle Schokolade in sündigem Mousse, süffiges Tiramisu oder eine leichte Blaubeertarte dazu.

Huch, 1100g in Summe! Wenn du dies so hörst, ohne die nötige Erklärung dazu, so kannst du sehr schnell in Versuchung kommen, für weniger Personen zu bestellen. Denn gefühlt sind auch 750g noch richtig viel Essen pro Person. Dies ergäbe 350g weniger und auf 50 Personen hochgerechnet 17,5kg weniger! Na, da kann man ja gut und gerne etwa 20% einsparen und eben weniger bestellen, so der nachvollziehbare Gedanke. Wenn du eben nicht meine Aufklärung hättest, die eben diese Milchmädchen-Rechnung schnell und faktisch widerlegt.

Ach, und ganz ehrlich, die Currywurst oder die herzhafte Käsestulle um Mitternacht, das passt irgendwie auch noch.

Wichtig für dich: diese Mengenangaben von etwa 1100g, gelten für ein Buffet.

Reichst du Tellergerichte, so rechnest du weitaus weniger:

- Vorspeise: 150-250g
- Hauptspeise: 120-180g Fleisch, 80g-150g kohlenhydratreiche Lebensmittel, 60g-100g Gemüse, Sauce 100ml-200ml
- 80-100g Dessert

Hier kommst du also „allemal“ mit 700 bis 800g aus.

Das erklärt sich natürlich ebenfalls und ich möchte dir auch das an die Hand geben. Denn nur die Veranschaulichung bleibt haften. Und genau darum hast du ja auch genau dieses Buch gekauft, oder ...?

Nutzen wir einfach ein reguläres mediterranes Menü:

Capresesalat mit Baguette 300g. Spaghetti (eine Packung = 500g) reicht aus für vier Personen, also pro Person 125g Pasta Rohgewicht, das sich nach dem Kochen verdoppelt hat. Entsprechend 250g in feiner Butter geschwenkt mit grünen Spargelspitzen und Frühlingstrüffel gereicht, etwa plus 100g. Also 350g. Dazu eine Panna Cotta an frischen Beeren, etwa 120g. Würde ergeben 770g. Tadaaa: absolut ausreichend und gut sättigend!

Doch zu viel des Guten?

Dann lag es nicht mehr in unserer Hand. Ich hatte z. B. eine Kundin, die 99 Gäste zu bewirten hatte. Sie hatte bei mir für genau 100 Personen bestellt, inklusive ihrer selbst. Zurück gekommen sind ungefähr 8 bis 9 Kilogramm Ware. Und das ist wirklich ungewöhnlich und echt viel! So etwa 4kg an Überschuss, ja, das ist üblich. Aber das Doppelte ist wirklich merkwürdig. Zumal ich sogar einen Anruf der Kundin erhielt, eine viel zu kleine Menge sei geliefert worden, es wäre nicht ausreichend von allem da gewesen. Umso verwunderter war ich über die unverhältnismäßig große Menge an Resten: feinste in Trüffel geschwenkte Kartoffeln, Filet vom Elsasser Jungschwein, Pasta, Salate – vieles musste von uns entsorgt werden. Natürlich lässt mir weder eine solche *Fehlplanung* noch die Angabe der Kundin *viel zu wenig* bei diesen Mengen von Resten Ruhe.

Ich musste wahre Detektivarbeit leisten, um hier der Krux auf den Grund zu gehen. Denn so ein *unstimmiges* Catering wird von mir nicht serviert!

Nach Rücksprache mit der Kundin, fand ich also Folgendes heraus: Es waren zehn Personen weniger als angekündigt bei der Feierlichkeit. Kurzfristige Absagen aufgrund von Krankheiten und anderen Unpässlichkeiten, die stets eintreten können und eben nicht planbar sind. Nun, dann hätte es tatsächlich doch überhaupt nicht gereicht! Mmhh. Falsch!

Die Kundin klärte mich weiter auf, es sei ja nicht alles zu wenig gewesen, aber die Vorspeisen! Die waren viel zu wenig! Ja, das Hauptgericht war übrig. Das war also das Einzige, was die zehn Personen, die eigentlich hätten kommen sollen, noch gehabt hätten. Wieder falsch!

Jedoch! Wir kommen der Sache langsam auf die Spur! Wären zehn Personen mehr da gewesen, hätte sich das alles beim Buffet genauso verteilt, wie wir es für 100 Personen angedacht und geplant hatten. Vorspeisen sind eben nur Vorspeisen, die 90 von 100 geladenen Gäste, die gekommen sind, haben sich von diesem Vorspeisenbuffet einfach immer und immer wieder bedient, nämlich um 10 % mehr, so dass die Vorspeisenauswahl einfach gänzlich *geräubert* war. Warum? Die Gäste wussten doch, dass ein Hauptgang folgen würde. Ja! Allerdings: Dieser wurde erst eine Stunde nach den Vorspeisen aufgedeckt. Aber einmal von leckerem Lachs an Himbeermeerrettich, feiner Pâte und fluffiger Quiche angefixt, so isst du eben weiter, auch Vorspeisen, solange da noch etwas auf dem Buffet bereitsteht und eben (noch) nichts anderes verfügbar ist.

Diese 10% ersparst du dir dann natürlich beim Hauptgang, nicht, weil es nicht schmeckt, sondern weil du einfach nicht mehr kannst!

Wären jetzt die verhinderten zehn Personen anwesend gewesen, dann hätten alle von den Vorspeisen gegessen und hätten noch Platz für den Hauptgang gehabt, der bestenfalls auch eher aufgedeckt worden wäre.

Eine exakte Verteilung der 100 Personen auf Vorspeise (nicht zum Sattessen) und Hauptgericht hätte stattgefunden, ganz einfach ausgedrückt: Es hätten sich weniger Gäste an den Vorspeisen mehrfach bedient, wären wie geplant zum Hauptgang übergegangen und alle Seiten, sowohl Gäste als auch Gastgeber und eben der Caterer wären glücklich gewesen. Logisch, oder?

Mir ist es wirklich wichtig, auch hier gesellschaftliche Verantwortung zu übernehmen und Mengen wirklich exakt zu kalkulieren. Es tut mir in der Seele weh, wenn Essen weggeschmissen werden muss. Ich finde den Ansatz der *Zero-Waste*[1]-Bewegung toll und wichtig. Alle Ressourcen verwenden, Ressourcen schonen, keinen unnötigen Müll produzieren.

Vielleicht lässt uns aber auch noch die *Nachkriegsdeutschland-Denkweise* glauben, dass wir Essen im Überfluss haben müssen, lieber zu viel als zu wenig.

Zu viel ist Verschwendung. Zu wenig ist blamabel. Ob zu viel oder zu wenig, in beiden Fällen muss man dann auch sagen, dass falsch kalkuliert wurde. Beides kommt bei uns nicht vor, denn wir kalkulieren das vernünftig und mit all unserer Erfahrung immer richtig. Zumindest für die uns genannten Eckdaten. Wenn dann natürlich so Dinge passieren, wie die 90-statt-100-Personen-Kundin, klar, dann passt die Kalkulation natürlich nicht mehr. Aber das liegt dann nicht mehr in unserer Hand.

Ein Tipp für dich als Kunde, wenn du dich unsicher fühlst: Frage deinen Caterer immer nach den Gewichtsangaben und bitte ihn darum, es für dich aufzuschlüsseln. So handhaben wir das bei uns auf jeden Fall immer.

Und die Getränke?

Und wie ist es mit den Getränken? 300ml Flüssignahrung pro Gast ist natürlich keine Option, soviel ist klar, das wäre nicht mehr als ein großes Tumbler-Glas.

Was die Getränke angeht, rechnen wir immer sehr großzügig und bestellen bei Getränkepartnern die *auf Kommission* liefern. Bestelle für die großzügige Auswahl (und dein gutes Gefühl) mehr auf Vorrat. Das, was nicht getrunken wird, ungeöffnet ist und im *volle Kasten* bereitsteht, wird vom Anbieter zurückgenommen. So empfehle ich die Variante *Getränke* eben auch dir. Einen kleinen Anhaltspunkt möchte ich dir natürlich trotzdem bieten, diese Formel geben wir genauso ebenfalls an unsere Kunden, die ihre Getränke selbst besorgen:

1 https://www.zero-waste-deutschland.de

Unsere Formel für eine Party:

Pro Person: 1 Liter Wasser, 1 Liter Softdrinks und 1 Liter Alkohol

Die Basismenge kann man z. B. so aufteilen:

- Wasser: 1/2 mit Sprudel und 1/2 still
- Softdrinks: 3/4 Cola davon die Hälfte zero oder light // 1/4 Sprite, Fanta, Apfelschorle
- Alkohol:
- Überwiegend Männer? 3/4 Bier (je nach Region halb Pils halb Alt) und 1/4 Wein
- Überwiegend Frauen? Genau umkehrt!

Berechne stets mehr Weißwein als Rotwein; ein Grauburgunder passt zu vielen Speisen, ein Merlot ebenfalls.

Und was ist mit Blubberwasser? Merke: Champagner, Crémant, Prosecco und Sekt sind kein Getränk und können nie zu viel im Haus sein! (LOL!) Nein, Spaß bei Seite, rechne hier etwa 0,4 l pro Dame – das sind zwei Gläser – einfach obendrauf. Die eine wird drei Gläser trinken, die Nächste keinen, so kommst du gut aus!

Und was ist mit den *harten* Sachen? Wenn du auch etwas Schnapsartiges anbieten möchtest, empfehlen wir, die Auswahl klein zu halten und sich auf ein *Zweierlei* zu beschränken. Eine Sorte *Kurze*, eine Sorte *Schnäpse* (z. B. Jägermeister oder Wodka) und vielleicht noch etwas Cremiges dazu (z. B. Baileys). Wenn du Jägermeister oder Wodka anbietest, hab auch *Red Bull* im Kühlschrank.

Diese Kalkulation ist für eine Party berechnet, die solange dauert, wie sie dauert. Auch gern mal bis in die frühen Morgenstunden.

Hast du ausschließlich griechische Gäste, so brauchst du kein sprudelndes Wasser, denn das mögen Griechen nicht. Also bedenke die jeweilige *Trinkkultur*. So sieht es natürlich auch beim Thema Bier aus: Einem Kölner ein Pils hinzustellen, gleicht einem Affront. Dem Düsseldorfer ein Kölsch hinzustellen, ebenfalls. Die Amerikaner trinken sehr mildes Bier, und für die Spanier darf ein besonderes, edles Bier mit Orangenschale im hohen Weinglas serviert werden. Also bedenke die jeweilige *Trinkkultur* bei der Auswahl deiner Getränke. Die besonderen Vorlieben der unterschiedlichen Landsmänner und -frauen kannst du ganz einfach erfragen oder aber im Internet herausfinden. Ich finde dies eine besondere charmante Art, deinen Gast willkommen zu heißen: Du interessierst dich für ihn und seine Kultur, du wertschätzt ihn und möchtest, dass er sich wohl fühlt.

Unsere Formel für ein Dinner:

Pro Person: 1 Liter Wasser und 0,6 Liter Wein

Zu einem *richtigen*, klassischen Dinner gehören lediglich stilles Wasser und zum jeweiligen Gang der passende Wein. Eigentlich ist das schon genug.

Ich finde jedoch, das beißt sich ein bisschen mit dem Aushängeschild, ein *guter Gastgeber* zu sein. Darum decke ich stets Wasser- und Weingläser ein, stelle stilles Wasser in Karaffen auf den Tisch und den Wein entweder auf einem Beistelltisch bereit oder ebenfalls in Karaffen auf den Tisch. Dann frage ich die Gäste persönlich: „Möchtest du etwas anderes trinken? Ich habe auch Bier oder Cola, oder was immer du möchtest". Überlege dir also gern, ob du von der Klassiker-Formel abweichen und Softgetränke oder Wein-Alternativen reichen möchtest.

Möchtest du Bier und Softs als Möglichkeit anbieten, kalkuliere pro Mann 0,8 Liter Bier und pro Person 0,5 Liter Softgetränke (für einen reinen Dinnerabend). Hier wiederholt sich die Formel: Der eine wird 0,8 l Softgetränke trinken, der nächste gar nicht und beim Wasser bleiben. Unter den Softgetränken ist noch immer Coca-Cola der Spitzenreiter, während Sprite, Fanta und Co. selten verlangt werden. Cola Zero wird lieber getrunken als light. Aber auch hier: Jede Gesellschaft ist anders. Mit meiner Formel bist du auf alles vorbereitet.

Zu einem richtigen Dinner gehört für mich auch ein Glas zum Empfang. Das kann ein leichter Cocktail sein oder ganz klassisch Sekt, Prosecco, Crémant oder Champagner. Dazu ein paar klassische Häppchen wie Canapees oder etwas *Exquisites* wie Erdbeeren mit dunkler Schokolade überzogen (am Spieß!) und ein wenig Aceto Balsamico Crema. So lockerst du deinen Stehempfang auf. Achtung: Halte hier direkt kleine Schälchen bereit und platziere sie so, dass sie jeder gut sehen kann. Lege einen kleinen Spieß hinein, so ersparst du deinen Gästen die Peinlichkeit, eine Ablagemöglichkeit suchen zu müssen.

There is only one thing better than a glass of Champagne. A bottle.

Als *Absacker* empfiehlt sich ein Kräuterlikör. Diesen kannst du deinem Menü anpassen. Hast du ein mediterranes oder gar ganz italienisches Menü, so reiche lieber einen Grappa.

Gin wird immer beliebter und kann ebenfalls durch die verschiedene Zubereitung als Gin Tonic – mal mit Minze mal mit Frucht – fein auf dein Gericht abgestimmt werden.

„Schon vor Jahren durfte ich lernen: Die Magnum ist die richtige Flaschengröße für zwei, wenn einer der beiden nicht trinkt oder eben fahren muss. Und heute kann ich das so auch unterschreiben."

– Björn Bittner, Weinkenner

Bitte lest hier auch Björns großartiges Gastkapitel *Macht richtig Bock auf Wein*, in dem er uns mitnimmt in die wunderbare Welt der Weine.

Die perfekte Location

Deine Location beeinflusst immer das Gelingen deiner Feier

„Es muss von Herzen kommen, was auf Herzen wirken soll."

– Johann Wolfgang von Goethe

Jeder Ort hat eine individuelle Energie. Es läuft meistens unbewusst ab, aber egal, wo du gerade bist, fühlst du dich entweder wohl oder unwohl. Du kennst das vielleicht, wenn du Freunde besuchst: Bei dem einen ist alles ganz gemütlich und du spürst, wie behaglich du dich fühlst. Und bei dem anderen hast du ein ganz komisches und meistens nicht greifbares Gefühl, du fühlst dich merkwürdig. Menschen, die ein feines Gespür haben, nehmen die Energien wahr, die sich an Orten konzentrieren. Du spürst es sofort, wenn du irgendwohin kommst, ob dir dieser Ort guttut, dir Energie gibt und deine Stimmung hebt. Oder ob es das genaue Gegenteil ist. Es ist immer dein Bauchgefühl, deine Intuition, die dir diese Signale sendet. Du kannst es oft gar nicht mit dem Verstand begreifen und verstehen, warum dir ein Ort zusagt oder eben nicht.

Dein Bauchgefühl ist auch deine Antenne, um die für dich perfekte Event-Location zu finden: Wo fühlst du dich besonders wohl? Strahlt der Ort lebendige und gute Energien aus? Die Wahl deiner Location hat immer einen erheblichen Einfluss auf das Gelingen deiner Feier. Natürlich spielen dabei nicht nur Atmosphäre und die *guten Energien* des Ortes eine Rolle, sondern auch ganz simple, praktische Dinge.

Deine Event-Location beeinflusst in vielerlei Hinsicht deine Feier. Sie ist der Ort, wo alle deine Gäste zusammenkommen, wo gegessen, getrunken und gefeiert wird. Sie ist der Ort, der deinem Anlass und deiner Persönlichkeit Ausdruck verleiht und sie definiert Stil und Ambiente. Was macht also eine *perfekte* Location aus?

Gute Verkehrsanbindung & genügend Parkplätze

Eine perfekte Location ist eine Location, die nicht nur durch ihr *Äußerliches* punktet, denn natürlich soll die Räumlichkeit augenscheinlich perfekt sein. Aber weißt du, was wirklich unglaublich wichtig ist? Es sind ganz lapidare Dinge. Achte darauf, dass eine gute Verkehrsanbindung gegeben ist und dass deinen Gästen ausreichend Parkplätze zur Verfügung stehen. Nichts ist anstrengender für deine Gäste, als wenn Locations komplett im Niemandsland liegen. Da nützt das schönste Schloss oder die abgelegene, fancy Hipster-Malzfabrik nichts, wenn es nur schwer zu erreichen ist. Hinzu kommt, dass du darauf wetten kannst, dass deine Party spätestens um 1 Uhr vorbei ist und niemand mehr ausgelassen tanzt, weil alle noch fahren müssen. Glaub mir, das macht weder dir noch deinen Gästen Spaß. Selbst wenn du für einen Shuttlebus die ganze Nacht gesorgt hast oder deinen Gäste Taxi-Gutscheine zur Verfügung stellst, ist meine Erfahrung, dass der Gedanke *doch noch irgendwie weit nach Hause oder zum Hotel fahren zu müssen* ein echter Partybremser und Stimmungskiller ist.

Genügend vorhandene Parkplätze sind ebenfalls extrem wichtig. Ist das nicht gegeben, kommen deine Gäste nicht nur meist zu spät, sondern eben gerade deshalb auch schon genervt und gestresst an.

Welche ‚Regeln' gibt es in deiner Location?

Kläre im Vorfeld, dass die Hausregeln nicht die eine oder andere (böse) Überraschung für dich bereithalten.

Schnell ist die Enttäuschung groß, wenn zum Beispiel keine Feuerwerke gezündet werden dürfen, auf Heliumballons verzichtet werden soll, wenn ab 22 Uhr Sperrstunde ist oder am nächsten Morgen um 7 Uhr früh die Location sauber übergeben werden soll.

In vielen denkmalgeschützten Gebäuden dürfen zum Warmhalten der Rechauds keine Brennpasten genutzt werden. Ein guter Caterer arbeitet mit Rechauds auf Elektrobasis. Diese haben den Vorteil, dass eine beständige Temperatur der Speisen gewährleistet wird. Zusätzlich muss nicht ständig Brennstoff nachgefüllt werden – das ist nämlich ganz schön nervig auf Dauer und stört den Ablauf der Feierlichkeit. Wichtig bei der elektrischen Variante ist, dass du unbedingt darauf achtest, wie viele Steckdosen mit welcher Leistung zur Verfügung stehen und ob diese am richtigen Ort sind.

Das stille Örtchen

Ein weiterer wichtiger Punkt sind die Sanitäranlagen, von deren Sauberkeit (wichtig!) wir hier ausgehen. Je nach der von dir eingeladenen Personenzahl sollten natürlich ausreichend vorhanden sein. Als Faustformel gilt: Pro 20 Personen mindestens eine Toilette samt Handwaschbecken.

Passt die Location zu deinem Anlass?

Passt die ausgewählte Location wirklich zum Anlass? Und kannst du sie auch deinen Gästen *zumuten*? Was ist mit älteren Gästen, die vielleicht nicht mehr so gut zu Fuß sind? Sind z. B. zu viele Treppen in der Location vorhanden, kommt sie nicht in Frage, wenn du deine Omas und Opas dabeihaben möchtest.

Eine *Cotton-Eye-Joe-Scheunenparty* mit Heuballen als Sitzgelegenheit ist eine tolle Idee, wenn diese ins ganze Konzept passt. So mancher Geburtstag wurde mit solch einer Party unvergesslich – so manche Kommunion ebenfalls, allerdings im eher schlechten Sinne. Während Oma die Familienbibel haltend versucht, von den sehr niedrigen und rückenlehnenfreien *Sitzgelegenheiten* aufzustehen und Opa niesend und Augen reibend im *Zuch* steht, ist das Desaster kaum noch aufzuhalten und grimmige Gesichter sind dir sicher. Auch wenn du deine Party so ausrichten sollst, wie es dir gefällt, obliegt dir als Gastgeber natürlich das Wohl deiner Gäste.

Lost in Translation

Es ist nicht ungewöhnlich, dass eine Lokalität gleich mehr als nur einen Saal anbietet. Sorge also dafür, dass sich deine Gäste gut zurechtfinden. Prüfe die Möglichkeit, ob du Hinweisschilder für deine Gäste aufstellen kannst. Wo geht es zum Feiersaal? Wo sind die Toiletten? Wo geht's zur Garderobe? Wo darf geraucht werden? Damit entlastest du auch dich als Gastgeber, denn du hast keine Lust darauf, dass dich alle fünf Minuten jemand fragt, wo denn hier die Klos sind.

Draußen feiern? Plan B!

Auch wenn Will Smith, der bekannte und beliebte US-amerikanische Schauspieler mal gesagt haben soll: „Es gibt keinen Grund, einen Plan B zu haben, denn dieser lenkt nur von Plan A ab", brauchst du dringend und unverhandelbar einen Plan B, wenn du draußen feierst.

Im Sommer draußen zu feiern, ist immer toll. Aber egal, wo du feierst, du brauchst immer eine Alternative für den Fall, dass das Wetter andere Pläne hat als du. In Deutschland sowieso, wo ein Sommer nicht automatisch ein Sommer ist. Aber auch in südlicheren Gefilden, wie z. B. Spanien oder Südfrankreich, musst du dir überlegen, was du machst, wenn die Sonne doch nicht so verlässlich scheint und du den einzigen Regentag der Saison erwischst. Aber auch plötzliche Wetterumschwünge, heftiger Wind oder wenn es einfach zu kalt ist, können äußerst unangenehm sein. Was du bitte auch auf dem sprichwörtlichen Schirm haben musst: Mute deinen Gästen nicht die pralle Sonne zu. Du brauchst Schirme oder Sonnensegel, um deine Gäste vor dem Hitzekoller und Sonnenbrand zu schützen.

Ich war einmal bei einer Hochzeitszeremonie auf Ibiza. Perfektes Paar, traumhafte Location – eine Villa in den Bergen mit Blick aufs Meer. Es war alles perfekt. Perfekte Location, perfektes Catering, tolle Lounge-Musik, Traumvilla mit Pool, tolle Deko, nur schöne Menschen in weißen Kleidern. Und natürlich schien die Sonne. Alles lief nach Plan. Und zwar nach Plan A. Die Trauzeremonie war herzzerreißend schön und ergreifend. Aber! Aber was? Die Gäste hätten während der einstündigen Trauzeremonie mit Sonnenschirmen vor der heißen, herunterbrennenden Sonne geschützt sein müssen!

Es war früher Nachmittag, die Sonne *knallte* extrem und unerbittlich. Die Gäste hatten zwar kleine Fächer, aber das nützte nichts. Sie schwitzten, sie waren unruhig, weil sie Angst hatten, sich zu verbrennen, sie hatten Durst, und natürlich konnten sie so der Zeremonie nicht mehr wirklich aufmerksam folgen. Die Gäste saßen mit Sonnenbrillen da, wedelten hektisch mit den Fächern und man spürte, wie sehr sie litten. Das war für alle extrem schade, sowohl für das Brautpaar, das nicht die Stimmung bekommen hatte, auf die es monatelang hin gefiebert hatte, aber auch für die Gäste. Ich fragte hinterher nach dem Grund, warum es keine Schirme gab: Es hätte auf den Fotos nicht gut ausgesehen. Da kann ich nur noch den Kopf schütteln. Die schönsten Fotos eines inszenierten Moments können nie einen echten, perfekten Moment wettmachen. Die Gäste werden an diese eigentliche Traumhochzeit mit gemischten Gefühlen zurückdenken – „Ja, war toll, aber wir wurden eine Stunde lang gegrillt und ich stand kurz vorm Hitzekoller."

Es obliegt dir als Gastgeber, dass du für alle Eventualitäten gewappnet bist. Hast du Ausweichmöglichkeiten, bei Regen drinnen weiter zu feiern? Stehen genügend Sonnenschirme parat? Du musst dich und deine Gäste schützen.

Möchtest du sogar an einem Gewässer feiern, ist die Stimmung ganz besonders romantisch und außergewöhnlich. Warne aber deine Gäste vor, denn nah an Seen finden sich besonders viele Stechmücken. Hier kannst du entsprechende Schutzlotionen für deine Gäste bereithalten.

Home, sweet Home

Die Location ist immer das *Zuhause* deiner Party. Und vielleicht ist sie sogar tatsächlich dein Zuhause. Wie schon im Budget-Kapitel erwähnt, bin ich ein großer Fan davon, zu Hause zu feiern. Ich finde es so schön, wieviel *Erinnerung* dann später in den eigenen vier Wänden steckt. Für mich gewinnt mein Heim dann direkt an Wert. Prinzipiell kann jedes Fest

Zuhause gefeiert werden, vorausgesetzt, alle Gäste passen hinein und deine Nachbarschaft ist angenehm. Eine romantische Gartenhochzeit, ein Kindergeburtstag (samt Schlafsack-Bettenlager im Wohnzimmer), eine familiäre Kommunion oder Konfirmation, in deinem Zuhause kann wirklich jeder Anlass zum echten Happening werden.

Dein Heim gestaltest du mit Hilfe der verschiedenen Dekorationen und mietbaren Gegenständen entweder schlicht, dekadent oder gemütlich, je nachdem, was du an Gefühlen und *spirits* hervorrufen möchtest. Das Internet ist eine unendliche Inspirations- und Recherchequelle. Auf Instagram und Pinterest kannst du dich regelrecht verlieren, wenn du nach Ideen für die Gestaltung suchst. Ich gebe zu, bei mir gehen bei sowas immer die Pferde durch und ich habe einen Heidenspaß daran, ganz neue Welten zu kreieren. Die Welt ist voll mit Inspiration!

Im Internet gibt es viele verschiedene Miet- und Leihportale, bei denen du dir alles Mögliche leihen und mieten kannst, um dein Zuhause mit hochwertigen und besonderen Objekten zur Location zu *pimpen*. Sei es eine kleine Kunstausstellung, die ihren *Place to be* in deinem Reich findet, eine außergewöhnliche Beleuchtung, die für den Wow-Effekt sorgt oder ein Spiegelkabinett, das sicherlich niemand erwartet.

Überrasche Kids, die bei dir übernachten, zum Beispiel mit einem Film auf der großen Leinwand, passende Beamer gibt es preiswert online zu mieten, der Hin- und Rücktransport ist meistens inkludiert, eine Versicherung ebenfalls. So gestaltest du mit wenig Aufwand und relativ preiswert das Besondere. Popcorn ist zu Hause auch schnell selbst gemacht, und die passenden Papiertüten im Kino-Look kann man preisgünstig bestellen.

Deine (erwachsenen) Freunde wirst du hingegen eher mit einem alten Plattenspieler, eventuell sogar einem Phonographen beeindrucken, hier kannst du fantastisch die *guten, alten Zeiten* auferstehen lassen.

Deine ultimative Location-Checkliste

Die **Art der Location**: Welche Location entspricht deinen Wünschen und Anforderungen? Welche Location passt zu dir und deiner Persönlichkeit?

- Kommt ein **Hotel** in Frage? Hotels sind praktisch und beliebt, denn viele Hotels haben wirklich schöne Festsäle, in denen gefeiert werden kann. Hinzu kommt, dass du hier oft ein Rund-um-Sorglos-Paket buchen kannst mit umfassendem Service, jeglichen Ausstattungen, Personal und letztlich auch Catering. Das kostet – aber es nimmt dir viele Dinge ab, um die du dich nicht mehr kümmern musst.

- Möchtest du **Zuhause** feiern? So kannst du deine Feier ganz persönlich gestalten. Hier hast du jedoch die Herausforderung zu bewältigen, dich um vieles kümmern zu müssen: Brauchst du ein Zelt für den Garten? Sind genügend Tische und Stühle, Geschirr und Besteck vorhanden? Deko? Beleuchtung? Musik? Wer macht das Essen? Kochst du selbst oder holst du einen Caterer ins Boot? Wer räumt auf? Wer bedient? Brauchst du bei der Stadtverwaltung eine Erlaubnis wegen Lärmpegel und Co?

- Schwebt dir eine **besondere Location** vor? Feiern kann man theoretisch überall. In Schlössern, alten Fabriken, Scheunen, Burgen, Galerien, Museen, Theatern, Gärten, an Stränden, in einem Boxclub, auf Schiffen. Deiner Fantasie sind keine Grenzen gesetzt. In *offiziellen* Veranstaltungslocations kannst du, ähnlich wie im Hotel, auf umfassenden Support und Service zurückgreifen. Willst du hingegen in einer sogenannten *Off-Location* feiern, musst du dich, ähnlich wie bei dir Zuhause, um alles kümmern. Hab hier vor allem eine ganz wichtige Frage auf dem Schirm: Gibt es genügend Steckdosen? Dein Caterer, dein DJ und nicht zuletzt deine Gäste, die zwischendurch ihre Smartphones aufladen wollen, werden es dir danken!

Dein **Fahrplan**: Damit du die passende Location für dich findest, solltest du mit Hilfe der folgenden Punkte deine Marschroute festlegen:

- **Thema und Anlass**: Wie soll dein Event gestaltet sein? Welches *Look & Feel* schwebt dir vor?
- **Ort:** Wo willst du feiern? Drinnen oder Draußen? Gibt es für die Draußen-Entscheidung einen Plan B?
- **Datum:** Wann findet deine Feier statt? Sommer, Winter, Herbst, Frühling? Manche Locations stehen gar nicht ganzjährig zur Verfügung, auch das musst du bei der Planung berücksichtigen.
- **Größe deines Events:** Wie viele Gäste möchtest du einladen? Wie viele Tische und Stühle brauchst du? Hast du genug Platz zum Essen, für den Empfang und hinterher fürs Tanzen? Willst du eine Band oder einen DJ spielen lassen, wo finden sie Platz? Brauchst du eine Bühne?
- **Budget:** Wieviel vom Budget möchtest und kannst du in die Location investieren? Setz dir – gemäß deinen Prioritäten – ein Limit!

Prioritäten setzen: Es hilft dir unglaublich, wenn du dir vorher überlegst, was dir bei einer Location wichtig ist. Was soll sie unbedingt haben, wie soll sie unbedingt sein, was darf sie maximal kosten. Welche Punkte sind unverhandelbar, bei welchen Punkten kannst du Kompromisse eingehen? So lässt du dich nicht auf halbgare Entscheidungen ein, sondern bleibst dir selbst treu.

Wer nicht fragt, bleibt gestresst: Kläre so viele Fragen wie möglich vorher ab. Das verschafft dir Überblick und bewahrt dich vor bösen Überraschungen.

- Ist die Location groß genug für deine Feier? Brauchst du verschiedene Räume? Wenn ja, sind sie vorhanden?
- Lichtverhältnisse: Ist es hell? Brauchst du zusätzliches Licht? Kläre dies auch unbedingt mit deinem Fotografen ab (wenn du professionelle Fotos machen lässt). Findet deine Feier am Tag oder am Abend statt? Gibt es genügend Fenster für Tageslicht und Belüftung? Wenn du draußen feierst: Sind Lichter und Kerzen erlaubt und vorhanden? Es macht immer Sinn, die Location genau zu dem Tageszeitpunkt zu besichtigen, an dem auch die Feier stattfinden soll (beachte hier bitte jahreszeitenbedingte Schwankungen).
- Können du und deine Gäste in der Location ggf. übernachten?
- Hab die Kosten auf dem Schirm, frage nach, wie sie berechnet werden: Wird pro Person oder Raum gezählt? Gibt es einen Mindestverzehr? Eine Pauschale pro Gast? Was kosten Getränke? Kannst du eigene mitbringen?

- Hat die Location einen Cateringservice? Oder kannst du einen eigenen beauftragen?
- Sind genügend Tische und Stühle und sonstige Ausstattung vorhanden?
- Gibt es auch einen Außenbereich? Wenn ja, ist dieser zugänglich und darfst du ihn nutzen?
- Wie ist die Verkehrsanbindung? Ist der Ort auch mit öffentlichen Verkehrsmitteln erreichbar? Sind (genügend) Parkmöglichkeiten vorhanden? Ist die Location einfach zu finden?
- Finden alle Gäste gleich gut Platz? Nichts ist schlimmer als zusammengequetschte Tische, oder Tische, die nah an der Küche oder der Toilette platziert sind. Oder *Katzentische* zu weit im Abseits, an denen die Gäste kaum etwas mitbekommen.
- Gibt es *Konkurrenzveranstaltungen* in anderen Räumen vor Ort? Das kann eine Feier durchaus unschön beeinträchtigen.
- Wenn du auf das Personal vor Ort zurückgreifst, scheue dich nicht davor zu fragen, wieviel Personal denn eingeplant ist.
- Akustik: Hallt die Location? Schluckt sie alles? Ist es laut?
- Privatsphäre: Findet die Feier an einem öffentlichen Ort (Restaurant, Strand, botanischer Garten) statt, musst du mit Zaungästen und Zuschauern rechnen. Wenn dich das nicht stört, ist das okay. Solltest du dich bei dem Gedanken daran unwohl fühlen, wähle unbedingt eine andere Option.
- Ab wann ist deine Location für Vorbereitungen zugänglich und wann muss sie verlassen werden?
- Gibt es eine Sperrstunde?
- Wann musst du deine Sachen abbauen oder abholen?
- Wer kümmert sich um die Müllentsorgung?
- Welche Regeln machen eventuell einen Strich durch deine Pläne? Darfst du Kerzen anzünden oder Konfetti verstreuen?
- Passt die Location zum Stil deines Events? Fühlst du dich wohl? Kannst du dir vorstellen, dass sich deine Gäste auch wohlfühlen werden? Passen die Farben zu deinem Anlass und deiner geplanten Deko?
- Sicherheit: Ja, auch daran musst du denken, vor allem, wenn du in einer großen Location feierst, wo sich ggf. noch andere Menschen und Gäste aufhalten. Scheue dich nicht davor, einen *Türsteher* zu engagieren, der ein Auge darauf hat, dass keine fremden Personen in deinen Raum kommen. So können du und deine Gäste viel ruhiger feiern.
- Temperatur: Deine Location darf weder zu kalt noch zu warm

sein. Sind funktionierende Heizung und Klimaanlage vorhanden? Kannst du die Räumlichkeiten vor Beginn auf Betriebstemperatur bringen? Entweder im Sommer angenehm herunterkühlen oder an kalten Tagen leicht aufwärmen? Es ist ein Stimmungskiller, wenn Gäste beim Eventstart frösteln oder schon vor Hitze schmelzen.

Außergewöhnliche Locations

Der Unterschied zwischen einer guten und einer außergewöhnlichen, sensationellen und legendären Party ist die Auswahl einer außergewöhnlichen Location. Klar, man kann im Keller zu Hause feiern, im Garten oder eben eine Location mieten, die schon hunderte andere für ihr Fest gemietet haben. Das ist nett und die Party wird sicher gut. ABER: Partys, die in Erinnerung bleiben sollen, Partys, von denen man sich noch Jahre später erzählt, Partys, die legendär sein sollen, brauchen eine abgefahrene und außergewöhnliche Location.

Das kann ein Schrottplatz sein. Ein Flugzeughangar. Eine Scheune. Ein Schwimmbad. Ein Spielplatz. Die Dachterrasse im 50. Stockwerk. Eine Finca mit Pool.

Allein die Vorstellung, du veranstaltest eine Party in einem Schwimmbad mit mehreren Becken und Rutschen. Alle Gäste kommen in Badeklamotten und haben Spaß, das Schwimmbad in Beschlag zu nehmen. In Whirlpools tummeln sich die Badenixen mit den Cocktails, die Jungs bringen die Rutschen zum Glühen.

Und zum Schluss noch ein extra wissenswerter Tipp für dich: Sei vorsichtig, wenn dir ein Location-Inhaber einen Caterer besonders empfiehlt und du fast schon denkst, er *schwatzt* dir den bestimmten Dienstleister auf. Meist erfolgen hier Bonuszahlungen pro vermitteltem Auftrag. Das muss nichts Schlimmes bedeuten, schau dir den Caterer jedoch mit besonderer Vorsicht an.

Noch mehr Informationen zum Thema *Location* findest du auch im Hochzeitsglossar. Ich sage nur: Das besondere Zelt!

Nadines-Schmeckerei-Gast
Angelika Tocaj
Foto: Nadines Schmeckerei

Das Leben ist eine Party

Colour up your life: Feiere mit Freunden das Leben!

„Es ist besser zu genießen und zu bereuen, als zu bereuen, dass man nicht genossen hat."

– Giovanni Boccaccio, italienischer Schriftsteller

Geburtstag. Kommunion. Hochzeit. Konfirmation. Team-Events. Koch-Events. Geburt. Taufe. Verlobung. Scheidung. Examensparty. Meet & Eat. Kochen mit Freunden. Xmas-Party. Babyshower. Mottoparty. Einstand. Ausstand. Beförderung. Kündigung. Firmengründung. Hochzeitstag. Jubiläum. Küchenparty. Sommer-Picknick. Osterbrunch. Dimanche de Grand-Mère. – Du kannst aus jedem Anlass und jeder Gelegenheit eine Party machen! Gestalte dein Leben mit außergewöhnlichen Ideen, Partys und Veranstaltungen so bunt, dass du mit Freude an jede kleine Erinnerung deiner Veranstaltung zurückdenkst.

Die Möglichkeiten, das Leben zu feiern, sind so vielfältig. Wir können aus allem eine Festivität machen. Wir haben so viele Gelegenheiten, uns unser Leben bunt zu machen. Mein Motto: Colour up your life! Das Leben wir immer in genau den Momenten bunt, wenn wir mit Freunden zusammen sind und mit ihnen das Leben feiern.

Die besten Partys finden immer in der Küche statt.

Jede Feier ist ein Statement: Mit deiner kulinarischen Gastfreundschaft zeigst du, im privaten Rahmen, deine Persönlichkeit. Im professionellen Rahmen (Firmenfeier) drückst du die Corporate Identity deines Unternehmens aus. Bietest du bei deiner Firmenfeier Streetfood auf gehobenem Niveau an, ist das ein Zeichen von kosmopolitischem und weltgewandten Auftreten und verdeutlicht deine internationale Orientierung.

Eine Feier vorzubereiten ist auch schon ein Event an sich. Es macht so viel Spaß! Kochen macht so viel Spaß! Deshalb veranstalte ich auch so gerne Koch-Events bei mir in der Schmeckerei. Sie bringen die Menschen zusammen und fördern den Gemeinschaftssinn. Mein Eindruck ist, dass die Menschen sich wieder viel mehr mit dem Kochen beschäftigen, die Lust am Brutzeln, Schnippeln und Rühren ist zurück. Kochen und essen sind auch immer ein Ausdruck deines Lifestyles und Mindsets und wieviel man sich selbst wert ist.

Darf man heute noch feiern?

Bei allem, was auf unserem Planeten so los ist – Katastrophen, Zerstörung der Umwelt, Kriege – frage ich mich manchmal, ob man eigentlich überhaupt noch guten Gewissens feiern darf. Und ich finde: Ja. Jetzt erst recht. Denn nichts verbindet Menschen mehr und sorgt für gute Energien als eine schöne, gemeinsam verbrachte Zeit mit Musik und Genuss. Stell dir vor, wie friedlich und schön die Welt wäre, würden alle Menschen nur noch miteinander feiern.

Auch und gerade in der Zeit des Social Media und überbordendem virtuellem Kontakt ist echter Kontakt so wichtig. Nichts kann den echten Kontakt zwischen Menschen ersetzen.

Was es heute zusätzlich herausfordernd macht, eine Feier zu planen, ist die Rücksichtnahme auf die all die vielen Spezial-Esser. Die Bodyshaper, die nur clean eating machen und sich selbst optimieren und möglichst schlank halten wollen. Die Vegetarier. Die Veganer. Die glutenfreien Gäste. Die Laktose-Intoleranten. Die Intermettierend-Fastenden. Da vergeht einem schon mal die Lust an der Planung und am Feiern, weil für alle Alternativen anzubieten, ist kaum leistbar. Vor allem, wenn man es liebt, kulinarisch zu verwöhnen, so wie ich es liebe und lebe, ist hier die bodenständige, ehrliche Hausmannskost ebenso schwierig unterzubringen wie die mediterrane Pasta.

MUSS ich heute feiern?

Die gegenteilige Frage ist: MUSS ich feiern? Denn natürlich hast du auch das Recht, deinen runden Geburtstag allein mit dir selbst zurückgezogen in einer Hängematte auf den Malediven zu verbringen. Du musst auch hier keine vermeintlichen gesellschaftlichen Verpflichtungen und familiären Erwartungen erfüllen. Du darfst auch nicht-feiern! Denn eine Feier, auf die du eigentlich keine Lust hast, tut niemandem etwas Gutes. Weder dir noch deinen Gästen.

It‘s my party!

Eine kleine persönliche Anekdote: Meinen 33. Geburtstag habe ich im „Oki Doki Kinderland" gefeiert. So richtig kindergeburtstagsmäßig mit Pizza und Getränken aus bunten Pappbechern. Im ersten Moment stellt sich sicher niemand dieses Setting im Zusammenhang mit meinem Anspruch, die perfekte Gastgeberin zu sein, vor.

Da jedoch alle meine Freunde zu diesem Zeitpunkt Kinder in jeder Altersklasse hatten, waren alle, ich voran, wirklich froh, dass es weder in ein Sternerestaurant ging noch Babysitter oder Großeltern einmal mehr herhalten mussten, um auf die Kinder aufzupassen, während ich eine Party veranstalte, die einfach viel zu lange dauert, um die Kinder mitzunehmen.

Außerdem habe ich am 6. Januar Geburtstag, ein eigentlich eher undankbares Datum. Denn alle haben genug gefeiert und keiner hat mehr Lust auf eine weitere große Essensschlacht. Niemand möchte nach dem Silvester-, Weihnachts- und Adventszeitmarathon schon wieder lange feiern, viel essen und noch mehr Geld ausgeben. Und auch ich war durch. Denn die Adventszeit ist in der Gastronomie eine der meistgebuchten Zeiten. Koch-Events für etliche Firmen wollen geplant und realisiert sein. Im Catering-Segment werden die Weihnachtsfeiern der unterschiedlichsten Klientel ausgestattet. Im Restaurant finden etliche Veranstaltungen zum Jahresabschluss statt.

Für mich war es in diesem Jahr also genau die richtige Geburtstagsparty. Meinen Gästen, die alle ihre Kinder nicht irgendwo unterbringen mussten, hat die unkonventionelle Art zu feiern ebenfalls gefallen, die (kleinen) Geschenke gingen komplett an meinen Sohn, der mit seinen Freunden an meinem Geburtstag ebenfalls viel Spaß hatte. Und wir Erwachsenen hatten bei Sekt aus Pappbechern und Tiefkühlpizza einen wunderschönen Tag. Wir hatten Zeit zum Erzählen und Lachen, und das ganz ohne uns Sorgen um die Kinder machen zu müssen und ganz ohne Style-Stress, denn High Heels und Klamotten brauchten wir ja nun wirklich nicht. Es hätte nicht besser sein können.

Party at home

Das schönste Geschenk für deine Gäste: die Einladung zu dir nach Hause.

Zuhause ist da, wo dein Herz sich wohl fühlt.

Bei dir zu Hause eine kleine Feier zu veranstalten, ist eine wunderbare Geste für deine Gäste. Es ist eine Geste des Vertrauens. Schließlich möchte man nur besondere Menschen zu sich einladen, denn dein Home ist dein Castle. Es gibt tolle Möglichkeiten, liebe Menschen mit einem kulinarischen Highlight bei dir zu Hause zu verwöhnen und zu überraschen.

Foto: Nadines Schmeckerei

- Eine klassische **Dinnerparty**

- Ein **Dimanche de Grand-Mère**. Der Oma-Sonntag ist eine wunderbare Tradition aus Frankreich, bei der die Oma ihre Lieben einmal die Woche um sich schart und kocht und backt, was das Zeug hält. Es werden mehrere Vorspeisen, mehrere Hauptspeisen und mehrere Desserts vorbereitet. Dann werden pro Gang einfach alle Speisen auf den Tisch gestellt, so dass die Gäste sich an wahren Tafelfreuden laben können. Viele dampfende Töpfe, Bleche und Schüsseln mit allerlei Köstlichkeiten verlocken zum Zugreifen. Die ganze Familie sitzt an einer langen Tafel, alle reichen sich die Schüsseln, nehmen sich und genießen gemeinsam. Dabei wird sich über die Woche ausgetauscht. Das ist meine Vorstellung von Glück.

- Oder du planst ein **Meet & Eat**. Lade verschiedene Freunde ein, die sich noch nicht kennen. Jeder bringt etwas mit, der eine die Vorspeise, der andere den Nachtisch. Den Hauptgang bereitest du zu. So bringst du neue Menschen zusammen und knüpfst neue Bande zwischen den Menschen. Wo geht das besser als in genau solch einer ungezwungenen, lockeren Atmosphäre zu Hause bei dir in kleiner Runde?

- Eine **Mitbringparty**: Eine Mitbringparty ist zum Beispiel an Karneval eine schöne Alternative, so wird die Arbeit aufgeteilt, jeder macht, was er gut kann, bringt es mit und alle werden satt. So werden Zeit, Aufwand und Kosten aufgeteilt. Natürlich verlangt auch diese Form ein wenige Absprache. Über eine WhatsApp-Gruppe oder eine Online-Liste kannst du den organisatorischen Aufwand jedoch geringhalten und schnell Ergebnisse erzielen. Im deutschsprachigen Raum empfehle ich die Seite www.bringabottle.de. die kostenlose Website funktioniert vollkommen ohne Registrierung, du kannst dort Ereignisse anlegen, eine Liste für eine Mitbringparty erstellen, To-do-Listen festlegen und Teilnehmer einladen. Übersichtlich und aktuell können alle von dir hinzu gefügten Teilnehmer die Liste abstreichen und kommunizieren.

So stellst du bei deinem Zuhause-Event deine perfekten Gastgeber-Qualitäten unter Beweis

Wer mag was nicht? Bei deiner Einladung fragst du direkt nach, ob jemand bestimmte Nahrungsmittel nicht mag oder nicht verträgt. So kannst du dein Menü planen und darauf Rücksicht nehmen.

Dresscode? Ein besonderer Abend verdient besondere Outfits. Vielleicht hast du Lust, dass sich alle besonders in Schale

schmeißen? Das verleiht dem Abend die Extraportion Finesse. Sonst geht auch immer smart casual, wenn du es eher

ungezwungen und gemütlich haben möchtest. In jedem Fall kommunizierst du den Dresscode, damit deine Gäste nicht in

peinliche Situationen – der eine lässig und die andere total aufgebrezelt – manövriert werden. (Mehr zum Thema Dresscode findest du auch im Hochzeitsglossar)

Keine Experimente! Wenn du nicht so der Abenteuertyp bist und eher weniger auf riskante Harakiri-Aktionen stehst, empfehle ich dir dringend, niemals ein Gericht oder Menü zu kochen, das du an dem Abend zum ersten Mal zubereitest.

Wenn du unbedingt etwas Neues ausprobieren möchtest, dann koche es vorher und teste es z. B. an und mit deinem Partner.

Überfordere deine Gäste nicht. Es gibt Gerichte, die mag einfach nicht jeder und die sind sehr speziell. Sülze zum Beispiel. Innereien. Zunge. Meeresfrüchte und Meerestier. Bring deine Gäste nicht in Verlegenheit, hier zugreifen zu müssen. Setze lieber auf risikofreie Alle-lieben-das-Zutaten.

Smarte Planung: Du hast als Gastgeber keine Lust, den ganzen Abend über in der Küche zu stehen. Als Gastgeber bist du auch für das Entertainment und Amüsement deiner Gäste zuständig. Versteckst du dich hinter deinen Töpfen, wird das als Desinteresse gewertet. Plane und bereite dein Menü also immer so vor, dass du am Abend selbst nur noch wenige Handgriffe zu tun hast.

Getränke: Wichtigste Regel – du hast genug Getränke vorrätig. Stilles und spritziges Wasser steht für deine Gäste permanent parat. Weißwein, Rosé und diverse Blubber-Drinks wie Sekt, Crémant, Prosecco oder Champagner sind richtig gut durchgekühlt. Bier, welches im Sommer (auch gern alkoholfrei) getrunken wird, ebenso ordentlich runterkühlen.

Rotwein hat Zimmertemperatur und durfte bereits atmen. Habe immer lieber zu viel als zu wenig Getränke vorrätig. Als guter Gastgeber lässt du deine Gäste niemals auf dem Trockenen sitzen.

Welcome! Ein Aperitif zur Begrüßung mit einem kleinen Snack dazu (wie wäre es z. B. mit Trüffelpopcorn?) ist immer eine wunderbare Willkommensgeste und bringt deine Gäste in Schwung und zaubert direkt die gewünschte, entspannte Atmosphäre.

Ambience, Ambience: Die perfekte Atmosphäre hast du schon vorbereitet. Bevor deine Gäste kommen. Es läuft schöne Musik. Der Tisch ist toll gedeckt und dekoriert. Kerzen brennen. Der Raum ist angenehm warm bzw. im Sommer gut gekühlt und gelüftet. So kommen deine Gäste an und können sich sofort in deiner Wohlfühloase fallen lassen. Ebenso hast du natürlich die Gäste-Toilette perfekt vorbereitet, sie ist sauber, es liegen interessante Accessoires und Zeitschriften oder Bücher aus, eine schöne Seife steht parat und mehrere frische Handtücher liegen bereit.

Zack Zack! Du hast alles im Vorfeld so gut vorbereitet, dass du deine Gäste nicht lange auf das Essen warten lässt. Hast du mehrere Gänge, sind 20 bis 30 Minuten Pause zwischen den Gängen ideal. Der Hauptgang sollte spätestens um 22 Uhr serviert worden sein.

Doofes bleibt draußen: Deine Dinnerparty ist keine Battle- oder Stammtisch-Area. Unangenehme Gesprächsthemen bekommen an deinem Abend keinen Raum. Als Gastgeber hast du das Recht, Gäste, die stimmungstötende Themen auf den Tisch bringen, zu unterbrechen (mit Charme und Humor) und das Gespräch wieder in eine andere Richtung zu lenken.

Zuhause ist, wo die LIEBE wohnt, ERINNERUNGEN geboren werden, FREUNDE immer willkommen sind und jederzeit ein Lächeln auf dich wartet.

Yeah, Mottoparty!

Die gute alte Mottoparty ist zu Unrecht in Verruf geraten

Nerd-Party. James-Bond-Party. Barbie-Party. Superhelden-Party. Star-Wars-Party. Amerika-Party. Dolce-Vita-Italien-Party. Glamour-Party. Black-and-White-Party. Trash-Party. Strand-Party. Pyjama-Party. Indianer-Party. Oktoberfest. Schlager-Party. Mittelalter-Party. DDR-Party. Und, und, und.

Du kannst alles, aber auch wirklich alles zum Motto deiner Party machen. Party machen kann schließlich jeder, aber ein Motto setzt alles in einen ganz anderen Rahmen. Dein Motto gibt die Marschroute vor für Dekoration, Musik, Outfits deiner Gäste und auch die angebotene Kulinarik und Drinks.

Oberstes Gebot bei einer Mottoparty: Deine Gäste sollten Lust darauf haben. Die Vorbereitung auf das Event gehört schon zum Event dazu und soll Spaß machen. Nichts ruiniert eine Party so sehr wie Gäste, die schon im Vorfeld mosern, dass sie das alles doof finden, und damit die Stimmung und Vorfreude auf deine Party torpedieren. Die gute Nachricht ist aber: Meistens haben die eingeladenen Gäste Lust drauf. Denn wir Menschen sind nun mal Spielkinder und haben diebische Freude daran, uns zu verkleiden und in andere Rollen zu schlüpfen.

In meiner beratenden Tätigkeit als Eventmanagerin höre ich oft, dass eine Mottoparty immer wieder gewünscht, jedoch nicht oft durchgeführt wird. Viele meiner Kunden haben Respekt vor dem zusätzlichen Aufwand. Vor allem auch die kreative Leistung, Ideen zu finden und diese umzusetzen, stellt viele Kunden vor eine Herausforderung. Doch unter anderem auch dafür sind mein Team und ich ja da.

Nicht allzu lange her, da waren Mottopartys out. Denn jedes Lokal, jede Disco, jeder Club meinte, mit Mottopartys die *schnelle Mark* verdienen zu können. Jedoch fehlten hier der Wille und die Liebe zum Detail, eine ordentliche Party abzuliefern. Die Partys waren meist geschmacklose Veranstaltungen, bei denen allenfalls ein Abba-Poster an das zu feiernde Jahrzehnt erinnerte. War das cool? Nein, eher abschreckend.

Es geht jedoch auch so richtig stilvoll. Gern teile ich mit dir Tricks, Vorschläge und Ideen, die dich zur Partyqueen oder zum Partyking krönen. Eine Auflistung von Bezugsquellen, mit denen ich bereits zusammengearbeitet habe, findest du im Anhang. Du kannst dir sicher sein, deine Party wird zum rauschenden Fest!

Keine Grenzen, alles erlaubt

Was das Finden eines Mottos angeht, sind deiner Fantasie und deiner Kreativität keine Grenzen gesetzt. Du kannst wirklich alles zu einem Motto machen.

So wie die 90er sich als Motto eignen, ist jedes andere Jahrzehnt spannend kulinarisch und dekorationstechnisch umzusetzen. Es macht großen Spaß, den jeweiligen Zeitgeist herauszufiltern und zum Leben zu erwecken. Meist kannst du auf deine Erinnerung zurück greifen, um deiner Party den richtigen zeitgenössischen Flair zu verpassen, du kannst im Internet stöbern und natürlich Freunde und Familie befragen. Allein schon diese Vorbereitungen werden dir jede Menge Freude bereiten.

Falls es kein Jahrzehnt sein soll, ist vielleicht dein Lieblingsreiseziel ein schönes Motto für deine Party. Das kann eine Stadt wie Barcelona ebenso sein wie ein ganzer Kontinent zum Beispiel Afrika.

Eine Stars-und-Sternchen-Party, eine Cocktailparty, eine MTV-Music-Awards-Party, eine James-Bond-Party – alle Themen können umgesetzt werden. Lass Deiner Kreativität freien Lauf und genieß die Zeit der Recherche und Vorbereitung. Das steigert die Vorfreude und verbessert jede Party.

Feierst du eine Halloween-Party, kannst du diese natürlich zusätzlich unter ein Motto setzen, *Black and White* oder *Marvel*, *Der gefallene Held*, *Night of the Proms*, *Die untoten Schönen* – deine Gäste werden deine Kreativität mit besonders ausgefallenen Kostümen belohnen und befinden sich durch die Kostümauswahl bereits Wochen vor Halloween im Partyfieber. Das steigert die Vorfreude bei allen Beteiligten. Als besonderes Highlight deiner Party kannst du eine (falsche) Wahrsagerin engagieren, die natürlich nur schlechtes voraussagt. Du siehst, deiner Kreativität sind keine Grenzen gesetzt.

To Motto or not to Motto? Das ist die Frage.

- Mottopartys empfehlen sich besonders an Geburtstagen und Halloween. Legere Firmenfeiern können ebenfalls unter ein Motto gestellt werden.
- Abraten möchte ich hingegen, wenn du ein klassisches Familienfest wie eine Kommunion oder Konfirmation feierst.
- Auch eine Hochzeit sollte kein Motto haben, denn die Hochzeit steht im Vordergrund und ist der Star. Du und dein(e) Liebste(r) stehen im Mittelpunkt, ein Motto ist überflüssig.

20er-Jahre-Gatsby-Party

Erwecke die goldenen 20er zum Leben

Time to drink Champagne and dance on the table!

Jedes Jahrzehnt hat seine eigene DNA, seinen eigenen Stil, seine eigene Energie, seine eigene Mode, seine eigene Musik, sein eigenes Lebensgefühl. Die opulenten 20er-Jahre eignen sich hervorragend als Motto.

„Der Ausdruck *die goldenen Zwanziger* bezeichnet für Deutschland den Zeitabschnitt zwischen 1924 und 1929. Der Begriff veranschaulicht den Wirtschaftsaufschwung in den 1920er Jahren in vielen Industrieländern und steht auch für eine Blütezeit der deutschen Kunst, Kultur und Wissenschaft.“*

Foto: suteishi / iStock

Die goldenen Zwanziger werden auch oft in Verbindung gebracht mit *The Great Gatsby*, dem All-Time-Klassiker-Roman von F. Scott Fitzgerald. Titelfigur ist Millionär Jay Gatsby, der als Besitzer eines luxuriösen Herrenhauses oft ausufernde, schillernde und extravagante Partys schmeißt.

Warum also nicht diese Zeit aufleben lassen? Schmeißen wir uns in 20er-Jahre-Schale und geben wir ein rauschendes Fest! Hierzu einige Ideen für dich.

* https://de.wikipedia.org/wiki/Goldene_Zwanziger

Die Einladung

Geheim, exklusiv und unbedingt anders als gewöhnlich – das sind die drei Merkmale, die eine Gatsby-Party ausmachen. Mit deiner Einladung kannst du wunderbar mit diesen Anforderungen spielen. Die Einladung zu einer würdevollen und bedeutungsschwangeren Gatsby-Party sendest du entweder per Telegramm (ja, das gibt es noch!) oder per persönlichem Boten.

Wenn du das Telegramm nutzen möchtest, ist es wichtig, dass „STOP" immer wieder einzufügen, ein Text könnte so lauten:

Nadine Dorau lädt Sie, werte Dame, werter Herr, feierlich zu Ihrem Festakt ein. STOP Erbeten wird Ihre begehrte Anwesenheit am 14. Tage des Monats März, zur 8. vollen Stunde am Abend STOP Kommen Sie im feinen Gewand der 1920er. STOP Ihre Zusage wird zum 20.02. erwünscht.

Die Telegramm-Variante ist eine schnelle und in der heutigen Zeit wirklich überraschende Lösung. Du rufst Aufmerksamkeit und ein Schmunzeln bei deinen Gästen hervor. Niemand erwartet je, ein Telegramm zu bekommen. Leider ist diese Überraschungs-Einladung keine ganz preiswerte Lösung. Ein Telegramm kostet derzeit knapp 20 €.

Möchtest du einen Boten schicken, so kannst du die Einladung vorlesen lassen. Da die 20er-Jahre-Partys meist verrucht und auch verboten waren, sollten damals keine Beweismittel entstehen, der Bote war somit die *gängigste* Variante, eine Einladung auszusprechen. Auch das ist eine Überraschung für deine Gäste. Niemand rechnet damit, dass es klingelt und ein Bote eine geheime Nachricht übermittelt. Selbstverständlich brauchst du eine vertrauenswürdige Person als Boten, der deine Schrift im Nachgang verbrennt und nicht der New York Times zur Verfügung stellt. Perfekt ist es, wenn du deinem Boten ein Passwort mitteilst, welches er wiederum deinem Gast bei der Verlesung der Einladung mitteilt. Dieses Wort muss natürlich absolut diskret vom Eingeladenen behandelt werden, dein Bote sollte dieser Aussage Nachdruck verleihen.

Der Form halber wird das Passwort am Abend der Party abgefragt, entweder kommt dein Gast nur mit diesem Wort in die *Underground-Pokerrunde* die in einem Nebenraum oder Keller stattfindet, oder aber du nutzt es als Einlasskontrolle.

Du kannst deinen Ideen freien Lauf lassen. Je verrückter, desto besser. Du kannst auch eine Zitrone abgeben lassen mit dem Hinweis: „Genauere Infos am Kiosk an der Ecke im Austausch gegen die Zitrone". Hier muss natürlich ein befreundetes Unternehmen mitziehen und auch informiert sein. Du kannst alles bis hin zu einer richtigen Schnitzeljagd zum Ziel ausweiten. Oder du verschenkst ein Buch (am besten dieses hier, welches mitzubringen ist, um den Einlass zu gewähren.

Die Party

Ein voller Erfolg ist dir sicher, wenn du zeitig anfängst zu planen, zu buchen und einzukaufen. Je mehr Raum du deiner Kreativität gibst, desto mehr tolle Ideen können sich entwickeln und kannst du umsetzen. Oft scheitern besondere Partys am Mangel der Vorbereitungszeit. Man will zu viel in zu kurzer Zeit. Das kann nicht gut gehen. Ich habe die Erfahrung gemacht, dass sich, mit ausreichend Vorlaufzeit (gut und gerne ein halbes bis ein Jahr vorher) die besten Festlichkeiten entwickeln. Denn so filtert dein Gehirn permanent alles, was es sieht, erlebt und kennenlernt. Du stellst deinen Fokus neu ein und ziehst Ideen automatisch an. Du siehst in einer TV-Show ein *Candy-Girl*, und schon schlägt dein Party-Planungs-Radar Alarm: Idee! Das machen wir auch!

Hast du die Möglichkeit ein Candy-Girl zu beschäftigen? Nutze den Spirit der 1920er Jahre und verwirkliche stilecht die Gatsby-Party, nutze Illusionisten, mobile Gentleman-Bars und metallic-goldfarbene Stoffe an der Decke, um das Ambiente zu perfektionieren. Große weiße Federn sind preiswert und wecken das Gefühl, in einer anderen Zeit angekommen zu sein. Kaufe dir preiswerte, unechte Perlenketten, verteile sie überall. Leihe dir goldene Kerzenständer und Kronleuchter. Spirituosen werden im Kristallschwenker gereicht, Wein in Karaffen. Die Hauptgetränke sollten Cocktails und Champagner sein. Die Damen nutzen Zigarettenspitzen – sei es auch nur zur Dekoration – und für die Herren gibt es eine Raucherlounge mit besten Zigarren.

Online findest du die besten Playlists, stilecht nutzt du Vinyl. Keine Sorge, auch Platten samt Spieler sind mittlerweile ausleihbar. Möchtest du einen Solisten, ein Duo oder gar eine ganze Band mieten, so empfiehlt es sich, erfahrene 20er-Jahre-Musiker zu buchen. Eine andere außergewöhnliche Möglichkeit ist, eine YouTube-Playlist zu erstellen und Videos von Jazz- und Swing-Legenden auf der großen Leinwand oder einer weißen Wand über den Beamer zu präsentieren. So hast du *live on stage* alle Größen wie zum Beispiel Louis Armstrong, Duke Ellington oder Paul Whitemann zu Gast auf deiner Party. Wähle hier, ob du lediglich die Videos (ohne Ton) laufen lässt und über eine große Anlage die Musik abspielst oder ob die Videos qualitativ so gut sind, dass du diese mit Ton nutzen kannst.

Möchtest du das perfekte *dekadente und verruchte* Ambiente zaubern, entscheide dich für eine Nebelmaschine und einen Pokertisch, einen Croupier und einen *Schuhputzer*, der im Eingang bereitsteht.

All diese Kleinigkeiten machen deine Party zu etwas ganz Besonderem. Überrasche mit unerwarteten Ideen. Deine Liebe zum Detail ist das Maß der Dinge.

Die Kulinarik

Das Essen war in den 20er-Jahren nur Beiwerk zum Alkohol. Das machen wir auf unserer Party natürlich anders, heute gehören köstliche Gerichte zum guten Ton und werden auch erwartet. Deine Gäste schwelgen gern in deinen Köstlichkeiten, wollen naschen, probieren und natürlich auch sattwerden.

Fingerfood

Zu einer Gatsby-Party passen Speisen, die als Fingerfood-Häppchen gereicht werden. Rechne pro Person insgesamt zehn Teile herzhaftes Fingerfood und zwei Teile süßes Fingerfood. Stelle zusätzlich Cracker, Chips, Salzstangen, Popcorn und saures Gemüse auf dem Spieß zurecht.

An herzhaften Speisen empfehlen sich kleine Blätterteigtaschen (unterschiedlich gefüllt), Frikolinos, Kanapees, Knabberkabanossis, kleine Miniaturwraps, Austern auf Eis, Lachsröllchen mit Kaviar, Miniquiche, kleine Flammküchlein mit etwas Trüffel.

Deinem Dessert, ebenfalls in Fingerfoodform, setzt du mit Blattgold die Krone auf. Eine Pavlova ist schnell gemacht, dazu frische Früchte und als Dekoration Blattgold, passend ist auch ein Schokoladenbrunnen, gerne mit golden eingefärbter Schokolade.

Foto: Nadines Schmeckerei

Menü

Wenn du unter dem Motto *Great Gatsby* zu einem gesetzten Essen einlädst, empfehle ich dir ein dekadentes *Great Gatsby*-Mehrgangmenü, das serviert wird. Das Menü hältst du in seiner Menüabfolge am besten klassisch französisch. Besonders schön ist es, wenn du neben Platzkärtchen auch eine Speisekarte bereithältst, in der die Abfolge der kulinarischen Köstlichkeiten präsentiert wird. Deine verschiedenen Gänge werden einer Komposition gleichen, fast schon einer *opera in Musica*. So wollen sie auch gelesen werden, melodisch, einer bestimmten Dramaturgie folgend, jedoch nicht für die Ohren, sondern für den Gaumen ein (Hoch-)Genuss. Die verschiedenen Gänge bauen aufeinander auf und bestimmen einen Abschnitt des Menüs. Halte die Portionen in einem Mehrgangmenü bewusst klein und lege nach dem großen Fleischgang eine Pause ein, so dass der von Jacques Pépin hochgelobte und erfundene Probiercharakter entsteht. Die Vielfalt der verschiedenen Speisen steht hier im Vordergrund. Happen für Happen nähert man sich dem Sättigungsgefühl, ohne dabei einen ganzen Teller Einerlei gegessen zu haben. Die französische Küche ist Ausdruck höchster Kochkunst, zum dekadenten Genießen und aus Anlass eines gesetzten Essens im 20er-Jahre-Stil also perfekt.

Ein klassisches Acht-Gänge-Menü

Als kleiner Gruß aus der Küche das *Amouse Bouche*: Kanapee, Austern, Leberpâte, eine Dattel im Speckmantel, die auf der Ziegenfrischkäsepyramide thront – entscheide dich für eine Kleinigkeit, die direkt zu Beginn ein Statement setzt.

1. Gang

- Potage, eine klare oder gebundene Suppe. Ein feiner, kleiner Magenwärmer im Winter, eine Erfrischung im Sommer. Reiche ein Maronenschaumsüppchen sehr heiß mit einem Schuss Glühwein und Zimt im Winter oder serviere ein kaltes Gurkensüppchen mit Molkenocken im Sommer.

2. Gang:

- *Hors d'œuvre*
- Eine Miniquiche, warm serviert mit einem Klecks Schmand, ein warmer Flammkuchen, die gefüllte Zucchiniblüte oder eine gebackene rote Beete.

3. Gang:

- Poissons, der Fischgang des Menüs. Ein ganzer Lachs, frisch aus dem Ofen, platziert in der Mitte der Tafel, mit einer Auswahl an gutem Brot, Gewürzen und Dip gereicht – das macht richtig was her. Eine Jakobsmuschel, kurz im braunen Zucker geschwenkt und mit Pinot Grigio abgelöscht. Ebenfalls denkbar ist ein kleiner Salat aus Salikornes mit Gamba, Ziegenkäse und Pinienkernen.

4. Gang

- Removés, der große Fleischgang. Klassisch reichst du Rinderfilet mit Tagliatelle und Gemüse, eine kleine Kalbsroulade mit Süßkartoffelpüree und Pastinake ist auch zu empfehlen. Überrasche deine Gäste beim Hauptgang mit einem richtig guten Burger oder einer asiatischen Bowl.

Während die ersten vier Gänge relativ zügig nacheinander serviert werden, planst du nach dem großen vierten Gang eine längere Pause von 20 bis 30 Minuten ein, bevor es mit dem zweiten Teil deines Menüs weitergeht.

5. Gang

- Entrée, ein kaltes oder warmes Zwischengericht. Melone mit Minze dazu Fetakäse oder ein frittierter Kräutersalat.

6. Gang

- Plat aigre, das saure Gericht. Ich empfehle hier gerne ein Parfait, Zitrone-Champagner oder Limette-Rosenblüte. Möchtest du ein heißes Entree reichen, ist eine gefüllte Zucchiniblüte mit Aceto-Balsamico-Crème eine schöne Abwechslung.

7. Gang

- Entrements, das süße Dessert. Für mich kommt ausschließlich eine Pavlova in Frage, dekadent und gaumenschmeichelnd hinterlässt sie staunende Gesichter. Sie ist die Königin aller Desserts.

8. Gang

- Dessert. Ein herzhafter Abschluss zum gelungenen Abend, eine kleine Käseauswahl mit Trauben, dazu ein guter Eiswein. Das ist die Krönung des Menüs.

Alles kann, nichts muss.

Suche dir aus dem großen *Buffet* der Ideen zur Great-Gatsby-Party aus, was dir am besten gefällt, setze nur einen Teil um oder alles, gerade so, wie es dir beliebt. Wenn du dich gedanklich auf das Thema stürzt, wirst du auf ganz individuelle, persönliche Weise deine Party verwirklichen. Versäume nicht, Bekannte, Freunde und Familie zu fragen, ob sie dir z. B. bei der Dekoration helfen und dir passende Dinge leihen können. Einen Beamer zum Beispiel, große goldene Vasen, opulentes Geschirr – in so manchen Kellern schlummern wahre nie genutzte Schätze, die auf den Einsatz bei dir warten. Achte darauf, dass du einen Tag vor der Veranstaltung alles stehen hast und allenfalls noch kleine Handgriffe am Tag selbst zu tun sind. So ist dir als Gastgeber(in) ebenfalls ein toller Tag sicher.

Im Rezeptteil des Buches kannst du dir dein Lieblingsrezept aussuchen und einfach nachkochen.

90er-Jahre-Party

Wie ein Boom-Boom-Boom-Boom-Boomerang

„I'm a barbiegirl, in a barbieworld, life in plastic, it's fantastic."

– Aqua

Mal ganz ehrlich: Trash-Partys sind einfach immer die besten. Vor allem, wenn es darum geht, einfach mal hemmungslos zu tanzen und die *Partysau* rauszulassen. Eine fancy House-Party mit angesagtem DJ in einer hippen Location ist auch toll und beeindruckend, aber den meisten Spaß haben wir doch, wenn wir in Erinnerungen schwelgen dürfen, uns ein alter Hit nach dem anderen in unsere Jugend zurück beamt und wir bei jedem Song komplett ausrasten. Genau das ist die 90er-Party! Sie ist die Spaßgarantie schlechthin. D-Mark, Viagra, Marusha, Dr. Alban, Spice Girls, Buffalos, Game-Boy, Loveparade, Red Bull, Diddl-Maus, Nirvana, Grunge, Techno, Plastik-Schnuller – Willkommen zurück in den 90ern!

Während du bei der Gatsby-Party mit allerlei Besonderem auftrumpfst, ist bei deiner 90er-Party weniger mehr. Dafür ist erlaubt, was *nicht* gefällt, je schräger und trashiger, desto besser. Eine gute Band oder eine geniale Playlist, *schräge* Klamotten, Bravo-Poster an den Wänden, gutes, einfaches Essen, das den 90ern angepasst ist, sowie witzige und kultige Gadgets – das sind die Zutaten für deinen Party-Erfolg. Wenn du im kleinen Rahmen feierst, kannst du noch das ein oder andere Partyspiel anbieten, z.#B. Kroko-Doc, Flaschendrehen oder Twister. Aber glaube mir, wenn 90er-Musik läuft, wollen deine Gäste sowieso nur eins: Tanzen!

Die Einladung

Auf Amazon oder anderen Online-Marktplätzen erhältst du Kassetten, Game-Boy und Neon-Discokugeln als Papiereinladungen. Das ist als Anspielung auf die 90er-Jahre cool, keine Frage, aber es ist eben nicht ganz authentisch. So haben wir früher schließlich nicht eingeladen! Wenn du viele Gäste einlädst, schreibst du deine Einladung daher auf ein DIN-A4-Blatt, kopierst es und faltest es zwei Mal. DAS ist eine authentische 90er-Jahre-Party-Einladung!

Eine Kassette

Feierst du eher im kleineren Rahmen, hier eine ausgefallene und viel persönlichere Idee für dich. Nimm deine persönliche Einladungsnachricht auf Kassette auf!

Kassettenrecorder findest du sehr preiswert, durchstöbere das Netz, den Flohmarkt und alte Erinnerungskisten auf dem Speicher. Für gerade mal 16 € kannst du sogar ein neues Gerät auf Amazon kaufen.

Nimm zunächst ein Stück eines 90er-Jahre Hits auf, aber Achtung, es geht dabei nicht um das Lied, sondern um die Werbung oder den Moderator, der das Lied viel zu früh auslaufen lässt. Entscheidest du dich z. B. für das Lied *November Rain*, beginnt genau bei Minute 4:15, das Gitarrensolo von Slash, jaaa da wo es richtig gut wird! Also was habe ich mich damals jedes Mal geärgert, wenn ich es aufnehmen wollte. Aber nichts für ungut, DAS war authentisch!

Also schnapp´ dir einen Kumpel oder eine Freundin oder deine bessere Hälfte – sie sind der Moderator. Lass auf deinem Smartphone dein Einladungs-Lied spielen und bitte deinen Moderator, ab Minute XY den Ton leiser zu drehen und einen dämlichen Moderatorenspruch abzufeuern, z.#B.: *„Ja, wir haben zwar Mai, aber das Wetter ist wie November Rain, hören wir doch jetzt mal rein, was die Werbung dazu sagt“.* Und dann sprichst du, überlege dir einen netten Text, mein Text würde in etwa so klingen:

„Eins verspreche ich euch! DAS wird auf meiner Party nicht passieren! Ich spiele für euch die Songs der 90er – und zwar vollständig! Freue dich auf ein Wiedersehen mit den Spice Girls, Bon Jovi, Dr. Alban und Blümchen. Sag mir bitte bis zum 15.12. Bescheid, ob du am 06.01. meinen Geburtstag mit mir feiern möchtest. Es geht um 20 Uhr in meinem Keller los, also vergiss deine Buffalos nicht, zieh dir einen Zick-Zack-Scheitel, und trage dunkelbraunen Lippenstift auf. So und jetzt hören wir uns gemeinsam Slashs Solo weiter an!“

Jetzt spielst du den Rest des Songs.

Ich gebe zu, bei dieser außergewöhnlichen Einladung wird ein Problem auftreten. Du ahnst es. Es werden nur noch wenige deiner Gäste einen Kassettenrekorder zum Abspielen haben. Das kannst du nur lösen, wenn du einen Walkman oder Kassenspieler zu jeder aufgenommen Kassette mitschickt (Flohmärkte oder Ebay-Kleinanzeigen durchforsten!).

Ein Kettenbrief

Als Alternative kannst du auch einen Kettenbrief mit Walkman und Kassette losschicken, der an alle deine Gäste weiter geschickt wird. Hier musst du dich natürlich darauf verlassen können, dass deine Gäste das Paket auch wirklich weiterschicken. Aber damit wären wir dann total in den 90ern!

Wie soll das denn funktionieren?

- Nun, zunächst musst du Gesetze brechen und die Datenschutz-Grundverordnung (DSGVO) missachten (Nadine, also wirklich!) oder aber deine eingeladenen Freunde fragen, ob du ihre Adresse weitergeben darfst. Das erübrigt sich natürlich, wenn sich alle untereinander kennen und eh voneinander die Adressen wissen.
- Adressiere und frankiere alle deine Großbriefe an deine Freunde. Den ersten, den du noch selbst abschickst, bestückst Du wie folgt:
- Walkman oder Kassettenspieler
- frankierte und adressierte Großbriefe
- Kassette mit deiner gesprochen Einladung
- Informationsnotiz
- Deine Information sieht wie folgt aus, natürlich nutzen wir bewusst die Sprache der 90er: *„Dies ist ein Kettenbrief, bitte leite diesen in den nächsten 2 Tagen weiter an den nächsten Gast. Suche dir dafür einen Umschlag aus und fülle einfach alles hinein, was du auch in deinem Umschlag hattest (Walkman, Kassette, die weiteren Umschläge und diese Information). Wenn du das nicht tust, wirst du nicht nur 20 Jahre Pech haben sondern wir feiern ganz alleine ohne dich. Und das wäre ja viel weniger spaßig. Oder? Bereits jetzt ein dickes Danke, dass du den Spaß (oder Spam?) mitmachst!“*

Ein 5-DM-Schein

Eine weitere schöne Idee ist, deine Einladung auf einen 5-DM-Schein zu schreiben. Ich verspreche dir, jeder freut sich, einen solchen Schein mal wieder in den Händen zu halten! Über einen längeren Zeitraum beobachte ich nun den Verkauf der verschiedenen Exemplare aus verschiedenen Jahrgängen. Meist werden fünf Scheine à 5 DM für etwa 20 € abgegeben. Für die kleine Gesellschaft ist der Rahmen also durchaus überschaubar und eben mal etwas Außergewöhnliches.

Die Party

Deine 90er-Party feierst du stilgerecht und authentisch in deinem Keller oder einer Turnhalle. Der Keller darf auf keinen Fall zu aufgeräumt sein, in den 90ern haben wir gefeiert! Egal wo! Egal, wie das Umfeld gerade aussah! Pimpen darfst du den Keller natürlich trotzdem, Ebay, Ebay Kleinanzeigen und sogar Amazon bieten jede Menge Starschnitte, alte Bravos und stapelweise Autogrammkarten von den Spice Girls, David Hasselhoff, den Backstreet Boys oder Bon Jovi an. Achte in der nächsten Zeit auch auf die Infos deines Kinos, oft werden alte Filmposter verkauft, hier darf alles herhalten: Titanic, Gilbert Grape, Apollo 13, Pulp Fiction, Clueless, oder, oder, oder.

Wenn du richtig viel Glück hast, wird auf einem der Flohmärkte online oder im *echten* Leben sogar ein Poster vom *Marlboro-Mann* verkauft. Das ist perfekt! Mit einigen Heftzwecken bringst du Poster, Karten und alles weitere unordentlich an den Wänden an. Lavalampen und Discokugeln als das *must have* der 90er stehen natürlich ebenso als Erinnerungsstücke auf deiner Party herum. Hast du einen Beamer oder einen Fernseher, lass die *Moorhuhnjagd*, *Beverly Hills 90210*, *Friends*, *Verbotene Liebe* oder alte Folgen von *GZSZ* (die mit Oli P.!) laufen – ohne Ton und sehr dunkel, es soll ja nur ein kleiner Reminder an die *gute alte Zeit* sein.

Verteile an deine Gäste beim Eintreffen Neon-Knicklichter und halte eine leere Weinflasche bereit. Wer weiß, vielleicht wird zu später Stunde ja noch *Wahrheit oder Pflicht* aka Flaschendrehen gespielt? Besorge dir auch eine Polaroid-Kamera, das ist so 90er, sorgt für Spaß und du hast hinterher tolle und einzigartige Erinnerungsfotos.

Musik spielst du am besten über eine kultige 90er-Jahre-Stereoanlage. Der Bass sollte ein bisschen zu stark eingestellt sein. Feierst du im größeren Rahmen, darf es auch gerne eine Liveband sein, mittlerweile haben sich einige Bands eben genau auf die 90er-Jahre spezialisiert, kennen die zur Stimmung passenden Songs und klingen als *Rednex* ebenso authentisch wie als *Fanta 4*.

„Herz an Herz, hörst du mich? S.O.S. - Ich liebe dich. Ich und du. Immerzu. Du und ich."

– Blümchen

Zwei Bands, die ich persönlich durch das eine oder andere Event kenne, stelle ich dir in den Empfehlungslisten im Anhang vor. Gern kannst du auch einen DJ engagieren, worauf es hier ankommt, erfährst du einige Seiten weiter im Interview mit DJ Giulia Siegel. Und natürlich geht auch eine Playlist, die du vorher zusammengestellt oder recherchiert hast. Auf Spotify gibt es viele Playlists, wie z. B. die Playlist *80´s/90´s epic songs*. Diese Liste ist fast 32 Stunden lang und garantiert fette Throw-Back-Momente.

Das typische 90er-Essen

Denke nur ich das, oder waren die 90er kulinarisch eher, nun ja, eher sehr einfach? Nicht falsch verstehen, das heißt nichts Schlechtes! Das Essen war qualitativ hochwertig, aber dafür bodenständig. Du brauchtest damals nicht mehr als gutes Fleisch vom Metzger und Gemüse und Kartoffeln vom Markt. Die Tischdeko bestand allenfalls aus Blumen, bei einer echten Party haben sich allerdings auch die Blumen schnell erübrigt. In meinen Anfängen, als das Catering-Business noch Partyservice hieß, und auch dieses Wort relativ neumodisch war, sah ein Buffet folgendermaßen aus:

- Schinkenröllchen (bei gehobenen Anlässen)
- Mett-Igel
- Bratenplatte
- Käsespieße

- Spießbraten mit Gratin
- Salate
- Wackelpudding

Innerhalb der nächsten zwei Jahrzehnte hat sich in meiner persönlichen und kulinarischen Entwicklung sowie natürlich ebenso in den Ansprüchen und der Entwicklung unserer Gäste und Kunden sehr viel getan. Ich empfinde es wirklich als Privileg, gemeinsam mit unseren Auftraggebern kulinarisch gewachsen zu sein.

Foto: Nadines Schmeckerei

In den 2000ern gab es einen Einbruch, der leider auch heute, obwohl wir einen starken *Rückwärtstrend* erleben, noch anhält. Fortan hieß es: *Geiz ist geil*, *Es geht noch billiger*, *Massentransporte*, *Massenhaltung* und immer mehr chemische Zutaten, die Lebensmitteln zur Haltbarmachung über Monate zugefügt wurden, drückten den Preis nach unten. Mehr ist mehr, war das Motto. Was aber leider einherging mit massivem Qualitätsverlust für den Endkunden und Durchschnittskonsumenten.

Das, was früher *normal* war und für jeden erschwinglich, wird heute als *Qualitätsfleisch* propagiert. Die sehr niedrigen Kosten für *augenscheinlich* das gleiche Essen haben dazu geführt, dass wir täglich Fleisch konsumieren. Während es in den 90ern noch völlig normal war, in der Woche abends allenfalls eine Stulle mit Wurst oder Käse zu essen und sich entsprechend auf den Sonntagsbraten zu freuen, muss es heute täglich das Stück Fleisch auf dem Teller sein.

Warum nicht, ist ja günstig, kann man sich ja leisten. Diese Quantität können wir uns jedoch nur leisten, weil wir einen Wocheneinkauf Fleisch zum gleichen Preis bekommen, wie damals das Fleisch für einen einzigen Tag, nämlich unseren Sonntagsbraten.

Hier waren die 2000er-Jahre leider kein glänzendes Jahrzehnt, denn es wurde zur neuen Normalität, Lebensmittel dem Preisdumpig zu unterwerfen. Es wird gestreckt, gemogelt und auf Kosten von Nutztieren und unserer Gesundheit präpariert, was das Zeug hält. Man bewegt sich gerade noch im rechtlichen, jedoch nicht ethischen und moralischen *grünen Bereich*. Wozu hat das geführt? Fleisch, dessen hervorragende Qualität damals Standard war, wird heute als außergewöhnlich luxuriöses Fleisch verkauft und ist entsprechend nicht mehr für jeden zugänglich. Als sehr gut informierte, interessierte und geschulte Fachfrau kann ich dir sagen, dass das nicht sein müsste, hier wird einfach nur das *Besondere* besonders hochpreisig verkauft. In den 90ern brauchten wir kein Biosiegel, denn alles war Bio. Bio war normal!

Einfach, ehrlich und bodenständig, so wie die Partys der 90er selbst. Bring auf den Tisch, was dich an die Partys dieser Zeit erinnert. Zunächst gehört jede Menge Knabberkram auf den Tisch:

Salzstangen, Erdnussflips, Puffreis, Mini Dickmanns, Brause Ufos, essbare Armbänder und Esspapier.

„I've got this feeling, somebody dance with me."

– DJ Bobo

Wenn du ein heißes Gericht servieren möchtest, empfehle ich einen Eintopf, eine Gulaschkanone oder Chili con Carne, natürlich kannst du Spießbraten und Kartoffelgratin servieren.

Möchtest du gerne ausschließlich Kleinigkeiten reichen, empfehlen sich kleine Würstchen, Mixed Pickles, saure Gurken am Fleischwurstring, ein Mett-Igel, Käsepicker und kleine Frikadellen. Dazu Schichtsalat, klassischer Nudelsalat und Kartoffelsalat. Stelle einige Baguette dazu mit guter Butter und Griebenschmalz.

Falls du ein Dessert reichen möchtest, ist Schokoladenpudding und bunter Wackelpudding ideal. Perfekt ist auch eine Eistorte!

Einige Ideen zu den Rezepten findest du im Rezeptteil des Buches.

Der Junggesellen-/gesellinnen-Abschied

Keine Angst, du kannst den Junggesellenabschied auch stilvoll planen.

Junggesellenabschied ja, komische Hütchen tragen und Kondome verkaufen, nein? Keine Angst, du kannst den Junggesellenabschied auch stilvoll planen!

Das Planen ist ganz traditionell übrigens die Aufgabe der Trauzeugen. Sind keine Trauzeugen gewünscht, so übernehmen die Aufgabe die Menschen, die dem Brautpaar am nächsten stehen. Das können Familienangehörige wie die Schwester, der Bruder, der Cousin genauso sein wie die besten Freunde.

Deine Planung sollte nicht deine Wünsche, sondern die der Braut oder des Bräutigams berücksichtigen. Ja klar, denkst du jetzt. Ja, am Anfang ist das meist auch so. Manchmal geht der Gedanke jedoch im Laufe der Planung verloren. Peinliche Spiele und Aufgaben findet dann vielleicht der Zuschauer lustig, der *Protagonist* allerdings wird sich dann nur ungern an den Tag erinnern.

Als Planer des JGAs halte die Fäden in der Hand, Tipps und Anregungen von Eingeladenen und Mitwissenden sind schön, jedoch nicht immer hilfreich. Die WhatsApp-Gruppe kann schnell vor lauter gut gemeinter Ratschläge und obskuren Ideen *überlaufen*. Erspare dir den Stress, jedes kleinste Detail mit der ganzen *Gruppe* besprechen zu wollen.

Achte darauf, dass ausreichend Zeit zwischen deinem geplanten Event und der Hochzeit liegt. Ein guter Termin ist etwa zwei Wochen vor der Trauung. Alles, was näher an den Tag der Tage des Brautpaares heranrückt, kann einfach nur Stress für alle bedeuten. Außerdem möchte das Brautpaar natürlich ausgeruht und bedacht in den Hochzeitstag starten.

Stimme den Termin ruhig mit dem Pärchen ab. Halte das, was du planst, geheim, frage jedoch, wer eingeladen werden soll. Niemand muss seinen JGA mit jemandem feiern, den er selbst nicht eingeladen hätte.

Die Kosten musst du bei deiner Planung ebenfalls bedenken, denn jeder zahlt nicht nur für sich selbst, sondern hält ebenso die Hauptperson frei, für die ist das Spektakel nämlich gratis.

Überlege dir also zunächst gemeinsam mit Braut oder Bräutigam, wer eingeladen werden und wann der JGA stattfinden soll. Möchtest du eine echte Überraschung planen, ist eine Notlüge erlaubt. „Wir möchten gerne mit dir essen gehen, einfach wir Mädels, wen möchtest du dabeihaben und wann kannst du?“ (Achtung Krux: Die Braut oder der Bräutigam wird dann auf euren Termin *hinhungern*. Hier musst du also dann zwangsläufig das Essen zuerst einplanen.)

„Lass uns vor deiner Hochzeit nochmal bowlen gehen mit allen, wen willst du dabeihaben und wann kannst du?" Seid ihr sowieso in einer Clique und du kennst die Personen, die mitfeiern sollen, kannst du dir die Frage nach den Gästen sparen. Das geht jedoch wirklich nur, wenn ihr außerhalb des gemeinsamen Freundeskreises keine weiteren befreundeten Kontakte habt.

Traditionell feiern heterosexuelle Paare ihren JGA getrennt. Homosexuelle Paare feiern oft gemeinsam.

Stehen die Gäste fest, so kannst du dich an das Budget herantasten. Du kannst ganz offen fragen oder eine Doodle-Liste erstellen, die eventuelle zwei Wunschtermine erhält und eine Auswahl an unterschiedlichen Budgets bietet.

Ein Junggesellenabschied kann je nach Geschmack des Junggesellen wirklich ein wunderschöner gemeinsamer Abend in einem außergewöhnlichen Restaurant oder der Bowlingarena sein, es kann jedoch auch viel mehr geplant werden.

Ich bediene mich jetzt des *typischen* Rollenmodells: *Frau - fein Essen* und *Mann - mit den Jungs bowlen*, wohlwissend, dass ein Mann ebenso Gefallen an einem guten Restaurantbesucht hat, wie die Frau beim Bowlen ihren Spaß hat. Es ist so jedoch einfacher zu schreiben, nimm mir das bitte nicht übel.

Wichtig ist, dass ihr gemeinsam etwas erlebt, was einzigartig ist und eine gemeinsame Erinnerung schafft. *Einfach nur essen oder Bowlen* - das könnt ihr immer tun. Wenn du dich also für die Variante *wir gehen gemeinsam in ein tolles Restaurant* entscheidest, so sorge für die *Wows*. Das ist natürlich zuallererst das Restaurant, was du auswählst: Ein Sterne-Restaurant kann hier genauso toll sein wie die neue Off-Gastronomie oder die PopUp-Location.

Wähle vorab das Menü, bestenfalls allerlei feine Gerichte, die zu den Lieblingsgerichten der Braut gehören. Ist die Beschenkte gerne allerlei Kleinigkeiten, so spricht nichts gegen ein *Alles auf den Tisch-Essen* mit Tapas, Fingerfood, Häppchen und Co. Wann hat man mal das Buffet direkt zum Zugreifen auf dem Tisch und direkt vor der Nase?

Bestelle eine Flasche Champagner, die bereits im Kühler am Tisch für euch bereitsteht, wenn ihr das Restaurant betretet. Lasse den Tisch *exklusiver* eindecken, checke, ob das Restaurant einen Private Dining-Room hat, so bist du dir des Besonderen sicher. Manche Restaurants gehen einen Schritt weiter und bieten als exklusivsten Tisch des Restaurants den *Kitchen table* an. Ein einziger Tisch, an dem nur ihr Platz nehmen dürft, mitten in der Küche des Restaurants, wo ihr fortlaufend mit feinsten Köstlichkeiten, (Küchen-)Anekdoten und manchmal auch geheimen Tricks und Tipps bedient werdet.

Auch beim Bowlingabend kannst du das Besondere einbauen. Überlege, ob es möglich ist, eine Zigarrenlounge draußen in einem Pavillon zu platzieren, kann ein *Candy-Girl* auftreten oder wird die Bowlingsession so besonders, weil ihr die ganze Location für euch alleine habt und direkt eine Privatparty samt DJ veranstalten könnt?

Und sonst?

Es gibt hunderte Möglichkeiten, den JGA perfekt zu feiern!

- Ein Kochevent samt Weinverköstigung durch einen Sommelier.
- Einen Sushi-Kurs mit Sake und dessen Genuss auf weichen Bodenkissen.
- Einen Tag auf der Schönheitsfarm mit vielen Anwendungen und großem Verwöhnprogramm, auch hier kannst du die Kulinarik einbauen.
- Eine Übernachtung mit deinen Freunden auf einem Weingut oder ein Städtetrip.
- Das gemeinsame Bestehen eines Abenteuers (Bungeespringen oder Survivaltraining).
- Ein organisiertes Rennen auf dem Nürburgring.
- Der Besuch eines Musicals samt vorheriger Führung und den besten Plätzen in der ersten Reihe.
- Das Großkaliberschießtraining.

Besonders gelungen ist die Überraschung, wenn ihr etwas plant, was die Braut oder der Bräutigam niemals für sich selbst planen würden. Der Salsakurs. Das Pole-Dancing oder der 90er-Jahre-Videoclip-Dancemove. Ein gemeinsames Fotoshooting.

Las Vegas, Disneyland oder ein Ibiza-Wochenende – hier steht und fällt die Planung wirklich mit dem Budget, denn hier musst du eben nicht nur für dich kalkulieren, sondern auch für die eingeladenen Gäste, die ihren Anteil dazu beisteuern müssen. Nicht nur monetär, auch zeitlich.

Möchtest du den JGA eher klein halten, so kannst du eine *Girly Pyjama Party* samt Maniküre und Flaschendrehen, alten Geschichten und Mitsingmusik planen oder das Barhopping samt Stopp in der Pizzeria anstreben.

Bist du unterwegs, kannst du pro Person ab 100 Euro aufwärts rechnen. Richtest du die Feierlichkeit bei dir daheim aus, so kommst du gut mit der Hälfte des Budgets aus, selbst wenn du ein Catering kommen lässt.

Foto: jacoblund / iStock

Die letzte Party

Die Trauerfeier – eine Pflichtveranstaltung?

Dieses Buch und im Besonderen dieses Kapitel wird dich bereichern – so, wie es auch mich bereichert hat. Ich wünschte mir einen Bestseller und bekommen habe ich Weisheit. Die Zeilen des jetzt vor dir liegenden Kapitels handeln von der einzigen Feierlichkeit, die du nicht planen kannst, von einer Party, deren Name *Trauerfeier* unweigerlich den ersten Gedanken *Rückzug* hervorruft. Aber ist die *Trauerfeier* wirklich eine Pflichtveranstaltung?

Foto: Nadine Dorau

Sollten wir hier, in diesem Buch, wirklich über die *letzte Party* oder eher die *Trauerfeierlichkeit* reden? Glaube mir, ich war genau wie du erstmal schockiert, ungläubig und wie vor den Kopf gestoßen, als mein Verlag mir mitteilte, dass dies ein Thema sei, was einfach nie stattfindet. Und genau deshalb bat mich mein Verlag, auch hierzu etwas zu schreiben. Das Thema Tod findet *nie* statt. Nicht in der Öffentlichkeit, nicht im eigenen Leben. Und zwar solange, bis man *überrascht* wird vom Tod einer geliebten Person. Und plötzlich bricht die Welt zusammen, obwohl sie sich weiterdreht. Umso merkwürdiger ist, dass der Tod so ein Tabuthema ist. Denn jeder Mensch und jedes Tier stirbt eines Tages. Der Tod betrifft uns alle.

Die Trauerfeier ist ein Widerspruch in sich, wenn du es auf die herkömmliche Weise betrachtest. Wir trauern und wir feiern, es ist ein Fest für eine geliebte Person, die nicht mehr unter uns weilt. Da liegt der Gedanke nah, das ganze Horrorzenario einfach nur hinter uns bringen zu wollen.

Foto: Ines Schaefer Portraiture
Make Up: Monika Mages

So fühlt es sich an, auch für mich. Als ich für diese Zeilen recherchierte und versuchte, auf den verschiedenen virtuellen Plattformen einen menschlichen Zugang zu finden, um eine Inspiration zu finden, scheitere ich zunächst.

Auf der Internetseite des Innenministeriums NRW* finde ich alle Gesetze und Verordnungen, die mich darüber aufklären, was ich alles beachten muss, wenn ich sterbe. Ein Gesetz zur Bestattungspflicht, eins zur Information, dass du keinen Stein haben darfst, der in einem

* https://bit.ly/sterben-nrw

Land gefertigt wurde, welches Kinderarbeit fördert. Genaue Angaben, wie lange die Zeit zur Bestattung höchstens dauern darf. Fein säuberlich in Gesetze verpackt, die sicher sinnvoll sind, jedoch in der Situation der Trauer das Gefühl verschärfen *funktionieren zu müssen*.

Ich scrolle nicht nur durch die verschiedenen Gesetze, sondern suche Informationen auf den unterschiedlichen Seiten der Bestatter. Auch hier scheint es so, dass ebenfalls einfach nur die Fakten mitgeteilt werden. Grafische Elemente sind Leichenwagen und Särge. Kann man eine Seite, die sich mit dem Tod beschäftigt, überhaupt mit Leben füllen? Je mehr ich mich einlese, desto mehr versinke ich im tristen Einerlei. Ich bin deprimiert keinerlei Zugang zu finden, um auch dieses Thema hier mit dir nah und menschlich zu besprechen. Eins ist klar. So komme ich nicht weiter.

Abschiedsfeier statt Trauerfeier: Judith Albaum

Ich wende mich an Judith Albaum. Kennengelernt haben wir uns über unsere Kinder. Sie ist freie Theologin, ausgestiegen nach über zehn Jahren im Dienst der evangelischen Kirche. Sie verwirklicht nun ihr Herzensprojekt. Ihr Motto *Worte zum Leben* findet sowohl bei Begrüßungsfeiern als auch bei Abschiedsfeiern statt. Abschiedsfeiern, so erzählt sie mir, das ist schon etwas ganz anderes als das Zeremoniell des Abschiedes *Trauerfeier* zu nennen. Judith erklärt mir, dass sie den Abschied schön gestalten möchte, nah und menschlich, Sie möchte, dass die Angehörigen das Leben des Verstorbenen feiern können und gemeinsame Erinnerungen wecken aber auch neue Formen dazu finden.

Wir reden über das Sterben und das Trauern im Wandel der Zeit. Wusstest du, dass vor nicht allzu langer Zeit der Witwe generell von der Familie des verstorbenen Mannes vorgeschrieben wurde, wie lange sie zu trauern hat? Das war meist ein Jahr. So mancher Witwe wurde jedoch das ganze restliche Leben als Trauerzeit aufgebürdet. Verstarb jedoch die Frau und hinterließ ihren Mann, so war es normal, dass für den Witwer ein halbes Jahr Trauerzeit galt, die nicht fremd bestimmt wurde. Doch wer jetzt meint, dass sei schlimm, dem sei gesagt, es geht noch schlimmer. In Nepal, Indien und Bali zum Beispiel mussten die Witwen der verstorbenen Hindus ihrem Mann in das Feuer folgen. Sie legten sich auf den Leichnam in den Scheiterhaufen und wurden bei lebendigem Leibe verbrannt. Obwohl die Witwenverbrennung durch die Ablehnung dieser *Sitte* durch die Europäer schon seit 1829 verboten ist, werden noch immer Fälle solcher Verbrennungen bekannt und sind in dieser Glaubensrichtung mit hohem Prestige für dir Familie verbunden.

Judith kommt ihr religiöser Hintergrund zugute, jedoch sorgt ihre kosmopolitische Einstellung, ihr spirituelles Wesen, das den Menschen Mensch sein lässt und ihn nicht als konfessionell gebundene Person sieht, für ein rundes Gesamtbild. So kann sie einen lieben Angehörigen ebenso mit einem Segen als auch mit einem Zitat oder einem Lied verabschieden.

Judith ist ganz weit weg von den Konventionen, die uns auferlegt werden sollen. Sie findet zum Beispiel die *weiße Beerdigung* darf geschehen, statt der schwarzen Kleidung darf und soll gern auch weiß, die Lieblingskleidung oder sogar vom Verstorbenen geschenkte Kleidung getragen werden.

Judith Albaum

Judith erklärt, dass im Gegensatz zu unseren europäischen Nachbarländern, die liberale Bestattungsgesetze haben, in Deutschland noch immer am *Friedhofzwang* festgehalten wird. Nur Bremen hat als einziges Bundesland erreicht, dass der Friedhofszwang nicht nur gelockert, sondern teilweise sogar aufgehoben wird. So ist es in Bremen seit 2015 möglich, die Asche seiner geliebten Verstorbenen im Garten zu verstreuen, es gibt jedoch auch hier einige Ausnahmen zur Regel. NRW teilt mit, dass es einen Weg einräumt die *Totenasche auf dem Privatgrundstück zu verstreuen*. Allerdings sind die Bedingungen so streng, dass die legale Umgehung des Friedhofzwangs in der Praxis kaum möglich ist. Ausnahmefälle bestätigen natürlich immer die Regel, so dürfen Personen aus Adelsgeschlechtern und auch Klöstern auf privaten Bestattungsplätzen oder in Kirchen bestattet werden.

Ich frage Judith, ob es möglich ist, die Urne nach einer Einäscherung (komisches Wort) mit nach Hause zu nehmen, denn in vielen Ländern ist dies erlaubt. In Deutschland ist dies jedoch gesetzlich nicht gestattet. *„Du kannst die Asche zwar mitnehmen, bewegst dich jedoch am Rand der Legalität. Du kannst eine Urnenübergabe ‚zur freien Verfügung für EU-Bürger unter Naturbestattung Schweiz' beantragen. Die Kosten liegen etwa bei 350 € für die Urnenübergabe. Somit werden die Bestattungskosten samt Friedhofsgebühren, Grabstein und Dauergrabpflege, die schnell bei mehreren tausend Euro liegen können, sehr stark minimiert"*, antwortet Judith.

Judith findet Abschied wichtig. Aber eine Urne auf dem Kamin, das kommt für sie nicht in Frage: *„Denn so findest du als ‚Hinterbliebener' schwieriger den Absprung in ein neues Leben. Ein Abschied ist ein Abschied. Du kannst nicht wirklich abschließen und die Seele, das, was* *deine verstorbene Person ausmacht, die ist eben nicht in der Asche. Für deine Seele ist es besser, dich zu trennen. Doch trenne dich nur von den sterblichen Überresten. Du musst und sollst ja auch nicht vergessen, du darfst weiter lieben.“*

Judith erklärt mir, wie sie ein Abschiedsgespräch führt, sie erzählt von den Unterschieden der verschiedenen Religionen und vom Drama der *Leichen-Abfertigung*. So bleiben dir in manchen (Groß-) Städten gerade mal 20 Minuten, um Abschied nehmen zu können, denn die nächsten warten schon. Judith mag Menschen und Judith möchte bestenfalls eine große Trauerrunde zum (Vor-) Gespräch vorfinden. *„Kein Mensch lässt sich auf einen Blickwinkel beschränken. Je mehr unterschiedliche Meinungen, Anekdoten und Sichtweisen ich von den Menschen rund um den Verstorbenen höre, umso besser gelingt es mir, ein lebhaftes Bild von dem Verstorbenen zu zeichnen und dies dann auch in meiner Abschiedsrede zu visualisieren.“* Weiter erklärt Judith: *„Mir geht es in meinen Beratungsgesprächen auch nicht um die strikte Chronologie von Geburt bis zum Tod. Mir ist es stattdessen wichtig, mit dem Tod zu beginnen und dann am letzten schönen Ereignis zu enden. So erhellt sich Stück für Stück die gesamte Stimmung, wir denken gemeinsam an das letzte schöne Ereignis und so gehe ich dann auch aus dem Gespräch – mit dem Gefühl, dass es den Abschiednehmenden ein kleines bisschen besser geht als vor meinem Besuch.“*

Während Judith sehr frei in der Gestaltung sein kann, so ist der Schwerpunkt bei einer kirchlichen Zeremonie immer die Religion. Judith regt gern zur individuellen Bestattung an: Das Bild des Verstorbenen am Sarg, auf Leinwand gezogen oder gezeichnet, die Lieblingsmusik anstelle des gewöhnlichen Trauermarschs, eine Fotocollage, die die Stationen eines Lebens zeigen. Warum denn nicht? Warum nicht das machen, was dem Verstorbenen zu Lebzeiten gefallen hätte?

Ich frage Judith, ob es denn sinnvoll sei, als Hinterbliebene selbst die Trauerrede zu halten. *„Das ist wirklich situativ und von Mensch zu Mensch, der da vorne dann stehen soll, stark unterschiedlich. Du musst dir bewusst sein, dass du in einem Rollenkonflikt stehst. Du musst Abschied nehmen und zeitgleich einen Auftritt haben. Es ist schwer für alle, wenn die Tochter des Verstorbenen am Sarg zusammenbricht, aber es ist wunderschön, wenn das letzte Lied persönlich von der Hinterbliebenen gesungen wird.“* Judith ermutig ihre Kunden, sich die Zeit zum Trauern zu nehmen und die Zeilen, die in persönlichen Worten gesagt werden sollen, an sie weiterzugeben.

Nach der Beisetzung mag der Gang zum Italiener, zur Lieblingskneipe oder nach Hause statt zum gewöhnlichen Beerdigungscafé mit halben belegten Brötchen und Streuselkuchen für manche pietätlos klingen, für Judith ist das gelebte Liebe.

„Eine Trauerfeier, die ich begleitet habe, wurde genau auf das Datum der goldenen Hochzeit gelegt. Caterer und Co. waren eh bestellt, die Räumlichkeiten gebucht und die Verwandtschaft geladen. Ja, der Anlass war ein anderer, sogar ein sehr trauriger und natürlich verlief die

Feierlichkeit auch anders, doch für die Witwe war dies der passende Abschied.“

Bevor ich das Gespräch mit Judith beende, gibt sie mir noch eine Empfehlung. *„Nadine, wenn dein ganzes Buch auf jeder Seite empfiehlt, individuell und du selbst zu sein, also dass du sein darfst, wer du bist, dass du feiern darfst, wie du möchtest, dass du dich an niemanden messen musst, so empfehle ich dir dringend, dich auch zum Thema ‚die letzte Party‘ mit David Roth in Verbindung zu setzen. Ein außergewöhnlicher Bestatter, der Lust auf Leben macht.“*

Abgeschlossen haben wir das Telefonat mit Judiths Worten: *„Es geht immer nur um die Liebe. Alles.“*

Den Tod in das Leben holen: David Roth

Einige Tage klingen Judiths Worte nach: „Setze dich mit David Roth in Verbindung.“ Ich wähle zunächst den virtuellen Weg, lese mich ein, finde so viel mehr als die *Fakten zum Sterben*, die es natürlich auch auf seiner Homepage gibt. Die Homepage vom Bestattungsunternehmen *Pütz - Roth* lädt zum Verweilen ein. Ich scrolle mich durch die liebevoll aufgebauten Seiten und mir scheint es so, als sei (im genauen Gegensatz zu anderen Bestatterseiten) einfach zu wenig Platz, für alles das, was über das *Leben* zu sagen ist. Ja, ich schreibe hier ganz bewusst das Leben, denn David Roth möchte den Tod in das Leben holen.

David Roth
Foto: Monika Nonnenmacher

- Ein Waldkindergarten auf dem ersten privaten Friedhof? Ein Podcast, der über nicht weniger als derzeit fast 40 Folgen mit so spannenden Titeln wie *Trauer Alaaf*, *Werden uns die Toten gestohlen?* oder *Warum braucht Trauer eine Erlaubnis?* verfügt.

- Eine Bühne, die sowohl dem Kabarett (zum Beispiel Katie Freudenschuss) als auch Rolly und Benjamin Brings (echt Kölsche Musik, Zitate, Geschichten) sowie Sommer- und Weihnachtskonzerten Platz bietet.Kochseminare und Kunstaustellungen, Preisverleihungen und eine Stiftung.Wer jetzt denkt, ich sei zwischenzeitlich auf einer anderen Seite gelandet, der irrt. Ja, ich befinde mich noch immer auf der Seite der Bestatter *Pütz-Roth*. Im gleichen Atemzug, in dem du in der Menüleiste über die Jahreskünstler stolperst, liest du *Trauerbegleitung*. Einen Augenaufschlag weiter findest du das *Puppentheater für Kinder*, um dann direkt auf die *Trauerakademie* zu stoßen.

Ich verweile auf der Homepage und bin begeistert, dass hier wirklich das Leben mit dem Tod in Gemeinschaft bestehen darf, ohne sich falsch und pietätlos anzufühlen. Ich lese mich in *Denkanstöße* ein, unregelmäßige Infobriefe rund um den Themenbereich *Bestattung, Trauer, Tod*. So ein Infobrief trägt mal den Titel *Helmut Kohl*, mal *Die in for Future*, mal *Tränen lügen oft* und mal *50 Ideen für morgen*. Ich stoße auf den YouTube-Button. Es gibt hier auch noch Videos über das Sterben? Natürlich klicke ich mich auch hier durch die verschiedensten Möglichkeiten: Konzerte, Interviews, Aufklärung und berührende Worte von Fritz Roth (der verstorbene Vater von David Roth), wichtige, allumfassende und nahe Worte, die die verschiedenen Kunstwerke auf dem privaten Friedhof und die Gärten der Bestattung erklären.

Ich bin begeistert. Begeistert von einer Bestattungsseite. Irgendwie passt das ja nicht, allerdings passt das nur nicht, wenn du eben auf einer x-beliebigen Website landest und nicht auf der Seite von *Pütz-Roth*. Ich schreibe Judith an, die mir einen Termin direkt vor Ort verschafft. Zwei Tage später sitze ich im Auto und fahre gut 90 Minuten, Richtung Tod.

Ich finde mich wieder auf einem kleinen Weg der nach oben führt. Ich erinnere mich, Judith sagte mir, sie empfände schon diesen Weg als einer Art der Vorbereitung zum Abschiednehmen. Der Weg, der mitten aus der quirligen Stadt nach oben weist, in die Abgeschiedenheit und Ruhe. Fast wie der Tod selbst, der sich so unfassbar anfühlt. Alles geht weiter, quirlig und lebendig bleibt die Stadt, die Jahreszeiten ändern sich und jeden Tag geht die Sonne auf und unter. Nur du selbst, der einen geliebten Menschen verloren hat, du musst den kleinen, steinigen Weg nehmen, anstrengender als die gerade und gepflasterte Straße, auf der du dich noch vor einem Moment befunden hast. Ein Weg, der irgendwie zwangsläufig in der Abgeschiedenheit endet.

Ich fahre vorsichtig hinauf, nehme die Bäume wahr, die sich links und rechts des Weges schützend über mich beugen, bemerke die Kunst, über die ich schon soviel gelesen habe, die sich abstrakt jedoch passend in das Gesamtbild einfügt. Das eine oder andere Mal denke ich, ich müsste abbiegen. Wege, die zunächst als Lösung zum Ankommen von mir gesehen werden, dann jedoch ins Nichts zu führen scheinen, kurz bevor sich der *richtige* Weg auftut. Ich komme an. Es ist wunderschön. Still, freundlich, familiär und so natürlich. Ich möchte schon fast sagen, ursprünglich und liebevoll, irgendwie sinnlich. Ein Anwesen, dass alles sein kann, jedoch sicherlich nicht das eines *gewöhnlichen* Bestatters.

Pütz-Roth Firmensitz
Foto: ©puetz-roth.de

Ich trete durch den Eingang und fahre mit dem Fahrstuhl in die erste Etage, werde fürsorglich empfangen und darf in einer wunderschönen Bibliothek Platz nehmen. Mir wird Kaffee gereicht und trotz der Urnen, die hier zur Schau ausgestellt sind, fühle ich mich nicht unwohl, sondern inmitten der ganzen Bücher eher behaglich.

David Roth betritt den Raum und nach einem kurzen Smalltalk geht es auch schon los. Er erklärt den Hintergrund, warum hier alles so anders ist als das, was du nun eigentlich erwartet hättest.

„Ich möchte denjenigen in den Mittelpunkt stellen, der mit dem Tod leben muss. Ich möchte den Tod auch wieder in das Leben holen. Ich wuchs mit dem Tod und dem Leben gleichermaßen um mich herum auf. So war der Tod für mich schon immer natürlich, genau wie das Leben. Beides gehört untrennbar zusammen. Den Menschen, die hierherkommen, geben wir Raum, Zeit und auch die Erlaubnis zu trauern. Viele denken, es wird besser, wenn sie alles schnell hinter sich bringen. Doch das wird es nicht. Der Tod des geliebten Menschen wird die Trauernden

sehr lange begleiten. Oft das ganze Leben lang. Wir möchten den trauernden Menschen dabei helfen zu begreifen, dass sie sich immer wieder an den oder die Verstorbene erinnern werden und die Trauer auch zulassen dürfen. Erinnerungen an die Person, die nicht mehr da ist. Erinnerungen, die du wegschieben kannst, weil sie dich an den Tod erinnern. Aber eben auch Erinnerungen, die wunderschön sein können. Es kommt darauf an, wie du damit umgehst."

„Bei uns haben die Menschen Zeit. Eine Beisetzung kann an einem Wochenende und auch abends stattfinden. Und auch wenn es in NRW die 10-Tages-Frist zur Beisetzung gibt, so kann ich als Bestatter um Fristverlängerung bitten. Das lässt dann nicht nur uns Zeit zum planen, sondern ermöglicht es auch den Angehörigen, den Besuch der Beisetzung besser und ruhiger zu planen. Schon Angehörige zweiten Grades, wie zum Beispiel Enkel, bekommen nicht einfach vom Arbeitgeber kurzfristig frei. Das erzeugt alles zusätzlich Stress in einer sowieso schon schlimmen Situation. Diesen Druck versuchen wir den Menschen zu nehmen. Wir stehen dafür, dass wir Trauernden Zeit lassen. Die Zeit, die sie brauchen."

Gerade zu diesen Worten fällt mir ein Gedicht ein, das ich auf der Website von *Pütz-Roth* entdeckt habe:

Memento

Vor meinem eignen Tod ist mir nicht bang,
Nur vor dem Tode derer, die mir nah sind.
Wie soll ich leben, wenn sie nicht mehr da sind?

Allein im Nebel tast ich todentlang
Und lass mich willig in das Dunkel treiben.
Das Gehen schmerzt nicht halb so wie das Bleiben.

Der weiß es wohl, dem gleiches widerfuhr;
– Und die es trugen, mögen mir vergeben.
Bedenkt: den eignen Tod, den stirbt man nur,
Doch mit dem Tod der andern muss man leben.

– Mascha Kaleko

David Roth bringt den Trauernden bei, mit dem Tod zu leben und erklärt mir:

„Es ist mir sehr bewusst, dass ich hier eine Feierlichkeit ausrichte, die keiner feiern will. So etwas will auch niemand planen. Während Brautpaare ein oder sogar zwei ganze Jahre auf den Tag ihrer Hochzeit hinarbeiten und diesen auch planen, wachsen sie natürlich auch in das Thema des Verheiratetseins hinein. Das fehlt hier völlig. Selbst wenn eine Krankheit voran gegangen ist oder bereits ein beachtliches Alter erreicht wurde, so plant man ja trotzdem nicht den Tod oder die Trauer-

feier. In dieses Thema kann man nicht langsam hineinwachsen, der Tod ist einfach da und immer plötzlich, auch wenn es absehbar ist. Es ist wichtig, dass die Menschen dann erst einmal begreifen, was geschehen ist. Das meine ich auch physisch. Den Tod kannst du nicht nur in Gedanken erfassen. Du musst ihn wortwörtlich begreifen. Ein Toter verändert sich nicht rasend schnell. Erstmal bemerkst du, dass er ganz friedlich da liegt. Und wenn du dich darauf einlässt, dann kann diese Ruhe auch zu dir kommen. Du darfst dich in Ruhe verabschieden. Du merkst, wann es Zeit ist, um deinen geliebten Menschen gehen zu lassen. Aus dieser Zeit kann sich dann etwas entwickeln, was dir sonst einfach verloren gegangen wäre."

David Roth erzählt mir von einer ganz besonderen Trauerfeier. Trauern ist Liebe, sagt er. Ich weiß, wovon er redet, ich habe diese Geschichte auf seiner Seite gelesen:

Denkanstoß 44: Über den Wolken...

... muss die Freiheit wohl grenzenlos sein. Den Traum vom und die Begeisterung für das Fliegen hat wohl kein Künstler liebevoller beschrieben als Reinhard Mey. Dieser Song ist die Hymne aller Pilotinnen und Piloten und trifft das Lebensgefühl von Menschen, die das Steuer einer Boeing 747 in Händen halten oder mit dem Steuerknüppel in der Hand eine Cessna 172 Skyhawk fliegen.

Stefan war mit Leib und Seele Pilot. Im Alter von 14 Jahren wurde er Mitglied im Flugplatzverein Windtal, erst steuerte er Modellbauflieger, später dann Segler und Sportflugzeuge, er machte seine Fluglehrerlizenz und schaffte es, seine Leidenschaft zum Beruf zu machen und als Pilot eine Verkehrsmaschine zu navigieren.

Stefan starb bei einem Unfall am Boden. Über den Wolken hatte er sich sein Leben lang sicherer gefühlt. Eine Trauerfeier in einer kalten Friedhofshalle kam für seine Familie nicht infrage, auch weil in Corona-Zeiten seine Freunde vom Flugplatzverein und seine Kolleginnen und Kollegen von der Airline nicht hätten dabei sein können.

Bestes Flugwetter, klare Sicht, die Sonne schien, die Piste auf dem Flugplatz lag still und vertraut im Hintergrund. Vor dem Hangar standen mit dem gebotenen Sicherheitsabstand Korbstühle. Alle Gäste wussten, dass heute kein Flieger abheben würde, heute gehörte der Flugplatz Windtal noch einmal Stefan.

Der Sarg stand gleich neben dem Hangar, in dem Stefan so viele glückliche Stunden mit seinen Freunden verbracht hatte. Ein Bild, das einen liebevoll lächelnden Stefan zeigte, erinnerte an den wunderbaren Ehemann, Sohn und Freund. Auf dem Sarg lag die blaue Fliegermütze, die immer dabei sein musste, wenn Stefan zu einem Trip mit der Cessna abhob.

Wundervolle Reden wurden gehalten, die die Erinnerungen an diesen fürsorglichen, treuen, empfindsamen Menschen noch einmal wachriefen und die besondere Atmosphäre des kleinen Flugplatzes gab dieser

Trauerfeier einen würdigen Rahmen. Auch der Pfarrer der Gemeinde war raus zum Flugplatz gekommen, sprach ein Gebet und segnete den Sarg. Im Moment konnte man ja eher den Eindruck gewinnen, dass vielen Seelsorgern die Pandemie einen Vorwand gab, bei Trauerfällen allenfalls Dienst nach Vorschrift zu machen und die Angehörigen alleine zu lassen. Der Pfarrer von Windtal war mitten unter den Mitgliedern seiner Gemeinde, da, wo ein guter Pfarrer hingehört.

Einen Gruß von Oben bekam Stefan auch noch auf ganz besondere Art mit auf den Weg. Am Ende der Trauerfeier überflog eine Cessna 172 Skyhawk die Trauergäste und wackelte über dem Sarg mit den Flügeln. Und aus den Lautsprechern schallte Reinhard Mey über den Flugplatz:

Über den Wolken
Muss die Freiheit wohl grenzenlos sein
Alle Ängste, alle Sorgen, sagt man
Blieben darunter verborgen und dann
Würde, was uns groß und wichtig erscheint
Plötzlich nichtig und klein

David ergänzt diese Geschichte über den Abschied, der sich für die Familie richtig und am besten angefühlt hat: *„Die Hälfte der Anwesenden war in Uniform gekommen, eine Trauerfeier, die persönlicher nicht hätte sein können. So individuell und persönlich ist es bei jedem geliebten Menschen möglich, die Trauerfeier auszurichten. Du kannst zum Beispiel die Speisen kochen, die gerne von deiner Oma gegessen oder zubereitet wurden, die Markbällchensuppe reichen oder eine andere Möglichkeit finden, physisch den Tod zu verarbeiten. Es geht um das beGREIFEN, um das anfassen, darum, etwas getan zu haben, was mit dem Tod der Person in Verbindung steht. So verstehst du schneller.*

Ich bin hier Wegbegleiter. Ich muss ganz nah an den trauernden Menschen herankommen, um zu fühlen und zu wissen, das braucht er jetzt. Ich bin natürlich auch Vermittler. Wenn ich zum Beispiel die Jungpriester des Bistums Köln zu Besuch hier habe, spreche ich auch darüber, ob man in einer Kapelle AC/DC´s ‚Highway to Hell' spielen kann. Denn wenn du dann den Hintergrund kennst, warum ein solches Lied überhaupt gewünscht wird, so ist es oft wieder schlüssig und einleuchtend und sollte auch unterstützt und ermöglicht werden. Wir lehnen nicht ab, wir hören zu, hier muss dir nichts peinlich sein. Wir stoßen auch mit Kölsch zur Beerdigung an, wenn das gewünscht ist. Genauso richten wir jedoch auch ganz traditionelle Trauerfeiern aus. Wir sind dafür da, um den lebenden Menschen zu geben, was sie brauchen, so sehe ich meinen Beruf. Ich versuche auch, dass ein bisschen Freude dabei ist, wenn von einem Verstorbenen Abschied genommen wird. Vielleicht ist es die Freude, seine Familie wieder zu sehen oder auch nochmal durch persönliche Worte deiner Liebe Ausdruck zu verleihen. Trauer will gesehen werden. Mein größtes Lob ist es, wenn die Trauernden mir hinterher sagen, dass es sogar schön war und dass es gut getan hat, auf diese Art und Weise abschiednehmen zu können.

Dieser Zustand fängt bestenfalls schon vor der Trauerfeier durch unsere Begleitung an, so dass du im besten Fall keine schlaflose Nacht hinter dir hast, bevor du einen lieben Menschen beerdigen musst. Oft werde ich gefragt, welche Medikamente ich zur Beruhigung empfehlen kann. Aber ich hoffe stets, dass ich die Personen davon abbringen kann. Denn diese Erfahrung will gelebt sein. Hier solltest du dich selbst nicht um diese ganz besondere Erfahrung bringen. Denn es kann durch das Erleben der Situation sogar schon ein bisschen besser werden."

In unserem Gespräch spüre ich, wie enthusiastisch David Roth erzählt, von seinem Beruf und davon, den Trauernden den Weg zu erleichtern. Die Stimmung wird immer besser und angenehmer, obwohl sie von Anfang an gut und zu keinem Zeitpunkt deprimierend war. Ich frage David Roth, ob er dies auch während der Trauergespräche so erfährt, denn zu diesem Zeitpunkt hängt der traurige Anlass über jeder Stimmung. *„Bei vielen Bestattern fangen die Gespräche über anstehende Trauerfeiern eigentlich immer ganz platt an. Die normale Reaktion dieser Bestatter ist dann meist die Rationalisierung der Situation damit die Leute schön in das System reinpassen. Wir machen das bei uns schon anders. Wir fragen, wer Sie sind, was geschehen ist und ob Sie eine Idee oder ideale Vorstellung haben. Das Gespräch ist immer persönlich und individuell. Das ist ja das Besondere an uns Menschen, wir können auf den anderen reagieren und eine persönliche Beziehung aufbauen. Sehr schnell können wir dann auch wieder gemeinsam lachen.*

Als ich zum Beispiel im Gespräch mit der Familie des jungen Piloten war, mussten wir uns auch Gedanken zum Catering machen. Zu Corona-Zeiten war jedoch nicht an ein ‚herkömmliches' Catering zu denken. Also haben wir sogar nachgedacht, ob wir diese kleinen Serviertabletts, die im Flugzeug gereicht werden, an die Gäste austeilen. Später haben wir uns dann doch für Lunchpakete entschieden, die jedem Gast gereicht wurden. Es entwickeln sich Ideen. Solche Momente, Planungen und ein gemeinsam entwickelter Weg erleichtern die Trauer. Ich empfinde es oft so, dass die Trauernden ein wenig aus ihrer Schockstarre gelöst und wieder handlungs- und entscheidungsfähig werden. Wir lachen hier auch viel mit den Menschen, was nicht heißt, dass so keine tief traurigen Momente möglich sind. Sie sind unvermeidbar und gewünscht.

Ganz oft spreche ich mit Trauernden, die mir sagen, dass sie es sich wünschen würden, dass der Verstorbene das eine oder andere Ereignis noch miterlebt hätte. Das kann ich gut verstehen, denn diese Situationen sind mir natürlich auch leibhaftig bekannt. Meine erste Tochter ist zwei Wochen nachdem mein Opa gestorben ist auf die Welt gekommen. Der erste Sohn meiner Schwester ist 13 Tage nach dem Tod meines Vaters an Heiligabend auf die Welt gekommen. Da fragt man sich natürlich, warum er dies nicht noch miterleben durfte. Es geht aber auch um Dinge, die gar nicht so existenziell sind wie eine Geburt, ein neues Leben. Das sind dann Dinge, die ich im Alltag aufgeschoben habe, die ich immer hinter meine Arbeit gesetzt habe. Das kann der Besuch sein, genauso wie ein gemeinsamer Urlaub mit meinen Liebsten. Oder auch Dinge, die ich vielleicht schon immer sagen wollte, jedoch der richtige Zeitpunkt nicht da war. Dann schenkt man halt das größere Geschenk, anstatt zum Beispiel gemeinsame Erinnerungen zu erschaffen und Zeit mit Leben zu füllen. Man merkt, es geht immer um nicht gelebtes Leben, bei allem, was man noch hätte machen wollen."

David Roth vertraut mir an, dass er ganz froh ist, keine Hochzeiten ausrichten zu müssen. *„Alles muss perfekt sein, der schönste Tag im Leben, da frage ich mich stets, was soll denn dann noch kommen? Dann kann es ja nur noch bergab gehen. Bei Trauerfeiern ist der Ursprungsgedanke – danach kommt nichts mehr – ähnlich. Ich kann einer trauernden Witwe nicht sagen, dass sie wieder glücklich sein wird, dass sie vielleicht wieder eine Beziehung führen wird, dass die Orte, die sie früher gemeinsam besucht haben, für sie nicht schrecklich sein müssen. Unsere Trauerakademie kann hier wirklich helfen, mit dem Leben neu umzugehen."*

Ich frage David Roth, wie es denn möglich ist, die Beerdigung schön zu gestalten oder als etwas Positives zu erleben.

„Das geht, wenn du versuchst, den Trauerzustand anzunehmen und bereit bist, den Abschied mit zu gestalten. Du wächst dann an dieser Aufgabe. Das kann die Planung sein, jedoch auch das Bauen oder das Verschönern eines Sarges. Du kannst lernen, den Tod anzunehmen, auch mit deinen körperlichen Handlungen. Du machst den Tod und somit die Situation beGREIFbar. Ich vergleiche die Arbeit mancher Bestatter oft mit dem Auftrag, den ich einem Maler gebe: Du rufst an und sagst, du möchtest dein Wohnzimmer gestrichen haben. Der Maler kommt, streicht es lindgrün und schickt dir dann die Rechnung. Dabei wolltest du gar kein lindgrünes Wohnzimmer. Hier schütteln wir zwangsläufig den Kopf. Mit vielen Verstorbenen läuft es aber leider oft genauso. Der Bestatter kommt, nimmt dir den Toten weg, dir werden bestenfalls noch Möglichkeit a, b oder c zur Auswahl vorgestellt, die Beerdigung geschieht und dann bekommst du die Rechnung. Das ist bei uns ganz anders, wir fahren sehr weit und ich bin mir sicher, dass zum Beispiel zwischen Viersen und Bergisch Gladbach 100 Bestatter liegen, aber hier kamen die Trauernden dann nicht weiter und kommen zu uns. Unser gesamtes Handeln, Denken und Arbeiten ist darauf ausgerichtet, dass wir den Menschen zeigen, dass Trauer nur ein anderes Wort für Liebe ist. Dass Trauer sein darf, so wie sie individuell bei der trauernden Person empfunden wird. Hier gibt es kein richtig und kein falsch. Unsere Kunst, unsere Räume und sogar unser Friedhof beschäftigen sich stets mit dem Leben und dem Tod gleichermaßen. Kinder, dir hier in den Waldkindergarten gehen, die zwangsläufig die eine oder andere Trauerfeier mitbekommen, sind kurz neugierig, stellen Fragen und im nächsten Augenblick ist das Eichhörnchen schon viel interessanter. Die Kinder und die Trauernden geben sich gegenseitig gleichermaßen viel: Dadurch, dass sowohl das quirlige Leben der Kinder als auch der endgültige Tod als natürlich betrachtet werden und gemeinsam nebeneinander bestehen dürfen.

Das Tabuthema Sterben wird in das Leben gebracht. Unsere Kunst zeigt dir Wege und veranschaulicht das Leben und den Tod. Es soll dir keine Lösung auf einen Blick geben, diese Last kann dir als Trauerndem niemand nehmen, doch du bekommst Inspirationen, die in dir auf subtile

Art und Weise neue Gefühle auslösen und Möglichkeiten aufweisen. Verbotsschilder auf dem Friedhof, Auflistungen, was du alles nicht machen darfst, das bewirkt genau das Gegenteil. Du darfst nicht zu laut sein, Kinder dürfen nicht freudig spielen, Hunde sind verboten und Grillen schon mal gar nicht. Das alles ist in unseren Gärten der Bestattung erlaubt. Das ist unsere Philosophie, das Sterben LEBhafter für den Hinterbliebenen zu machen. Wir gehen den Pfad der Sehnsucht oft mit Hinterbliebenen, nicht in der akuten Situation, aber später.

Du kannst dann mit etwas Abstand begreifen, dass die verstorbene, geliebte Person in irgendeiner Form bei dir bleibt."

Der Pfad der Sehnsucht

Der Pfad der Sehnsucht des Künstlers Rolf Hinterecker ist fast schon eine Ausstellung des Lebens in sich selbst. Sie unterstützt Trauernde und Hinterbliebene auf Ihrem Weg der Trauerbewältigung, ist aber gleichermaßen ein Angebot für Interessenten. Beginnend mit einer Linien-Skulptur von Knopp Ferro, die den Verlauf menschlichen Seins symbolisiert, erstreckt er sich über mehrere Räume in und unter den Gebäuden.*

Auf dem Pfad der Sehnsucht verlassen wir die Ebene der reinen Vernunft und gelangen auf tiefergelegene emotionale Ebenen. Der Pfad führt uns in die ‚Zyklen der Stille', zu einer Glaswand, auf welcher ein Schleier fließenden Wassers die stetige Veränderung allen Seins symbolisiert.

Der Pfad der Sehnsucht
Foto: ©puetz-roth.de

* https://www.puetz-roth.de/der-pfad-der-sehnsucht.aspx

Jeder Tod ist für den, der damit leben muss, wie eine Lawine, ein Erdbeben, ein Zusammenbruch bestehender Lebensvorstellungen. Der Tod – hier versinnbildlicht durch eine Geröllawine – bricht in die alltägliche Welt ein. Der Betrachter muss seinen Weg durch ein Trümmerfeld finden. Und wenn er versucht, die Bruchstücke zu sortieren, entdeckt er die Spuren, die von der Lebensbahn des Verstorbenen zurückgeblieben sind.

Der Pfad der Sehnsucht
Foto: ©puetz-roth.de

Der weitere Weg führt in einen Korridor aus Glas. Die rechte Stirnwand zeigt ein übergroßes Foto menschlicher DNA, die den Betrachter an die Einzigartigkeit jeden menschlichen Seins erinnert.

Der gläserne Boden in diesem Bereich des Pfades symbolisiert den zerbrechlichen Wert menschlicher Beziehungen. Eine Wand voller Namen steht für die Menschen auf unserem Lebensweg. Beziehungsvolle Gegenstände auf langen Glasregalen verkörpern Erinnerungen. Hier und da wird zwischen ihnen auf Spiegelscherben der blaue Himmel sichtbar. Angestoßen durch die Wahrnehmung der Namen und der Erinnerungsstücke, durchwandert der Betrachter auch Stationen seines eigenen Lebens. Träume, Gefühle und besonders Sehnsüchte nach Geborgenheit, Wärme, Heimat, Kindsein werden wach.

Dass Geborgenheit, Glück und ewige Vollkommenheit nach dem Tode im Himmel oder im verlorenen Paradies erfahrbar werden mögen, sind einige der großen universellen Sehnsüchte der Menschheit. Immer versuchten die Menschen, dieses Paradies bereits zu Lebzeiten auf Erden zu verwirklichen. Wie im nächsten Raum, dessen Betreten eine gewisse Überwindung erfordert. Diese Scheu mag zu Fluchten in Seitenwege führen. Leicht folgt der Mensch Täuschungen, Verlockungen und auch falschen Heilversprechungen in Sackgassen. Die zu erkennen, ist wichtig, um umkehren und weiter nach dem Paradies suchen zu können, wo immer es auch liegen mag.

Am Ende des Pfades finden wir uns auf einer Wiese wieder, aus der die Samen von Pusteblumen vom Himmel fallen, während gleichzeitig Schnee aufsteigt – in surrealem Kontrast zur realen Welt, in die der Betrachter durch die Projektion der Wiese zurückgelangt: Vielleicht etwas sehender, vielleicht etwas mutiger und hoffentlich etwas lebendiger. Dabei spürend, dass er in der ihm noch verbleibenden Zeit von denen begleitet wird, die er im Leben vermisst.

Die Kunst findet nicht nur auf diesem Pfad der Sehnsucht statt, sondern auch im Wald, in den Gärten der Bestattung. Immer findest du Aspekte des Lebens und des Todes. Die Kunst, die du erLEBEN kannst, ist mal *meine Wurzel*, mal *das Schneckenhaus der Angst*, mal *die Kreuzwege des Lebens*, mal *die Wand*, mal *mein Lebensweg*, mal *die Totenbretter*. Du setzt dich mit dem Thema *Leben und Sterben* auseinander. Zwangsläufig und natürlich, du findest einen *Zen-Garten* und *das Labyrinth*. Du findest Ruhe. Und du findest dich.Plötzlich stehst du vor einem verspiegelten Kubus und du denkst an Kunst, du erkennst es ist ein Haus. Das Haus der Klage, ein Ort zum Trauern, ohne Entscheidungen treffen zu müssen.

„Es verschafft Ihnen zusätzlich wertvolle Zeit zwischen Einäscherung und Beerdigung. Denn manche Vorschriften und Traditionen legen uns im Zusammenhang mit einer Bestattung Entscheidungen zu einem Zeitpunkt nahe, an dem wir deren Endgültigkeit noch scheuen. Nach der Einäscherung, so will es ein wenig menschenfreundlich formuliertes Gesetz, muss die Asche des Verstorbenen innerhalb eines kurzen Zeitraums beigesetzt werden – oft viel zu wenig Zeit, um sich über alle Wünsche und Bedürfnisse bei der Gestaltung der Beerdigung und die Wahl des endgültigen Grabes klar werden zu können.

Mit dem Haus der Klage entstand am höchsten Punkt der Gärten der Bestattung in Bergisch Gladbach ein Ort, der Hinterbliebenen eine der wichtigsten Ressourcen für einen konstruktiven Trauerprozess sichert: Zeit. Denn wenn ein Mensch stirbt, geschehen viele Dinge auf einmal. Und alle gehen die Hinterbliebenen an. Gerade jetzt, in einer dazu denkbar ungeeigneten seelischen Verfassung, müssen Entscheidungen getroffen werden. Manche davon sind endgültig. Das Haus der Klage ermöglicht es, die wichtige Frage nach der letztendlichen Beerdigung und dem finalen Grab in aller Ruhe zu erwägen und erst dann beantworten zu müssen, wenn die Angehörigen sich dazu wirklich in der Lage fühlen.

Im Haus der Klage findet die Urne einen diese Bedingung erfüllenden, würdigen Ort – für immer oder auch nur für die Zeit bis zu einer späteren endgültigen Bestattung. Die kann dann auf einem Friedhof Ihrer Wahl, in den Gärten der Bestattung oder auch – auf ganz besondere Art und Weise – innerhalb des Hauses der Klage selbst erfolgen.

Die Wände des gläsern überdachten Kubus enthalten mit Spiegeln verschlossene Nischen. In jeder finden eine oder auch zwei Urnen Platz. In den Fundamentbereich des Hauses der Klage ist eine Kammer eingearbeitet, die zur gemeinsamen Grabstelle für diejenigen Verstorbenen wird, deren Asche nicht separiert andernorts in einer Urne beigesetzt werden soll.

Das Haus der Klage
Foto: ©puetz-roth.de

*Auch das Haus der Klage erfüllt, getreu der Pütz-Roth-Philosophie, eine wertvolle Funktion für die Lebenden: Sein Inneres wurde mit einer besonderen Akustik versehen, die den Besucher auf unerwartete Art mit seiner eigenen Stimme und damit mit den Äußerungen seines Selbst konfrontiert – eine intensive Erfahrung für jene, die sich darauf einlassen können und mögen.“**

Ich gehe weiter, entdecke das pure Leben, wo gerade noch Trauer war. Eine Dame kommt mir mit ihren zwei Hunden entgegen, Alltag mitten auf dem Friedhof. Eine außergewöhnlich schöne und große Bühne erstreckt sich vor mir, und ich frage mich, wie oft ich mich über Begebenheiten ärgere, die in einem Jahr, meist schon in einem Monat, völlig bedeutungslos sind. Ich schließe das Kapitel mit diesen Worten: Nimm dich hin. Nimm deine Trauer hin. Es darf alles sein und du darfst alles sein. Und die Trauerfeier darf so sein, wie du sie für richtig empfindest.

Ich war dem Leben noch nie näher als hier.

---

* https://www.puetz-roth.de/das-haus-der-klage.aspx

Der Pfad der Sehnsucht
Foto: ©puetz-roth.de

Das große Hochzeits-Glossar

Foto: Phil Stev

Deine Hochzeit

So wird dein großer Tag zum wirklich schönsten Tag

Der ewige Bund fürs Leben. Kann es etwas Schöneres geben?

Mittlerweile heirate ich ja viermal wöchentlich, sei es auch nur kulinarisch. Ich tanze im wahrsten Sinne des Wortes auf vielen Hochzeiten. In meinen unzähligen Gesprächen mit Brautpaaren spüre ich immer wieder starke Unsicherheiten. So ist es zu meinem Credo geworden, die Brautpaare nicht nur bei Gestaltung, beim Konzept, bei der Planung und Kulinarik zu unterstützen, sondern sie auch seelisch und moralisch zu supporten. „Es ist wichtig, dass einer von uns Dreien einen kühlen Kopf bewahrt – und das bin gerne ich", damit gebe ich meinen Brautpaaren immer ein gutes Gefühl.

Vor allem die Bräute zerbrechen sich ihre Köpfe. Mit dem nachfolgenden Hochzeits-Guide möchte ich dich durch den Hochzeitsdschungel leiten.

Deine perfekte Planung: Zeit

Es gibt kein *zu früh* bei der Planung von Hochzeiten

Die Planung einer Hochzeit kann sehr schnell gehen, so dass du sicherlich in wenigen Stunden mit Hilfe dieses Buches ein tolles Konzept erstellen würdest, eine ideale Gästeliste vorweisen kannst und auch dein Wunschmenü zügig steht.

Foto: Phil Stev

Die Auswahl der Location ist mit Hilfe des Internets auch schnell getroffen und die der Musiker, Fotografen, Floristen, Visagisten, Friseure und Hotels an deiner Location, Limousine oder Kutsche sind ebenfalls zügig gefunden. Wäre auch wirklich so einfach, wenn da nicht die Problematik mit den tollen Locations, Dienstleistern, Köchen und Co. wäre. Die besten sind nämlich weit im Voraus ausgebucht. Es könnte so einfach sein. Ist es aber nicht.

Die meisten Hochzeiten finden freitags oder samstags statt. Möchtest du im Frühling heiraten, so sind es etwa 24 Tage (wenn wir wirklich großzügig von April bis einschließlich Juni rechnen), die als Termin überhaupt in Frage kommen würden. Freie Redner, deine Wunschkirche, gute Fotografen und alle weiteren geplanten Dienstleister sowie deine Location können jeweils nur eine einzige Anfrage am Tag bedienen. Das war es.

Darum plane 1,5 Jahre im Voraus. Stimme deinen Wunschtermin mit allen Dienstleistern, der Location und natürlich deinen *Must-have*-Gästen ab. Reserviere den Termin für zwei Tage bei den unterschiedlichen Institutionen. Sobald du alle erreichen konntest und alle deinen Wunschtermin bestätigten, buche fest. Du hast weniger Arbeit, wenn du eine Optionierung machst, die automatisch am 3. Tag verbindlich wird, wenn du nicht vorher absagst. Mit keinem deiner Dienstleister musst du jetzt schon ins Detail gehen. Wichtig ist ausschließlich, dass der Termin steht.

In den Monaten Januar und Februar finden kaum Hochzeiten statt, hier kannst du meist auch noch kurze Zeit vor Termin deine Wunschdienstleister und Location buchen. Ich verlasse mich auf solche Glücksspiele jedoch nicht. Sei lieber früh dran und somit *sicher*. Denke ebenfalls an die *besonderen* Tage wie den Valentinstag und allgemeine Feier- und Brückentage. Merke: Es gibt kein *zu früh* bei der Planung von Hochzeiten!

Ganz ehrlich, mir ist es lieber, auf meinen Wunschtermin zu verzichten, als auf meinen Wunschdienstleister bzw. meine Wunschlocation. Sei flexibel und überlege dir bestenfalls schon vorab zwei bis drei Termine, die für euch in Frage kommen. So musst du nicht mit dem zweitbesten vorliebnehmen.

Hast du dich mit allen Dienstleistern, der Location sowie deinen *Must-have*-Gästen auf einen Termin geeinigt, so kannst du dich jetzt zurücklehnen oder auch im Stillen weiter planen. Du kannst dir überlegen, welche Farben passend wären, ob und wenn ja, wohin deine Hochzeitsreise gehen soll, wie die Papeterie zum Versenden aussehen wird, an der Gästeliste feilen und dein Outfit überlegen.

12 *Monate to go*

Etwa 12 Monate vor deiner Hochzeit kannst du dich endlich auf die Suche nach dem perfekten Hochzeitsoutfit begeben. Bedenke auch hier: Die Brautmodengeschäfte bedienen ebenfalls nur eine, oder in großen Häusern wenige Bräute gemeinsam. Buche deinen Termin also etwa einen Monat im Voraus. Natürlich sind auch hier die Freitage und Samstage besonders beliebt. Falls du durch das unendliche Stöbern durch die Hochzeitszeitschriften, das Web oder durch eine Freundin schon einen präferierten Designer hast, so ist es empfehlenswert, eine Brautmodenboutique auf diesen Designer zu prüfen. Die Verkäuferin oder die Designerin selbst wird dich entweder bereits bei der Terminvergabe am Telefon, spätestens jedoch bei Anprobe fragen, welchen Stil du anprobieren möchtest und welches Budget dir zur Verfügung steht. Bitte lasse dich nicht beschränken und probiere mehrere verschiedene Stilrichtungen. Dein Budget sollte eher eine Richtung anzeigen. Kalkuliere für dich ein Prozent obendrauf für deinen Spielraum.

Tipp: Braut und Bräutigam sollten ihr Outfit zwar an unterschiedlichen Terminen, jedoch im selbe Haus aussuchen, achte darauf, dass euch beide dieselbe Verkäuferin berät. Die Textilexpertin kann so beide Garderoben aufeinander abstimmen, ohne den individuellen Geschmack zu vernachlässigen. Und JA! Das Brautkleid steht im Vordergrund und wird zuerst ausgewählt, bestellt und angezahlt. Der Bräutigam richtet sich mit seinem Dress nach der Braut.

10-5 *Monate to go*

Buche deine Hochzeitsreise! Superwichtig: Brauchst du spezielle Impfungen? Lasse dich ruhig bereits jetzt impfen. Je näher deine Hochzeit rückt, desto weniger Zeit und Muße hast du für *sowas*. Außerdem kann die ein oder andere Impfung ganz schön auf dein Gemüt schlagen, du könntest mit einer Hautirritation reagieren oder dir ist einfach wahnsinnig schlecht. Auch das brauchst du kurz vor deinem großen Tag nicht.

Bedenke, dass du eventuell ein Visum brauchst, oder, so ist es z.#B. in Bhutan, die Einladung des Königs, um das Land betreten zu dürfen. Auch das ist mittlerweile ein touristisch automatisierter Prozess, geht jedoch über die *normale* Planung einer Reise hinaus. Nach einer gewissen angemeldeten Anzahl an Touristen werden die Grenzen geschlossen.

Um unsere *Denk-Daran-Liste* zu vervollständigen: Prüfe die Reisepässe! Wichtig: In manchen Ländern muss dieser bis zu einem weiteren Jahr Gültigkeit ausweisen, um einreisen zu dürfen.

7 Monate to go

Versende *Save the Date*-Karten.

6 Monate to go

Überlege dir, ob du Trauzeugen haben möchtest. Standesamtlich sind diese in Deutschland keine Pflicht mehr. Bei einer freien Trauung machst du eh, das was du möchtest. Lediglich in der katholischen Kirche benötigst du noch Trauzeugen. Jetzt ist der richtige Zeitpunkt, um die Zeugen auszuwählen und sie zu fragen.

3 Monate to go

Versende die Einladungen. Setze die Rückmeldung auf sechs Wochen vor der Trauung.

2½ Monate to go

Vereinbare Termine mit deinen Dienstleistern, um die Details zu besprechen und in Auftrag zu geben. Welche Blumen, wann kommt das Fahrzeug, Ablauf für den Fotografen, Probe für Haare und Make-Up, die detaillierte Cateringbesprechung, Besprechung mit dem Traured-ner, Abstimmung mit der Location. Diese Liste solltest du bis einen Monat vor Trauung abgearbeitet haben.

2 Monate to go

Falls du selbst noch etwas basteln möchtest (die Tischkarten, ein Willkommenschild, oder, oder, oder), ist jetzt der richtige Zeitpunkt.

7 Wochen to go

Anprobe des Hochzeitskleides. Muss etwas geändert werden? Hat der Bräutigam abgenommen? Muss eventuell auch hier etwas geändert werden?

4 Wochen to go

Schreibe das Gelübde. Du kannst noch drei weitere Wochen daran schreiben, ändern und ausschmücken.

3 *Wochen to go*

Hast du Wackelkandidaten? Spätestens jetzt sollen sie sich entscheiden.

2 *Wochen to go*

Übermittele dem Caterer die exakte Personenzahl, und zwar samt Dienstleister. Begleiche deine Vorab-Zahlungen, so dass du dich weder in der Hochzeitswoche noch am Tag der Hochzeit darum kümmern musst.

10 *Tage to go*

Sitzordnung bestimmen, falls gewünscht.

7 *Tage to go*

Koffer packen ist dran! Brautkleid und Anzug abholen.

Und dann: Genießen! Versuche, die letzten Aufgaben zur Vorbereitung zu verteilen. Lasse den Schlüssel zur Location abholen, bitte jemanden, den Brautstrauß zu besorgen, lasse jemand Band und Co. in Empfang nehmen.

Durch eine Krankheit kann es bis zum letzten Tag zu Absagen kommen, das tritt jedoch nur vereinzelt auf. Stress dich nicht und versuche nicht, noch krampfhaft andere einzuladen, um die Plätze zu füllen. Dann ist das jetzt halt so!

Dein Hochzeitstag!

Es wird dein Traum! Versuche, dich jetzt schon zu erinnern.

Foto· Phil Stev

Deine Trauzeugen

Seelischer, moralischer und praktischer Support.

Ich packe meinen Koffer und nehme mit: eine Braut, den Bräutigam, die Gäste, die Feierlichkeit und die Hochzeitsreise. Stopp, da war doch noch was! An wichtiger Stelle, direkt nach dem Paar selbst und deren engsten Familienangehörigen, stehen die Trauzeugen.

Foto: Phil Stev

Brauchen wir Trauzeugen?

Mann und Frau dürfen, aber müssen seit 1998 nicht mehr, Trauzeugen wählen. Diese bezeugen zum einen die Trauung, stehen also bei der Eheschließung direkt an der Seite des Paares. Dazu reicht in der Regel eine Unterschrift auf der Heiratsurkunde. Natürlich sollten die Personen volljährig und im Besitz eines Personalausweises oder Passes sein.

Zum anderen hat sich die Rolle der Trauzeugen insofern gewandelt, dass sie Braut und Bräutigam bei der Planung der Hochzeit zur Seite stehen und diese seelisch, moralisch und vor allem auch praktisch unterstützen. Das ist eine schöne Tradition. Braut und Bräutigam dürfen jeweils bis zu zwei Trauzeugen haben.

Wer ist der richtige Trauzeuge, die richtige Trauzeugin?

Wenn ihr gerne Trauzeugen dabeihaben möchtet, ist es meistens so, dass ihr eine bestimmte Person sofort im Kopf habt. Das kann Bruder oder Schwester sein, eine Freundin aus Kindertagen, der beste Freund. Wichtig ist, dass ihr dieser Person zutraut, euch im Vorfeld gern bei eurer Hochzeitsplanung zu unterstützen. Meistens übernimmt diese Person auch die Organisation des Junggesellenabschieds. Bitte fragt ehrlich und wahrhaftig nach, ob diese Person dieses *Amt* wirklich annehmen möchte und seid nicht beleidigt, wenn sie aus welchen Gründen auch immer ablehnen muss. Von einer alleinerziehenden Working-Mom mit drei Kindern zu verlangen, dass sie nun auch noch deine Trauzeugin ist, ist sicher zu viel verlangt. Es sei denn, sie möchte es unbedingt.

Es ist Brauch, dass der Trauzeuge sich gebührend um das Wohlergehen des Heiratenden kümmert, bei Kleiderkauf, Organisation und Styling bis zur letzten Minute vor dem Ja-Wort nicht von der Seite weicht. Eine schöne Aufgabe, ja. Aber auch eine wirklich anstrengende.

Viele Paare machen sich auch völlig verrückt mit dem Gedanken, ob sie nun die Freunde, die nicht Trauzeugen geworden sind, verletzen. Meine Erfahrung ist, dass das meistens völlig unbegründet ist. Die meisten Gäste sind eher froh, nicht *auserwählt* zu sein, weil Trauzeuge und Trauzeugin zu sein, heute wirklich mit viel Zeit- und oft auch Geldeinsatz verbunden ist. Da sind viele froh, wenn dieser Kelch an ihnen vorübergeht.

Deine perfekte Ja-Location

Finde den passenden magischen Ort

Was für die Location im Allgemeinen gilt, das gilt ebenfalls für die Suche deiner passenden Hochzeitslocation. Darum möchte ich dich an dieser Stelle unbedingt auf das Kapitel *Die perfekte Location* im Abschnitt *Planen* verweisen, hier findest du die perfekte Anleitung zur Wahl deiner Location.

Foto: Phil Stev

Bei deiner Hochzeit kommt jedoch noch etwas Wichtiges *oben drauf*: Nämlich das *Entlanghangeln am roten Faden*. Ich weiß, das hörst du in diesem Hochzeitskapitel in gefühlt jedem zweiten Satz, aber es ist eben wirklich sehr wichtig. Ich möchte dir anstelle von etwaigen Locations, deren Auswahl ich dir im oben genannten Kapitel nähergebracht habe, eine ganz besondere vorstellen.

Die Hochzeit im Zelt

Die Hochzeit im Zelt, sei es *nur* die Feier oder sogar die Trauung samt Party ist in vielen Ländern der Hochzeitstraum schlechthin. Zugegebenermaßen reden wir hier von Ländern, die auf schönes Wetter vertrauen können, wie Teile von Amerika, Australien und auch verschiedene europäische, mediterrane Länder sehen die

Zelthochzeit als die *Must-Have*-Location. Wir sehen das mit hunderten pastellfarbigen Ballons geschmückte Zelt in vielen romantischen Hollywood-Komödien. Und so ist es kein Wunder, dass dieser Trend so langsam zu uns rüber schwappt, mussten wir doch erst einmal verstehen, dass das Hochzeitszelt so gar nichts mit dem allgemeinen Party- (Bier)-Zelt gemein haben muss.

Das Zelt ist eine vielseitige Möglichkeit, deine Location perfekt deinem Konzept anzupassen. Vom modernen Stretchzelt bis hin zum außergewöhnlichen Glaspavillion ist alles samt passender Dekoration möglich. Und das sogar in deinem eigenen Garten, im benachbarten Stadtpark, auf der Start- und Landebahn eines kleinen Flugplatzes, an den Rheinwiesen, dem großen Firmengelände oder dem Festplatz deiner Stadt.

Einige Details solltest du berücksichtigen, damit du später die entspannte, traumhafte Hochzeit deiner schönsten Vorstellungen feiern kannst.

Ist eine Genehmigung nötig?

Diese benötigst du natürlich für alle öffentlichen Plätze, jedoch auch unter Umständen für das privat Gelände wie den Firmenpark oder deinen Garten, wenn diese von Privathaushalten umringt ist und es zu einer Ruhestörung kommen könnte. Erkundige dich bei deiner zentralen Vermittlungsstelle der Stadt und lasse dir einen direkten Kontakt geben.

Wasser, Abwasser, Strom, Gefälle?

Feierst du im Freien, so benötigst du zeltnah eine Möglichkeit, an Wasser zu kommen für den etwaigen Toilettenwagen, der dazu gemietet werden muss, ebenso für die Bar. Caterer werden dankbar für den Anschluss sein, dies kannst du im eigenen Garten, wenn deine Toiletten und die Küche genutzt werden können, getrost außer acht lassen. Strom, eventuell über einen Generator, muss vorhanden sein, nicht nur für das Licht, sondern auch für DJ, Livemusik, Getränkekühlung, Caterer und Heizpilze, auf die du bei uns in Deutschland auch im Hochsommer so manchen Abend nicht verzichten kannst. Der Anschluss muss ausreichend abgesichert sein, kläre darum im Voraus, wieviel Strom zeitgleich zur Verfügung gestellt werden muss.

Es ist wundervoll, an einem abschüssigen Hang zu feiern, dessen Ende von einem romantischen Teich geziert wird, leider ist dies vor allem nach dem zweiten Wein eine Herausforderung für unser Gleichgewicht, zudem ist der Aufbau des Zeltes schwierig und wird sicherlich mit dem ein oder anderen Euro zusätzlich berechnet. Bedenke, das etwaige Unebenheiten ausgeglichen werden können, allerdings nicht ein zu starkes Gefälle. Wenn du also unbedingt an dem hübschen Teich feiern möchtest, versuche gar nicht erst, den Boden auszugleichen. Nimm die Natur in Kauf und schütze deine Gäste durch eine Plexiglasabsperrung vor dem Teich.

Der Zeltboden

Nimm den Mehrbetrag in Kauf und verzichte nicht auf den Boden im Zelt! Auch wenn du mit schönstem Wetter rechnest, kann ein Regen am Vorabend die beste Wiese zu matschig werden lassen oder den gepflasterten Boden von Pfützen übersät sein lassen.

Ein Holzboden schafft zudem noch ein wohliges Heimambiente und schützt vor kalten Füßen. Dein schicker Wedding-Dresscode ist obsolet, wenn das Zelt keinen Boden hat und die schönsten Heels im Gras versinken und lange Kleider durch den Schmutz ruiniert werden. Die Musiker und weiteren Dienstleister ihr Equipment im Gras aufbauen zu lassen, ist schon fast respektlos.

Weg zum Zelt

Der Weg zum Zelt, kann, wenn er auf die mittige Wiese des schönen Stadtparks führt, ermüdend sein und nachts beim Heimweg noch dazu lästig werden. Überlege, ob eine Abholung der Gäste in bereit gestellten Clubcars nötig ist oder sich eine andere Idee verwirklichen lässt, um die Gäste trockenen und leichten Fußes zum Standort und wieder zurück zu geleiten.

Wo soll das Zelt stehen?

Um die Location zu finden, bedenke die Circa-Größe des Zeltes. 2,5 Meter pro Person werden in etwa gerechnet. Hinzu kommt Platz für Caterer, Tanzfläche, Bar und Bühne. Möchtest du ein Livecooking veranstalten, also soll vor Ort frisch gekocht werden, ist meist ein zweites Zelt nicht zu vermeiden. Deine Circa-Größe des Zeltes musst du wissen, damit du die Größe deiner Location abschätzen kannst. Bedenke hier bei deiner Suche nicht nur die *Bodenfläche*, sondern auch, ob ausladende Baumkronen eventuell im Weg sein könnten.

Gestaltung im Zelt

Hab eine Idee zur Raumgestaltung, überlege dir eventuell sogar *Areas*. So könntest du leicht mit professionellen Tippizelten eine kleine Zeltlandschaft herstellen lassen, in einem wird das Catering aufgebaut, das nächste bietet Platz für die Getränke, in einem Weiteren wird geheiratet samt Stuhlreihen und *Altar* und im letzten dann gefeiert. Vielleicht gibt es sogar noch ein Tippi mit einer Chill-out-Area samt Loungemöbeln und hellerem Licht zum unterhalten? Möchtest du eine Zigarren- und Cognac-Bar, ist dies ebenfalls gut realisierbar.

Von der Lichterkette bis hin zum Anstrahlen von unten nach oben und außen nach innen und umgekehrt sind dir bei einem Zelt keine Grenzen gesetzt. Unterschiedliche Module lassen die Bewirtung im

Hellen gut arbeiten, während das Licht auf der Tanzfläche gedämmt ist.

Nur ein einziges NO

Das aufgebaute Zelt ist stets einzigartig, die Location immer besonders, weil eben nicht dauerhaft zu nutzen und das Flair sehr atmosphärisch. Es gibt also eigentlich nur Pros wenn da nicht das einzige Argument auf der *No*-Seite wäre.
Ein Zelt ist mit viel mehr Aufwand für dich verbunden als eine existierende, feste Location.

Alles, wirklich alles, muss angeschleppt, installiert und aufgebaut werden. Schläuche, Kabel, Heizung und, und, und, wollen sorgfältig und passend dazu noch nutzenbringend im Zelt untergebracht werden. Deine Zelthochzeit ist also superaufwändig und wird meist noch obendrauf teurer sein als die feststehende Location.

Dein Benefit und deine Belohnung? Die Einzigartigkeit deiner Hochzeit.

Herzlichen Glückwunsch, du hast JA gesagt.

Heiraten in Deutschland

Du möchtest in Deutschland heiraten, findest jedoch das hiesige Standesamt im Rathaus einfach zu bürokratisch, so hast du allerlei Möglichkeiten auszuweichen, in deiner Stadt genauso wie in ganz Deutschland.

Standesamtliche Burgen- und Schlosshochzeiten sind mittlerweile schon fast gang und gäbe und in so gut wie allen Orten machbar. Auch Hochzeiten im Zoo werden vielerorts standesamtlich angeboten. In Grotten, auf Bergen oder in Bergwerken zu heiraten ist noch ziemlich neu und unbekannt, könnte jedoch gerade für Individualisten genau das Richtige sein. Warum in die Ferne schweifen, wenn die *Feengrotte* so nah liegt?

Suchst du nach einem besonderen Ort für deine Trauzeremonie, sind deiner Fantasie keine Grenzen gesetzt. Bei freien Trauungen kannst du praktisch überall heiraten. Wohingegen du beim Standesamt an die standesamtlich vorgegebenen Traulocations gebunden bist. Hier hat jede Stadt verschiedene Locations im Angebot, an denen euch ein Standesbeamter trauen darf. Leider darf ein Standesbeamter in Deutschland nicht überall trauen, sondern ist an diese Locations gebunden. Eine freie Trauung hingegen kannst du überall durchführen.

Du findest viele großartige und spezielle Orte zum Heiraten, wenn du im Internet recherchierst. Falls du also deinen perfekten und individuellen Ort zum Heiraten mit Rechtsverbindlichkeit gefunden hast, denke um die Ecke und sei offen auch für die Schwierigkeiten des Ortes, denn wenn du diese kennst, wirst du Lösungen finden.

- Sogar eine Flugzeughochzeit ist vereinzelt rechtlich und standesamtlich möglich, wenn das Flugzeug sich in diesem Fall über dem jeweiligen Ort befindet, also noch im *Ort* ist und durch luftige Höhe schwebt. Hier kommt es aber immer auf Ort und Standesamt an.

- Heiraten unter Wasser, das ist in einigen Seen und auch in Aquarien möglich. Aber Achtung, die Ringe! Befestige sie sicherheitshalber an einer dünnen Schnur am Ringkissen und führe sie so zu den Fingern. Ein wasserfester Stift ist noch nötig und ein Tauchschein.

- Heiraten im Heißluftballon: Hier sollten Sonnencreme und eventuell Reisetabletten nicht fehlen. Ebenso sind flache Schuhe (langes Stehen) angebracht.

- Auf dem Berg: Eventuell brauchst du Wanderschuhe, berücksichtige auch, dass du voraussichtlich keinen Handyempfang hast. Nutze dafür die Kraft der Natur und veranstalte ein zauberhaftes Picknick anstelle eines Restaurantbesuches.

- Die romantische Tropfstein-Höhle: Unbedingt vorher mit dem Fotografen die Höhle besichtigen, die Gegebenheiten der Belichtung sind hier besonders zu beachten.

- Das Fußballstadion: Beliebt bei eingefleischten Fußballfans. Denke daran, dass High Heels im Gras versinken. Entscheide dich daher für breite Absätze oder sogar flache Schuhe, wenn die Hochzeit mitten im Stadion stattfinden soll. Weise auch deine weiblichen Gäste darauf hin.

- Hochzeit am Strand: Wird meist sogar von den Tourismusbüros kostenlos organisiert, da städtisch. Nachteil: superschnell ausgebucht und meist stehen pro Woche nur drei bis vier Termine, oft nur unter der Woche, zur Verfügung. Idee: hier kannst du barfuß heiraten.

Im Ausland heiraten

Ich habe im Keller standesamtlich geheiratet!
Oh mein Gott! Hat sie nicht!
Hat sie doch!

Und zwar ganz alleine, ohne Prunkgefolge und großer Gesellschaft, mit zwei *fremden* Trauzeugen, denn die waren damals noch Pflicht in dem Land, in dem ich geheiratet habe.

In einem Keller, der unter einem Museum Platz fand. Ein Museum, durch das wir eine Besichtigung machten, persönlich geführt nach der Trauung, um anschließend im gleichen Kellerraum wieder Platz zu nehmen zu einem Zwei-Personen-Candlelight-Dinner. Mit unseren Lieblingsspeisen. Gekocht von der Köchin, die vorher eine unserer Trauzeugen war. Du siehst: alles war unkonventionell und vor allem anders.

Meist denkst man, wenn man die Hochzeit im Ausland vor Augen hat, an die Trauung am Strand, barfuß, mit Meeresrauschen. Es wäre jedoch fatal, all die anderen wundervollen Möglichkeiten, die sich dir bieten und nicht schon irgendwie *abgedroschen* klingen, auszuschließen. Eine Hochzeit auf der Zugspitze, am Wasserfall von Iguazu (Brasilien), im Leuchtturm in Cornwall oder am Fuße des Strombolis. Oder eben, wie in meinem Fall, im Mozarthaus in Wien.

In diesem bedeutungsschwangeren Raum zu heiraten und dies als dein Highlight anzusehen, auch wenn die Sonnenstrahlen deinen Nacken nicht kitzeln, das geht, wenn du einen persönlichen Bezug hast. In meinem Fall war das die Liebe zu meinem Ex-Mann, der Musiker ist, und meine Liebe zu Österreich. Monate später haben wir noch *unsere große Hochzeit* gefeiert, besiegelt mit einer freien Trauung. Die standesamtliche Trauung, also die vor Amt und Würden *richtige Hochzeit*, diese jedoch wollte ich gerne für uns haben.

Die Beweggründe im Ausland zu heiraten sind vielseitig. Mal ist es der besondere Bezug zu einem Land (deine Herkunft oder die deines Partners). Mal die Vorstellung davon, auf jeden Fall bestes Wetter zu haben. Mal eine außergewöhnliche Location, zum Beispiel mit Blick auf die Gletscher von Nepal. Und ein anderes Mal eine außergewöhnliche Trauzeremonie, das kann der freie Fall ins Eheglück sein, wie beim Bungeejumping, das kann die Trauung unter Wasser (mit dem Hintergedanken *in allen Lebenslagen - JA*) sein oder auch das Heiraten in der Luft (mit dem Hintergedanken *auf Wolke Sieben schweben*).

Möchtest du auf einem Kreuzfahrtschiff heiraten, so heiratest du nach *maltesischem Recht*. Hier ist der Vorteil, dass deine Eheschließung in Deutschland rechtlich anerkannt wird.

Hast du den Wunsch, im Ausland zu heiraten, empfiehlt sich eine Agentur für Hochzeiten im Ausland oder eine darauf spezialisierte Reiseagentur. Letztere kannst du nutzen, wenn die Hochzeit *von der Stange* sein darf. Die Hochzeitspakete, die hier bereits *vorgeschnürt* sind, beinhalten alles, was wichtig ist. Da dieses Paket gut recherchiert ist, können dir die Reisebüros alles Nötige erklären, wenn das nicht schon im Prospekt groß und breit beschrieben ist.

Eine Hochzeitsagentur nutzt du, wenn du im Ausland irgendwo heiraten möchtest, was touristisch nicht so heiratsmäßig erschlossen ist. Bestenfalls suchst du eine Agentur direkt in deinem bevorzugten Land. Ideal ist es, wenn diese Agentur deine Muttersprache gut spricht.

Möchtest du einfach nur in einem anderen Land standesamtlich heiraten ohne ein besonderes Rahmenprogramm, so ist es relativ einfach und du brauchst keine Agentur. Denn dann reicht auch schon der Kontakt zum Standesamt und vielleicht noch der Anruf bei einem Restaurant, um dies nach deiner Hochzeit zu besuchen und dir einen Platz zu reservieren.

Deine Hochzeit im Ausland wird in Deutschland rechtskräftig, wenn du mit deinen standesamtlichen Dokumenten aus dem Ausland zum

Standesamt in deiner Heimatstadt gehst und die Dokumente dort staatlich anerkennen lässt. Während es von Land zu Land noch einige Unterschiede gibt, die es zu beachten gibt, gilt dies immer! In Deutschland bist du nur verheiratet, wenn deine Dokumente hier anerkannt wurden.

Lebst du als Deutsche nicht in Deutschland, möchtest deine Hochzeit aber trotzdem anerkannt wissen, zum Beispiel auch für steuerliche Vorteile, das Klinikrecht oder die Erbfolge, ist das Standesamt in Berlin für die Anerkennung deiner Hochzeit zuständig. In Deutschland musst du dann anhand einer im Ausland ausgestellten Legalisation oder Apostille deine Hochzeit nachweisen. Diese Überbeglaubigung ist in Deutschland Pflicht, ohne diese wird deine Heirat nicht erkannt werden.

Planung ist hier so wichtig! Schon die Formalitäten zu bedenken und zu bearbeiten im Fall der Auslandshochzeit verschlingt einiges an Aufwand und Zeit. Dafür ist meist das Drumherum durch ein *all in*-Paket schnell gebucht, und Schwups, der rote Faden auf einmal nicht so wichtig. Den wird deine Familie im Ausland auch gar nicht wirklich vermissen.

Was musst du beachten?

Bei deiner Hochzeit ist und bleibt das Internet eine Möglichkeit zur Erstinformation, allerdings ist diese Quelle nicht ausreichend, um Besonderheiten, Neuerungen und Anforderungen der verschiedenen Länder als Instrument zur perfekten Planung zu nutzen.

Folgende Unterlagen werden zur Anmeldung deiner Hochzeit im Ausland stets benötigt:

- Reisepass
- Abstammungsurkunde (Geburtsurkunde)
- Ehefähigkeitszeugnis, evtl. sogar Bescheinigung des deutschen Konsulats
- Evtl. Ehevertrag (meist in islamischen Staaten)
- Evtl. notariell beglaubigte Zustimmung der Eltern, wenn ein Partner nicht volljährig (in manchen Ländern unter 21 Jahren) ist
- Evtl. internationaler Auszug aus dem Einwohnermeldeamt
- Evtl. Scheidungs- bzw. Sterbeurkunde ehemaliger Ehepartner
- Manche Länder schreiben Trauzeugen vor
- Hinzu kommen dann noch die von Land zu Land unterschiedlichen weiteren Unterlagen, meist sogar in doppelter beglaubigter Ausführungen und nicht selten übersetzt in die Landessprache. Hier braucht es dann oft sogar einen staatlich vereidigten Dolmetscher.

Eine spontane Hochzeit im Ausland, auch in Las Vegas ist selten bis teilweise sogar ganz ausgeschlossen. Das gilt übrigens auch für Las Vegas, von dem wir alle glauben, dass wir da mal eben ganz spontan heiraten könnten. Auch in Las Vegas musst du, soll deine Hochzeit rechtskräftig sein, viele Dokumente vorlegen, beantragen oder zur Verfügung stellen.

Die genauen Angaben, was benötigt wird und woran im jeweiligen Land zu denken ist, erfragst du entweder bei einer Agentur, bestenfalls jedoch beim Konsulat.

Sollten du oder dein Partner im bevorzugten Hochzeitsland staatsmännisch – also geboren sein – so achte auf das gültige Recht. Auch wenn du die Heirat in Deutschland anerkennen lässt und dort auch künftig leben wirst, so kann es doch passieren, dass das Recht des Landes, in dem du geheiratet hast, zum Tragen kommt. Das hat sehr wohl formelle Gründe, betrifft jedoch auch zum Beispiel den Güterstand. Besonders wichtig ist es, dass du dich über das anzuwendende Recht informierst, wenn du in einem Land heiratest, das sich in seiner Kultur vollständig von den Vorstellungen Deutschlands in Bezug auf die Rolle und Stellung der Frau unterscheidet. Spezialisierte Anwälte und das Konsulat können hier Auskunft geben und Aufklärungsarbeit leisten.

Das Kleid!

Aus eigener, bitterer Erfahrung gesprochen, transportiere das Kleid nicht im Flugzeug in den oberen Ablageflächen!

Irgendwer wird kommen und mit Fleiß seinen kantigen Koffer vor, auf und gegen dein Kleid stemmen, genau so erlebt und mit Schmerzen dabei zu gesehen, weil kein Schrank der Crew mehr frei war, um das Kleid dort aufzuhängen. Natürlich war es im Staubbeutel, welcher aber total nutzlos war in diesem Fall.

Melde dein Kleid vorher an, informiere die Fluggesellschaft und bitte um Hilfe zu einer Lösung. Dir wird gerne geholfen, dein Kleid sicher am Ziel entgegen nehmen zu können.

Manche Hotels haben auch einen Aufbügelservice, welchen du in Anspruch nehmen kannst. Hier kommt es jedoch auf dein Kleid und die Möglichkeiten vor Ort an.

Schöne Traurituale

Das besondere JA!

Mit einem Ritual personalisierst du deine Hochzeit, dies ist besonders bei freien Trauungen, bei denen du deine Zeremonie ganz nach deinen eigenen Vorstellungen gestalten kannst, ein schöner Bestandteil. Du kannst dir ein eigenes Ritual überlegen, was vielleicht sogar etwas mit eurer Paargeschichte zu tun hat, oder aber du nutzt Rituale, die teilweise auf jahrhundertealten Traditionen beruhen oder aus anderen Kulturen und Ländern kommen.

Ringritual

Dein Ringträger führt im Vorfeld ein Satinband durch die Sitzreihen. Die Ringe werden auf das Band gefädelt und so von Gast zu Gast zum Brautpaar weitergegeben. Jeder Gast schenkt in dem Moment, in dem er den Ring in der Hand hält, dem Paar in Stille seine Wünsche. Der letzte Gast überreicht die *gesegneten* Ringe an das Paar.

Sandritual

Das Sandritual ist eine schöne Metapher für die Vereinigung des Brautpaares. Sand in zwei verschiedenen Farben wird bereitgestellt in zwei verschiedenen Gefäßen. Braut und Bräutigam lassen *ihren* Sand nun abwechselnd in ein drittes, großes Gefäß rieseln. So wie der unterschiedlich farbige Sand ineinanderfließt, so wird auch das Paar bzw. die Familie untrennbar miteinander verbunden sein.

Steine

Die Gäste haben im Laufe der Feierlichkeit die Möglichkeit auf schöne Steine mit Permanent-Markern ihre Wünsche zu schreiben. So werden die Wünsche für die Ewigkeit auf dem Stein festgehalten. Die Steine sind zudem eine schöne Erinnerung und eignen sich als Dekoration bei der Feier aber auch später im Zuhause des Paares. Als Alternative zu den Steinen können auch andere beschreibbare Gegenstände (Holzplättchen, Muscheln) verwendet werden.

Kerzenritual

Bei der Lichtzeremonie entzündet das Paar gemeinsam eine Kerze. Alle Gäste haben ebenfalls kleine Kerzen. Das Licht der Brautpaarkerze wird nun an die Gäste weitergeben, diese entzünden ihre Kerzen damit. Diese Zeremonie ist in der Abenddämmerung oder natürlich nachts besonders schön und wirkungsvoll.

Als Alternative kann das Paar auch ein Feuer in einer Feuerschale entzünden. Der Rauch des Feuers und das Knistern sorgt für eine emotionale Stimmung und mystische Atmosphäre.

Einen Baum pflanzen

Wenn es die Gegebenheiten zulassen (z.#B. Trauung im eigenen Garten), kann das Paar im Rahmen der Zeremonie gemeinsam einen Baum pflanzen. Jeder Baum hat außerdem eine ganz bestimmte Bedeutung. Hier kannst du z.#B. im Internet googeln (suche nach *Hochzeitsbaum Bedeutung*), an welchem Datum ihr heiratet und welcher Baum hierzu passt und mit welcher Bedeutung verknüpft ist. Der Olivenbaum steht z.#B. für die lebenslange Treue. Der Haselnussbaum für Weisheit und Wahrheit. Wenn die Eltern des Paares einen Garten haben, können sie aus ihrem Garten einen kleinen Eimer Erde mitbringen. Diese beiden Erden werden dem Paar überreicht und vom Paar in einen großen Topf geschüttet. Dies symbolisiert, ähnlich wie bei der Sandzeremonie, die Vereinigung zweier Familien. Dann wird der Baum gepflanzt und mit einer Gießkanne (auf der z.#B. LIEBE steht) gegossen. Let love grow!

Zusätzlich dazu können die Gäste ihre Wünsche an das Paar auf kleinen Zetteln mit bunten Schnüren an das Bäumchen hängen.

Handabdruck in Grundstein

Plant das Paar, ein Haus zu bauen, ist dieses Ritual passend. In eine Lehmplatte (oder Gips- oder Modellierset) drückt das Paar seine Hände und formt so seine Handabdrücke. Wenn schon Nachwuchs da ist, können auch die Kinder ihre Hände hier verewigen. Es kann hier auch noch der neue Familienname oder das Hochzeitsdatum hinzugefügt werden. Nach dem Trocknen kann dieses Erinnerungsstück auf dem eigenen Grundstück verbaut oder angebracht werden.

Süßes oder Saures

Das Versprechen, sich sowohl in guten als auch in schlechten Zeiten bedingungslos zu unterstützen, symbolisiert dieses Ritual. Das Paar füttert sich gegenseitig mit etwas Süßem (gute Zeiten) und etwas Salzigem oder Saurem (schlechte Zeiten).

Bunter Schutzkreis

Ein schönes Ritual, was besonders geeignet ist, findet die Trauung im Garten oder einem Waldstück statt, ist der Schutzkreis. Hier wird um das Paar ein Kreis aus Kräutern und Blumen gestreut, wobei jede Kräuter- und Blütenart für einen besonderen Wunsch für das Brautpaar steht.

Das perfekte Gelübde

Eine der schönsten Traditionen

Wie ich dich liebe

Wie ich dich liebe? Lass mich erzählen, wie.
Ich liebe dich so tief, so hoch, so weit,
als meine Seele blindlings reicht, wenn sie
ihr Dasein abfühlt und die Ewigkeit.

Ich liebe dich bis zu dem stillsten Stand,
den jeder Tag erreicht im Lampenschein.
Oder in Sonne. Frei, im Recht, und rein
wie jene, die vom Ruhm sich abgewandt.

Mit aller Leidenschaft der Leidenszeit
und mit der Kindheit Kraft, die fort war, seit
ich meine Heiligen nicht mehr geliebt.

Mit allem Lächeln, aller Tränennot
und allem Atem. Und wenn Gott es gibt,
will ich dich besser lieben nach dem Tod.

– Elisabeth Barrett Browning

Das ist mein Lieblingsgedicht. Alles, was die große Liebe ausmacht, ist in wenigen prägnanten Worten ausgedrückt. Nicht überromantisiert und nicht kitschig, sondern ehrlich und vielfach sogar ein bisschen bedrückend, so wie Liebe eben auch ist. ECHT! In allererster Linie echt.

Eine der schönsten Traditionen, die sehr jung ist und zunehmend an Bedeutung gewinnt, ist das gegenseitige Gelübde. Sich direkt vor dem *Ja* zu sagen, welche Gefühle in dir aufsteigen, dass du gerade diesen Menschen aus etwa 8 Milliarden Menschen auf der gesamten Welt als deinen Partner gewählt hast und dir vorstellen kannst, dein ganzes Leben mit ihm zu verbringen, ist eine Bereicherung für euer Zusammensein.

Dieser Moment, wenn du deinen Lieblingsmenschen anschaust und zu ihm sprichst, ist nicht nur für euch der emotionalste Moment. Eure hingebungsvolle, allumfassende, auch mal schmerzende, sich immer wieder neu verbindende, einfache und schwierige Liebe, diese wird mit eurem Gelübde zu euren Worten. Worte, die zu Gefühlen

Foto: Phil Stev

werden, und Gefühle, die zu Emotionen werden. Zu Emotionen, die bleiben. Das berührt. Nicht nur euch, sondern eben auch eure Gäste. Du kreierst diesen Moment, diesen einen Augenblick, der uns im Film und im echten Leben berührt und die Taschentücher zücken lässt.

Die Worte, das Gedicht, die Strophe eines Songs: Das, was du wählst, muss vorher geplant sein. Bitte empfinde dein Gelübde deshalb nicht als einstudiertes Schauspiel. Natürlich inszenierst du diesen Moment. Das macht den Augenblick jedoch nicht weniger kostbar! Ganz im Gegenteil, du gibst dir Mühe, du hast ein Ziel und du tust alles dafür, um mit deinen Worten nicht nur ein Herz zu berühren.

In die Tiefe

Du hast bereits gemerkt, dass dieses Buch kein 08/15-Ratgeber ist, du bekommst hier die Motivation in allen Kapiteln, die ich für dich schreibe, dein individuelles Ich als Gastgeber zu entdecken. Es liegt nicht nur für mich nah, sondern es ist für mich ein Muss, dir viel über meine Erlebnisse zu erzählen, über Eindrücke, die ich bei Gästen der verschiedensten Veranstaltungen einfangen durfte und auch über mich selbst. Was hat mich bewegt, was bringt mich zum Verzweifeln und was pusht mich zum Sterne-Ergreifen? Wir gehen mit jedem Kapitel tief und werden sehr persönlich – bei diesem Kapitel bitte ich dich sogar, noch ein Stück weiterzugehen.

Alles ist erlaubt, um deine Emotionen heraus zu kitzeln oder im eventuell falschen Moment zumindest teilweise zu unterdrücken. Klingt furchtbar, Gefühle und Emotionen zu unterdrücken? Der Zweck heiligt hier die Mittel. Allerdings finde ich auch, dass nicht von *unterdrücken* sondern allenfalls von *verwalten* deiner Gefühle die Rede sein kann.

Bei einer von mir betreuten wirklich großen Hochzeit (eine russisch-deutsche Hochzeit, es muss etwa im Jahr 2011 gewesen sein), konnte die Braut ihr Gelübde nicht sprechen. Sie konnte einfach nicht. Schon beim ersten Wort kamen ihr – selbst in der Probe – und in der nächsten, und der nächsten, und der nächsten – immer wieder die Tränen. Tränen, die in Geschluchze ausarteten und zu Schnappatmung führten. Es war so dramatisch, dass nicht nur jedes aufwendige Make-Up dahin war, sondern ihre Augen blutrot anliefen und die Äderchen rund ums Augen (dunkel-)blau schimmerten. Die Ärmste würde diesen Moment, geschweige denn eine ganze Hochzeitsparty gar nicht überstehen können, von Erinnerungsbildern möchte ich gar nicht erst sprechen. Das von uns liebevoll gestaltete Gelübde drohte, nie ganz gesprochen zu werden.

Ich habe damals im (noch sehr eingeschränkten) Internet nach Ideen gesucht, dieses Problem irgendwie lösen zu können. *Ablesen* oder *den Partner nicht anschauen* – das waren für mich keine befriedigenden Lösungen. Wenn es bereits bei den Proben zu einer solch heftigen Reaktion kam, würde es bei der Hochzeit selbst sicherlich noch weiter *ausarten*.

Nun, ich fand nichts. Was mich natürlich wurmte. Aber es nutzte ja alles nichts, irgendwann musste auch ich abschalten, was bei mir besonders gut mit *Grey's Anatomy* funktioniert. Die Folge, die ich schaute, war eine Folge, die stark die Psyche von Patienten beschrieb. Eine Patientin hatte ihr Bein verloren, die Patientin war jedoch nicht einfach nur eine Patientin, sondern eine Ärztin, eine der damaligen Hauptdarstellerinnen (Arizona). Die Zuschauer, so wie ich ebenfalls, haben entsprechend bereits eine Verbindung zu ihr aufgebaut, fiebern, leiden und hoffen mit. In dieser Folge krümmte sich Arizona vor Jucken an ihrem Bein, ein Jucken am abgenommenen Bein, unterhalb der Abnahme. Also genau da, wo kein Bein mehr war, also da, wo du gar nicht kratzen kannst, um das Jucken zumindest teilweise abzustellen. Die sogenannten Phantomschmerzen, die auch ein Jucken sein können. Ich lernte, dass das Gehirn dieses Jucken vorgaukelt und Nerven diese Reize weiterleiten, weil da eben 20, 30 oder 40 Jahre lang ein Bein war.

Du musst deinem Gehirn also ebenfalls etwas *vorgaukeln*, die Lösung war so einfach wie genial. Während Arizona sichtlich verzweifelte und ihre Partnerin Calaiope ohnmächtig vor Hilflosigkeit schien und irgendwie helfen wollte, sah Calaiope zu einem länglichen Spiegel an der Wand, nahm diesen von der Wand und legte ihn hochkant längs neben das gesunde Bein. Arizonas Gehirn verarbeitete diese Information als „Ah, da ist ja das Bein, was juckt" und Arizona kratze sich am gesunden Bein, schaute sich dabei spiegelverkehrt zu und war erlöst.

Ich ging ins Bett und las noch in dem sehr aussagekräftigen Buch „Wie die Dinge sind" von Lama Ole Nydahl. In dem Buch geht es darum, dass Geschehnisse niemals schlecht oder gut sind – nur unsere Betrachtung macht sie zu etwas Gutem oder Schlechten. Eine Emotion ist Energie. Und Energie ist immer neutral. Wenn du zusehen kannst, wie diese Emotion kommt und geht und du dein Gefühl von *oben herab* wie ein Zuschauer betrachtest, so gewinnst du Abstand. Du kannst dann statt *doof* lediglich *interessant* finden, was ein Gefühl in dir bewirken kann: „Ach, jetzt ist das passiert, darum bekomme ich dieses Gefühl und das löst Folgendes in mir aus..." Mache dir also bewusst, dass die Situation schon lange besteht, schon bevor du davon erfahren hast. Die Realität hat sich also nicht geändert, das Gefühl war vorher nicht da und wird auch später nicht mehr da sein. Besonders gut kannst du lernen, Geschehnisse *nüchtern* zu betrachten, wenn du das Meditieren lernst. Mantren in einer Meditation zu sprechen, hilft den Gedanken, nicht abzuschweifen, um zum Beispiel an die Bügelwäsche zu denken.

Mit diesen weisen Worten, Gedanken und Ideen bin ich dann eingeschlafen. Irgendwann im Laufe des nächsten Tags hat sich dann eine Idee entwickelt. Eine Idee für das Vortragen des Gelübdes der Braut. Eine Idee, für die ich ärztliche, religiöse und psychologische Hilfe brauchte. Denn eins war mir klar: Das Gehirn der Braut mit nur einem Trick überlisten zu wollen, das würden wir nicht schaffen.

Wir erarbeiteten also ein ganzes Konzept. Der Arzt erklärte mir, wie der Körper auf die unterschiedlichsten Reize reagiert. Die Psychologin erklärte mir, warum manche Emotionen so *überkochen*. Und die Buddhisten erklärten mir, warum ein monotones Mantra helfen kann.

Die Hochzeit war noch etwa zwei Monate entfernt. Die Braut begann direkt, das Konzept umzusetzen: Sie meditierte und sagte dabei ihr Mantra, das ich von den Buddhisten erklärt bekommen habe – *om mani padmé hum* – immer und immer wieder auf. Es ist ein sehr beruhigendes Mantra, dessen Bedeutung, so finde ich, geradezu prädestiniert ist, um in eine Hochzeitsvorbereitung einbezogen zu werden.

Erklärung zum Mantra mit reinigender Wirkung

Indem du das Mantra om mani padmé hum sagst oder singst, wirst du von den fünf Giften des Geistes befreit. Es wird von diesem Mantra gesagt, dass das Wahrnehmen die gleiche reinigende Wirkung hat wie das Aussprechen. Jede Silbe und jeder Klang haben eine reinigende Wirkung:

OM *befreit dich vom Stolz*

MA *befreit dich von Eifersucht und Selbstgefälligkeit*

NI *befreit dich von Leidenschaft und Begierden*

PAD *befreit dich von Dummheit und Vorurteilen*

ME *befreit dich von Besitzgier*

HUM *befreit dich von Aggression und Hass*

Die Psychologin erklärte mir, dass die Braut ihr Gelübde wie einen Weg sehen soll, den sie abgeht. Dadurch werden Worte mit Bildern verknüpft und nicht mit Emotionen. Wir malten dafür einen Gehweg, mit etlichen Blumen, wunderschönen Bäumen und vielen Steinen am Wegesrand. Die verschiedenen Abschnitte des Gelübdes setzten wir mal neben einen Baum, mal neben einen großen Stein und mal neben den Regenbogen am Rand des Blattes. Wir arbeiteten richtig handwerklich an diesem Bild und gingen eine ähnliche Strecke im Stadtpark ab, wie überlegten uns, welcher Stein zu dem Teil des Gelübdes passen würde und welcher Baum zum nächsten. Wir holten das Gelöbnis also aus seiner *besonderen Tragweite und Bedeutung* heraus, so dass der Kopf glaubte: Alles klar, easy, alltägliche Situation, Spazierengehen und Gelübde sagen – das schaffe ich! Hier ist keine Gefühlsduselei angebracht.

Der Arzt erklärte mir, dass Emotionen sofort *weg* sind, sobald der Körper Schmerz empfindet. Dann ist das Gehirn nämlich abgelenkt und in seinem Fokus steht *SOS! Eine Verletzung!* Schmerz erzeugen, Schmerz lokalisieren, Schmerz heilen, Schmerz abstellen, das wäre also auch eine Möglichkeit, aber die schwierigste Umsetzung. Nach etlichen Fehlversuchen wie *auf die Lippe beißen*, *sich selbst auf den Fuß treten* oder *Fingernagel in die Haut drücken* gingen wir dazu über, den Schmerz mit in das Bild einzubauen. Ich habe die Braut dafür ihre Füße nur wenige Sekunden in Eiswasser stecken lassen. Und Freunde, das tut so weh! Wir haben dann einen kleinen Eiswürfel-See auf das vorhandene Bild gemalt. Dieses Bild hat sich die Braut dann stets angeschaut, wenn sie ihre Füße in dem eisigen Wasser badete. Auch hier konnten wir eine Verbindung *Bild – Gehirn* schnell herstellen.

Nach etwa einem Monat harter Arbeit wollten wir einen Schritt weiter gehen. Wir bauten also einen Tisch auf, schmückten diesen mit Blumen und ließen ihre ausgewählte Musik laufen, die erklingen sollte, wenn sie zum Bräutigam schritt.

Unsere Arbeit hatte sich gelohnt, die Braut konnte gelassen, gefasst und trotzdem emotional ergreifend ihre Worte sprechen.

Einen ganzen Monat später, am Tag ihrer Hochzeit, hatten wir unser Training so weit verfeinert, dass sie ihre Emotionen gesteuert einsetzen konnte, ohne dass ihr ein Heulkrampf den Tag vermiest hätte. In der Erinnerung der Gäste und auch in der Erinnerung des Bräutigams – aber vor allem in der Erinnerung der Braut, wird dies als perfekter Moment verankert und nicht als mühsame Vorbereitung.

Du siehst, du darfst für deine Rede üben. Du darfst deine Gefühle bewusst einsetzten und so einen perfekten Moment initiieren. Wie ein Regisseur schreibst du nicht nur das Gelübde, sondern das ganze *Set*: Das, was du auslösen möchtest und das, woran du dich erinnern willst. Und zwar alles genau so, wie dein perfekter Augenblick aussehen soll.

Du siehst an meiner *Grey's Anatomy*-und-*Buch-Inspiration*: Dich kann alles auf die richtige Fährte bringen. Das kann ein romantischer Film sein, jedoch auch euer erster gemeinsamer Urlaub, eine Folge *Emily Erdbeer* ebenso wie die Stille in deinem Haus, wenn sie oder er nicht da ist.

Inspirationen für dein Gelübde

Ich möchte das Kapitel nicht schließen, ohne dir ein paar Beispiele zu geben.

Bruno Mars: *Just the way you are*

In einer Zeile heißt es: *„Wenn du lächelst, hält die ganze Welt für einen Moment an, nur um dich anzuschauen."*

Ist das nicht wunderschön? Hier kannst du aufbauen und ändern und deine Worte nutzen. Deine Erinnerung an das erste Treffen, den ersten Kuss, einen Augenblick, der für dich besonders war. Es muss *nichts besonders* für andere sein, z. B.: *„Du machst meinen Alltag besonders, wie du die Tassen spülst oder die Katze kämmst, denn wenn ich dir dabei zusehe, ist das mein Moment von Glück."*

Mache dir Gedanken, warum du sie/ihn liebst und sage genau das nicht .

„Ich möchte dir sagen, dass ich die Art mag, wie du meine Sätze beendest, wie du lachst und wie du einen Apfel schälst, doch genau das möchte ich dir nicht sagen, weil ich die liebe, auch wenn du irgendwann beschließt, den Apfel anders zu schälen, meine Sätze nicht mehr beendest oder nicht mehr lachen kannst, weil du traurig bist. Ich liebe dich, weil ich dich liebe, aus meiner tiefsten Seele in die deine."

Inspiration für diese Worte ist dieses Gedicht der englischen Dichterin Elisabeth Barrett Browning gewesen:

Wenn du mich lieben musst

Wenn du mich lieben musst, so soll es nur
der Liebe wegen sein. Sag nicht im Stillen:
„Ich liebe sie um ihres Lächelns willen,
für ihren Blick, ihr Mildsein, für die Spur,

die ihres Denkens leichter Griff in mir
zurücklässt, solche Tage zu umrändern". –
Denn diese Dinge wechseln leicht in dir,
Geliebter, wenn sie nicht sich selbst verändern.

Wer also näht, der weiß auch, wie man trennt.
Leg auch dein Mitleid nicht zu Grund, womit
du meine Wangen trocknest; wer den Schritt

aus deinem Trost heraus nicht tut, verkennt
die Tränen schließlich und verliert mit ihnen
der Liebe Ewigkeit: ihr sollst du dienen.

– Elisabeth Barrett Browing

Nutze ein Gedicht und schenke es deinem geliebten Menschen: „Das ist meine Lieblingsgedicht, heute möchte ich es dir schenken."

Freudvoll
Und leidvoll.
Gedankenvoll sein,
Langen und bangen
In schwebender Pein;
Himmelhochjauchzend,
Zu Tode betrübt –
Glücklich allein
Ist die Seele, die liebt.

– Johann Wolfgang von Goethe

Ergänze z. B.: *Dankbar, dass meine Seele, die deine liebt.*

Du kannst (und solltest sowieso!) ehrlich sein und sagen: *„Ich saß an meinem Gelübde für dich, Stunde für Stunde und Tag für Tag und jedes Wort, was ich fand, verblich, wenn ich damit dich beschreiben wollte. Es war mir nicht gut genug, um dir mit diesem Wort, das Wort an Wort gereiht ein ganzer Satz werden sollte, zu sagen ‚ich liebe dich'. Sogar diese Worte erscheinen mir für unsere Verbindung zu wenig. Darum verzeih mir, wenn ich unser Sein nicht in Worte zwängen möchte, sondern dich einfach nur ehrlich, beständig und schützend lieben will."*

> ***Tipp:*** Wenn du deine Gelübde schreibst und es fehlt eine Aufwertung des geschriebenen Textes, dann suche einfach mal online nach Synonymen. So kann dann aus einem *toll* schnell ein *beeindruckend* oder *adelst* werden: *Du siehst toll aus in diesem Kleid* oder *Du adelst dieses Kleid.*

Deine Gäste

Wer darf und wer *muss* dabei sein?

Ganz zu Beginn deiner Planung steht die Überlegung, wie viele Gäste du einladen wirst, denn alles weitere richtet sich nach dieser Berechnung: Die Location, die Menüauswahl und letztlich auch das Budget, das du pro Person zur Verfügung haben wirst und kannst.

Beginnen wir direkt mit dem Thema, welches bei vielen Paaren als erstes auftaucht: Was ist mit den eher *ungeliebten Verwandten*, die keiner so richtig leiden mag, die jedoch zu einer Familienfeier (was eine Hochzeit definitiv ist) *anstandshalber* eingeladen werden müssen?

Hier hast du vielerlei Möglichkeiten. Zunächst *musst* du niemanden einladen. Es ist deine Feier, dein Geld, deine Gästeliste. Dich kann niemand zu einer Einladung zwingen. Dies führt dann voraussichtlich zu Konflikten innerhalb deiner Familie, bitte wäge ab, was für dich die stressfreiere Situation. Ist es dir wert, das ein oder andere klärende Gespräch zu führen oder die eine oder andere *eingeschnappte* Tante in Kauf zu nehmen? Oder ist es dir lieber, an deinem besonderen Tag einfach *drüber wegzusehen*?

Wichtig für den weiteren Verlauf der Planung und auch der Party selbst ist, dass du weißt, DU hast dich dazu entschieden, den- oder diejenige nicht einzuladen oder eben doch einzuladen. Dieser Druck ist dann *weg*. Es war keine Fremdentscheidung, der du dich beugen musst, sondern eine nüchterne Abwägung der Vor- und Nachteile.

Hast du dich entschieden, den ungeliebten Verwandten nicht einzuladen, hast du wiederum einige Möglichkeiten, um dein *Warum* zu erklären.

- **Du erklärst es einfach nicht!** Deine Party, dein Geld, deine Gästeliste. Mach es wie die Queen, deren Motto ja auch ist: Don´t complain. Don´t explain. Beschwer dich nicht und erklär dich nicht.

- **Du sagst die Wahrheit.** Wir haben nicht so ein gutes Verhältnis miteinander, ich verstehe deine Ansichten nicht, ich habe mich sehr bewusst für die Personen entschieden, die dabei sind und du gehörst nicht dazu. Sorry.

- **Du nutzt eine gesellschaftliche Lüge.** Was ist denn das? Eine gesellschaftliche Lüge kann auch als Höflichkeitslüge betitelt werden und zieht sich durch alle gesellschaftlichen Kulturen und Schichten. Genau genommen erziehen wir unseren Kindern diese Lügen schon an. Ein Kind höflich, jedoch ehrlich zu erziehen, ist schier unmöglich. Mit dieser Lüge entgehst du der Konfliktsituation und bekommst trotzdem deinen Willen, dass diese Person eben nicht kommt.

Du könntest sagen:

- Das Budget hat uns die Liste zusammenstreichen lassen.
- Ich weiß ja, dass du lange Feierlichkeiten nicht so gerne magst.
- Es war mir wichtig, dass du nicht in den Konflikt mit anderen kommen musst.
- In der Location haben wir nur Platz für 50 Gäste, so dass wir leider nicht jeden einladen können, den wir einladen möchten.

Das sagte übrigens Aristoteles zum Lügen: Der griechische Philosoph Aristoteles (384-322 v.Chr.) unterscheidet bei der Lüge zwischen Aussage und Tat. Dabei ist das Aussprechen einer Lüge weder positiv noch negativ zu bewerten. Vielmehr ist es ein reiner Lernprozess, mit Falschaussagen und Irrtümern umzugehen. Die eigene Logik ist dabei das Werkzeug dafür. Insofern sieht er in Lügen als Aussage eine Kunstform. Sprich: *Lügen ist Kunst!*

Hast du dich entschieden, den ungeliebten Verwandten einzuladen, so kannst du darauf achten, dass dieser möglichst weit von deinem Tisch entfernt sitzt. Ganz ehrlich? Du wirst denjenigen kaum sehen, bist die ganze Zeit vollauf beschäftigt und kümmerst dich natürlich auch stark um deine *echten* Gäste.

Deine Gästeliste führst du am besten dual, einmal als Tabelle digital und einmal handschriftlich. Plane auch Reservegäste ein, die nachrücken, falls eine Familie nicht zusagt, weil zum Beispiel der Abiball der Tochter zeitgleich gefeiert wird. Deine Gästeliste ist in der Anfangsphase vorläufig, wichtig ist, dass sie dir die Größe der zu buchenden Location veranschaulicht.

Deine Hierarchie!

Beginne die Liste nach deiner eigenen Hierarchie mit den Personen, die dir am wichtigsten sind. Generell sind das die Eltern, Geschwister, die Trauzeugen, eventuell Brautjungfern und beste Freunde.

Wer gehört noch auf die Liste? Eine Hochzeit ist eine Familienfeier – darum steht die Verwandtschaft natürlich im Vordergrund. Lade alle ein, die dir wichtig sind. Eine nachvollziehbare Grenze kannst du ohne Bedenken bei zum Beispiel Großcousinen und Großcousins ziehen. Wenn du möchtest, kannst du natürlich auch diese einladen. Die besten Freunde gehören selbstverständlich auf die Liste. Hast du einen großen Freundeskreis, so kann es schwierig sein, alle einzuladen. Jedoch auch nur einen Teil einzuladen könnte Missverständnisse aufwerfen. Du kannst hier einen Polterabend wählen. Dieser ist dann für den großen Freundeskreis gedacht, während zur Hochzeit eben nur die besten Freunde kommen. Sind deinem Budget keine Grenzen gesetzt, lade von deinen Freunden ein, wen immer du möchtest.

Kollegen und Vorgesetzte, Mitarbeiter und Angestellte, der freundliche Lieferant, der stets die Obstkörbe in der Firma auffüllt, Kunden und Geschäftspartner, Vereinsmitglieder – das sind für uns alltägliche Kontakte, mit denen wir oft mehr Zeit verbringen als mit unserer Familie. Trotzdem solltest du diesen *Kreis* nur einladen, wenn auch wirklich ein freundschaftliches und privates Verhältnis besteht. Habt ihr keinerlei gemeinsame Freizeitaktivitäten, so ist eine Einladung zur Hochzeit unpassend und kann die eingeladenen Gäste auch überfordern. War dieser potentielle Gast mal auf einer Geburtstagsfeier oder du auf seiner, so ist das ein Maßstab, mit dem du rechnen kannst. Hier wäre eine Einladung nicht unpassend, jedoch auch nicht zwingend notwendig.

Gäste, die nicht in diese, von mir angegebenen *Schubladen* passen, jedoch nicht vergessen werden dürfen, sind alle die, die dir aus unterschiedlichen Gründen lieb und teuer geworden sind. Das kann die Nachbarin sein, die du schon dein Leben lang kennst, eine Haushälterin, die dich gesittet hat, natürlich auch deine Taufpaten und sogar der Priester, der euch kirchlich getraut hat, genau wie die freie Rednerin.

Und dann gibt es noch eine weitere Kategorie: *Habe ich zwar nix mit zu tun, würde aber die Party bereichern*. Meine Meinung: einladen und zwar gerne plus eins.

Bitte überlege dir, ob du kinderfrei oder eben mit Kindern feiern möchtest, oder nur mit Kindern ab oder bis zu einem gewissen Alter. Kommuniziere beides und bitte um Rückmeldung, ob die Kinder mitkommen und eventuell sogar noch einen Freund mitbringen. Entschließt du dich dazu, die Kinder ebenfalls einzuladen, so empfiehlt es sich, ein Programm für die Kids zu engagieren, bestenfalls buchst du eine professionelle Agentur.

Überlege ob Freunde ihre Partner mitbringen dürfen, ob Singles ein *plus eins* mitbringen dürfen. Für mich ist es ein No-Go zu bestimmen, deine Freundin dürfte nur alleine kommen. Achtung: Lass es nicht ausarten! So mancher Bruder schleppte schon die ganze Clique zur Hochzeit seiner Schwester an. Darum Begleitungen im Blick behalten und rigoros ablehnen bei Bitten wie: „Der Paul ist ganz traurig, weil ich ihm gesagt habe, dass der Stefan mitkommt. Darf ich den Paul darum auch noch mitnehmen?“ Und wer jetzt denkt, das ist eine kindliche Frage gewesen: Nein. Leider nicht.

Was passiert, wenn deine Gästeliste lang, dein Budget jedoch klein ist? Eine schöne Alternative ist der Polterabend. Feiere deine Hochzeit im kleinen Kreis und schmeiß dafür eine tolle Party zum Polterabend. Hier darf es deftig sein, keiner sagt etwas, wenn du aus dem Polterabend gleich eine Mitbringparty machst.

Du kannst etwa mit 7% Absagen rechnen. Um ausreichend Zeit zu haben, um eventuelle Reservegäste einzuladen, setze das Datum zur Rückmeldung frühzeitig, so hast du mehr Spielraum.

Deine variable Gästeliste

Lege zwei Listen an: Eine handschriftliche und eine am PC. Die handschriftliche Liste dient zum schnellen Bearbeiten, Wegstreichen und Hinzufügen. Die Liste auf Tablett und Co. ist die saubere Liste: Hier entfernst du, fügst hinzu, hinterlegst Adressen oder sogar Allergien. Reichst du eine Menüauswahl, so kannst du hier auch die Wünsche eintragen. Deine PC-Liste ist variabel und immer wieder erweiterbar. Du nutzt sie für die Tischordnung. Falls du nummerierte Tische hast, für etwaige Allergien und später für die Danksagungen. Perfekt, wenn du eine Spalte frei lässt für die Geschenke, die du jetzt einfach den Gästen zuordnen kannst.

Haben wir jemanden auf der Liste vergessen? Ja! Bitte plane unbedingt eine Spalte für deine Dienstleister ein. Es ist zu schnell passiert, dass sie bei der Berechnung des Menüs vergessen werden. Fotograf, Musiker, etwaige Showacts, Service etc. – da kommt schon was zusammen.

Falls du bereits das Datum und auch deine Gästeliste fertig gestellt hast, jedoch noch Uhrzeit und Location fragwürdig sind, empfiehlt es sich, etwa ein halbes Jahr im Voraus *Save the Date*-Karten zu senden. Hier kannst du natürlich schon um kurze Rückmeldung bitten um etwaige Reservegäste schneller benachrichtigen zu können.

Hab keine Sorge, wenn du deine Gäste hin und her schiebst und deine Liste eher chaotisch aussieht. Du wirst sehen, mit der Zeit kristallisieren sich deine Gäste heraus und du kommst deinem Ergebnis immer näher.

Deine perfekte Dekoration

Verwandle deine Hochzeitslocation in einen magischen Place-to-say-Yes

Möchtest du nicht ausschließlich mit Blumen dekorieren, sondern willst ganze Szenerien, Landschaften und Kulissen in deine Location zaubern, so ist es eine gute Idee, dich von einer passenden Agentur unterstützen zu lassen.

Du kannst natürlich auch *nur* Hussen und Kerzenleuchter leihen und diese selbst platzieren, du kannst jedoch auch die gesamte Innendekoration von einem Profi übernehmen lassen. (Un-)echte Bäume geschmückt mit vielen Kirschblüten, Federn und Lichter lassen dich und deine Gäste beeindruckt staunen. Ganze Rosenwände sorgen für atemlose Wow-Momente, während der kleine, neu arrangierte Bachlauf mit Seerosen aufwartet.

Dazu passende Platzteller, goldenes Besteck, extravagante Teller, außergewöhnliche Tischdekoration und sogar *clubige* Lounge-Ecken zum Chillen können eingerichtet werden. Alles weitere, was das Herz begehrt, kommt dann ebenfalls aus einer Hand und wird einheitlich umgesetzt.

Dies gilt selbstverständlich nicht nur für deine Location. Auch eine Kirchendekoration, samt Blumenspalier, weißen Bankauflagen und goldene Putten sind machbar. Die freie Trauung mit einem Meer aus weißen Bändern zu verschönern ist ebenso denkbar, wie deine Gäste auf weißen Blumenschaukeln zu platzieren.

Bei der Auswahl deines Dienstleisters zur Dekoration ist die Kreativität des Auftragnehmers das A und O. Dank vieler Bildergalerien im Web und deinem Menschenverstand wirst du problemlos einen kreativen Menschen, der Lust hat, das Besondere für dich umzusetzen, erkennen.

Deine perfekten Giveaways

Schenke deinen Gästen eine Erinnerung zum Mitnehmen

Die Gastgeschenke habe ich in den verschiedenen Infos und ausführlichen Erklärungen der unterschiedlichen Dienstleister teilweise bereits mit eingebracht. Wenn du dich für einen Schnellzeichner entscheidest und das Bild mit deinem Hochzeitsdatum versehen lässt, so ist die schon ein tolles Giveaway. Hast du einen Schokolatier vor Ort, wird dieser traumhafte Pralinen als Giveaway direkt live zaubern.

Foto: Canan Kufer - Cook & Cookies

Möchtest du etwas Nettes vorbereiten, so kannst du sehr gut Marmelade selbst einkochen oder einkochen lassen und diese mit schönem Bändchen und als Giveaway mitgeben. Du kannst jedoch auch aus einer Plätzchenmanufaktur kleine Brautschuh-Kekse machen lassen, ein TikTakToe-Spiel aus Kieselsteinen im Leinensäckchen mit euren Initialen und dem Datum ist ebenfalls eine tolle Idee. Proseccoflaschen samt aller wichtigen Details kannst du natürlich genauso gut als Giveaway nutzen wie zum Beispiel personalisierte *M&M´s*. Eine besonders schöne Erinnerung, dies habe ich auf meiner Hochzeit gemacht, sind personalisierte, edle Stoffservietten, die ebenfalls als Namensschild dienten. Diese wurden dann natürlich von den Gästen mitgenommen, dazu noch eine Kleinigkeit beim Ausgang wie Herzschokolade und personalisierte Streichhölzer, und eben das Bild des Schnellzeichner – und schon waren die Gäste ausgestattet wie nach einem Messebesuch.

Deine perfekten Dienstleister

Deine Dienstleister sind deine Partner!

Wie finde ich den für mich besten seiner Branche? Das hängt natürlich stark von der Branche ab, die du gerade suchst. Bei dem Anbieter der Papeterie ist die Sympathie, die du ihm gegenüber hegst, sicherlich nicht so wichtig wie bei deiner Rednerin oder der Visagistin. Ich gehe, bei den jeweils vorgestellten und empfohlenen sowie erklärten Dienstleistern natürlich noch für dich ins Detail und spezifiziere, worauf es jeweilig ankommt.

Im allgemein sei gesagt, dass du stets mit einem Dienstleister einfacher und besser zusammenarbeiten kannst, wenn sowohl eine gegenseitige Sympathie als auch eine gewisse Professionalität für dich erkennbar ist. Dein Bauchgefühl ist gerade bei der Menschenkenntnis nichts anderes als dein Erfahrungswert. „Mit dem komme ich klar" oder „Mit dem komme ich nicht klar" – darauf kannst du dich verlassen! Vertraue dir.

Ein ganzer Strauß der unterschiedlichsten Möglichkeiten und Dienstleister wird dir präsentiert, wenn du nach Hochzeitsdienstleistern suchst. Wähle aus, was für dich wichtig ist und auf was du verzichten kannst. Deine Auswahl der für dich richtigen Dienstleister hängt natürlich auch davon ab, wie du deine Hochzeit gestalten möchtest. Es kann also sein, dass du eine Hochzeit samt Party am Strand planst und darum noch Caddys benötigst, die deine Gäste den langen Weg hinunter ans Ufer fahren oder du dir eine Winterhochzeit wünschst und eine Eisbar aufgebaut haben möchtest.

Die Branchen, die ich dir vorstellen möchte, sind folgende:

- Visagistin
- Musiker/DJ
- Fotograf
- Juwelier
- Kirche
- Videograf
- Catering
- Floristin
- Friseur
- Hochzeitsgefährt
- Papeterie
- Konditor
- Deko-Verleih
- Gelaterie

- Bar/Getränke
- Unterhaltungsprogramm für die Gäste:
    - Karikaturist/Schnellzeichner
    - Magier
    - Laser-Show versus Feuerwerk
    - Schmuckdesigner
    - Schokolatier
    - Eiskünstler
- Freie Redner
- Moderator
- Hochzeitsplaner
- Reisebüro

Die richtige Anfrage

Bevor ich dir die verschiedenen Dienstleister vorstelle und empfehle, möchte ich nicht versäumen, einige allgemeine, jedoch wichtige Fakten zu allen unterschiedlichen Dienstleistern, die du zu deiner Hochzeit benötigst, zu nennen.

Die Anfrage

Vor jeder Buchung und deiner Entscheidung steht die Anfrage (die eventuell von deinem Wunschdienstleister einfach unbeantwortet bleibt, weil diese nach *Sammelanfrage* oder sogar Spam aussieht).

Generell gilt: Je mehr Infos du bereits mitteilen kannst, desto ausführlicher wird auch dein Angebot ausfallen. Je freundlicher du anfragst, desto freundlicher und häufig auch schneller wird dir geantwortet. Eine schriftliche Anfrage ist empfehlenswert, so können bereits vorab Details geklärt werden, die im persönlichen Gespräch dann nur noch kurz angesprochen werden müssen. Zudem haben beide Seiten direkt etwas Schriftliches in der Hand und keine der beiden Parteien vergisst, etwas zu erwähnen.

Mit diesen Tipps mache ich dir die Anfrage leicht – und deine Chance, eine (schnelle) Antwort zu erhalten, steigt sofort. Denn du machst es wiederum deinen Wunschdienstleistern einfach, auf deine Frage zu antworten.

1. Deine Anrede in der Mail sollte persönlich sein. „Sehr geehrte Damen und Herren" ist in einem Geschäftsbrief angebracht, bei einer Anfrage zu einer Hochzeit jedoch zu unpersönlich. Suche dir auf der Homepage den Namen des Dienstleisters und sprich ihn in der Anrede persönlich an. Ob *du* oder *Sie* ist dir überlassen. Gut ist es, wenn du auf der Homepage auf den Stil achtest. Schreibt zum Beispiel der Fotograf *locker* und *leger* stets *du* oder *ihr* und das gefällt dir, kannst du es in deiner Mail ebenso übernehmen.

2. Direkt nach der freundlichen Ansprache kannst du mit einem Kompliment einsteigen, schließlich hat es einen Grund, warum du genau diesen Konditor anfragst: *„Ich habe Ihre Arbeit bereits auf der Hochzeit von einem bekannten Pärchen genießen dürfen und würde auch bei meiner Hochzeit sehr gerne auf Ihre Dienste vertrauen."* Oder *„Ihre Homepage ist sehr aussagekräftig und vor allem die Torte mit den Rosen spricht mich besonders an."*

3. Nun kommst du zu den Fakten. Hier ist es wichtig, dass du alle Infos bekannt gibst, die für den entsprechenden Dienstleister relevant sind und dir bereits vorliegen:

- Für welchen Anlass brauchst du die Leistung?
- Ort: Falls dir die Location noch nicht bekannt ist, so nennst du die Region oder deine Auswahl der Locations, die du noch anfragen wirst.
- Buchst du einen Dienstleister, der sowohl an der Hochzeitslocation als auch an der Partylocation arbeiten wird, so nennst du beide Orte oder sogar mehr, falls zum Beispiel die Kutsche dich von Zuhause abholen soll, zum Standesamt fahren wird und danach zur Feier.
- Datum, Uhrzeit, eventuelle Stundenanzahl vor Ort. (Du brauchst um 2 Uhr nachts keine Livemusik mehr, einen DJ allerdings schon!)
- Art der Location, wenn es um Dienstleister geht, die zum Beispiel Strom benötigen, auf Lichtverhältnisse achten müssen oder die Deckenhöhe bedenken werden. Sende am besten einen Link, so hat der Dienstleister alle wichtigen Eckdaten.
- Falls vorhanden, Motto oder Farbkonzept. Eine schwarz angezogene Band wirkt bei einer in rosé gehaltenen Feierlichkeit am Strand unpassend.
- Art der Trauung: Für den Fotografen ist diese Info ebenso wichtig wie für den Floristen, die Caterer und die freie Rednerin. Wird eine lockere Atmosphäre zum Beispiel mit BBQ gewünscht oder eher die förmliche Variante bevorzugt? Dieser Stil soll sich bei den Blumen (Eher strenges Rosenbouquet, weil gesetztes

Dinner? Oder fröhliche Wildblumen, weil ein lockeres Buffet gereicht wird?) zeigen. Auch in der Art, wie der Fotograf sich kleidet und die Rednerin auftritt, soll sich dein definierter Stil widerspiegeln. So spannst du den roten Faden, der für ein harmonisches Gesamtbild sorgt.

- Anzahl der Gäste: Hier kannst du zunächst angeben „Wir planen mit ca. 85 Gästen, sind jedoch noch unsicher, wer absagen wird". Eine grobe Richtung reicht vollkommen aus. Dienstleister werden dich nicht auf 10 bis 20 Personen genau *festnageln*.

- Deine Vorstellung: Soll der Fotograf dich den ganzen Tag begleiten? Möchtest du lediglich eine Tischdekoration von der Floristin oder auch Brautstrauß, Autoschmuck, Ansteckblumen, Streublüten und Locationausstattung? Wünschst du ein Fingerfood, ein klassisches Buffet oder sogar ein BBQ vom Caterer? Ist ein Mitternachtssnack gewünscht und benötigst du auch Geschirr?

- Wähle aus, welche Infos für welchen Dienstleister relevant sind. Je mehr die angefragte Person über deine Party, Vorstellungen und die Möglichkeiten weiß, desto definierter wird das Angebot ausfallen.

- Gib mehrere Möglichkeiten an, um dich zu erreichen: Mail, Festnetz, Mobilfunk. Nachfragen und Unklarheiten können dann schnell beseitigt werden.

- Gerade bei Hochzeiten steht die Individualität auch bei deinen Dienstleistern an oberster Stelle. Viele sind so individuell, dass mit minimalen Angaben kein Angebot gemacht werden kann. Profi ist, wer sich gut informiert an das Angebot setzt, um dieses möglichst nah an deinen Vorstellungen auszustellen. So wird deine Anfrage für beide Seiten sinnvoll.

4. Veranstalte KEIN *Dienstleister-Casting*! Das Preis-Leistungs-Verhältnis zu vergleichen ist legitim – und jeder von uns ist dankbar, wenn er den ein oder anderen Betrag minimieren kann. Bedenke jedoch: Sich mehrere Angebote über die neue *baugleiche* Heizungsanlage einzuholen, ist etwas völlig anderes als eine individuelle Hochzeit anzufragen. Zunächst natürlich, weil es die gleiche Anlage ist, die du anfragst, zum anderen natürlich, weil hier lediglich ein Standardangebot abgerufen wird und nicht ein individuelles Arrangement erstellt werden muss.

Sehen Dienstleister also Anfragen, die zeitgleich an fünf verschiedene Empfänger gingen, ganz gleich ob in Kopie oder Blindkopie, so wirst du selten eine Antwort erhalten. Falls du jede E-Mail einzeln sendest, ist trotzdem Vorsicht geboten. In allen Branchen wird untereinander gesprochen und jeder Einzelne weiß schnell, dass es hier nicht um seine Arbeit geht, die du besonders wertschätzt, sondern einzig und allein um den billigsten Preis.

Jeder Dienstleister steckt viel Liebe in seine Arbeit und neben dieser auch viel Zeit in das individuelle und passende Angebot. Zolle deinen Dienstleistern Respekt, indem du keine Massenanfragen heraus sendest und bedenke, dass nicht nur der Preis wichtig ist! Was nützt dir eine Torte die 50 € billiger ist, jedoch nicht so lecker schmeckt wie die teurere. Und mal ganz ehrlich, eine Hochzeit ist so kostspielig, selbst wenn du bei jeder Dienstleistung den preiswerteren und nicht den besten nimmst, kommt es am Ende nicht wirklich auf die gesparten 500 € an.

5. Unter dem Hochzeitsthema Zeit findest du viele Infos zur angemessenen zeitlichen Planung. Der Vollständigkeit halber sei dieses Thema jedoch kurz auch hier angeschnitten. In Deutschland gibt es etwa 420.000 Eheschließungen im Jahr. Der größte Teil dieser Hochzeiten findet an genau 30 Wochenenden, bevorzugt samstags statt. Die verfügbare Zeit im Angesicht der Anfragen an die besten Dienstleister ist kaum erwähnenswert. Hast du bestimmte Vorstellungen und Wunschdienstleister und bist nicht kompromissbereit (was ich absolut verstehen kann), so kümmere dich 1,5 Jahre vor deiner Trauung um die Buchung deiner Dienstleister. Kurzfristig Entschlossene müssen nicht leer ausgehen, sollten jedoch einen Plan B haben und eben kompromissbereit sein.

6. Die richtige und informative Anfrage ist der erste Schritt zu einem guten Miteinander. Gern gesehen ist eine kleine Info an den Dienstleister „Ich bin durch Google auf Sie aufmerksam geworden …“ oder „Ich habe sie auf Facebook gefunden …“ oder „Durch Empfehlung von …“. Das ist für dich ganz ohne Eigennutz, dem Dienstleister ist diese Info jedoch Gold wert, so weiß er, welche Kanäle funktionieren. Nicht selten schlägt sich diese freundliche Info dann im Preis nieder. Natürlich sollte es jedoch nicht nur um diesen gehen, du engagierst Handwerker und Künstler, die ihren eigenen Stil mit Stolz präsentieren und Menschen, die jeder für sich unterschiedliche Stärken haben. Suche nicht den günstigsten, sondern den passendsten Wunscherfüllungsgehilfen.

Brauchst du einen Weddingplaner?

Dein perfekter Support, wenn du keine Zeit oder keine Lust hast, deine Hochzeit zu planen.

Was kann ein Weddingplaner für dich tun? Ein Weddingplaner übernimmt die Planung deiner Hochzeit und liefert dir konkrete Ideen. Mit seiner Erfahrung und seinen Kontakten weiß er genau, welche Dienstleister für deine Hochzeit passen, und kümmert sich um Buchung und Details. Letztlich sollte sich ein Weddingplanner um all das kümmern, was hier im Buch beschrieben ist.

- Welche Location steht wann zur Verfügung und ist diese überhaupt passend zu eurem Motto, zur Gästeanzahl und deinen Vorstellungen?
- Das Konzept, *die Orientierung am roten Faden*, wird ausgearbeitet und steht dir mit Empfehlungen der verschiedenen Dienstleister, die dieses Konzept erfüllen können, zur Verfügung.
- Eine Ausarbeitung des Budget- und Zahlungsplanes wird dir der Planer ebenso zur Verfügung stellen, wie den Geheimtipp zur besten Eistorte.
- Am Hochzeitstag übernimmt der Weddingplaner die Aufgabe des Zeremonienmeisters, teilt Servicekräfte ein, sorgt sich um die Anliegen der Dienstleister, weist Gästen den Weg zum Tisch oder nimmt Musikwünsche erstmal entgegen, um den derzeitigen Ablauf der Band nicht zu stören.
- Dein Weddingplaner ist am nächsten Tag vor Ort und sorgt dafür, dass die Location ordnungsgemäß und nach Vereinbarung sowie rechtzeitig zurück übergeben wird.

Ein Weddingplaner hat einen immensen Mehrwert für dich, wenn es dir keinen Spaß macht, die Hochzeit zu planen oder du einfach viel zu viel um die Ohren hast, um dich darum zu kümmern. Du kannst einen Planer für alle Bereiche oder auch nur für Teilbereiche buchen. So kann zum Beispiel die Locationsuche über den Weddingplaner laufen, alles andere jedoch nicht.

Ein Weddingplaner macht besonders Sinn, wenn du im Ausland heiraten möchtest und vor Ort einen geregelten Ablauf garantieren willst. Davon kannst du wirklich profitieren, denn dir stehen keine sprachlichen Hürden im Weg und du wirst finanziell nicht übers Ohr gehauen, weil Dienstleister merken, dass du keine Ahnung hast und noch dazu ortsfremd bist.

Die Kosten eines Hochzeitsplaners variieren stark und werden manchmal sogar von den Dienstleistern getragen. Manche rechnen mit dir ab und verlangen einen Prozentanteil des Gesamtbudgets der Hochzeit, andere berechnen Pauschalen, die verschiedene Leistungen beinhalten.

Dein perfektes Hochzeitskleid

Das Kleid der Kleider

Ich mache keinen Hehl draus: Es wird in diesem Kapitel weitaus mehr um das Kleid gehen als um den Anzug zum Kleid. Die Damen haben soviel mehr Möglichkeiten als die Herren zwischen den feinsten Textilien das passende zu finden.

Das Brautkleid initiiert wie kein anderes Kleidungsstück im Leben den Neubeginn. Eine romantische Tradition, die geradezu prädestiniert ist, durch die Gestaltung auch den jeweiligen Zeitgeist zu verkörpern. Gerade Designer, denen man *von Haus aus* gerne eine gewisse Oberflächlichkeit zuschreibt, drücken mit einer Revolte des Kleides, gedeckt durch die künstlerische Freiheit, ihre politische Meinung aus.

Der Standpunkt, das Brautkleid mit einer christlichen Reinheit und *Unbefleckheit* zu verbinden, ist im 21. Jahrhundert angekommen und Dank des couragierten Handels von nicht zuletzt Yves Saint Laurent stark reflektiert worden. Kulturelle und politische Aussagen in Form eines weißen, jedoch nicht *unschuldig* daherkommenden Brautkleids sind im Laufe der Jahre durch Gaultier, Lacroix, Yamamoto, Lagerfeld und weitere namhafte Designer von der Revolution zum Kult avanciert, der noch immer die Farbe als Kommentar zum Hintergrund des weißen Kleides sieht.

Mit Modellen in unterschiedlichen Brautkleidern, mal pastell, mal knallrot oder sogar violett, offenbaren die Designer mittlerweile ganz klar den Brautkleidtrend des 21. Jahrhunderts. Befreit von einem religiösen oder kulturellen Hintergrund, finden sehr wohl gleichgeschlechtliche, kulturell unterschiedliche als auch prominente Trendsetter in dieser Sparte ihr Traumkleid, das so von Dita Von Teese und Gwen Stefani ikonisch zur Schau gestellt wird.

Klar, dass eine freizügige Tänzerin in Vivian Westwood und die Frontfrau einer provokanten Rockband in Galliano ihr Kleid noch mehr als wir zum Ausdruck ihrer Persönlichkeit nutzen will und durch Presserummel und allgemeinem internationalen Interesse sogar muss.

Foto: Ines Schaefer Portraiture
Hair & Make Up: Monika Mages
Styling: Stephanie Luft-André
Kleid: Maleika Brautboutique

Dita van Teese soll ihr Kleid gewählt haben, dessen Stil sich wohl bestens als *schauerromantisch* beschreiben lässt, weil dies Mainstream und die Grenze zur Subkultur überschreitet und weder die gothische noch die weiße Hochzeit zu Grunde legt. Sehr zum Vorteil wurde ihr bei diesem Kleid und dem dazugehörigen dramatischen Auftritt natürlich ihre Porzellanhaut, die im direkten Kontrast zu den changierenden Violetttönen und dem bei jeder Bewegung aufblitzenden rötlichblauen Schluchten des glamourösen Kleides stand. Historisch im Stil, aber skandalös dargeboten, hätte wohl keine so wie Dita dieses Kleid tragen können.

Im direkten Vergleich zur Hochzeit von Dita und Marilyn Manson, die mit 4000 blutroten Rosen, schwarzen Tischdecken und goldenen und schwarzen Totenköpfen aufwarteten, wirkt die Hochzeit von Gwen Stefani und Gavin Rosdale nahezu züchtig und brav. Im pink-rosé-champagnerfarbenen Kleid gelang dem Designer das Balancieren auf dem Drahtseil. Ihre Robe erinnerte an ein klassisches Kleid, gab jedoch durch verzerrte Techniken auf dem zweiten Blick die Exklusivität und Außergewöhnlichkeit des Kleides preis. Hier sorgte sowohl der aus Seidenfaille hergestellte und zerfledderte Teil des Kleides, die nach vorne drapierte Schleppe und das asymmetrische Oberteil gleichermaßen zur ombré-verlaufenden Farbe für aufreizendes Aufsehen und die perfekte Symbiose zwischen Punk-Braut und Haute-Couture-Modell. Der für ein Brautkleid ungewöhnlich vorne angebrachte Korsettverschluss sorgte dann noch zusätzlich für die Verkörperung des eigenen Stils, der genau wie ihre Stimme und ihre Songtexte als auffällig beschrieben werden kann. Das Kleid von Gwen ist übrigens im Londoner Victoria and Albert Museum zu besichtigen, ein Kunstwerk sperrt man nicht in einen Schrank, soll Stefani gesagt haben.

Während Dita und Gwen die Auswahl ihres Kleides zur Verdeutlichung ihrer Lebenseinstellung und als Statement ihrer eigener Persönlichkeit nutzten, so bleibt zumindest dieses Privileg einer Gesellschaft vorenthalten: Nämlich den royalen Häusern dieser Welt. Sich eine Diana, Kate oder Gracia Patricia in einem andersartigen oder gar farbigen Kleid vorzustellen, wagt schon in Gedanken den Sprung zum Grotesken. So sorgen die adeligen Damen zwar sehr wohl für die Inspirationen der nächsten Brautgeneration, doch das eher mit dem unverkennbaren Merkmal der nostalgischen Sittsamkeit, untrennbar verbunden mit der alten Tradition. So haben die augenscheinlich stark unterschiedlichen und auch nach Generationen und eigenem Geschmack anders gestalteten Kleider der Prinzessinnen und Fürstinnen des letzten Jahrhunderts doch eins gemeinsam: Alle werden von bedeutungsvollen und geschichtsträchtigen Besonderheiten geziert.

Das Kleid von Gracia Patricia, übrigens ein Geschenk der MGM Filmstudios, gefertigt von der leitenden Kostümdesignerin Helen Rose, zeigte das perfekte Verhältnis zwischen höfischer Eleganz und Beverly Hills Glamour, zwei Turteltäubchen an der Spitzenbordüre des Schleiers sorgten für ein außergewöhnliches Detail des Outfits.

Rüschen, Spitze, Puffärmel, Juwelen und Stickereien: Das Kleid von Diana wies wohl alles auf, was die Verwandlung der Kindergärtnerin in eine Prinzessin rechtfertigen sollte. Das Kleid, hergestellt von David und Elizabeth Emanuel, sollte kostbare Stoffe und üppige Schleifen beinhalten. So kostbar und üppig, dass der edle ausgewählte Seidenstoff nur begrenzt zur Verfügung stand und Probeteile und Schnitte von anderen Stoffen angefertigt werden mussten. Der Baumwollschleier war rückwärtig so lang wie die Schleppe und sollte als längste Schleppen-Schleier-Kombination aller Zeit eingehen. Das Etikett wurde durch ein Hufeisen, die Brautschuhe von den Initialen des Paares geziert und mit Blattgold veredelt.

Modischer, doch nicht weniger traditionell trat 31 Jahre nach Diana ihre Schwiegertochter Kate vor den Altar. Sarah Burton verwandte rein weiße Spitze so anfällig für Verschmutzungen, dass die Stickerinnen sich alle 30 Minuten die Hände waschen mussten. Das Spitzendesign war über und über mit Rosen, Disteln, Narzissen und Kleeblättern bestickt – den vier Wahrzeichen des vereinigten Königreiches. Catherines Kleid, ein Ausdruck radikaler Ästhetik und Bewusstsein der Tradition, dessen Ausdruck sie fortan in ihrer Rolle als Kronprinzessin in Perfektion noch weiterleben sollte.

Ein Traum in weiß, rosa, lila oder pink wird unweigerlich zum Thema deiner ganzen Hochzeit. Über nichts wird soviel gesprochen wie über das perfekte Kleid. Egal, ob du dich für die romantische, lange und reinweiße Robe oder das avantgardistische Rosé-Model entscheidest, die perfekte Passform ist ein Muss.

Bei der Auswahl deines Kleides kannst du dich hier inspirieren lassen, unendliche Möglichkeiten warten darauf, gekonnt in Szene gesetzt zu werden. Unterschiedliche Ideen und Anregungen holst du dir durch das unendliche Stöbern durch die Hochzeitszeitschriften, das Web, Pinterest und Instagram oder durch eine Freundin.

Wenn du schon einen präferierten Designer hast, so ist es empfehlenswert, eine Brautmodenboutique auf diesen Designer zu prüfen. Die Verkäuferin oder die Designerin selbst wird dich entweder bereits bei der Terminvergabe am Telefon, spätestens jedoch bei Anprobe fragen, welchen Stil du anprobieren und zu welchem Budget du einkaufen möchtest. Bitte lasse dich nicht beschränken und probiere mehrere verschiedene Stilrichtungen, immer im Hintergrund der Gedanke: „Was möchte ich ausdrücken“ und „Passt das zum roten Faden, den ich gerne bespielen möchte?“.

Dein Budget sollte eher eine Richtung anzeigen. Kalkuliere ein paar Prozent obendrauf für deinen Spielraum.

> ***Tipp:*** Braut und Bräutigam sollten ihr Outfit zwar an unterschiedlichen Terminen, jedoch im selbe Haus aussuchen. Achte darauf, dass dieselbe Verkäuferin euch beide berät. Die Textilexpertin kann so beide Garderoben aufeinander abstimmen, ohne den individuellen Geschmack zu vernachlässigen. Und JA! Das Brautkleid steht im Vordergrund und wird zuerst ausgewählt, bestellt und angezahlt, der Bräutigam richtet sich mit seinem Dress nach der Braut.

Individualität erreichst du auch bei einem Brautkleid von der Stange durch hinzugewählte Accessoires. Das kann eine glitzernde Schicht unter dem üppigen Volants-Rock sein, die nur spielerisch zum Vorschein kommt, wenn du verschiedene Bewegungen machst. Genauso gut kann es aber auch die aufwändige Verzierung des Bustiers sein, die nachträglich genäht wird.

Wie wählst du denn jetzt das richtige Kleid?

Du wirst es merken, wenn du es anhast. Du spürst und siehst es sofort: Das ist dein Kleid! Nimm dir diese Faustregel zu Herzen: „If it´s not a *hell-yes!*, it´s a *no!*“ – Wenn es kein *„Zur Hölle, ja! Mann, das ist es!“* ist, ist es ein *„Nein!“*. Bei deinem Brautkleid gehst du keine Kompromisse ein. Alles in dir muss jubilieren, wenn du es anhast und dich im Spiegel betrachtest.

Findige Brautmodengeschäfte werben mit der leihbaren Pulsuhr, die anzeigt, wann dein Puls höherschlägt und so das richtige Kleid identifizieren soll. Das brauchst du nicht. Du wirst deinen Puls bis zum Hals pochen haben, wenn du dein Kleid gefunden hast.

Wähle unbedingt ein Kleid, das dich nicht andauernd am Kragen *zuppeln* lässt, das wird für dich außer eines unguten Gefühls nichts tun. Das Kleid muss dich nicht nur optisch verzaubern, du musst dich darin auch wohlfühlen. Ist es zu steif, kannst du darin nicht atmen oder kratzt und juckt es, vergiss es. Du wirst darin keinen Spaß haben. Wähle ein Kleid, das du gut über Stunden tragen kannst, das angepasst ist an das Wetter und natürlich mit hohem Tragekomfort.

Wählst du ein schweres Model, so entscheide dich für die späteren Stunden noch für ein Abendkleid, in dem es sich einfacher tanzen lässt und das im Allgemeinen einfach leichter ist. Vergiss nicht, die passenden Schuhe zu beiden Modellen. Entdecke und recherchiere die unterschiedlichen Designer, während du bei Elie Saab auf die opulente Robe setzen kannst, kommt das Kleid des Atelier Eme stets märchenhaft, gar feengleich daher. Pronovias entwirft stets am Puls der Zeit und bei Marchesa steht immer die feminine Darbietung des Gesamtkunstwerkes im Vordergrund.

Die Anregungen, die du im Web, in Zeitungen oder hier im Buch findest, können oft auch nur Anregungen bleiben. So muss das champagnerfarbene Kleid eben auch zu deiner Persönlichkeit, deiner Haut und einem Haar passen. Deine Wahl kannst du darum ausschließlich nach einer Anprobe treffen.

Dein Brautkleid-Studio sollte über ein eigenes Schneideratelier verfügen, das selbstständig Änderungen an dem Kleid, das voraussichtlich noch angefertigt werden muss, vornehmen kann. Das Atelier sollte dich über die Lieferzeiten, gerade wenn du einen italienischen Designer wählst, aufklären. Hier sind 10 Monate Lieferzeit keine Seltenheit.

Nimm zur Anprobe gern zwei Begleitpersonen mit, doch wähle nach deinem Geschmack aus und lasse dich nicht beeinflussen.

> ***Tipp 1: SPANX!*** Macht eine Superfigur unter jedem Kleid. Mittlerweile gibt es auch sämtliche Modelle, nutze ein Modell mit Bein.

> ***Tipp 2: SPANX!*** Ziehe über die erste Spanx eine zweite, eine Nummer kleiner. Ich verspreche dir, du wirst begeistert sein.

Dein perfektes Styling

Einfach schön: Hair und Make-Up

Einfach schön, ausgeglichen, glücklich und wunderschön: Das ist die perfekte Braut.

Ladys, wir können vieles. Aber ein Make-Up am schönsten Tag des Lebens selbst aufzulegen, ist nun wirklich kein Teil davon. Auch wenn heutzutage die YouTube-Kanäle samt *Schmink-Tutorials* etwas anderes vorgaukeln, ist und bleibt ein Make-Up-Artist die erste Wahl zu deiner Hochzeit. Sicherlich sind wir im Auflegen unseres Alltag-Make-Ups routiniert. Bei der Hochzeit allerdings gilt es auf einige Besonderheiten zu achten. Wenn du dir all die Produkte kaufen würdest, die du dann nie wieder benötigst, wirst du wohl auf einen höheren Preis kommen als dein Profi dich kosten wird. Mal abgesehen davon, dass auch der Nachhaltigkeitsgedanke besser bedient ist, wenn du keine Produkte kaufst, die du nie mehr verwenden kannst.

Ein Visagist macht weitaus mehr als dir ein schönes Make-Up zu zaubern: Ein Visagist lässt dich erstrahlen. Das perfekte Make-Up muss zu dir, zum Kleid, zur Jahreszeit und zum etwaigen Motto passen. Lasse dir dein Make-Up nicht in einer Parfümerie oder bei deiner Kosmetikerin machen! Buche dir einen in der Visagistik ausgebildeten Profi. Die Ausbildungen gehen wirklich wie eine Schere auseinander. Du bist bei einer Visagistin nicht gut beraten, um eine kosmetische Behandlung zu übernehmen, genauso ist es aber auch andersrum.

Ein Make-Up-Artist ist meist auch ein Hairstylist. Hier gilt ebenso, lasse dir die Haare nicht von einem Friseur, sondern von einem Hairstylist stecken. Ein Friseur erlernt sicherlich in seiner Ausbildung die ein oder andere Hochsteckfrisur, dies ist jedoch nicht sein *täglich Brot*. Wohingegen ein Hairstylist sicherlich lernt, mit der Schere umzugehen, jedoch dazu ausgebildet ist, die besonderen Tage zu begleiten. Ein Hairstylist zaubert außergewöhnliche Kunstwerke und längst vergessene Styles wie zum Beispiel die Wasserwelle genauso mühelos wie eine Haarpracht samt einem Blütenmeer und das sogar bei kurzem Haar.

Dein Make-Up- und Hairstylist hat also Erfahrung und Produkte, die eine Kosmetikerin, eine Parfümerie und ein Friseur nicht haben. Wasserfeste, besonders verträgliche und perfekt deckende jedoch leichte Schminke, meist sogar die, die bei den legendären Oscars Verwendung findet, einzelne falsche Wimpern, besondere Highlighter, spezielle Lippenstifte, beste Basics und natürlich auch Haarteile, Extensions, Donuts, Spangen, Haarschmuck, wirklich haltbarmachende Haarsprays und zum *Ausprobieren* sogar Probeschleier und Kunstblumen. Genau daran erkennst du den Profi. Er hat Dinge in seinem Koffer, ganz so wie Mary Poppins, auf die du nie gekommen wärst, von denen du nicht mal wusstest, dass du sie brauchst und dich dann wunderst, wie sehr du sie brauchst.

Foto: Phil Stev

Ein Make-Up- und Hairartist zaubert aus dir Cinderella – und zwar zu ihren besten Zeiten. Er setzt deine Wünsche um, ohne das Gesamtbild aus dem Auge zu verlieren.

Buche keine Stylisten, die ausschließlich Hochzeiten schminken. Wähle lieber aus dem vielfältigen Internet Artists aus, die sehr wohl auch für TV, Highclass-Events und die großen Runways arbeiten. So schließt du den *typischen Brautlook* aus und ersetzt ihn durch die ordentliche Portion Glam.

Hast du den richtigen Artist im Worldwideweb gefunden, so kannst du dich vollkommen auf die Bilder verlassen. Du brauchst keinen Probetermin, wenn du weißt, was du willst. Bei einem Profi reicht ein detaillierteres Telefongespräch, so dass dein Artist einschätzen kann, wieviel Zeit zu deiner Verschönerung benötigt wird. Bist du allerdings unsicher und möchtest ausprobieren ob der blaue Lidschatten nicht doch irgendwie ins Gesamtbild passt (NEIN! Farbiger Lidschatten – wenn nicht so dick aufgetragen wie in den 80ern von Gräfin Gloria von Thurn und Taxis – sieht immer nur nach verheulten Augen aus!), die Haare besser hochgesteckt oder als Wallewalle-Mähne getragen werden sollen, so nimm dir die Zeit und probiere aus, bestenfalls schon mit deinem Kleid. Holst du dieses erst viel später ab, so zeige dem Stylisten ein Bild. Das große Ganze soll nicht aus den Augen verloren werden. Wichtig ist ebenfalls deine Blumenwahl, bzw. die Auswahl des Brautstraußes, der ja nicht unbedingt aus Blumen sein muss.

Überlege zusätzlich, ob du die Begleitung des Make-Up- und Hairstylisten lediglich einmal benötigst oder mehrmals, ganz gleich ob am selben Tag oder an anderen. Buchst du viele Dienstleistungen auf einmal, so bekommst du meist einen besseren Preis. Denke nicht nur an Standesamt und Kirche oder freie Trauung, sondern auch an ein *Überschminken* wenn du während der Party dein Kleid wechseln möchtest und an ein *Fresh-Up* immer mal wieder zwischendurch.

Benötigt deine Mutter oder Schwiegermutter Make-Up? Die Brautjungfern oder die Trauzeugen? Es sind deine Erinnerungsbilder – sorge für das perfekte Antlitz deiner Liebsten. Wobei wir hier schon beim nächsten wichtigen Thema wären. Die Erfahrung, die diese Schönheitsartisten in Bezug auf Make-Up und Kamera vorweisen, ist dein nächster Benefit. Sie wissen, wie viel deines Make-Ups einfach *verschluckt* wird und tragen entsprechende dünne Schichten mehrmals auf, so dass dein Make-Up natürlich aussieht, jedoch auch der Kamera stand hält.

Und wie jedes Mal, möchte ich dir den Tipp geben: Buche weit im Voraus! Gib an, wer alles geschminkt werden muss und wie oft du nach oder neu geschminkt werden willst. Die genauen Details genügen einige Wochen im Voraus. Richte dich hier nach dem Artist. Er wird dir sagen, was er wann mit dir besprechen oder sogar *durchspielen* möchte. Frage nach, wann du am besten den Termin bei deiner Kosmetikerin zur besseren Vorbereitung der Haut buchen sollst, so dass keine Rötungen mehr sichtbar sind, deine Haut jedoch durchfeuchtet und geglättet ist. Frage ebenfalls nach, wann du deine Haare für die gewünschte Frisur waschen sollst, sie dürfen nicht zu weich, jedoch auch nicht strähnig sein. Einen Termin beim Friseur für zum Beispiel das Ansatzfärben vereinbarst du für etwa zwei Wochen vor deiner Hochzeit.

> ***Budget:*** Dein Make-Up- und Hairstylist wird als Honorar zwischen 150€ und 700€ veranschlagen, abhängig davon, für was und wie lange du deinen Stylisten benötigst.

> ***Tipp:*** Auch wenn der Bräutigam sicherlich zunächst nicht begeistert ist, geschminkt zu werden, so hilft ein leichter Puder einen hässlichen *Fettglanz* auf Bildern zu vermeiden. Er muss es ja niemandem sagen.

Die Vorfreude ist die größte Freude. Wenn du dich also inspirieren lassen möchtest, so google nicht ausschließlich *Braut-Make-Up*, oder *Brautfrisur*, sondern auch *Oscar Beautylooks*, *Oscar Frisuren*, *Oscar Make-Up* oder *Make-Up Promihochzeiten*. Findest du das Make-Up von Prinzessin Kate zu ihrer Hochzeit mit William besonders betörend, dann google dies. Du findest bei vielen Prominenten mittlerweile sogar die Produkte, die verwendet wurden. Höre jedoch auf deinen Artist, wenn dieser dir von Kates Make-Up abrät, weil du eben nicht dunkelhaarig, sondern flachsblond bist. Ein Hochzeits-Make-Up muss sehr gut geschminkt sein und die Haare müssen bis tief in die Nacht sitzen. Vertraue deinem Profi und er lässt dich erstrahlen!

> ***Tipp:*** Eine Prinzessin trägt immer natürlich wirkendes Make-Up. Auch zu ihrer Hochzeit ist sie niemals überladen.

Der perfekte Dresscode

Deine Gäste würdigen mit ihrem besonderen Outfit euren großen Tag

Atmosphäre, Ambiente, Charme und der Gesamteindruck deiner Hochzeit werden maßgeblich von deinen Gästen und ihrer Kleidung beeinflusst. Als Zeichen des Respektes und der Würdigung des Augenblicks kann also die passende Kleidung durchaus erwünscht werden. Eine Aufschlüsselung der verschiedenen Codes findest du auf den kommenden Seiten. Keine Sorge, dass deine Gäste dir diesen Wunsch übelnehmen. Das wird nicht passieren, denn meist sind auch deine Liebsten froh, wenn ihnen ein Leitfaden an die Hand gegeben wird. So ersparst du Gästen nicht nur das Nachhaken – „Was sollen wir denn anziehen?“ – sondern auch peinliche Momente für Gäste, die over- oder underdressed erscheinen.

Der Vollständigkeit halber möchte ich hier gern auch die Dresscodes aufführen, die zwar eher selten zu Hochzeiten gefordert sind, jedoch bei einer Generalprobe, einem Vorabenddinner oder einem Brunch am Tage nach der Hochzeit zum Tragen kommen können.

Dresscodes für den Abend

Welldressed welcome

Schwammig, jedoch treffend. Dem Gast obliegt, was er anzieht. *Gut gekleidet* ist hier die einzige Vorgabe. Was jedoch im Ermessen jedes einzelnen liegt, was er als *gut gekleidet* erachtet.

Smart Casual (Come as you are)

Betrifft eher Einladungen für Empfänge, Vorträge, Ausstellungen oder auch Geschäftsessen. Konservative Geschäftskleidung mit dem gewissen etwas an Lockerheit ist hier erlaubt.

Herren:

- Anzughose und -schuhe, aber ohne Krawatte und Sakko.
- Elegante Freizeitkleidung: Hemd oder Polo-Shirt und Stoffhose oder dunkle Jeans.
- *Juristen-Style*: Pullover mit V- oder Rundhals-Ausschnitt über einem Langarmhemd.

Damen:

- Rock oder Hose mit schicken T-Shirts, Tops oder lockeren Blusen
- Luftiges Sommerkleid
- Hosenanzug mit Shirt
- Kleine Handtaschen! Bitte keine großen Handtaschen mit Schulterriemen.

- Rocklänge: Nicht kürzer als eine Handbreit über dem Knie. Nicht zu eng.

Zu Hochzeiten wird dieser Dresscode jedoch eher nicht genutzt, allenfalls für ein BBQ oder eine Gartenparty am Vortag oder das gemeinsame Frühstück am nächsten Tag.

Informal

Heißt sowas wie *ungezwungen*. Sollte aber nicht missverstanden werden, denn es heißt schon, dass wir uns in Schale schmeißen dürfen, jedoch noch nicht das Äußerste von uns erwartet wird (Smoking, Frack oder Abendkleid).

Männer tragen also, ganz ungezwungen, dunkelgraue oder schwarze Anzüge, für Damen sind halblange, elegante Kleider oder ein Hosenanzug perfekt.

Black Tie

Der festliche Dresscode für offizielle Abendanlässen, meist mit einem gehobenen Dinner. Der Name ist irreführend, denn eine Krawatte (und schon gar keine schwarze) ist hier gar nicht gefragt.

Herren: Schwarzer Smoking, weißes Hemd mit verstärktem Kragen und Doppelmanschetten, Kummerbund (oder Weste) und Einstecktuch, schwarze Fliege sowie schwarze Schuhe.

Damen: Langes, meist einfarbiges Abendkleid (keine auffälligen Muster oder Knallfarben), geschlossene Pumps mit maximal 5 bis 6 Zentimeter Absatz, eleganter Schmuck und dezentes Make-Up, als Handtasche eine kleine Clutch.

White Tie

Die Creme de la Creme der Dresscodes. Es muss schon ein ganz besonderes Event sein, damit White Tie als Dresscode verlangt wird. Gilt nur bei hochoffiziellen Abendanlässen, Bällen oder Staatsbanketts (z. B. Die Hochzeit eines Königspaares). Eleganter und feiner kann ein Outfit nicht werden.

Herren: Schwarzen Frack und Hose, weiße Weste mit tiefem Ausschnitt, Stehkragenhemd mit umgebogenen Ecken und verdeckter

Knopfleiste, Lackschuhe und natürlich eine weiße Fliege.

Damen: Bodenlanges Abendkleid in schwarz, weiß oder grau, geschlossene Schuhe, Seidenstrümpfe. Wenn in der Einladung gefordert, können auch Handschuhe Pflicht sein.

Cocktail

Dieser Dresscode ist gar nicht so oft gefragt, auch wenn wir damit das berühmte Cocktail-Kleid verbinden. Gern beordert bei eleganten Partien oder Vernissagen ab dem Nachmittag. Elegant, aber mit Freiräumen.

Herren: Schicker, dunkler Anzug, Hemd, Krawatte, lässige Schnürschuhe. Farblich variabel, es muss nicht schwarz sein, auch Grau- oder Blautöne sind beim Anzug und beim Hemd auch hellblau statt weiß sind möglich.

Damen: Cocktail-Kleid oder das klassische *kleine Schwarze*. Es darf auch ein wenig Haut gezeigt werden.

Casual

Wörtlich übersetzt heißt *casual* Freizeitkleidung – aber klar ist, dass du natürlich nicht in Joggingklamotte zu einem offiziellen Anlass auftauchst. Das Casual-Outfit ist entspannt schick.

Herren: Gebügelte Baumwollhose, Polohemd und Jackett. Auch eine schöne Jeans in Kombination mit einem Hemd ist ein Casual-Outfit. Logo, keine Krawatte oder Fliege. Bei den Schuhen gern stylische (unbedingt saubere!) Sneaker. Was auch geht: Ein oben maximal zwei Knöpfen offenes Hemd und Pullover über der Schulter. Gern auch T-Shirt und Jeans oder Polo und Khaki-Hose.

Damen: Jeans oder Stoffhosen, Kleider, Röcke oder Blusen und T-Shirts. Auffälliger Modeschmuck, solange es zum Outfit passt. Offene Schuhe und Sneaker.

Business casual

Bei eher informellen Anlässen wie einem Business-Brunch oder einem lockeren Empfang sowie auf Geschäftsreisen, bei internen Meetings und am sogenannten *Casual Friday* geht es legerer zu als im Alltag, aber nicht zu leger.

Herren: Farbige Hemden oder Polohemden, gern auch feine Strickpullover und Stoffhose. Krawatte unnötig. Loafer oder Slipper oder dunkle Schuhe.

Damen: Modische Blusen, Pullover, Röcke und Baumwollhosen können nach Lust und Laune kombiniert werden, auch offene Schuhe wie Peeptoes oder Sandaletten sind erlaubt.

Business Attire (oder auch ‚Day Informal‘ oder ‚Tenue de Ville‘)

Klassiker Dresscode für den Arbeitsalltag.

Herren: Anzug ist ein Muss – in schwarz, grau, blau oder braun. Krawatte und schlichte Schuhe. Unter den Anzug gehört ein helles, einfarbiges Hemd. Manschettenknöpfe können angelegt werden, sind aber kein Muss. Dunkle Socken, die lang genug sind, dass keine Haut zu sehen ist, auch nicht beim Sitzen.

Damen: Hosenanzug oder Kostüm. Bluse. Schmuck und Accessoires dezent. Geschlossene, flache Schuhe.

Business formal

Formeller als der *Business Attire*. Vor allem in gehobenen Positionen am Arbeitsplatz wichtig.

Herren: Zwei- oder dreiteiliger dunkler Anzug mit Hemd, Krawatte und glatten Lederschuhen, alles in dunklen Farben. Restliche Kleidung darauf abgestimmt. Nadelstreifen, farbige Krawatten sowie pastellfarbene Hemden mit Streifen sind erlaubt. Nie mehr als zwei Muster gleichzeitig!

Damen: Schickes Kostüm oder schicker Hosenanzug mit Bluse. Dunkle Farben. Rock knieumspielend. Strumpfhosen und Pumps mit Maximal 6 Zentimeter Absatz.

Semi-formal

Bedeutet nicht, dass es nur *halbformell* zugeht. Hier geht es um Eleganz und *Repräsentativität*, also z. B. bei wichtigen Kundenterminen.

Herren: Dunkler Anzug mit Hemd und Krawatte. Sollte bei einer Abendveranstaltung *semi-formal* gefordert sein, kann damit sogar ein Smoking gemeint sein.

Damen: Kostüm, Kleid oder Hosenanzug, dunkle Farben. Rock und Kleid mindestens knielan g, blickdichte Strümpfe. Schmuck, Frisur und Make-Up dezent.

Was noch? Das ‚Nackedei-Thema‘ oder der ‚Ups-Moment‘

Alle Preisschilder vorher entfernen! Gut bedeckt (auch) in der Kirche erscheinen, auch wenn wir mittlerweile eine freizügige Gesellschaft geworden sind. So ist es ein Ausdruck deiner Etikette, eben nicht im Minirock als Dame oder ohne Socken als Herr in der Kirche oder bei der Feierlichkeit zu erscheinen.

BRIDE
CONVERSE
ALL STAR

Foto: Phil Stev

Deine perfekten Ringe

Finde den richtigen Juwelier

Dein Traum-Ringpaar! Die Möglichkeiten sind schier unendlich. Form, Farbe, Material, mit oder ohne Diamanten und wenn ja wie viele, selbst gemacht, selbst entworfen oder von einem speziellen Designer? *Von der Stange* oder extra angefertigt?

Um deinen perfekten Ring zu finden, kannst du mit den wichtigen Gegebenheiten – nämlich dem, was du ausschließen kannst – anfangen. So reduzierst du die Masse und verschaffst dir einen besseren Überblick.

Fällt irgendetwas weg? Entweder aufgrund von Allergien oder weil Material oder Farbe nicht zu deinem Alltagslook passen? Trägst du generell nur Weißgold, sollte dein Ring nicht aus Gelbgold sein. Bist du gegen alles allergisch, so wähle Platin oder die preiswertere Variante – medizinischen Stahl. Hast du dir schon immer einen farbigen Diamanten gewünscht, so verzichte lieber bei deinem Alltags-Ehering darauf, denn du wirst Schwierigkeiten bei der Auswahl deiner Kleidungsstücke bekommen.

Werde dir vorm ersten Besuch beim Juwelier an bewusst, ob du die Ringe selbst entwerfen und sogar schmieden möchtest oder Ringe anfertigen lassen willst. Überlege, ob dir ein Paar von der Stange ausreicht, weil dieses schon alle deine Wünsche erfüllt. Stehen diese Parameter fest, kannst du gezielt nach deinem Experten suchen. Das kann dann ein Juwelier genauso sein wie ein Schmuckdesigner oder der Goldschmied. Mittlerweile kannst du deine Trau(m)ringe sogar online konfigurieren, so dass dir eine individuelle schnelle Lösung garantiert ist.

Einzig die Ringgröße solltest du genau wissen, wenn du eine Online-Konfiguration anstrebst. Bist du bei einem Juwelier, wird dieser Maß nehmen und eure Ringgrößen ermitteln.

Wähle anhand deines persönlichen Tragekomforts die Form. Rund, gewölbt oder sogar eckig, viele verschiedene Formen warten darauf, dich zu begeistern. Meist wählt die Braut eine etwas schmalere Variante als der Bräutigam, hier kommt es natürlich auf deine individuelle Hand und den eigenen Geschmack an.

Wähle das Material des Traurings nicht direkt nach einem Urlaub im Süden aus, deine Hautfarbe ist nicht das ganze Jahr über leicht oder sogar stark gebräunt, so dass ein roségoldener Ring auf gebräunter Haut toll wirken kann, allerdings das restliche Jahr nicht mehr ganz so gut passt.

Die handgehämmerte Oberfläche erfreut sich immer größerer Beliebtheit, du kannst jedoch auch eine glatte auf Hochglanz polierte Oberfläche wählen, eine seidig schimmernde Variante oder sogar die

Foto: Phil Stev

matte Version bevorzugen. Die Oberfläche sollte zu deinem restlichen Schmuck und deinem Stil passen. Ist deine Auswahl im Alltag oder auch zu Anlässen hier eher feminin und elegant, so wirkt ein gehämmerter Ring zu rustikal oder burschikos.

Mache dir Gedanken um Größe, Auswahl und Platzierung deiner Brillanten. Sollen wahre Lichtblicke an deiner Hand funkeln oder ein Sternenhimmel an deiner Hand aufwarten? Ein einzelner, großer Stein, oder drei nebeneinander gesetzte Steine, die eventuell dich, deinen Schatz und euer Kind repräsentieren. Übrigens: Bei weiterem Nachwuchs kannst du nach und nach einen weiteren Brillanten einfassen lassen. Das gilt nicht nur für Kinder, sondern auch für Ehejahre. Ihr werdet euch an einem Zehnten des Monats das Ja-Wort geben? Auch das kann anhand der Anzahl der Steine eine weitere individuelle Bedeutung in deine Ringe bringen. Der Sternenhimmel an Diamanten ist *ungeordnet* auf dem Ring verteilt und funkelt in jede Richtung. Die nebeneinander gesetzten Steine sind die klassische Variante.

Deine letzte Überlegung ist dann noch die Gravur. Ein Fingerabdruck, der Name in eigener Handschrift oder eine Zeichnung, das sind feine spezielle Ideen, die mit einem Aufpreis verbunden sein können. Übliche Gravierungen wie das Datum und der Name sind normalerweise im Preis inklusive.

Bei der Wahl deines Experten achte auf für dich gute Erreichbarkeit. Ein jahrelanger Service wie das Aufpolieren deiner Ringe ist meist inklusive. Die Preise sind so hoch wie deine Ansprüche und gerade im Schmuckbereich sorgen hier die unterschiedlichen Materialien für hohe Spannen. Der Goldpreis zum Beispiel hängt auch vom Wert ab, mit dem der Dollar gehandelt wird. So sorgt ein starker Dollar für weniger Wert des Goldes und umgekehrt. Falls du dich für bereits fertige Ringe entscheidest und es dir nichts ausmacht, auf die vergangene Trauring-Kollektion zurück zu greifen, so hast du gute Chancen, im Oktober und November auf gesunkene Preise zu hoffen.

Viel Spaß bei der Auswahl der Trau(m-)Ringe!

Deine perfekte freie Trauung

Die schönste Art zu heiraten: Du kannst alles so gestalten, wie du es möchtest!

Juchuuuu, eine freie Trauung! Für mich ist das die schönste Art zu heiraten. Ihr seid vollkommen frei. Frei in dem, was getan, gesagt und gelebt wird. Das, was später die Erinnerung ausmacht. Deine Trauung wird so sein, wie ihr seid! Von Anfang bis Ende kannst du die vollständige Zeremonie planen, du kannst Familie und Freunde einbinden oder eben nicht. Du kannst spirituell oder religiös den roten Faden spannen oder eben durch nichts von beiden. Deiner Phantasie sind keine Grenzen gesetzt. (Das wäre doch schon ein schöner Aphorismus, um die Trauung zu beginnen: Die Gedanken sind frei und die einzige Grenze, die existiert, ist die in unseren Köpfen.) Du kannst dir eine kleine Überraschung überlegen, die in die Zeremonie eingebaut wird. Mein Ex-Mann hat mich damals damit überrascht, dass er unseren freien Trauredner gebeten hat, uns während der Zeremonie jeweils eine Blanco-Postkarte zu geben und diese jeweils von ihm und mir beschriften zu lassen, mit dem, was wir in diesem Moment fühlten. Nach einem Jahr hat uns der Trauredner dann diese Karte zum ersten Hochzeitstag geschickt. Das war zweimal wunderschön, besonders und liebevoll.

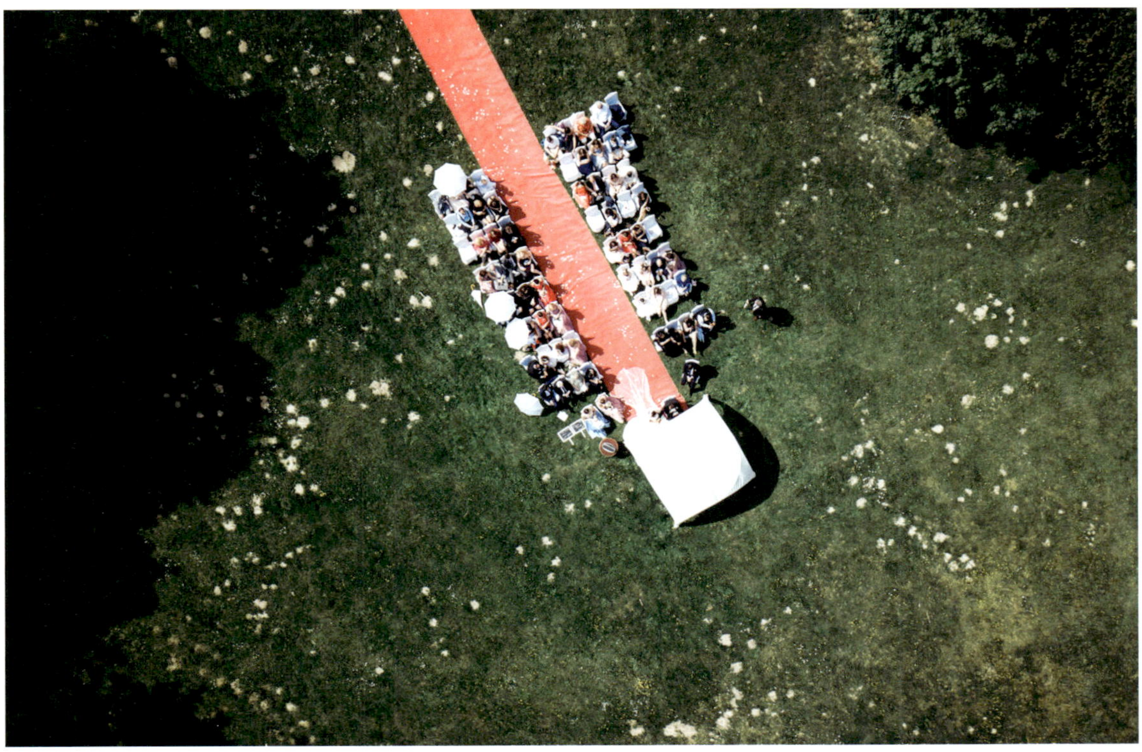

Foto: Phil Stev

Jetzt denkst du vielleicht, alles gut und schön, allerdings weiß ich gar nicht so richtig, wie unsere perfekte freie Trauung aussehen kann.

Das macht überhaupt nichts, denn deine Traurednerin oder dein Trauredner wird dich durch ihre Fragen, Anregungen, Inspirationen und eben durch ihre Begeisterung, die sie lebt, zum Denken anregen und zum Übersprudeln bringen. So erarbeitet ihr dann gemeinsam deine perfekte, individuelle Trauung.

Der perfekte Trauredner, die perfekte Traurednerin

Du solltest zu deinem freien Redner, zu deiner freien Rednerin, einen persönlichen Draht haben. Es muss einfach passen. Das ist so wichtig! Die Trauung wird nur außergewöhnlich, wenn die Person, die euch traut, ebenfalls außergewöhnlich ist. Und das musst du herausfinden, wenn du dich auf die Suche machst nach dem/der für dich besten Redner/in.

Im Internet findest du eine große Auswahl, wobei du hier leicht den Überblick verlieren kannst. Ich empfehle dir hier, ganz auf dein Bauchgefühl zu vertrauen. Du entscheidest binnen Sekunden, welche Homepage dich anspricht, und zwar subjektiv! Es geht um eure perfekte Trauung, du brauchst nicht und sollst auch gar nicht objektiv entscheiden. Manche Pages klickst du direkt weiter, andere haben etwas, was dich auf der Seite verweilen lässt, und manche lassen dich fühlen hier könnte ich richtig sein. Wenn du Glück hast, findest du eine Seite im Netz, die dich direkt vollkommen begeistert. Dann empfehle ich dir, nicht weiter zu suchen, das verwirrt nur. Herzlichen Glückwunsch du hast den/die richtigen Redner(in) gefunden!

Du erlebst mit deinem Trau(m)-Redner sehr viele persönliche Momente. Er/sie begleitet dich in einen neuen, spannenden Lebensabschnitt. Um dich wohl zu fühlen, rate ich dir ebenfalls, die persönliche Seite deines Redners zu kennen, so kann eine private und tiefe Atmosphäre entstehen.

Ein guter Redner ist emphatisch und gestaltet bereits seine Homepage und natürlich das erste Zusammentreffen so, dass er dir von sich erzählt, etwas preisgibt und euch wohlfühlen lässt.

Warum das so wichtig ist? Ihr könnt euch auf Gegenseitigkeiten prüfen und auf Verbindungen.

Ist sie eine rheinische Frohnatur oder eher trocken und elegant? Dolly Parton oder Marlene Dietrich? Charly Chaplin oder Rhett Butler? Das eine muss nicht schlechter als das andere sein, aber eben anders. Und je nachdem, wie ihr seid und die Stimmung sein soll, ist nun eine Möglichkeit zu bevorzugen.

Du solltest dich verstanden und gut beraten fühlen. Dein Trauredner wird dir verschiedene Elemente und Ideen vorschlagen, wird aus euch heraus kitzeln, was das Besondere ist in eurer Beziehung ist und wird diesen individuellen Spirit dann in die Zeremonie aufnehmen.

Achte beim ersten Telefonat darauf, dass deine Traurednerin eine wohlklingende Stimme hat und dass er oder sie die richtige Lautstärke beim Sprechen hat und vernünftig artikuliert. Du kannst noch so eine tolle Verbindung zum Redner haben – wenn er oder sie leise spricht, nuschelt oder einen so starken Akzent hat, dass du kaum etwas in die gesprochenen Worte hineininterpretieren kannst – dann ist das nichts für euch!

Möchtest du eine freie Trauung, jedoch das Religiöse ebenfalls einbinden, so kannst du eine Theologin oder einen Theologen wählen. Sie/er hat den Background und die gleichen Ambitionen wie du: Religiös ja, Kirche nein.

Eine weitere Möglichkeit ist, einen Freund anstelle eines Profis die Zeremonie durchführen zu lassen. Sei dir hier aber darüber bewusst, dass dieser Freund ebenfalls stark emotionsgeladen ist, aufgeregt und natürlich eben euer Freund. Diese Variante würde ich euch nur empfehlen, wenn dieser Freund Bühnen- und Sprechererfahrung hat, und wenn du ausschließen kannst, dass deine anderen Freunde benachteiligt sind.

Alles in allem zusammengefasst: Dein Trauredner sollte Emotionen in Worte fassen können, sollte Anregungen bieten und die Kommunikation mit erwünschten weiteren Anbietern wie Livemusik oder Pyrotechnikern gerne koordinieren. Verwandte und Freunde wird er auf euren Wunsch problemlos in die Zeremonie einbinden können und auch für Rituale wird er die passende Stelle finden. Und bitte: Es darf gelacht werden! Dein Trauredner wird euch durch die Achterbahn der Gefühle tragen, die ihr alle in eurem Miteinander erleben werdet.

Budget: Dein freier Redner wird zwischen 600 € und 1200 € als Honorar veranschlagen.

Tipp: Lasst euch die Rede, das gespielte Lied oder die Segen eurer Verwandten von eurem Trauredner auf schönem Papier festhalten. Eine Bleibende, wertvolle Erinnerung.

Deine perfekte kirchliche Trauung

Der kirchliche Segen für das lange Eheglück

Die kirchliche Trauung gehört für viele Paare zu ihrer Hochzeit einfach dazu. Auch wenn das Paar ganz klar für sich den sonntäglichen Besuch in der Kirche ausschließt, so soll doch auf diesen Segen in besonderer Atmosphäre nicht verzichtet werden.

Die Atmosphäre hängt natürlich auch von der Kirche ab. Die Kirche sollte zu eurem Stil passen sowie zu euren Vorstellungen, wie die ganze Hochzeit sein soll (romantisch, pompös, puristisch oder bodenständig). Stil, Alter und Aufbau der Kirche sind ebenso wichtig wie die Frage nach deiner Gästeanzahl. So ist die Heirat in einem Dom sicherlich der große Wunsch vieler Brautleute, allerdings wirkt ein zu einem Viertel besetzter Dom eher traurig als feierlich.

Natürlich musst du dann auch an die Blumendeko denken. Eine kleine Kirche ist schneller und preiswerter geschmückt als eine große. Nur die ersten Reihen mit Blumen zu verschönern, wirkt irgendwie auch lächerlich.

Bedenke ebenfalls die Anfahrt. Ist die Kirche im annehmbaren Umkreis? Wird deine Partylocation (falls diese direkt im Anschluss stattfindet) schnell und einfach erreichbar sein? Du bist mit der Gemeinde deines Wohnortes stark verbunden, empfindest die Kirche allerdings als nicht so schön, überlege dir, was dir wichtiger ist: Die schöne Kirche weiter weg oder die nicht so schöne, jedoch persönlich bekannte Kirche.

Überlege auch, ob das Outfit zu deiner gewünschten Kirche passt. Ein opulentes Kleid wirkt in einer alten katholischen Kirche passender als eines in der neuen, puristischen Variante. Ein schlichtes Kleid oder gar ein Kostüm sieht in der 300 Jahre alten Kirche ebenfalls deplatziert aus. Du wünschst dir einen Chor, eine musikalische Untermalung durch ein Hochzeitsduo oder sogar eine Harfenistin? Überlege dir beim Betrachten der Kirche, wo du diese platzieren kannst und ob weitere technische Gegebenheiten (zum Beispiel bei besonders großen Kirchen) beachtet werden müssen.

Hast du deine Wunschgemeinde gefunden, musst du einiges beachten, um dich dort trauen lassen zu können. Um eine kirchliche Trauung durchführen zu lassen, bist du an einige Voraussetzungen gebunden, die ich dir im Folgenden auflisten möchte.

Bis 2009 musste die standesamtliche Trauung vor der kirchlichen stattfinden. Was viele nicht wissen: Das hat sich mittlerweile geändert! Die kirchliche Trauung darf also auch vor der standesamtlichen Hochzeit stattfinden.

Alle Konfessionen beanspruchen für sich, dass zumindest ein Partner der jeweiligen Glaubensgemeinschaft angehört, in der die Trauung

Foto: Phil Stev

stattfinden soll. Was jedoch nicht automatisch heißt, dass ihr auf jeden Fall in dieser Gemeinde getraut werden könnt. Die letztendliche Entscheidung obliegt dem jeweiligen Pfarrer.

Während die eine Gemeinde auch einen Partner mit Fremdglauben akzeptiert, ist dies schier unmöglich für die andere Gemeinde. Es ist darum gut, eine kleine Auswahl an optionalen Gemeinden in petto zu haben. War einer von euch beiden bereits verheiratet, so wirst du vor allem bei der katholischen Kirche auf Widerstand stoßen. Hier ist dann die einzige Lösung, ein Ehe-Nichtigkeits-Verfahren beim Erzbistum Köln anzustreben. Denn vor der Kirche bist du trotz staatlicher Scheidung weiterhin in Gottes Augen vermählt. Für eine kirchliche Annullierung braucht es triftige Gründe und sehr viel Geduld.

Der Unterschied zur evangelischen Kirche ist verwunderlich, hier bleibst du ebenfalls weiterhin in Gottes Augen verheiratet, allerdings wird dir eine zweite Ehe gestattet. Dies geschieht ebenfalls nicht einfach so, sondern in Rücksprache mit dem Dekan. Auf eine Zustimmung kannst du allerdings hoffen. Eine weitere Voraussetzung musst du ebenfalls erfüllen: Du musst glaubhaft vermitteln, dass beide Brautleute im Namen Gottes getraut werden wollen. Dann fehlt dir nur noch eine weitere Voraussetzung: Du musst dem Traugespräch zustimmen und dieses durchführen. Manche Gemeinden verlangen noch einen Ehevorbereitungskurs, das ist jedoch eher die Seltenheit.

Für Paare mit unterschiedlicher Konfession ist es übrigens machbar, dass Geistliche beider Glaubensrichtungen die Trauung durchführen, das wäre dann die ökumenische Trauung.

Foto: Dave McIntosh / iStock

Für die Anmeldung zur kirchlichen Trauung brauchst du folgende Dokumente

Katholisch

- Personalausweis
- Taufschein
- Firmungszeugnis. Das Sakrament der Firmung ist kirchenrechtlich keine Pflicht für die Trauung. Viele Pfarrer legen jedoch auf das Gefirmtsein wert, so dass sie als Erwachsenenfirmung nachgeholt werden kann.
- Heiratsurkunde (wenn die standesamtliche Trauung schon stattgefunden hat) bzw. Bescheinigung über die Anmeldung zur Eheschließung.

Evangelisch

- Personalausweis
- Taufurkunde
- Konfirmationsschein
- Heiratsurkunde (wenn die standesamtliche Trauung schon stattgefunden hat) bzw. Bescheinigung über die Anmeldung zur Eheschließung.

Für eine ökumenische Trauung benötigt ihr die gleichen Unterlagen.

Wenn du deine Hochzeit in deiner Wunschgemeinde gebucht hast, so kommt das Traugespräch auf euch zu, das ihr in jedem Fall zu zweit besuchen müsst. Der Pfarrer kümmert sich natürlich persönlich um dieses Gespräch, dessen Inhalt auch davon abhängt, wie gut er euch kennt. Die immer auftauchenden Fragen sind die nach dem Warum (Warum wollt ihr kirchlich heiraten?) und natürlich Glaubensfragen. Organisatorische Details werden ebenso geklärt wie die Kosten und der Ablauf. Sei also gut vorbereitet und wisse, wann die Floristin in die Kirche muss, ob Trauzeugen ebenfalls etwas Persönliches vortragen und bestenfalls schon deinen Trauspruch. Frage, ob gefilmt und fotografiert werden darf und auch, ob Blumen gestreut werden dürfen. Das Traugespräch findet etwa drei Monate vor der Trauung statt. Dies kann direkt in der Gemeinde stattfinden. Viele Pfarrer legen jedoch Wert auf einen persönlichen Besuch bei euch zu Hause. Das Gespräch dauert etwa zwei Stunden, nicht selten kommt es vor, dass der Pfarrer einen oder sogar zwei weitere Termine anberaumt.

Gerade in der katholischen Kirche wird der erste Termin zum gegenseitigen Kennenlernen genutzt. Der zweite wird sehr religiös aufgebaut und der dritte betrifft dann die Besprechung zu Details und zur Trauung selbst.

Den Katholiken ist es sehr wichtig, das katholische Verständnis einer Ehe näherzubringen. Zum Traugespräch müsst ihr einige Papiere mitbringen, die zur Anmeldung noch nicht nötig waren, auch hier unterscheidet sich die evangelische von der katholischen Kirche.

-

Evangelisches Traugespräch

- Personalausweis oder Reisepass
- Das entscheidende Formular heißt in der evangelischen Kirche Trauanmeldung. Oft könnt ihr dieses vorab herunterladen oder beim Pfarramt anfordern. Gegebenenfalls füllt ihr die Trauanmeldung auch beim Traugespräch gemeinsam mit dem Pfarrer aus.
- Tauf- und Konfirmationsschein bzw. Eintrag ins Familienstammbuch (Taufschein erhältlich beim Taufpfarramt)
- Bestätigung, dass die Trauung beim Standesamt angemeldet ist (wird vom Standesamt ausgestellt) bzw. Heiratsurkunde, wenn die Trauung auf dem Standesamt bereits stattgefunden hat.
- Bei Trauung außerhalb eurer Gemeinde: Erlaubnisschreiben/Dimissoriale
- Eventuell: Eure Tauf- und Konfirmationssprüche

Katholisches Traugespräch

- Personalausweis oder Reisepass
- Das entscheidende Formular heißt in der katholischen Kirche Ehevorbereitungsprotokoll. Gegebenenfalls könnt ihr dieses vorab beim Pfarramt anfordern oder herunterladen. Oft wird das Ehevorbereitungsprotokoll auch beim Traugespräch gemeinsam mit dem Pfarrer ausgefüllt.
- Taufschein (nicht älter als ein halbes Jahr) – erhältlich beim Taufpfarramt
- Bescheinigung, dass beide Partner ledig sind – erhältlich beim Pfarramt bzw. Einwohnermeldeamt
- Nachweis der Firmung (kann auch nachgeholt werden)
- Bestätigung, dass die Trauung beim Standesamt angemeldet ist (wird vom Standesamt ausgestellt) bzw. Heiratsurkunde, wenn die Trauung auf dem Standesamt bereits stattgefunden hat
- Bei Trauung außerhalb eurer Gemeinde: Traulizenz/Entlassschein
- Eventuell: Eure Tauf- und Firmsprüche
- Achtung: Ihr braucht zwei Trauzeugen bei der katholischen Trauung. Ohne diese erkennt die Kirche eure Hochzeit nicht an (Alter und Konfession spielen keine Rolle). Zum Traugespräch solltet ihr am besten schon wissen, wer das sein soll.

> ***Tipp:*** Lies dich ein wenig in die Seiten des Erzbistums Kölns ein. Hier findest du etwaige Fragen, die dir gestellt werden könnten (Möchtet ihr Kinder? Werden sie gläubig erzogen? Was verstehst du unter der Ehe?) Du brauchst dir vorab nichts zurechtlegen, aber solltest ein wenig gefasst sein auf die sehr persönlichen Fragen. Außerdem sind hier einige sehr informative Videos veröffentlicht, so dass du zum Beispiel erfährst, wie ein Ehevorbereitungsseminar abläuft. Für das katholische Gespräch: Mache dir Gedanken, ob ihr euch einen Wortgottesdienst oder eine Eucharistiefeier (Heilige Messe mit Wandlung und Kommunion) wünscht.

Natürlich ist das Gespräch nicht nur da, um dem Pfarrer Rede und Antwort zu stehen. Auch du *darfst* und *musst* sogar Fragen stellen:

- Wann darf die Dekoration angebracht werden?
- Ist ein individuelles Trauversprechen möglich?
- Der Trauspruch: habt ihr einen bevorzugten Vers aus einem der beiden Testamente?
- Sind mehrere Trauungen geplant?
- Darf die gestellte Floristik mitgenommen werden?
- Bis wohin darf das Trauauto vorfahren?
- Dürfen Reis/Blüten geworfen/gestreut werden?
- Darf selbstständig eine musikalische Untermalung eingebaut werden? (Nein, Highway to Hell wird dir nicht genehmigt werden!)
- Darf die Kollekte für deine Wunschvereinigung gestiftet werden?

Die kirchliche Trauung hat stets einen festgelegten Ablauf

Evangelisch

Die Gäste treffen sich vor der Kirche. Sie warten entweder auf das Brautpaar oder nehmen bereits in der Kirche Platz.

Einzug: hier gibt es verschiedene Möglichkeiten. Entweder ziehen Braut und Bräutigam gemeinsam ein oder der Bräutigam wartet am Altar auf seine Braut, die zusammen mit dem Brautführer (meist ihr Vater) einzieht. In beiden Fällen können Blumenkinder davor her schreiten.

- Begrüßung mit Bibelworten über die Ehe
- Lied
- Trauansprache
- Trauung mit Ringtausch, evtl. ein Eheversprechen und Segnung des Brautpaares
- Vaterunser
- Lied
- Verabschiedung durch den Pfarrer
- Auszug

Katholisch

Die Gäste treffen sich vor der Kirche. Sie warten entweder auf das Brautpaar oder nehmen bereits in der Kirche Platz.

Einzug: hier gibt es verschiedene Möglichkeiten. Entweder ziehen Braut und Bräutigam gemeinsam mit dem Traugeistlichen ein oder der Bräutigam wartet am Altar auf seine Braut, die zusammen mit dem Brautführer (meist ihr Vater) einzieht. In beiden Fällen können Blumenkinder vorweggehen. Außerdem kann das Brautpaar auch schon vorne stehen, wenn der Gottesdienst beginnt.

- Begrüßung und Liturgie
- Lied
- Trauansprache/Predigt
- Trauung mit Segnung und Übergabe der Ringe, Vermählungsworte und ggf. Eheversprechen
- Lied, währenddessen gehen Brautpaar und Trauzeugen in die Sakristei, um die Hochzeitsurkunde zu unterschreiben
- Fürbitten
- Eucharistiefeier (Messfeier, entfällt beim Wortgottesdienst)
- Verabschiedung durch den Pfarrer
- Auszug (evtl. mit Blumenkindern. Aber Achtung: in manchen Kirchen ist es nicht erwünscht, dass die Blumenblüten in der Kirche verteilt werden)

> ***Wichtig:*** Buche deine Traumkirche weit im Voraus, gerade die schönen sind sehr schnell ausgebucht!

Foto: Jewelsy / iStock

Dein perfektes Hochzeitsauto

Die stilvolle Fahrt in dein Hochzeitsglück

Die strahlende Braut, die aus dem imposant geschmückten Auto schwebt, der stolze Bräutigam, der der mit Pianolack glänzenden Limousinen entsteigt. Ein Brautpaar, sophisticated und souverän, das sich aus dem Rolls-Royce heraus in die Flitterwochen verabschiedet, oder ein Trabi der mit Blechbüchsen bestückt dem Sonnenuntergang entgegen knattert. Diese Momentaufnahmen, teils aus Erinnerungen, teils aus romantischen Filmen und mal sogar aus den schönsten unserer Tagträume und Phantasien, ist unausweichlich mit dem Hochzeitstag verbunden.

Sei es der Käfer, der mit Herz- und Blumenaufklebern daherkommt oder das 6er-Gespann, das mit üppigem Rosenbehang aufwartet: Das Gefährt muss zu deinem Stil und dem der Hochzeit passen. Eher Hippie-Hochzeit am Strand oder Gala im Schloss? Wähle den Wagen so, dass dieser in das Gesamtbild passt und den roten Faden, der sich durch deine gesamte Feierlichkeit zieht, erkennen lässt.

Bevor wir jetzt zu weiteren Überlegungen kommen, zunächst einmal die grundlegende Information. Gibt es einen tieferen Sinn hinter Blechbüchsen und Co?

Ja! Auch das Auto gehört zum, zugegebenermaßen jungen, Brauchtum einer Hochzeit dazu. Die Blechbüchsen, das laute Hupen, der Hochzeitskonvoi und sogar die Blumen, die das Auto schmücken, und den Nachbarn, Schaulustigen und Spaziergängern mitteilen: „Schaut her, heute sind wir das glücklichste Paar der Welt", sollten früher etwas anderes bewirken.

Denn damit sollten übersinnliche Kräfte, die nichts Gutes mit dem Paar im Sinne hatten, eingeschüchtert, verwirrt und vertrieben werden. Egal, ob du abergläubisch bist oder nicht, schön ist dieses Brauchtum allemal! Und ganz ehrlich: Du musst ja eh von Ort zu Ort kommen, dann bitte auch an diesem bestimmten Tag außergewöhnlich feierlich!

Nun gibt es natürlich viele Dos und auch einige Don‘ts zu beachten. Lasst uns mit letzterem beginnen, um deine Auswahl von vornherein im Sinne des Machbaren einzuschränken und natürlich auch, um dir direkt Alternativen aufzuweisen.

Liebe Braut, überlege dir zweimal, ob du wirklich das tolle Cabrio buchen möchtest, wenn die zurückzulegende Strecke über Straßen führt, auf denen nicht nur Schrittgeschwindigkeit gefahren werden soll. Der Schleier, deine Frisur und auch dein etwaiges Diadem werden kaum so vollkommen makellos ankommen, wie in einem geschlossen Wagen.

Foto: Phil Stev

Lieber Bräutigam, wähle weise, wenn du deine Braut mit dem Brautwagen überraschen möchtest und dafür den Zweitürer wählst, der damals Schauplatz eures ersten Kusses war. Das ist zwar romantisch, jedoch auch wahnsinnig unpraktisch. Deine Braut wird mit einem ausladenden Kleid Probleme haben, sich auf die Rücksitzbank zu quetschen.

Du planst einen Hochzeitsumzug, der ausschließlich zu Fuß stattfindet? Grandiose Idee, nichts ist dagegen einzuwenden, wenn du dich auf angenehmes Wetter verlassen kannst.

Motorrad oder Roller, in der Theorie eine so schöne Idee, gerade wenn du deine lockere, unkonventionelle und freie Persönlichkeit hervorheben möchtest. Allerdings wirst du nach der Zweirad-Tour auf die Aufarbeitung eines Stylisten nicht verzichten können. Mal abgesehen von deinem Outfit, das du zur Fahrt natürlich gegen Lederkluft tauschen musstest.

Du heiratest im Winter und möchtest mit einem Schlitten von Pferden gezogen geleitet werden. Ja! Möglich! Bitte nur für kurze Strecken. Eine zu lange Schlittenfahrt wird langweilig und ein Brautpaar mit blauen Lippen und zitternden Kinn ist auch nicht glücklich. Gleiches gilt im Sommer: Schönstes Wetter? Die Kutsche angespannt? Lass dich nicht allzu weit ziehen, zunächst der Tiere wegen, sie haben schließlich schon die Anreise hinter sich und müssen nach getaner Arbeit bei eventuell brütender Hitze auch noch nach Hause und dann natürlich euretwegen. Die Sonne brennt und du sollst 20 Minuten in der offenen Kutsche fahren? Nein! Lieber nicht.

Ein Traktor eines Bekannten kann euch von A nach B bringen. Ok, wenn du eine Scheunenparty planst.

Was ist sonst noch fragwürdig? Alles, worin du nicht auf angenehme Weise zu deinem nächsten Ziel kommst. Um das passende Gefährt zu finden, überlege ebenfalls, was dir wichtig ist. Sollen die Trauzeugen mitfahren oder sogar die Eltern, dann kommst du wohl an einer Stretchlimousine nicht vorbei. Ein Planwagen kann deine Alternative sein, bedenke das dieser dann außergewöhnlich geschmückt sein soll und nicht in typischem Grün daherkommt, auch an einen Hummer kannst du denken.

Dir ist die Blumendeko superwichtig? Dann fallen viele Autoverleiher bereits weg, gerade Oldtimer sind empfindlich und Kratzer einfach nicht vollkommen auszuschließen. Hast du alles bedacht, was dein Wunschgefährt ausschließen könnte und bist zu dem Ergebnis gekommen: „Juchuu, es passt genau!", so kannst du dir überlegen, ob dein Gefährt eventuell von den Trauzeugen oder den Eltern gesponsert wird, vor allem für die *Wir-wissen-nicht-was-wir-schenken-sollen-Fraktion* ist dies eine schöne Möglichkeit, mit etwas Besonderem zu begeistern.

Die Deko ist dann natürlich ebenfalls *Sache* des Schenkers. Achtung, guter Geschmack oder eben das *Einfühlen* in deinen Geschmack muss vorhanden sein. Die Blumendekoration muss zum Strauß passen, und du ahnst es sicher schon, auch zur Dekoration der Location, denn auch wenn dein Auto nie in dem *Place to be* stehen wird, so findet das Auto in Verbindung mit der Location doch als Gesamtbild später in deinem Hochzeitsalbum statt – und das wiederum soll ja ebenfalls stimmig anzusehen sein.

Möchtest du keine Blumen an dem Auto, so kannst du auch Blechdosen, Aufkleber (Achtung Abstimmungssache), Luftballons, Schleifen und Bänder nutzen. Alles kann, nichts muss. Wichtig ist, dass du auf die Verkehrstauglichkeit achtest, das heißt, dass du sowohl alles *fest und sicher* zum Beispiel mit Saugnäpfen anbringst und auch das Nummernschild darf nicht verdeckt sein.

Eine schöne Geste und eine tolle Momentaufnahme für das *bewegte* Bild ist es übrigens, wenn alle Autos deines Konvois eine weiße Schleife samt Schleierkraut, einige weiße Bänder oder weiße Luftballons an ihren Seitenspiegeln oder Türgriffen präsentieren. Wenn eine ganze Reihe der unterschiedlichen Autos die geschmückten Türen nach und nach zuschlägt und dies ein zeitgeraffter Teil deines Hochzeitsvideos ist, sorgt dieser kleine Einspieler schon für den individuellen Touch!

Ach, und wenn wir gerade bei den Tipps und Tricks sind, lasse dir an deinen unterschiedlichen Locations einen Parkplatz sperren, so dass du überall entspannt bleiben kannst. Hast du dich entschlossen, ein Auto zu leihen oder aber von den Liebsten leihen zu lassen, so hast du oft die Möglichkeit, das Auto schon geschmückt zu bestellen. Dies hat den Vorteil, dass du hier aus der Verantwortung (etwaige Kratzer) raus bist und den Nachteil, dass es voraussichtlich nicht *wie aus einem Guss* ausschaut. Ja genau, ich poche auf den roten Faden. Ein Kompromiss tut beiden gut. Wähle deine Floristin, die ihrem Schmuck dann zum Verleiher zum Anbringen liefert.

Muss du deinen Hochzeitskonvoi anmelden? Streng genommen ja. Du darfst nicht einfach so im Straßenverkehr hupen, allerdings ist mir in meiner 24-jährigen Karriere auch noch nie eine Maßregelung durch Ordnungshüter untergekommen, wenn der Konvoi nicht angemeldet war. Hier drücken doch viele Ordnungsdienste und Polizisten beide Augen zu.

Hast du ein Gefährt samt Fahrer oder eben Kutscher gewählt, halte etwas Trinkgeld bereit, und überbrücke etwaige Wartezeiten mit einer kleinen Aufmerksamkeit, ein paar Macarones und ein kaltes Softgetränk zeigen Anerkennung und Stil.

Nun zu den Kosten: dein Gefährt wird mit 100 bis 700 € zu Buche schlagen. Um Überraschungen zu vermeiden und augenscheinlich günstige Alternativen auch wirklich als diese zu erkennen, sind folgende Punkte wichtig:

- Wie viele Kilometer sind im Mietpreis enthalten?
- Ist die Fahrzeug-Versicherung im Preis inkludiert? Wie hoch ist die Selbstbeteiligung?
- Kostet ein Fahrer extra?
- Ist die Reinigung enthalten?
- Frag den Vermieter nach den geschätzten Benzinkosten.
- Klär ab, ob eine Kaution hinterlegt werden muss.
- Fallen bei einer Terminverschiebung Mehrkosten an?
- Wie lange ist die Mietdauer, was kostet die Überziehung?

Dein perfekter Hochzeits-Caterer

Am Ende erinnerst du dich nicht daran, wie teuer, sondern wie schön es war.

Am Ende erinnerst du dich nicht daran, wie teuer, sondern wie schön es war. Das gilt natürlich für alles. Bei den Speisen, die du auswählst, hat dies jedoch auch noch eine andere Bewandtnis, denn du wählst hochwertige Lebensmittel – um der Tierwelt, der Nachwelt und deiner selbst willen.

Foto: Nadines Schmeckerei

Um den richtigen Dienstleister für dein Catering auszuwählen, kannst du dich vorher im Web schlau machen. Viele Caterer bieten zusätzlich noch Magazine und Broschüren an, diese werden dir kostenlos zugesandt oder per PDF übermittelt. Die bessere Möglichkeit ist hier der Postweg, denn so hast du direkt ein Handout, das du zur Auswahl nutzen kannst, ein schön gestaltetes und gebundenes Büchlein. Es liefert dir Informationen und einen guten Eindruck, du bekommst eine Idee des Angebots und kannst in Ruhe stöbern. An der Aufmachung kannst du auch direkt erkennen, wer sich Mühe gegeben hat, auf Schönheit und Aussagekraft Wert legt, wem es also um Qualität von Anfang an geht und wer eben nur möglichst viel Gewinn rausschlagen möchte (und deshalb das preiswerteste und dünnste Papier nutzt, dies schlimmstenfalls in schwarz bedruckt und mit wenigen Seiten überzeugen will).

Hast du einige Caterer gefunden, deren Webauftritt dich bereits überzeugt hat, achte hier nicht nur auf die Website, sondern auch auf die veröffentlichten Bewertungen und – viel wichtiger – auf die Antworten des Inhabers. Es ist so wichtig, dass dieser präsent und ansprechbar ist und sowohl bei Negativ-Bewertungen als auch bei Positiv-Bewertungen Stellung nimmt. Du kannst hier die sozialen Netzwerke wie Facebook und Instagram wunderbar für deine Recherche nutzen. Meistens findest du hier sogar schneller als auf der Homepage und im Handout Neuigkeiten, Empfehlungen und manchmal sogar spezielle Angebote.

Ich empfehle dir, nicht mehr als sechs Broschüren anzufordern. Sonst wird es wirklich schwierig mit der Entscheidung. Liegen dir alle vor, so sortierst du diese bereits aus, die lieblos daherkommen, denn die Chance ist groß, dass auch das Catering eher 08/15 als besonders anmuten wird. Nimm dir ausreichend Zeit, dich in die noch übrig gebliebenen Unterlagen einzuarbeiten. Hast du beim Anblick einer Broschüre gleich ein gutes Bauchgefühl, darfst du diesem vertrauen und kannst diesen Anbieter direkt favorisieren. Ist die Broschüre liebevoll gestaltet? Mit Witz, Herzblut und Charme? Hat sie tolle Bilder? Erfährst du etwas über die Menschen der Firma oder die Entstehungsgeschichte? Welche Erfahrungen hat der Caterer? Beliefert er Seminar- und Businesskunden, aber gleichermaßen auch private Feiern und Hochzeiten?

Wichtiger Zwischenruf: Es sollte am Ende nie der Preis ausschlaggebend sein. Lass dich nicht von einem Preisvergleich in die Irre leiten, sondern achte darauf, welche Handschrift des Kochs, welche Kulinarik, welche Machart, welches Konzept dich besonders ansprechen.

Überlege dir nun, wenn noch nicht geschehen und natürlich auch anhand der neuen Inspirationen, in welche Richtung dein Catering gehen soll: mediterran, klassisch, experimentell, heiß, kalt, fein, Fingerfood? Welcher rote Faden zieht sich auch durch die Kulinarik?

Hast du dir ein paar Gedanken gemacht und die Eckdaten wie Personenzahl, Datum und Co. zusammengetragen, lässt du dich im nächsten Schritt von den Caterern beraten, die es in deine enge Vorauswahl geschafft haben.

Die erste Kontaktaufnahme erfolgt am besten per E-Mail, denn so kannst du schon alle Fakten nennen: Gegebenheiten, Wünsche, Ideen, Datum, Location. Die erste Anfrage ist anhand des Datums schon entscheidend, denn eventuell ist der angefragte Caterer bereits ausgebucht – so dass dieser aus deiner Vorauswahl schon ausgeschlossen werden kann.

Hast du die Terminfreigabe von deinen maximal drei unterschiedlichen Caterern, die du genauer kennenlernen möchtest, so vereinbare Termine, die nah beieinander liegen. Warum? Sonst gewinnt immer der letzte Termin und nicht der Beste, denn der erste Termin ist einfach schon so lange her und der letzte Termin präsenter in Erinnerung. Außerdem arbeitet der letzte Termin natürlich dann auch schon mit den Anregungen und Informationen, die dir bei den ersten beiden Terminen als Input mitgegeben wurden und kann darauf aufbauen.

Komme unbedingt mit einer Vorstellung, stelle kurz dein Konzept vor und lasse dann dem Caterer Freiraum, um selbst Ideen, Wissenswertes und etwaige saisonale und kulinarische Besonderheiten, die du noch nicht bedacht hast, zu klären.

Vielleicht hast du im Handout bereits ein Menü gefunden, was dir sehr gut gefällt, bei dem du jedoch noch etwas ergänzen oder einzelne Bestandteile tauschen möchtest. Scheue dich auch nicht, das Menü von der Stange zu wählen, diese sind sehr gut aufeinander abgestimmt und können dann natürlich noch durch weitere Wünsche auf dich zugeschnitten werden.

Deine Auswahl zur Hochzeit sollte selbstverständlich zuallererst deinen Geschmack treffen und darf auch ausgefallen sein. Da jedoch ein Familienfest gefeiert wird, achte auch darauf, dass die ältere Generation ihr Essen hier finden kann.

Alle weiteren individuellen Vorstellungen klärst und erarbeitest du mit deinem Caterer. Der erste Termin sollte immer erstmal um das Kennenlernen gehen. Ich halte es für falsch, sich von allen Caterern ein ausgearbeitetes Angebot erstellen zu lassen. Die für dich relevanten Fakten klopfst du schon bei dem Gespräch ab, eine Circa-Preisangabe wird dir ebenfalls mitgeteilt werden. Ein schriftliches Angebot mit Ideen und Konzept lässt du dir dann schriftlich zukommen.

Von einem Probeessen rate ich dir ab. Das ist unnötig und völlig übertrieben. Dies ist ein Trend, der aus Amerika von den Billionaire-Weddings, die gut und gerne hunderttausende Euro kosten, übergeschwappt ist. Man kocht das ganze Menü durch, stimmt sogar die Gewürze und sonstige Veredelungen ab und lässt einen aufwändigen Probelauf samt Familie und Freunden stattfinden. Dies findet jedoch auch in den USA ausschließlich bei den sehr teuren Hochzeiten und eben im Film statt.

Ist ein Restaurant an den Caterer angeschlossen, so hast du natürlich die Möglichkeit, direkt im Restaurant zu speisen, um dir einen Eindruck zu verschaffen. Achte hier jedoch wirklich auf das Einzugsgebiet und die Karte selbst. In vielen Fällen wird in der höherpreislichen Cateringschiene etwas ganz Anderes angeboten und auch anders gekocht als eben im Restaurant, Bistro oder für den Mittagstisch in der angeschlossenen Metzgerei. Zudem kannst du vom Schnitzel mit Bratkartoffeln oder dem Filet mit jungem Spargel schlecht auf das favorisierte Fingerfood schließen. Gut, dass es mittlerweile ausreichend unabhängige Portale gibt. Die Meinung von anderen Kunden und Gästen, die bereits zu ähnlichen oder gleichen Anlässen becatert wurden, zählt in diesem Falle wesentlich mehr.

Im Kapitel Planen findest du weitere Facts und eine Menge Anregungen. Bewahre dir aber die Handlungsfreiheit und lasse dich inspirieren. Ein guter Caterer wird dir feine Zusammenstellungen und außergewöhnliche Speisen samt Möglichkeiten wie z. B. Show-Cookings anbieten.

Die Sache mit der Temperatur

Bestelle dein Catering so, dass du dieses entweder bereits in Empfang nimmst, bevor deine Gäste kommen oder etwa eine halbe Stunde nach dem Eintreffen deiner Gäste. Es ist schwierig, sich zeitgleich um die eintreffenden Gäste und das Catering zu kümmern.

Besonders wichtig ist auch, dass dein (kaltes) Catering einen Moment Zeit hat, um Raumtemperatur anzunehmen, bevor es gegessen wird. Aromen verändern sich mit der Temperatur, zudem beeinflusst die Temperatur den Geschmackssinn. Die feinen Speisen des Caterings können keinesfalls ihre Aromen bei Kühlhaustemperatur von 1-5 Grad (dies ist die laut Haccp-Programm vorgeschriebene Temperatur des durchgängigen Kühlweges) entfalten. Dann werden sie einfach nicht so gut schmecken.

Übrigens: Die Temperatur beeinflusst den Geschmack!

- Bitter wird z. B. in kalten Umgebungen intensiver wahrgenommen als in warmen. Allerdings schmeckt bitter in kalten Umgebungen weniger lange nach.
- Süßes schmeckt weniger süß, wenn es kalt ist. Das ist auch der Grund, warum Schokolade aus dem Kühlschrank nie so gut schmeckt wie bei Zimmertemperatur. Nicht nur der weiche, zarte Schmelz fehlt, auch die Geschmacksintensität ist aus dem Kühlschrank eher mau.
- Eine Studie des deutschen Physikers Prof. Thomas Vilgis zeigt auf, dass die Geschmacksintensität mit steigender Temperatur zunimmt.

Und was bedeutet das nun für dich als Gastgeber? Ganz einfach: Kalt serviertes Essen sollte stärker gewürzt werden als warmes.

Aromen und Konsistenzen verändern sich in Abhängigkeit von der Temperatur. Es hat schließlich auch niemand Lust, in ein hartes Canapé zu beißen. Ebenso beeinflusst die Temperatur die Geschmacksintensität:

- Ein Apfel schmeckt bei Zimmertemperatur völlig anders als ein Bratapfel
- Frischer Sellerie riecht und schmeckt anders als gekochter Sellerie
- Eine Bloody Mary zieht einen Großteil ihres Charakters aus der kühlen Serviertemperatur. Würde man den Tomatensaft erhitzen, wäre der Drink viel zu intensiv.
- Andersherum: serviert man eine klassische Tomatensuppe kalt als Gazpacho, so wird sie im Zweifelsfall deutlich zu schlaff schmecken (wenn man sie nicht ausreichend würzt).

Achtung Fliegen und Wespen

Wir haben einmal im Frühjahr am Rheinufer in einer Lokalität für eine kleine Hochzeit gegrillt. Das Brautpaar wollte das Catering, also auch die Vorspeisen, die Beilagen und das Dessert außen aufgebaut haben. Prinzipiell eine schöne Idee. Und obwohl es nicht heiß war, war alles voller Fliegen. Und wenn eins das schönste Catering zerstört, dann ist es das: liebevoll angerichtete Speisen, die mit Fliegen übersät sind.

Nun sind Fliegen nur eklig. Viel gefährlicher ist es, wenn im Sommer auch die Wespen ihre Hochzeit haben. Hierauf solltet ihr unbedingt achten und gegebenenfalls mit dem Dienstleister vor Ort über mögliche Lösungen sprechen, wie das Problem vermieden werden kann.

Wenn du im Freien feierst (das gilt natürlich auch für alle anderen Feierlichkeiten), sorge für batteriebetriebene Fliegenwedler und Kräuter, deren Duft die Fliegen nicht mögen. Nutze einen Fliegenwedler pro 50 cm2 und bestücke das Buffet mit Lavendel und Basilikumpflanzen. Das sieht nicht nur schön aus, sondern hat auch einen praktischen Zweck. So wirst du ein appetitliches Catering anbieten können, an dem sich die Fliegen nicht zu schaffen machen.

Deine perfekte Hochzeits-Bar

Auch die Getränke dürfen bei einer Hochzeit besonders sein

Wieviel, was und wovon, hier hast du schon einiges im Kapitel Mengen im Abschnitt Planen gelernt. Noch mehr wichtige Informationen über das flüssige Glück erfährst du in Björns Wein-Kapitel. Und alles, was dort nicht reingepasst hat, jedoch gerade für deine Hochzeit wichtig ist, das findest du auf den folgenden Seiten.

Viele Locations bieten, auch wenn du eine freie Auswahl des Caterers hast, eine Getränkepauschale an, die du bestenfalls direkt in Anspruch nimmst. Denn so hast hier du Planungssicherheit und weißt, womit du rechnen kannst. Wird pro Getränk abgerechnet, verlierst du schnell den Überblick und auch das Gefühl, wieviel getrunken wurde. Vielen meiner Brautpaare bleibt dann ein fader Beigeschmack, weil sie sich, berechtigt und auch unberechtigt (weil du einfach nicht damit rechnest, dass wirklich so viel getrunken wurde), übervorteilt oder über den Tisch gezogen fühlen. Ich empfehle dir dringend, wenn du die Wahlmöglichkeit hast, wirklich die Pro-Kopf-Pauschale zu nutzen. Vereinbare vorher mit dem Caterer oder der Location, welche Getränke in der Pauschale enthalten sind.

Zu den Berechnungen, falls du ein Zelt oder auch eine Location hast, die du vollständig selbst ausstatten musst, findest du im Kapitel Planen wichtige Erläuterungen.

Bei Zelthochzeiten lohnt sich die Überlegung, einen Getränkewagen zu bestellen. Auch wenn keine Selbstbedienung ist, hast du hier alles nötige an einer Stelle – einen Kühlraum genau wie Wasser und eine ordentliche Ablage für Gläser und Co.

Zu späterer Stunde kann natürlich auch in die lockere Variante der Selbstbedienung gewechselt werden. Wichtig ist, dass du in jedem Fall bei deiner Locationauswahl darauf achtest, dass du gute Möglichkeiten hast, deine Getränke zu kühlen. Im Winter kann es reichen, wenn du die Getränke auf dem Hof stehen lässt. Sobald die Temperaturen jedoch über vier Grad klettern, muss eine Kühlung her. Gut ausgestattete und vor allem auf Hochzeiten ausgerichtete Locations, auch die, die keinen Getränkeservice anbieten, bieten dir Kühlhäuser oder große Kühlschränke an.

Auch wenn du eine Pop-Up-Location buchst (z. B. einen Strandpavillon), die nur in verschiedenen Monaten aufgebaut wird, kann manchmal kein Kühlhaus integriert sein. Auch bei einer Zelthochzeit musst du natürlich ebenfalls alles drum herum noch organisieren.

Im Web findest du Miet-Kühlwagen oder sehr große Miet-Wannen, die du mit Eis bestücken kannst. Ich rate dir auf jeden Fall zum Kühlwagen. Eine Wanne zur Dekoration ist mit Weißwein bestückt zum Beispiel toll, für eine große Gesellschaft jedoch nicht ausreichend.

Das Bier solltest du bestenfalls frisch zapfen lassen. Achte hier, wenn du keinen fertig eingerichteten Getränkewagen bestellst, auf eine Zapfanlage mit zwei Leitungen, eine für Alt, eine für Pils. Je nach Einzugsgebiet kannst du natürlich die bevorzugte Bierart wählen, mal kommt eher das Kölsch zum Tragen und mal Weizen. Achte auf ausreichend CO2, das dir mitgeliefert werden muss, ebenso wie auf einen Probelauf. Bestelle ausreichend Fässer, allerdings nicht einheitlich groß, sondern eine Auswahl großer und kleinerer Fässer. So kannst du am Anfang der Feierlichkeit sehr gut das große 50-Liter-Fass anschließen lassen und zum Ende der Party dann das 20-Liter-Fass. Ein angestochenes Fass wird die Brauerei oder der Getränkehändler nicht zurücknehmen, das heißt, du bleibst auf jeden Fall auf einem Rest Bier sitzen. So ist es finanziell wesentlich leichter zu verkraften, wenn etwas im kleinen Fass übrig bleibt. 10 Liter von 20 Litern anstatt 10 Liter von 50 Litern ist die bessere Rechnung!

Komm bitte nicht in Versuchung, nur kleine Fässer zu bestellen! Denn hier besteht die Gefahr, dass zu Beginn und wenn die Party auf Hochtouren läuft, das Fass zu schnell leerläuft. Das Wechseln nimmt immer Zeit in Anspruch und ein Getränkerückstau bei den Gästen entsteht. Das ist ein Stimmungskiller!

Lass dich auch von Getränkehändlern nicht falsch beraten, wenn man dir vorschlägt, ausschließlich Coca-Cola als Softgetränk anzubieten. Fanta und auch Sprite werden für die Biermix-Getränke oft benötigt und gerne getrunken, außerdem solltest du natürlich immer eine Auswahl anbieten können.

Für die große Party empfehlen sich auch große Flaschen an Soft-Drinks und Wasser. Bitte immer Glasflaschen, zunächst der Umwelt zuliebe, aber auch, weil es so viel feiner aussieht. Für deinen kleinen Empfang reiche deine Softs sehr gerne in 0,2l-(Glas)-Flaschen mit Strohhalm. Das ist überhaupt nicht verwerflich und wird auf großen Vernissagen ebenso angeboten wie auf Prêt-à-porter-Showen, im Ferrari-Paddock-Club und bei Filmpremieren. Handlich und schnell geleert benötigst du hier, zumindest für Softs, Wasser und Saft keine weiteren Gläser. Lege hier ausreichend Öffner zurecht, dass niemand warten muss, und sich schnell auch mal selbst ein Getränk öffnen kann.

Denk für deine Hochzeit auch über eine mobile Cocktailbar nach. Diese wird super gerne angenommen und sicherlich gibt es noch einen speziellen Drink ausschließlich für diesen Tag, der euren Namen trägt. Überhaupt ist es eine schöne Idee, die Getränke separiert nach Art als Wagen oder Bar aufbauen zu lassen. So ist es zum Beispiel am Strand oder im Garten ein Leichtes für die Gäste, sich selbst zu bedienen. Das geht natürlich nur, wenn eine lockere Atmosphäre von dir angestrebt wird. Bei deinem Booking der Cocktailbar achte auf Kreativität: Feierst du am Strand oder in Anlehnung an deine Reisen, so sind Muscheln zum Beispiel im Drink sehr schön. Schleckmuscheln sind z. B. passend - das sieht toll aus und sie sind lebensmittelecht.

> ***Tipp:*** Auch wenn du Spülmöglichkeiten hast, rechne doch die Gläser dreifach.

Extra-Tipp: Servierwagen

Möchtest du gerne einen Absacker, jedoch Spirituosen nicht die ganze Zeit über anbieten, so ist ein Servierwagen eine tolle Lösung. Lass nach dem Dessert eine Servicekraft – oder je nach Feierlichkeit auch mehrere Kräfte – mit Servierwagen und einer Digestif-Auswahl zu den Tischen schlendern. Das macht ordentlich was her, kommt immer gut an, macht den Gästen richtig Spaß – und du vermeidest den überhöhten Genuss der starken Spirituosen (denn nein, du möchtest auf deiner Hochzeit keine volltrunkenen Gäste, die die Stimmung und dein Fest zerstören).

Deine perfekte Blumendeko

Die gehobene Floristik unterstreicht deine Hochzeit auf die besondere Art

Prachtvoll, pompös und herrschaftlich oder verspielt, natürlich und romantisch: Die gehobene Floristik unterstreicht deine Hochzeit auf besondere Art und sorgt für ein stimmungsvolles Ambiente. Der Zauber deiner Hochzeit findet sich in den wundervollen Gestecken, ganzen Blütenbögen, Haarkränzen, Streublumen, Blumengirlanden und natürlich dem Brautstrauß wieder.

Foto: Nadines Schmeckerei

Die Tradition, einen Strauß zur Hochzeit zu tragen, ist auf eine merkwürdige, jedoch nachvollziehbare Art entstanden. Früher war es nämlich eher üblich, die Braut mit einem Rosenkranz im Haar zu schmücken. In der Renaissance entstanden dann die ersten Sträuße, allerdings bestehend aus stark duftenden Kräutern wie Rosmarin und Myrte, einzig und allein dem Zweck dienend, dass die Braut bei all dem Weihrauch bei Bewusstsein blieb (und die Kräuter mit ihren ätherischen Ölen dabei halfen). Später kam dann die duftende Rose hinzu. Die Entwicklung des Straußes verlief zielstrebig, so dass dieser damals, je größer und ausladender er war, zum Statussymbol avancierte. Heute ist der Strauß einer Braut nicht mehr wegzudenken und dank der weiteren Entwicklung müssen wir weder Kräuter zu unserem Wohle tragen noch kiloschwere Blumen schleppen, um unseren Status zu symbolisieren. Wir dürfen uns ganz nach unseren Wünschen ausstatten und die Blumen als unseren Schmuck betrachten.

Der Brautstrauß sollte zeitig bestellt, jedoch erst genau definiert werden, wenn das Brautkleid steht. Denn die Braut samt wunderschönem Kleid steht immer im Vordergrund. Der Strauß ist begleitend, setzt zauberhafte Nuancen und verfeinert wieder das Gesamtbild. Vorsicht vor dem Wunsch, einen üppigen Strauß haben zu wollen: Die wundervolle Pracht verdeckt zu viel von der Braut und wird mit jedem Schritt schwerer, eine grazile Bewegung ist dann kaum mehr möglich.

Traditionell oder individuell, im Biedermeierstil oder als lockere Hippievariante – der Kreativität sind keine Grenzen gesetzt. So viele Varianten und mindestens genau so vielen Inspirationen lassen die Auswahl schwerfallen. Doch mit dem perfekten Kleid findet sich schnell auch der passende Strauß. Ob du also die Wasserfallform, die Kugelform oder die Kaskadenform (um nur einige zu nennen) wählst, hängt entsprechend stark von der Gestalt der Braut und auch vom gewählten Outfit ab.

Hast du erstmal die perfekte Form gefunden, so werden sich die dazu perfekten Blumen ebenfalls schnell finden. Die unterschiedlichen Bindetechniken der verschiedenen Sträuße geben nämlich oft schon die zu wählenden Blumen vor. Lilien zum Beispiel unterstützen die Stabform, während Orchideen als Wasserfall besonders zu Geltung kommen. Für einen Biedermeierstrauß ist nichts schöner als die Rose.

Nun überlegst du dir bestenfalls gemeinsam mit deinem Floristen die Farbauswahl des Straußes. Hieraus wird später das ganze Farbkonzept der Hochzeit abgeleitet. Die Farbe des Straußes muss zu deinem Kleid passen, jedoch auch deinen Hautton unterstreichen. Von zu starken Kontrasten solltest du Abstand nehmen und auch deine eventuelle Schmuckwahl beachten.

Mach dich zeitig, gerne schon 18 Monate vor deiner Hochzeit auf die Suche nach dem passenden Floristen. Achte darauf, dass du einen Floristen wählst, der besonders geschult in der Event- bzw. Hochzeitsfloristik ist. Bist du fündig geworden, so reserviere dein Hochzeitsdatum fest und gib bereits den Umfang an, mit dem dein gewählter Dienstleister rechnen kann, das heißt zum Beispiel:

- Bouquets für alle Brautjungfern
- Kirchenschmuck
- Autodeko
- Streublumen
- Verschönerung von an der Location stehenden Bäumen (falls gewünscht, sogar mit Lichteffekten in der Dunkelheit)
- hängende Blüten von der Decke
- Rosenmeer als Spalier
- Blütenbögen
- Ansteckblumen
- Haarkränze
- Ausstattung der Location innen und außen
- Brautstrauß

Oder eben nur:

- Brautstrauß
- Ansteckblume
- Tischdeko

So weiß dein Florist, wieviel Zeit er ausschließlich für die Erstellung deiner Arrangements benötigt und nimmt eben anderweitig nur noch zu schaffende Aufträge an.

Wenn für dich und deinen Dienstleister möglich und erwünscht, könnt ihr bereits bei der Terminblockung weit im Voraus ins Detail gehen, oder erstmal den groben Rahmen festsetzen und ein halbes bis ein viertel Jahr vor der Hochzeit alles weitere besprechen. Ich empfehle dir die zweite Variante. Gerade die kreativsten Floristen bilden sich ständig weiter, lernen neue Bindetechniken und lasse sich von Saison zu Saison ebenfalls neu inspirieren.

Hast du bereits eine florale Idee zur Gestaltung, ist das der erste Schritt zum Blumenglück. Bist du völlig frei und gespannt auf die Vorschläge des Profis, so kannst du unbefangen und lediglich vorbereitet mit den Eckpunkten (hierzu zählt auch der gewünschte Stil) deiner Hochzeit den Termin beim Floristen vereinbaren. Du kannst dich ganz und gar in die Hände des Profis geben und mit ihm gemeinsam in die Ideenfindung und Konzeptplanung gehen. Ich persönlich finde die eigene Vorbereitung auf jeden Termin sehr wichtig und besonders schön, würde also nie darauf verzichten, schon im Vorfeld die schönsten Inspirationen herauszusuchen und dem Floristen zu präsentieren.

Den floralen Traum wirst du erleben, wenn du mit üppigen Dekorationen und besonderen Arrangements der Blumen aufwartest. Blüten, die vom Himmel hängen und Girlanden, die Stühle, Säulen und

Eingänge zieren, sind sicherlich nicht zwingend notwendig, erhöhen aber den Wow-Effekt in ungeahnte Höhen.

Wichtig bei der Planung ist, auf das Gesamtbild zu achten und genau hier ist der Profi gefragt. Die traumhafte Aussicht auf eine wunderschöne Landschaft sollte keinesfalls durch zu üppige Gestecke verdeckt werden, ganz im Gegenteil. Die richtige Unterstützung an den perfekten Stellen wird die malerische Landschaft in ein pittoreskes Werk verwandeln. Doch nicht nur die Positionierung ist für das gelungene Bild wichtig, auch die Farb- und Blumenauswahl sollte von künstlerischer Profihand geplant und vollzogen werden.

Hast du ein Farbkonzept gewählt, so ist es natürlich wichtig, dieses dem Floristen mitzuteilen. Besser ist es, das Farbkonzept mit dem Floristen zu besprechen und dich dann an die gemeinsame Auswahl zu halten und alles Weitere danach zu gestalten. Bringe gerne deine Ideen zu deinen Wunschfarben mit ein, lass individuelle Vorlieben mit einfließen und lass dem Floristen soviel Spielraum, dass er die idealen Blumen zur Jahreszeit und deinen Vorstellungen arrangieren kann.

Foto: Oleg Breslavtsev / iStock

Nutze deine Blumen mehrmals. Es ist wundervoll, die kirchliche Dekoration nicht einfach verwelken zu lassen, sondern in deiner Location erneut zum Einsatz zu bringen. Teile diesen Gedanken deinem Floristen mit, so hat er sicherlich Anregungen und Ideen, wie und was erneut Verwendung findet. Das liebevolle Arrangement, das am Altar Platz fand, kann dann eine tolle Dekoration am Buffet werden.

Schließe teure Blumen nicht gleich aus. Eine einzelne Pfingstrose ummantelt von feinem Grün ist stimmungsvoller und beeindruckender als ein ganzer Strauß an günstigen Blumen.

Wähle im Duft neutrale Blumen, die Allergiker unter deinen Gästen werden es dir danken.

Dein Florist sollte nicht nur die Location beachten, sondern auch etwaige weitere Dekoration. Das kann der Tischläufer genauso sein wie die Schleife an der Stuhlhusse, die um ein Vielfaches an Ausstrahlung gewinnt, wenn sich eine Blume, Schleierkraut oder Efeuranken daran finden.

Alle Blumen, die nicht gewässert werden oder in nasser Steckmasse stecken, sollten so widerstandsfähig gewählt werden, dass sie nicht gleich die Köpfe hängen lassen.

Falls du Brautjungfern hast, so statte sie mit Miniaturvarianten deines Straußes aus. Dies wirkt beim Auftakt in der Kirche oder der freien Trauung edel und auf Erinnerungsbildern besonders harmonisch.

Wurden Bios noch vor einigen Jahren in die Ökoschublade gesteckt, breitet sich nachhaltiges Denken mittlerweile immer mehr in unserem Alltag und unseren Festlichkeiten aus. Eine grüne und somit nachhaltig unbedenkliche Hochzeit stattest du floral aus, indem du auf Regionalität, Saisonalität und möglichst auf Wiederverwendbarkeit achtest. Statt Schnittblumen als Gesteck auf deinen Tischen zu verteilen, sind auch eingepflanzte Blumen, die du nachher auf dem Balkon und im Garten pflegen kannst, absolut en Vogue und sogar zukunftsweisend. Deinen Hochzeitsblumen ein weiteres Leben zu schenken, ist wirklich eine wundervolle und bedeutungsvolle Idee zu deinen Schritten in ein gemeinsames Leben.

Wenn wir gerade bei der Nachhaltigkeit sind, so möchte ich dir hier einen kleinen Einblick geben, wann welche Blumen Saison haben und aus heimischen Gefilden für dich nutzbar sind.

Frühling: Anemonen, Calla, Wicken, Ranunkeln und Tulpen. Eine edle Kombination für den Brautstrauß lässt sich mit Ranunkeln und Pfingstrosen gestalten. Vergiss nicht, Wildblumen, Narzissen oder sogar Maiglöckchen in deine Überlegungen einzubeziehen.

> ***Tipp:*** Schmücke die Bäume oder einen besonders schönen Baum mit weißen Bändern, Lichtern und herunterhängenden Blumen.

Sommer: Im frühen Sommer kannst du noch sehr gut die schönen Pfingstrosen wählen. Je weiter der Sommer voranschreitet, desto mehr solltest du von deiner Pfingstrosen-Idee Abstand nehmen. Wähle dann lieber Wicken und Lavendel. Hortensien, Rosen oder Dahlien, Schleierkraut, Gräser und Efeu machen sich besonders gut im Sommer.

> *Tipp:* Heiratest du am Strand, so nutze Muscheln auch in der Blumendeko.

Herbst: Der Herbst ist bunt! Feierst du eine rustikale Hochzeit oder stattest du deinen Polterabend aus, so steht der Deko mit vielen bunten Blättern und sogar Kastanien nichts im Wege. Zu einer gehobenen Veranstaltung allerdings empfehle ich dir Rosen oder Calla. Ingwerblüten, Mimosen und sogar Disteln sind eine weitere Idee.

Tipp: Hast du eine Location mit Ausblick? Vor allem im Herbst ist die Farbenpracht der Natur das beste Vorbild für die florale Gestaltung deiner Hochzeit. Kräftige Rottöne, glänzende Bronze, goldgelbes und intensives Orange können die Hochzeit komplettieren.

Winter: Chrysanthemen, Rosen, Zweige – bestenfalls alles in edlem Weiß gehalten. Eine Winterhochzeit überzeugt mich durch anmutige Eleganz und mit sehr viel weißem Dekowerk. Lass Perlen in deinen Strauß und deine florale Dekoration einarbeiten, arbeite mit Lichtern in den Blumen und sorge so für die perfekt winterliche warme Ausstrahlung.

Bist du besonders experimentierfreudig so können sogar Federn und Origamiblüten Verwendung finden.

> *Tipp:* Unvergesslich und unvergänglich wird der Brautstrauß, wenn du völlig auf Blumen verzichtest. Hier muss aber ein wahrer Meister ran, um dir ein funkelndes Werk zum Beispiel aus lauter Swarovski-Steinen zu entwickeln. Mein Favorit ist ein Strauß aus vielen kleinen Spiegeln, ein solches Funkeln, gerade in der Winterzeit, verschlägt allen deinen Gästen und dir den Atem. Und das Beste: Später wird der Strauß zu Kunst in deinem Heim! Bitte schaue dir diese wundervollen Beispiele an, suche die Bilder von: Bridal Bouquets by Ky. Kleine Spiegel und Co. sollten sich dann natürlich auch in der restlichen Dekoration wiederfinden.

Hast du mit deinem Floristen alles Ausladende, Individuelle und Dekorative besprochen, so kläre noch die Organisation.

- Wer holt wann den Brautstrauß und etwaige Jungfern-Sträuße und Ansteckblumen ab?
- Wer bringt die wiederverwendbare Deko von Ort zu Ort oder zu dir nach Hause? Können das deine abgestellten Freunde machen (ich rate hiervon ab, denn sie sollten mit dir die Hochzeit genießen) oder ist es so aufwendig, dass der Profi ran sollte?
- Wann muss dein Florist in die jeweilige Location? Dazu gehört auch die Kirche, um die Deko zu gestalten.
- Manche Locations müssen am nächsten Morgen besenrein übergeben werden: Baut der Florist zeitgerecht ab?

- Wählst du eine Dekoration des Floristen in der Lichter und Highlights eingebaut werden, so informiere den Dienstleister über machbare Stromzufuhr.
- Wann muss was bezahlt werden?
- Entscheidest du dich für einen Brautstrauß, den du trocknen möchtest, so frage nach, ob das dein Florist übernimmt oder er eine besondere Stelle zur Haltbarmachung kennt. Oder ob er dir entsprechend Anweisungen geben kann, um die gewählten Blumen perfekt zu trocknen.

Mache dir zu allem, wirklich allem, Notizen. Die Vorbereitung im Detail erleichtert dir den perfekten Ablauf und beruhigt dich, wenn du dir in einer stillen Minute überlegst: Habe ich an alles gedacht?

Ich wünsche dir ganz viel Spaß bei der Auswahl deiner perfekten floralen Hochzeitsdekoration: Hab Spaß bei der Planung, beim Aussuchen und bei deinen Recherchen. Die Hochzeit ist die Krönung einer wundervollen Vorbereitungszeit.

Werfen oder behalten?

Zwiespältig stehst du sicherlich vor der Frage, ob du deinen Brautstrauß werfen wirst oder lieber trocknen möchtest.

Der Wurf des Straußes ist das letzte Highlight deiner Hochzeit. Während es für das Paar das Ende der Heirat bedeutet und den Eintritt in das Eheleben, bedeutet es für die Fängerin den Eintritt in neue und aufregende Zeiten.

Um diese Tradition beizubehalten, jedoch trotzdem deinen Strauß zu behalten, empfiehlt es sich einen kleineren Zweitstrauß anzufertigen, den du symbolisch werfen kannst. Falls du dich dazu entscheidest, deinen eigenen Strauß für die nächste Braut zu wählen, denk einmal darüber nach, ob dir das Losverfahren lieber ist. So geht der Strauß nicht kaputt. Alle Singles schreiben dafür ihren Namen auf einen Zettel und du ziehst. Den Spiegelstrauß würde ich nicht hergeben. Auch nicht verlosen.

Foto: Ines Schaefer Portraiture
Blumen: Floristin Vanessa Wolf
Blumen Hermes

Deine perfekte Papeterie

Die Hochzeits-Papeterie: So einzigartig wie das Brautpaar selbst

Die Papeterie zur Hochzeit soll so einzigartig wie das Brautpaar selbst sein. Die Gestaltung soll zum roten Faden, der sich durch deine Hochzeit schlängelt, passen und das Material soll möglichst nachhaltig, stilvoll und edel sein.

So weit so gut.

Wenn da nicht noch die Kleinigkeiten wären, die allzu schnell in Vergessenheit geraten: Passt dein Wunschtext auf die ausgewählte schmale, aristokratisch anmutende Karte? Lässt sich das favorisierte Exemplar gut versenden? Ist das Design problemlos in die *Vor-Ort-Papeterie* zu übernehmen?

Nun, fangen wir einmal ganz von vorne an. Zunächst wählst du die Richtung und den Stil deiner Einladungskarte aus. Das kann Boho, Scandi, Gatsby oder auch Reise sein. Auch eine bestimmte Farbwelt kannst du bereits favorisieren. Da das Design der Karte natürlich zum Rest deiner Hochzeit passen muss, wird hier die Entscheidung sehr schnell fallen.

Nun schreibst du den Text, den du in deiner Einladung verwenden möchtest. So weißt du, wieviel Platz du benötigst.

Sehr präsent sollte euer Name die Einladung zieren, direkt gefolgt vom Datum. Was nicht fehlen darf, ist natürlich die Uhrzeit, der Ort sowie der Name der Location. Lädst du zu verschiedenen *Spots* ein, so ist es schön, einen kleinen Ablauf zu notieren.

Infos zu Hotels, etwaiger Menüauswahl samt Rückmeldung, Parkplätzen, Hochzeitstisch oder den Trauzeugen sowie deine persönlichen Kontaktdaten werden oftmals ebenfalls in die Einladung *gequetscht*. Meines Erachtens haben diese Auflistungen in den Einladungen selbst nichts zu suchen und sollten auf einem oder weiteren Zusatzblättern ihren Platz finden.

Du kannst den Dresscode, falls gewünscht, noch erwähnen. Und, was besonders schön ist, den Trauspruch, ein Gedicht, einen Reim. Dein gewünschtes Rückmeldedatum muss noch Platz finden – und das war es dann auch schon.

Hast du dir Text, eventuell sogar persönliche Worte und alle wichtigen Eckdaten einmal aufgeschrieben, so weißt du schnell, welche Größe deine Karte haben muss. Setze handschriftlich bereits alles so, dass du einen Überblick gewinnst, ob eine Klappkarte ausreichend ist oder du sogar ein kleines Booklet erstellen musst, weil deine Party über mehrere Etappen an unterschiedlichen Orten und Zeiten stattfindet.

Foto: Ines Schaefer Portraiture

Mache dir nun Gedanken über das Format deiner Einladung. Folgende Möglichkeiten hast du:

Einzelne Karte

Dieses Kartenformat wird verwendet, wenn man aus einzelnen Karten mit verschiedensten Infos hübsche Einladungs-Päckchen packen möchte. Man kann sie einseitig oder beidseitig bedrucken. Das Päckchen wird entweder an einer Seite gelocht, mit einer Buchbindeschraube verbunden oder mit einem Bändchen wie ein Geschenk eingepackt (derzeit sehr beliebt) oder ihr könnt die Karten mit einer schönen Banderole zusammenfassen. Hierbei sind alle Formate denkbar, aber DIN B6 ist besonders schön.

Klappkarte

Die Klappkarte ist das klassische Kartenformat für Einladungen jeder Art. Hier wird meist die Vorderseite mit den Namen des Paares, einem Hochzeitslogo und dem Gestaltungselement der Designserie bedruckt. Für den Text stehen auf den Innenseiten die linke und rechte Seite zur Verfügung, wobei der eigentliche Einladungstext rechts platziert wird. Auf der hinteren Umschlagseite besteht die Möglichkeit Zusatzinformationen unterzubringen. Die üblichen Formate dafür sind DIN lang, DIN B6 oder quadratisch.

Einsteckkarte

Die Einsteckkarte besteht aus einer Umschlagtasche (meist im DIN lang-Format) und einer Karte im Inneren, die mit einem Bändchen herausgezogen wird. Diese kann als einzelne oder Klappkarte gefertigt werden.

Wickelfalz-Karte

Der Wickelfalz wird auch oft für Flyer eingesetzt. Man schlägt hier zuerst die erste Seite nach links auf, wie bei einer Klappkarte. Anschließend wird eine weitere Seite nach rechts geklappt. So habt ihr insgesamt sechs Flächen, die als Einzelseiten gestaltet werden können. Das übliche Format ist DIN lang, DIN A6 oder DIN B6.

Altarfalz-Karte

Der Altarfalz ergibt sich aus zwei schmalen Seiten, die von den Seiten zur Mitte gefalzt werden. Für Hochzeitseinladungen ist dieses Format toll, aber eher unüblich.

Pocketfold-Hochzeitskarten

Besonders beliebt sind neben den typischen Klappkarten vor allem Pocketfolds, da man hier die vielfältigsten Informationen auf weiteren Karten ergänzen kann. Der Umschlag hält alles hübsch in einer kleinen Tasche zusammen. Aber: Schon der Umschlag hat sein Gewicht. Je mehr Karten, desto schwerer und teurer wird die Einladung, denn dies wirkt sich auch auf das Porto aus.

Booklet

Ein Booklet ist ein kleines, gebundenes Heft. Die Bindung kann durch Nähen oder mit Buchbindeschrauben erfolgen. Wer möchte, kann die einzelnen Seiten unterschiedlich lang schneiden. So habt ihr gleichzeitig ein Register für eure Hochzeitseinladungen. Eine mögliche Seitenverteilung: Erstes Blatt: Umschlaggestaltung, zweites Blatt: eigentlicher Einladungstext. Auf den weiteren Seiten findet sich Platz für alle zusätzlichen Informationen oder die Antwortkarte zum Heraustrennen. Auch bei dieser Kartenart musst du berücksichtigen, dass die Buchschrauben das Porto erhöhen.

Wenn du keine Karte erstellen möchtest, ist eine handschriftliche, bestenfalls in Kalligraphie-Schrift verfasste Einladung auf einem Brief in DIN A4 eine gelungene Abwechslung und echte Überraschung. Hier kannst du alles hineinschreiben (lassen), was wichtig ist, jedoch nicht aufgeteilt, sondern als persönliches Schreiben, Satz an Satz, und zwar ausformuliert.

Da wir nun gerade bei der Schrift sind: Natürlich solltest du eine Schrift wählen, auch bei etwaigen Karten, die sowohl dem Stil der Karte als auch dem der Hochzeit entspricht.

Bedenke bei deiner Auswahl stets das Porto und auch die *Handhabbarkeit*. Viele Gäste nehmen ihre Einladung mit zur Hochzeit, weil diese bestenfalls über den Ablauf und das Programm informiert und so deinen Gästen ein *sicheres* Gefühl gibt. Dieser Ablauf, wenn du stark ins Detail gehen möchtest, sollte dann ebenfalls in ausgeschriebener Form auf einem extra Blatt stattfinden. Hier bist du bei der Booklet-Variante und auch bei der Variante *viele einzelne Karten* fein raus.

Nun stellt sich noch die Frage nach dem extra Touch, das Besondere, das euch widerspiegelt und deine Gäste direkt in Verzückung versetzt. Angesprochen habe ich die Kalligraphie. Du kannst sowohl einen ganzen Brief aufsetztten lassen als auch einzelne bedeutungsschwangere Worte malerisch hervorheben, du kannst wenige wertschätzende Sätze an die gestaltete Karte *dranhängen* oder die Briefe handschriftlich kalligrafisch adressieren lassen. Du drückst aus: Das, was du jetzt in den Händen hältst, ist nur für dich bestimmt und gibt es so nur ein einziges Mal. In unserer Zeit, in der kaum handschriftliche Briefe versandt werden, halten die Empfänger hier einen echten Schatz in der Hand.

Jede Schrift lässt sich anpassen, ausgelegt auf den roten Faden eurer Hochzeit. Ich weiß, ich wiederhole mich, doch es ist so wichtig! Du erstellst also nicht nur die Platzkarten, sondern auch die Gastgeschenke mit dieser besonderen Schrift.

Eine weitere Idee ist die Gestaltung eurer individuellen Karte direkt über einen Grafiker. Werbeagenturen erstellen wundervolle und aussagekräftige Einladungen, setzen direkt alles richtig und warten mit individuellen Veredelungen auf. Letterpress oder Folierungen einzelner Worte werden dir hier ebenso angeboten wie Blindprägung, Farb- und Folienschnitt. Das Layout wird vom Profi übernommen und bis zu deiner vollständigen Zufriedenheit perfektioniert.

Den besonderen Touch erhältst du auch durch Karten-Accessoires, kleine Anhänger können hier genauso individuell an Karten, wie auch an Servietten, Menükarten, Ablaufplänen und Platzkarten angebracht werden. Du kannst ein Hochzeitslogo zum Beispiel aus euren Monogrammen erstellen lassen und Siegelstempel anfertigen.

Eine besonders edle Variante, ebenfalls sehr individuell, weil sehr neu und absolut *frei* in der Gestaltung bespielbar, ist die Acryl-Variante, durchsichtig und besonders anmutig überzeugt diese außergewöhnliche Karte schnell.

Kommen wir nun zu weiteren Fakten, und endlich kann ich dir mal einen Tipp geben, wie du sparen kannst, naja zumindest so halbwegs. Erstelle *Save-the-Date-Karten*, diese sind wesentlich einfacher in der Gestaltung und dienen bereits ein Jahr vor dem Event der Information deiner Gäste. Lediglich euer Name, die Mitteilung, was gefeiert wird und das Datum samt Rückmeldedatum und Kontakt müssen auf diesen Karten Platz finden. Setze hier bereits ein Rückmeldedatum, so dass du direkt Gäste aussortieren kannst, die nicht teilnehmen können.

Die *echten* Einladungen sendest du dann etwa drei Monate (Achtung: baue einen zeitlichen *Versandpuffer* von etwa einer Woche im Inland ein) ausschließlich an die Gäste, die bereits ihre Anwesenheit zusagten. Hier sparst du wirklich einen enormen Betrag. Die Rückmeldung auf diese Einladung sollte trotz der Zusage der *Save-the-Date*-Information nochmals erfolgen. Plane alle Rückmeldungen bis sechs Wochen vor dem Datum zu erhalten.

Erstelle nicht exakt die Anzahl der Karten, die du benötigst, sondern etwa 10% mehr. Diese dienen dazu, eventuelle Absagen aufzufangen, zu deiner Erinnerung und auch für Dienstleister, denn sie haben dann ebenfalls alles schnell zur Hand.

Die Papeterie zu deiner Hochzeit beginnt mit der *Save-the-Date*-Karte und endet mit der Danksagung. Dazwischen liegen die Menükarten, eventuell kleine Songbooklets, die Platzkarten und manchmal sogar kleine Anhänger an den Gastgeschenken. Die wichtigste Papeterie dieser ganzen Riege ist und bleibt aber die Einladung. Das Design der Einladung bestimmt alles andere und ist zugleich ein schönes Erinnerungsstück, wenn liebevoll gestaltet, sowohl für dich als auch für deine Gäste.

Was ist ein Hochzeitsmoderator?

Dein Concierge des Abends

Was ist bitte ein Hochzeitsmoderator? Das habe ich mich damals ebenfalls gefragt, als ich um 2005 herum eine große russisch-deutsche Hochzeit ausrichten durfte. Eins vorneweg: Die können feiern!

Gebucht wurde nach sorgfältiger Planung eines unserer *Rundum-Sorglos-Pakete*. Es ging um 8 Uhr morgens los und sollte bis zum nächsten Morgen 11 Uhr dauern. Fast stündlich wurden neue, feine, kulinarische Highlights aufgefahren, mal süß, mal herzhaft, aber immer außergewöhnlich.

Die Hochzeitsmoderatorin lernte ich am Abend kennen: Eine nette, russische Dame, die ab jetzt durch den Abend führen sollte. Sie stand also präsent auf der Bühne, während alle Gäste nach und nach eintrafen, was selten unkommentiert blieb:

„Na, da kommen schon die Ersten, das sind meist dann nachts die Letzten!“

„Hier kommen auch die nächsten Gäste, sie wollen ja auch keine Reste.“

„Auch die Nachzügler trudeln ein, gebt ihnen ein Glas Wein.“

Und Freunde, ich dachte, das ist sicherlich ein Scherz, diese Reime, die auf uns runter prasselten und nach dem ersten *Akt* würden diese sicherlich aufhören. Weit gefehlt. Nachdem alle Gäste saßen, kam dann auch das Brautpaar, das durch die Moderatorin angekündigt wurde, die reimend um einen Applaus bat:

„Endlich kommt das Hochzeitspaar, hier gibt es Applaus, ist doch klar.“

Ok, habe ich gedacht, jetzt ist aber gut. Nein. Es war noch lange nicht gut. Denn es zog sich durch den ganzen Abend.

„Jetzt gibt es einen Kuss - das ist ein Muss.“

„Nun eine Rede vom Opa - das ist super.

„Alle müssen tanzen - wir sind keine dicken Wanzen.“

Die Idee, mit einer Moderatorin durch die Hochzeit zu leiten, fand ich damals gar nicht so schlecht. Denn an der einen oder anderen Stelle was es durchaus sinnvoll, denn die Gäste hatten einen festen Ansprechpartner, wenn sie zum Beispiel noch spontan eine Rede halten wollten, die dann von der Moderatorin geschickt in das Programm eingearbeitet wurde.

Aber diese Reimerei schreckte mich ab. Da russische Hochzeiten stets groß gefeiert werden und hier nicht weniger als etwa 500 Gäste anwesend waren, konnte, auch wenn die Reimerei (für mich persönlich) einfach zu viel des Guten war, eine gute Struktur in die Feierlichkeit gebracht werden. Das war dann zum Beispiel auch die Einteilung der Tische, die nach und nach zum Buffetgang aufgefordert wurden. Das hört sich starr an, ist jedoch bei so großen Gesellschaften nicht zu vermeiden und hat sich als wirklich hilfreich herausgestellt. Zumal das Paar für ausreichend Animation während des Wartens an den anderen Tischen sorgte, die teilweise auch die Moderatorin übernahm und etwa ein wenig über das Kennenlernen des Paares erzählte. So wurde die Wartezeit kurzweilig und war perfekt genutzt. Die Reime wurden übrigens von den Gästen selbst sehr gut angenommen, gerade mit steigendem Alkoholpegel wurden die Reime eher als Running-Gag und nicht als nervig empfunden und sorgten für die ein oder andere selbst gestellte Herausforderung an den verschiedenen Tischen, nach dem Motto: *„Jetzt reden wir 10 Minuten nur in Reimen."*

Es dauerte einige Jahre, bis ich die nächste moderierte Hochzeit erleben durfte. Abermals waren wir die Caterer für eine diesmal japanisch-deutsche Hochzeit.

Der Moderator führte durch die Hochzeit und spickte die Ankündigungen zu den verschiedenen meist sehr traditionellen Programmpunkten mit allerlei Wissenswertem um die Kulturen, die hier aufeinandertrafen, um den Bund des Lebens zu schließen. Diesmal ganz ohne Reime dafür bilingual und wirklich sehr informativ und interessant.

Auch wenn hier zu beiden Hochzeiten das gleiche *Medium*, also der Moderator, genutzt wurde, um durch die Hochzeit zu leiten, merkst du schon, wie unterschiedlich beide Moderationen und entsprechend auch der Ablauf der Feierlichkeit war. Das hängt natürlich immer vom Schwerpunkt ab und entspricht sicherlich auch der Tradition der jeweiligen Kultur und dem Wunsch des Paares.

In Europa ist der Moderator noch nicht so recht angekommen, geschweige denn ein fester Bestandteil der Hochzeit. Bei ausladenden Feierlichkeiten kann der Moderator für *Entzerrung* sorgen und behält das große Ganze im Blick. Bei jeder Hochzeit kann der Moderator maßgeblich zur romantischen Stimmung und zum perfekten Ablauf beitragen, so dass du dich entspannt deiner eigenen Hochzeit hingeben und ganz genießen kannst. Der Moderator lässt zum Beispiel das Licht herunterregeln, wenn die Torte kommt, erklärt die Zusammenhänge und etwaige persönliche Neigungen, die zur Auswahl genau dieser Location geführt haben, behält die Dienstleister im Blick und kümmert sich um das *Ablehnen* von peinlichen Spielen, was du natürlich vorher festgelegt hast. Der Moderator, der die Rolle der guten Seele oder eines Concierge oder Zeremonienmeister übernimmt, nimmt dir so eine Menge Druck.

Spielst du nun mit dem Gedanken, einen Moderator oder englisch *Toast Master* zu buchen, so achte auf die Professionalität, die sich in der Art seines Redens, des Humors und seinen Schwerpunktthemen widerspiegelt. Ein Moderator sollte kein Selbstdarsteller sein, auch wenn er auf den Bühnen der (Hochzeits)Welt zuhause ist. Er sollte dir vermitteln können, dass er euch und eure Gäste in den Mittelpunkt stellt.

Die freundliche Begrüßung und das Kümmern um die Gäste. Dem Abend einen Rahmen geben, dem man folgen kann. Für einen perfekten organisatorischen Ablauf sorgen, auch wenn Unvorhergesehenes deine Party versucht zu *crashen*. Hier bewahrt der Moderator Ruhe und bindet auch dies professionell ein, wahrscheinlich so, dass dir nicht einmal auffällt, dass die Band eine halbe Stunde zu spät anfing zu spielen, weil dauernd die Sicherung rausflog. Der Moderator entwickelt eine echte Choreografie rund um die Programmpunkte, einen Ablauf und die kurze Ansteuerung auf den roten Faden, welcher so in Perfektion eingehalten wird. Ein professioneller Moderator wird auf deine Anforderungen und die deiner Gäste eingehen und für die richtige Stimmung sorgen.

Ob du dich durch deine eigene Hochzeit geleiten lassen möchtest oder dir das ein Ticken zu viel des Guten ist, hängt natürlich stark von der Gestaltung deiner Hochzeit, der Anzahl deiner Gäste und nicht zuletzt von der eigenen Einstellung ab. Ein *Schnuppern und Anregungen holen* ist allemal empfehlenswert, schön ist es auch, einfach zu wissen: Was gibt es eigentlich alles für Möglichkeiten? So kannst du dann aus dem großen *Buffet der Möglichkeiten* heraussuchen, was dir wichtig ist und worauf du getrost verzichten kannst. Vielleicht ist ja solch ein Moderator auch genau das, wonach du gesucht hast!

Deine perfekte Musik

Keine Hochzeit ohne Musik

Eine Hochzeit musikalisch auszustatten und die vielen unterschiedlichen Musikrichtungen deiner Gäste zu bedienen ist ausschließlich möglich, wenn du eine Band oder einen DJ buchst, die ihre Kunst als das beherrschen, was es ist! Ein Handwerk! Im Vordergrund bei der Wahl deiner Musiker oder des DJs sollte also der Anspruch stehen als Dienstleister deine Gäste und dich mit bester Musik zu unterhalten, einen Künstler in seiner Selbstfindungsphase zu buchen, der dir seine Lieblingssongs aufschwätzen will, ist für deine Hochzeit nicht förderlich.

Wenn du dich auf die virtuelle und akustische Suche begibst, liest du schon auf der Homepage, wie die Band tickt, ob sie bereit ist, deinen Gästen ein musikalisches Highlight zu bieten, ob sie Erfahrung hat in der Animation deiner Gäste, schafft, diese auf die Tanzfläche zu bewegen und einfach eine grandiose Party zu feiern. Die perfekte Hochzeitsband erkennst du an einem großen Repertoire in sämtlichen Musikrichtungen. Wenn Vielseitigkeit deinen Musikern offensichtlich Spaß macht, so kannst du dir sicher sein, dich erwartet ein abwechslungsreicher Abend.

Musiker Sven Dorau
Foto: Phil Stev

Begehe nicht den Fehler, dass du eine Band ausschließlich beschränkt auf eine musikalische *Richtung* buchst (Jazz oder Rock oder Pop), weil du meinst, sie könnten eben nur eine Richtung gut spielen. So wie ich als Caterer sehr wohl die deutsche Küche sehr gut beherrsche, kann ich auch mediterran und sogar asiatisch, mexikanisch und afrikanisch kochen, ohne meine deutsche Küche zu vernachlässigen. Eine Floristin bindet die Tulpen ebenso fein wie die Rosen und eine Visagistin zaubert sehr wohl der schwedisch blassen Braut wie der rassigen Spanierin das gewisse Etwas ins Gesicht. Ein Auswahlkriterium ist die veröffentlichte Playlist. Hier erkennst du, ob eine große Auswahl und von dir gewünschte Songrichtungen gespielt werden.

Du hast ein Lieblingslied, welches sich auf der Playlist nicht findet, so scheue dich nicht, deine professionelle Partyband zu fragen, ob es möglich ist, dieses zu deinem großen Tag, auch wenn bisher nicht vorhanden, in das Repertoire aufzunehmen. Profis machen das, Künstler nicht.

Der perfekte musikalische Rahmen darf natürlich auch nicht aus dem *sonstigen* detailverliebten Rahmen fallen. Der Auftritt richtet sich also selbstverständlich nach Location, Art und gewünschter Stimmung der Hochzeit. Hauptberufliche Musiker mit Erfahrung sind emphatisch, fühlen die jeweiligen Stimmungen des Abends und passen Songs an.

Jede Hochzeit ist anders, und jedes Detail will besprochen werden. Einen dramaturgischen Spannungsaufbau zum Brautstraußwurf kannst du mit deiner Band absprechen. Die Dinnermusik sollte abwechslungsreiche Akzente setzen und mit herunterregulierter Lautstärke aufwarten. Achte bereits beim Durchforsten der Websites darauf, ob die jeweilige Band selbst bereits Auskunft über die verschiedenen Einsätze bei Hochzeiten gibt. Dann kannst du gewiss sein, sie haben Erfahrung. Eine professionelle und solide Band kann dir zum Eröffnungstanz nicht nur den Wiener Walzer spielen, sondern bietet dir auch live sowohl HipHop als auch moderne Stücke an. Grundsätzlich können sie alle Stücke begleiten und sogar ein Best-Of zusammenstellen. Ein langsamer Walzer ist romantisch und auch von Tanzmuffeln in wenigen Stunden bestenfalls in der Tanzschule zu erlernen.

Übrigens: Du hast einen Lieblingssong, allerdings machen deine Füße das vorgelegte schnelle Tempo nicht mit? Sogar hier ist eine Variation wählbar: Bitte deine Band, das Stück langsamer zu spielen. Eine professionelle Band wird deine Gäste bitten, sich zum Eröffnungstanz an der Tanzfläche einzufinden. So gelingt es leicht, diese nach dem Tanz direkt auf dem Parkett zu halten und die Tanzfläche schnell voll zu bekommen.

Deine Musiker sind Profis. Wie bei allem gilt: Je mehr du aus einer Hand buchst, desto eher sind die Beauftragten bereit, ein finanzielles Bonbon einzubauen. Die Musiker, die also bereits deine Party begleiten, sind in eventuell kleinerer Besetzung ebenfalls für Kirche oder freie Trauung buchbar.

Generell braucht es in der Kirche und auch bei einer freien Trauung gerade mal eine Untermalung zum Einzug, das Brautlied von Lohengrin von Wagner ganz klassisch oder jedes andere Lied, was diesen Moment imposant, romantisch, still oder dramaturgisch passend einrahmt. Zum Auszug dann ein fröhliches, beschwingtes und animierendes Stück, zum Beispiel *Oh happy day* von den Edwin Hawkins Singers.

Manche Momente sind während der Trauung einfach schöner mit Musik. Einsetzende Musik bei Beginn des Hochzeitskusses ist wunderschön, individuell und aussagekräftig. Achtung und Vorsicht: Bitte wählt nur einen Teil des oft ausschweifenden romantischen Arrangements, eine Kurzversion! Das gespielte Stück soll ergreifend, aber auch kurzweilig sein. Deine gebuchten Musiker werden dir das Stück arrangieren und eine Hörprobe zusenden.

Der Platz für die Musiker sollte in deiner Location und auch bei deiner Trauung gut gewählt sein. Eine Bühne lässt die Musiker in deiner Location die Stimmung besser überblicken, die Musiker nicht wie *Fremdkörper* aussehen und das Live-Event um einiges professioneller aussehen. Viele Bands bieten eine kleine flexible Bühne an, die du gleich mitmieten kannst. Gute Locations verfügen natürlich auch über Bühnen. Wichtig ist, dass du den Platzbedarf deiner Band kennst.

Für die Trauung gilt: Auf einer Empore platziert, verliert sich manchmal das Persönliche. Darum empfehle ich, die Musiker in deiner Nähe zu platzieren.

Bei deiner Party stellt sich noch die Frage: Wie sieht es aus mit den Pausen, die eine Liveband natürlich einlegen muss? Am Anfang des Abends wird die Band sicherlich die eine oder andere Pause mehr einlegen, ganz einfach, um euch einen ganzen Abend bespielen zu können. Allerdings nutzt eine professionelle Band die *Freiheit zur Pause* niemals aus, denn auch der Band ist an einer vollen, bestenfalls durchgängig betanzten Fläche gelegen. Sollte die Band die Ambition aufweisen, den Abend *ohne viel zu tun* rumzukriegen, sind sie weder professionell noch werden sie weiterempfohlen. Wichtig ist: Die Band soll Lust haben. Die Musik ist ihre Leidenschaft, die Menschen zum Tanzen zu bringen, ihre größte Freude. Du kannst also davon ausgehen, dass eine professionelle Partyband keine festen *Sets* spielt und pünktlich nach einer halben Stunde, gerade wenn die Stimmung auf der Tanzfläche aufblüht, abbricht. Das längste Set, was ich erlebt habe, hat über zwei Stunden am Stück gedauert. Die Stimmung hat eine Pause einfach nicht zugelassen. Das haben auch die professionellen Musiker so gesehen und eben weiter gemacht.

Während die späteren Sets also die anstrengenderen sind, so können die Musiker bei der musikalischen Begleitung des Dinners auch gerne das ein oder andere instrumentale Stück spielen und müssen nicht mit voller Besetzung präsent sein. Sie können sich abwechseln und zwischenzeitlich erholen für das große Finale auf der späteren Party.

Eine weitere Möglichkeit ist die Buchung eines DJs. Zu einer Hochzeit würde ich jedoch nur die Band durch einen DJ erweitern, zum Beispiel, um diesen in den Pausen spielen zu lassen oder ab 1 Uhr nachts. Meist bietet dir dies dann auch die Band so an.

Ein DJ versprüht weniger Charme als eine ganze Band. Eine Band in Alltagskluft, lasziverer Animation und unstimmiger Bühne ist jedoch auch nicht förderlich für deine Hochzeit. Darum darfst du nach dem Outfit fragen. Du darfst auf den Dresscode hinweisen und betonen, dass dir das stimmige Gesamtbild der Band sehr wichtig ist. Viele professionelle Bands geben diese Info übrigens bereits auf ihrer Homepage an, andere fragen nach dem Dresscode. All das macht den Profi aus. Hast du ein gutes Bauchgefühl und ist das Telefongespräch oder das erste Zusammentreffen für dich positiv verlaufen, so kannst du schon davon ausgehen, *dass es passt* und die Musiker auch bei deiner Hochzeit angenehme Zeitgenossen sind, die dir Stimmung, Gefühl und Untermalung in deine Hochzeit bringen.

Deine Band kann dich gut und gerne zwischen 1500 und 7000 € kosten, je nachdem, wie *vielköpfig* die Band ist, ob du eine Band buchst, die von weiter her anreisen muss, ob du zur Hauptsaison buchst und wie lange die Band dich musikalisch begleiten soll. Ein stolzer Preis, der jedoch unter den Musikern aufgeteilt wird, für die Pflege der Instrumente, Neuanschaffungen und etwaiger Zusatzstücke genutzt wird. Auch eine angemessene Kleidung kannst du bei steigenden Preis erwarten. Alles in allem lohnt es sich, eine gute professionelle Band zu buchen. Frage also eher: „Was erwarte ich von der Band?“, bevor du fragst: „Was kostet diese Band?“.

GEMA-Gebühren musst du ebenfalls noch dazurechnen. Generell heißt es im *privaten Rahmen* fallen keine Gebühren an. Allerdings heißt es auch: *Bei einer Hochzeit von 100 Personen ist es keine private Party mehr*, da ausschließbar ist, dass jeder jeden kennt. Die Gebühren sind niedrig und fallen nicht wirklich ins Gewicht. Geh lieber auf Nummer sicher. Ich habe noch nie erlebt, dass ein Brautpaar abgemahnt wurde. Falls es jedoch dazu kommen würde, verlangt die GEMA einen 100% Aufschlag. Die Kosten richten sich nach Größe deines Saals. Bei 1000 m^2 wären es etwa 250 €.

Feierst und heiratest du im Ausland und hast dort keine Kontakte, empfiehlt sich ebenfalls die Buchung einer deutschen Band, ganz einfach weil diese deine (deutschen) Gäste und ihren Geschmack kennt. Meist findest du Informationen zu Einsätzen im Ausland auch bereits auf der Homepage.

Bevor ich das Musikkapitel im Hochzeitsglossar schließe, möchte ich noch auf das großartige Interview mit Giulia Siegel verweisen. Denn wenn es doch der DJ sein soll (oder die Erweiterung durch einen DJ), so findest du in den informativen Aussagen von Giulia alles, was du wissen musst.

Viel Spaß beim Aussuchen deiner passenden Musiker!

Dein perfekter Hochzeitstanz

Tanz ist Ausdruck von Liebe und Leidenschaft

Der klassische Hochzeitstanz MUSS einfach sein. Es ist eine wunderbare Tradition, die, so finde ich, auf keiner Hochzeit fehlen sollte.

Falls ihr Tanzmuffel seid oder die richtigen Tanzschritte einfach nicht mehr parat habt, ist es sicher hilfreich, vorab einen Hochzeitstanzkurs zu belegen. In wenigen Stunden lernt ihr die Basics, bzw. frischt diese auf. Auch auf YouTube gibt es zahlreiche Tutorials und – im wahrsten Sinne des Wortes – Schritt-für-Schritt-Anleitungen, mit denen ihr Walzer und Co. zu Hause üben könnt, falls ihr so gar keine Lust auf Tanzschule habt.

Es besteht auch die Möglichkeit, dass ihr euch für einige Stunden einen privaten Tanzlehrer engagiert. So müsst ihr nicht in einen vollen Tanzkurs und könnt die Uhrzeiten individuell bestimmen und so legen, wie es in euren busy Alltag passt.

Meistens sind es ja die Männer, die so gar keine Lust darauf haben. Aber wenn die Braut ihm ein paar Videos von sexy dancing men (ich sag nur *Magic Mike*!) zeigt, wird auch dem größten Tanzverweigerer klar sein, wie sehr Frauen auf tanzende (Ehe-)Männer stehen. Dann sind meist Stolz und Ehrgeiz geweckt.

Der Vorteil des Hochzeitstanzes ist auch, dass es meistens der Startschuss für die Party ist. Das Paar tanzt zuerst, holt sich Applaus und Bewunderung ab, und dann stürmen die Gäste die Tanzfläche. Oder das Paar holt die Gäste dazu. Die Party kommt ganz von allein und *organisch* in Gang.

Der Hochzeitstanz an sich muss kein klassischer Walzer sein. Recherchiert bei YouTube, es gibt hier so viele tolle, einmalige, witzige und überraschenden Tanz-Choreografien, die die Gäste in Begeisterungsstürme ausbrechen lassen.

Anstatt zu einem Walzer zu tanzen, sucht ihr euch z. B. ein Hochzeitslied aus, das etwas moderner und peppiger ist – vielleicht einen besonderen Bezug zu euch und eurer Beziehung hat. Der Vorteil dabei ist, dass ihr einfach so tanzen könnt, wie ihr eben auch in einem Club tanzen würdet. Dafür muss man auch nicht in die Tanzschule gehen, um vorher wieder die Schritte zu lernen.

Ein kompletter Bruch mit der Tradition: eine coole Hochzeitstanz-Choreo. In den USA wurde es in den letzten Jahren immer beliebter, zu einem völlig *abwegigen* Lied (wie z. B. *Thriller* oder *Smooth Criminal* von Michael Jackson) zu tanzen. Dabei wird die Choreographie des Musikvideos nachgeahmt und es kommt richtig Schwung in die Hochzeitsfeier! Aber: Unterschätzt das nicht. So etwas einzustudieren verlangt weit mehr Einsatz als nur die paar Walzerschritte zu lernen.

Und: Na klar ist auch der Dirty-Dancing-Tanz (inklusive Hebefigur!) der Party-Kracher schlechthin. Diese Choreografie ist aber anspruchsvoll und sollte perfekt geübt werden. Aber: Eure Gäste werden ausrasten – und ihr alle habt eure *Time of my life*.

> ***Tipp:*** Wunderschöne Hochzeitstanzbilder und epische Videoaufnahmen bekommst du, wenn du deine Gäste bittest, Seifenblasen zu nutzen, eine Nebelmaschine anwirfst oder Konfetti regnen lässt.

Das perfekte Wedding Entertainment

Spiel, Spaß und Spannung – aber bitte stilvoll

Eine Hochzeit kann ganz schön langatmig sein, wenn nicht für die richtige Unterhaltung gesorgt ist. Falls du von eventuell peinlichen Familienspielen abstandnehmen, jedoch schon gern die eine oder andere Abwechslung integrieren möchtest, so empfiehlt es sich, deinen Gästen ein kleines Rahmenprogramm zu bieten.

Foto: Phil Stev

Diese Programme können entweder zu bestimmten Zeiten laufen, abwechselnd nutzbar sein oder aber den ganzen Abend lang angeboten werden.

- ***Ein Tischzauberer*** zu Beginn, zum Empfang der Gäste oder auch zwischen den Gängen.
- ***Ein Schnellzeichner***, der den Moment auf kreative Weise verewigt und die gezeichnete Erinnerung sofort bereitstellen kann – ein ausgefallenes und sehr wertiges Giveaway, bestenfalls platziert an einer bestimmten Stelle, so dass Gäste den Künstler jederzeit aufsuchen können und stets wissen, wo sie ihn finden.
- ***Ein Schmuckdesigner***, der mit Naturmaterialien wie zum Beispiel Muscheln (wenn du am Wasser feierst) kleine Kunstwerke zum Mitnehmen herstellt.

- ***Ein Eiskünstler***, der vor Ort aus einem riesigen Gletscher einen Schwan schlägt, ein Kunstwerk, das über den ganzen Abend wächst.

- Möchtest du kulinarisch noch etwas Besonderes anbieten, so buche ***einen Schokolatier***, der samt Schokobrunnen anreist und vor Ort kleine Trüffel als Gastgeschenk fertigt.

- Möchtest du nachts keinen heißen Mitternachtssnack, so ordere dir ***einen nostalgischen Eiswagen samt Personal***, der um 12 Uhr glockenschwingend deine Gäste mit leckerstem Eis überrascht.

- Auch ***ein Bonbonier*** ist eine gelungene Erweiterung zur Candybar. Zuzuschauen, wie leckerste, bunte Bonbons hergestellt werden, ist eine echte Bereicherung. Und der Duft von heißem Zucker verfeinert mit besten Kräutern, Beeren oder Gewürzen ein weiteres Highlight des Abends.

- ***Das Feuerwerk***, welches das Brautpaar hochleben lässt und abermals die *bösen Geister* verscheuchen soll, ist nicht so einfach durchsetzen, noch dazu mittlerweile veraltet da eben nicht in *Bio* möglich. Mal ehrlich: Um das Feuerwerk zu realisieren, was du dir vorstellst, würden wohl etwa 10.000 € gerade so ausreichen. Dann ist es ein *ernstzunehmendes Highlight* der Hochzeit, alles andere ist *so irgendwie*. Und da wir keine halben Sachen machen, empfehle ich dir, auch der Umwelt zuliebe, davon Abstand zu nehmen. Wasserwacht, Feuerwehr und nicht zuletzt die Vögel werden es dir danken.

- Um bösen Blicken, anstrengendem Papierkram und nörgelnden Nachbarn auszuweichen und dafür die Umwelt zu schonen, bietet sich als Alternative ***eine Lasershow*** an. Auf die perfekte Musik, eventuell sogar einen für euch tiefsinnigen Song abgestimmt, lassen sich sämtliche Abläufe erstellen, die in einem Herz mit euren Monogrammen enden können.

- ***Brennende Himmelslaternen sind gefährlich und verboten***, und Luftballons, die du steigen lässt, eigentlich auch nur zusätzlicher Müll. Über die weißen Tauben, die freigelassen werden, hört man ebenfalls nichts Gutes: Herzinfarkt durch zu viel Stress und noch dazu die Trennung von Partnertieren (genau: monogamen Paaren!) ist ja eher ein schlechtes Omen als ein gutes für den gemeinsamen Lebensweg.

- ***Ebenso rate ich dir von Schmetterlingen ab***, die zur Hochzeit freigelassen werden. Dies war nämlich (neben dem Schnellzeichner, der Tischillusionistin, der Lasershow und zwei großen Schokobrunnen) meine Wahl zu meiner Hochzeit. Ich habe mich in das Thema *Tierquälerei* eingelesen (*Finden weiße Tauben heim?* usw.). Und habe mich dann dagegen entschieden und bin auf Schmetterlinge gestoßen, die noch verpuppt ankommen und sich dann am Tag der Tage nach Öffnung der Schachtel emporschwingen würden. Ich habe die Ethik geprüft und auch die Nachhaltigkeit, habe mich informiert, ob diese Schmetterlinge einheimisch sind oder eben *ortsfremd*, so dass ein schneller Tod vorprogrammiert wäre. Alles hörte sich fabelhaft und nachvollziehbar richtig an. Nun, so weit so gut. Als wir dann in einem japanischen Teepavillion standen, auf die, über einem Teich mit Kois schwebende Terrasse schritten, und die hübsche Schachtel öffneten, um die Schmetterlinge fliegen zu lassen, tat sich - NICHTS. Mmhhhh, ok, stimmt! In der mitgelieferten Beschreibung stand, man solle die Schachtel ein wenig auf und ab bewegen, leicht schütteln, um die Schmetterlinge *zu aktivieren*. Das setzten wir dann wie gewünscht um, mit dem Ergebnis, dass der ein oder andere Schmetterling sich dann doch bequemte und zunächst hochflog, um direkt danach eine Bruchlandung im Wasser zu erleben. Ja, was soll ich sagen? Rate, wer dann zwar ohne Schuhe aber im Brautkleid im Teich stand, um die Schmetterlinge zu retten, eine panische Schreiattacke hatte, um die Gäste ebenfalls zu akquirieren, *sie sollten jetzt mal gefälligst mithelfen* … Ja! Genau ich. Ich hasse diese Erinnerung und würde sie am liebsten vollständig streichen, nicht weil es ein *grausamer* Teil der Hochzeit war, sondern wegen der Schmetterlinge, die ich ausschließlich aufgrund von *sieht schön aus, wenn sie hochfliegen* fast umgebracht hätte. Also mein Rat oder eher schon meine Bitte an dich: Feier lieber ohne lebende Tiere. Allenfalls kannst du dir von meinem weißen Mops die Trauringe bringen lassen. Obwohl, Mala würde wohl nie vorne angekommen, sie müsste sich schließlich erst von all deinen Gästen streicheln lassen.

- Eine dagegen wirklich schöne Idee ist ***ein interaktiver Spiegel***, der dir Anweisungen gibt. Als ich diesen zum ersten Mal ausprobierte, fühlte ich mich gleich wie im Märchen *Schneewittchen*. Nur ohne die böse Königin. Denn hier entstehen keine *Rachepläne* gegen die Schönste im ganzen Land, sondern wundervolle Bilder, die dir sofort ausgedruckt, online gestellt und per Mail gesandt werden. Die Fotobox steht mittlerweile oft bereit, der Spiegel *Mirror Booth* hingegen ist die elegante, neue Variante, deinen Gästen ein tolles Foto-Erlebnis zu bieten.

- ***Outdoor-Spiele*** – und zwar für alle – machen richtig Spaß und bringen in legerer Atmosphäre eine Wohlfühlstimmung und willkommene Abwechslung zum *gediegenen* Hochzeitseinerlei. Deine Gäste werden sich direkt wie auf einem Rummelplatz und nostalgisch in ihre Kindheit zurückversetzt fühlen. Folgende Spiele empfehlen sich:

    - Ringwerfen auf dekorierte Altfalschen
    - Luftballon-Pfeilwerfen

- Dosenwerfen
- Riesen-Jenga

Alles ist leihbar und sogar mit Betreuung möglich. Achte darauf, dass deine Spiele nicht nach *Jahrmarkt,* sondern eben nach Hochzeit aussehen. Das schaffst du zum Beispiel, wenn du alles weiß hältst und mit Beleuchtung und hochwertigen Akzenten gekonnt dekorierst. Achtung: Hast du darauf Lust, erklärt es sich von selbst, dass du als Dresscode nicht *White Tie* angibst.

Heiratest du am Strand, sind alle leger gekleidet und reichst du eher einen Cocktail als einen Sekt zum Empfang, gibt es ein cooles BBQ statt des gesetzten Dinners, so bietet sich sogar ein gespanntes Beachvolleyballnetz an.

Und sonst noch?

Wie immer: Die einzige Grenze, die existiert, ist die in deinem Kopf. Ich habe schon eine kleine Comedyshow eines bekannten Künstlers für ein Brautpaar gebucht, der dann vor dem Essen aufgetreten ist, habe Riesenseifenblasen organisiert, die über einen kleinen Bachlauf im Park zur Location schwebten. Ich habe Black-Jack-Spieltische und ganze Pokerräume samt Candyboy und Zigarrenraum für zwei zauberhafte Bräutigame aufbauen lassen. Für das nächste Paar wurden rote Rosenblätter aus einem Flugzeug gestreut, als das Glück gerade durch den Hochzeitskuss besiegelt wurde.

Das alles *muss* nicht sein, macht deine Hochzeit jedoch außergewöhnlich und genau das ist ja der Grund, warumdu dieses Buch gekauft hast.

Deine perfekte Hochzeitstorte

Die Torte der Torten

Dein Konditor liefert dir weitaus mehr als lediglich die Torte! Auch wenn diese natürlich eines der Highlights der Party sein wird, so solltest du drüber nachdenken, ob dein Konditor ebenfalls die Gastgeschenke fertigen soll, eine Candybar und eine Saltybar (bestenfalls direkt neben der Cocktailbar) bereitstellen kann und dir vielleicht sogar feine Champagnertrüffel fertigt, um diese einladend auf den Tischen zu verteilen.

Foto: Nadines Schmeckerei

Wie immer gilt: Bewahre den roten Faden und wähle deine Torte äußerlich so aus, dass sie zum gesamten Look deiner Hochzeit passt. Deiner Phantasie sind keine Grenzen gesetzt und die *naked Torte* kann dich ebenso ansprechen wie die über und über mit Rosen bedeckte Lemoncurdtorte.

Wähle den Geschmack *gastgerecht* aus: Mango-salty-caramel ist nicht jedermanns Ding, so dass du hier lieber etwas wählst, was jedem

Gaumen mundet. Hast du eine mehrstöckige Torte, kannst du selbstverständlich unterschiedliche Füllungen wählen. Ich rate davon jedoch gern ab, da das Verteilen der Torte dann viel länger dauert und jeder sowieso nur eine Sorte probieren kann. So entgehst du anstrengenden Fragen wie: „Und was ist da drin? Und da? Und da?“ sowie der allgemeinen Unentschlossenheit und einer langen Schlange an der Torte.

Foto: Canan Kufer - Cook & Cookies

Die charmante Alternative ist hier, die Torte in lediglich einer Geschmacksrichtung zu präsentieren und zwei bis drei Ausweichmöglichkeiten anzubieten. Das können Schokoladenmuffins sein, ein Erdbeerkuchen und leckerer Trockenkuchen. So bist du sicher, dass jeder etwas finden wird. Deinen Verwandten, die dir unbedingt Arbeit abnehmen wollen, ist auch direkt geholfen, denn sie kannst du um eine *Kuchenspende* bitten.

Möchtest du gänzlich weg von der Hochzeitstorte, so wirst du ein schönes Erinnerungsbild (das des Anschneidens) einbüßen, jedoch Vielseitigkeit gewinnen.

Spätestens wenn die Torte um die ersten zehn Stücke geplündert ist, liegt der Vorteil ganz klar bei der bereits *portionierten* Torte in Form von Muffins, Macarones, Hochzeitskeksen, Cake-Pops, Push-up-Pops, Cupcakes, Brownies und Petit Fours. Die handlichen Fingerfood-Sweets sehen auch nach dem 50. Gast unverbraucht und lecker aus. Hier ein super Pluspunkt für die appetitliche Optik.

Kannst du es nicht lassen und willst unbedingt das Anschneiden der Torte verwirklichen, und zusätzlich Fingerfood-Sweets anbieten, so ist eine Option, eine kleine Torte anfertigen zu lassen, die eher symbolisch angeschnitten wird. Wenn dann ganz oben auf einer Etagere Platz ist, wird diese mit Cupcakes und Co. aufgefüllt.

Heiratest du im Sommer, so denke über eine Eistorte nach. Eventuell ebenfalls eine kleine Torte, die durch einen nostalgischen Eismann samt Schiebewagen ergänzt wird. Für mich ist diese Variante, wenn es heiß ist, unübertroffen.

Hast du dich für eine Variante entschieden, so suche dir deinen passenden Dienstleister. Werd hellhörig, wenn dir ein Dienstleister sagt: „Das ist viel zu teuer in der Umsetzung". Ich denke dann stets: „Aha, aber danach habe ich nicht gefragt, ich habe gefragt, ob das für Sie möglich ist zu verwirklichen". Die meisten trauen sich nicht zu sagen, dass sie die von dir gewünschte Dekoration oder Geschmacksrichtung nicht erschaffen können und versuchen dich dann mit *Vernunft* zu einer anderen Idee zu bewegen. Das ist nicht dein Dienstleister. Verzichte lieber und poche nicht auf die teure Variante, sie wird ein Reinfall, er kann es einfach nicht. Bestenfalls ordert er die Torte bei jemand anderem, das ist jedoch nicht Sinn der Sache und mit zu vielen Eventualitäten verbunden, da über Drittanbieter gebucht.

Ein Stück Torte kann gut und gerne bis zu 9 € pro Person kosten. Bei 100 Personen liegst du entsprechend schnell bei 900 €. Du darfst erwarten, dass deine Wünsche erfüllt werden und auch etwaige Cupcakes, Kekse, Giveaways an die Torte angepasst werden. Achte darauf, dass die Torte nicht nur toll aussieht, sondern auch entsprechend gut schmeckt. Ein Probieren der Torte selbst ist nicht notwendig. Ich rate sogar davon ab, denn Kostproben, die dir zur Verfügung gestellt werden, wurden meist eingefroren und aufgetaut und schmecken dann doch anders als frisch zubereitet. Die Hochzeitstorten-Konditoren führen meist ein Ladenlokal, hier kannst du dich von Handwerk und Geschmack der Produkte überzeugen. Du kannst dir dann sicher sein, dass deine individuell ausgesuchte Füllung schmecken wird.

Achte auf die Masse der Füllung: Dünn aufgetragen und mehrschichtig edel mit dünnen Böden dazwischen ist viel aufwendiger und entsprechend auch viel teurer als die schnelle *Hauruck-Variante* mit zwei dicken Böden und zentimeterdicker Füllung. Es erklärt sich von selbst, dass die Vielschichtigkeit der ersten Torte ein ganz besonderes Aroma zaubert und ein größerer Genuss ist als Torte Nummer zwei, denn auch die Konsistenz ist ein Gaumengenuss oder eben Frust.

Lass dir die Torte unbedingt anliefern und bestenfalls vorschneiden, bezahle gut und gerne für diese große Portion Stress, die dir erspart bleibt.

Buche rechtzeitig, zumindest den Termin, in die genaue Planung kannst du noch immer gehen.

Wähle bestenfalls einen Patissier für die Erstellung deiner Hochzeitstorte. Meine Erfahrung: Hier habe ich die besten Torten für meine Paare ordern können, allerdings kosten diese Torte dann noch ein Schnippchen mehr.

Meine Lieblingsfüllung, die jeder probiert haben muss, ist die Lavendelcreme, durchaus für Hochzeitstorten geeignet und sehr edel.

Deine perfekten Hochzeitsbilder

Die Fotos deiner Hochzeit seien dein Gedächtnis

„Mach sichtbar, was vielleicht ohne dich nie wahrgenommen worden wäre."

– Robert Bresson, französischer Filmregisseur

Die Fotografie zu deiner Hochzeit ist dein Gedächtnis. Je mehr Zeit vergeht, umso mehr werden deine eigenen Erinnerungen verblassen. Du wirst dankbar sein um jeden visuellen Blick in die Vergangenheit.

Ein Hochzeitsfotograf ist hauptberuflich Fotograf und bedient nicht nur die Hochzeitssparte, das macht ihn zum eingespielten und *gut geölten* Profi. Er hat den Blick für den Moment, ohne das Künstlerische zu vernachlässigen. Das besondere Bild ist das, an dem das Auge einen Moment länger hängenbleibt. Dies ist weder bei 08/15-Bildern noch bei unscharfen oder verwackelten Bildern der Fall.

Dein Fotograf begleitet dich nicht selten den ganzen Tag, bewegt sich sehr häufig in deiner Nähe und ist oft mehr als eben nur Fotograf. Ihr seid ein Team – darum muss die Chemie von Beginn an stimmen! Emphatischer Begleiter, Ruhepol und trotzdem Dienstleister, der ein Blick dafür hat, ob er gerade auf den richtigen Augenblick warten muss oder sich auf den Boden werfen sollte, um das perfekte Bild zu bekommen.

Foto: Phil Stev

Da jede Hochzeit individuell ist, sich gewisse Abläufe aber zumindest ähneln, tust du gut daran, einen Berufsfotografen zu wählen. Die Bezeichnung *Fotograf* ist leider nicht geschützt, und so tummeln sich doch viele Hobbyfotografen im Netz und werben mit wunderschönen, jedoch auf Fotoplattformen gekauften Bildern. Das bringt dir natürlich überhaupt nichts, denn du buchst deinen Fotografen ja, weil dir seine Bilder gefallen. Um hier Licht ins Dickicht zu bringen, kannst du dich an folgende Fragen halten:

- Hat der Fotograf Kontinuität in seiner Qualität?
- Hat der Fotograf Kontinuität im Antliz seiner Fotografien? Heißt: Ist sein Stil erkennbar? (Dann kannst du sicher sein, es handelt sich um seine Bilder)
- Kann der Fotograf echte Hochzeitsreportagen jederzeit vorweisen?
- Hat der Fotograf mindestens 50 Hochzeiten fotografiert?
- Ist er Berufsfotograf, muss also sein Leben mit einzig und allein dieser Einnahmequelle stemmen?
- Sind die Hochzeitspaare erkennbar viel zu schön und das durchgängig, um aus dem echten Leben zu entspringen? Lass auch hier die Hände von diesem Fotografen, er mag ein echter Fotograf sein, allerdings hat er die Fotos bei *Styleshoots* erstellt. Das heißt, hier posieren Models unter besten (Licht-)Bedingungen mit perfekten Körpern und der Fotograf arbeitet ohne Zeitdruck. Ganze Szenarien werden aufgebaut und mehrmals fotografiert bis das perfekte Bild zustande kommt. Bei einer echten Hochzeit geht das nicht. Bei einer echten Hochzeit gibt es den Hochzeitskuss einmal, die Torte wird einmal hineingetragen und auch das Buffet ist nur kurze Zeit unberührt. Die Brautpaarfotos sind in einem kurzen Zeitfenster zu erstellen und auch die Location ist nicht mit (Licht-) Bedingungen wie in einem professionellen Studio ausgestattet.
- Stimmt die Chemie zwischen euch?

Die (echten) Fotografen wissen um die Pein mit den schwarzen Schafen und wussten sich im Laufe der Zeit zu helfen. Sie schließen sich verschiedenen Verbindungen an, um sich freiwillig prüfen zu lassen. Diese Verbindungen sind wie die Innungen im Handwerk nicht kostenlos und noch dazu für die Fotografen mit einem Mehraufwand an Arbeit verbunden. Wenn ein Fotograf also *extra* diese Bürde auf sich nimmt, um seiner Qualität Ausdruck zu verleihen, so kannst du sichersein, er gibt sich bei seiner Arbeit Mühe.

Viele Fotografen verweisen auf ihrer Seite auf genau diese (kostspieligen) Vereinigungen und bieten im offenen Gespräch weitere Informationen zu wichtigen Eckdaten ihrer Qualität.

Die für mich beste, weil einfach zu bedienende, sehr übersichtliche und breit gesteckte, deutschlandweite Vereinigung zur Hochzeitsfotografie ist die Interessensgemeinschaft *Wedding Unicorn* (www.wedding-unicorns.de). Aufschlussreiche Informationen und Fotografen findest du hier problemlos.

> ***Tipp:*** Leg eine Liste an, auf welche Bilder und Szenerien du nicht verzichten möchtest. Dazu können die stets beliebten Motive zählen, wie Backstage, Hochzeitspaar, Vorbereitungen, Dekoration, Umgebung, Location, Details, Menschen, Gruppen, Stimmungsbilder, Food. Genauso gehören aber Bilder dazu, die vielleicht im Königshaus zum normalen Aufwand gehören: Generationenbilder der Damen und Herren oder auch eine extra aufgebaute Szenerie samt Beleuchtung, passender Dekoration, Hintergrund und schneller Visagie. So kann die Liste einfach abgearbeitet werden und du sparst dir auch hier extra Zeitaufwand.

> ***Budget:*** Rechne für deinen Fotografen, je nach Aufenthaltsdauer und Anreise zwischen 1.500 und 4.000 €.

Überleg, ob du die Paarbilder lieber bei einem nachträglichen Shooting machen lassen willst. Das ist die für alle die entspanntere Variante und auch deine Gäste werden es dir danken, wenn keine stundenlange Pause entsteht. Spare nicht daran, dir die Bilder ausschließlich digital übermitteln zu lassen. Ein Profi bietet dir ein gestaltetes Fotobuch an, nutze dies unbedingt. Du wirst dich darüber sehr freuen.

Und wie immer mein liebevoller Rat an dich: Ein Fotograf kann nur eine einzige Hochzeit am Tag begleiten. Buche rechtzeitig!

Dein perfektes Hochzeitsvideo

Das bewegte Bild bietet dir die perfekte Erinnerung

Kommt Haltung eigentlich von Zurückhaltung? Egal, denn bei diesen Ideen solltest du dich lieber festhalten!

Foto: fergregory / iStock

Das bewegte Bild bietet dir die perfekte Erinnerung. Während deine Fotos oder zumindest ein Teil davon sicherlich stetig präsent sind, sei es als Profilbild in den sozialen Netzwerken, in deinem Smartphone als Sperrbildschirm und natürlich die schönsten Exemplare *entwickelt* in deiner Wohnung in schönen Bilderrahmen, so ist das Video eine Erinnerung, die sicherlich nicht so allgegenwärtig ist wie die Bilder. Dafür liefert dir ein Video aber, bestenfalls chronologisch abgedreht, eine Auffrischung der Erinnerung am laufenden Band. Situationen, Abläufe und Emotionen werden und sind im Nachhinein um einiges *echter* und fassbarer als in der Fotografie.

Du wirst dich später, auch wenn du dich noch so sehr anstrengst, nicht an alles erinnern können. Und sei es auch nur die kleine feine Ecke, in der Selfies gemacht werden können. Hier wird der lebendige Beweis im Video geliefert, wieviel Spaß deine Gäste eben in dieser Ecke hatten, das kommt auf einem Bild einfach nicht so rüber. Um dein Video mit deinen persönlichen und individuellen Gimmicks zu spicken, ist es eine hervorragende Idee zu späterer Stunde, wenn soweit alles gefilmt wurde und auch die Tanzszenen schon im Kasten sind, das Kamerateam zu bitten, die Eltern, die Trauzeugen, die nächste Verwandtschaft oder die beste Freundin kurz zu interviewen, um etwas Persönliches, eine liebevolle Nachricht oder eine gemeinsame Erinnerung aufzunehmen. Wer nicht so geübt vor der Kamera ist, der kann selbstverständlich schon mit einem: „Zum Wohl! Auf das Brautpaar! Alles Liebe für euch!“ punkten. Hier ist es schön, wenn eine Mischung aus den verschiedenen Emotionen und Sprüchen oder sogar Gesang und Gedicht entsteht.

Du möchtest nichts dem Zufall überlassen? Erstell Moderationskarten für die Videographen. Jeder der interviewten Gäste beantwortet eine andere Frage, denke ruhig sehr großzügig und gestalte deine Fragen abwechslungsreich:

- Was war bis jetzt dein Höhepunkt unserer Hochzeit?
- Wie hast du unsere Kennenlerngeschichte im Kopf?
- Was war für dich unser schönstes gemeinsames Erlebnis?
- Welches Gericht hat dir auf unserer Hochzeit am besten geschmeckt?
- Erzähle etwas über deinen Tischnachbarn!
- Dein persönlicher Wunsch an uns

Je näher du den Kreis derer, die du gerne interviewt haben möchtest, festlegst, desto tiefer kannst du natürlich auch schon in die Zeit vor der Hochzeit gehen:

- Erinnerungen an den Junggesellenabschied
- Erinnerungen an die Vorbereitungen
- Oder, oder, oder...

Die Gäste, die du auf dem Video gern verewigt haben möchtest, sind natürlich die, die auch etwas Persönliches zu sagen haben. Gerade bei einer großen Hochzeit lass nicht jeden Gast auf das Video. Bitte entweder deine Wunschpersonen persönlich oder – das ist die bessere Variante – öffentlich *auf der Bühne* zum Videographen. So schließt du aus, dass alle eher weiter entfernten Menschen oder die eher *I-have-to*-Eingeladenen Platz im Video bekommen.

Ich verspreche dir, du wirst diese Art der persönlichen Nachricht an dich lieben. Das ist ein Zeitzeugnis, welches dir im Laufe der Jahre immer wichtiger wird. Das, was dir liebe Menschen an diesem besonderen Tag sagen, und zwar im bewegten Bild, ist nie mehr nachholbar. Denk auch darüber nach, ob ihr als Braut und Bräutigam entweder gemeinsam eure Emotionen in einem kurzen Statement abgeben wollt oder vielleicht sogar getrennt voneinander. Und auch hier: Erlaubt ist, was dir gerade durch den Kopf geht, ganz egal ob das ein: „Oh, ich komme gerade vom Buffet. Das Entrecote samt Spargel und Trüffelschlag - das ist so lecker, das muss ich nachkochen!“ oder ein: „Ich liebe meinen Traummann einfach so sehr, bin gerade einfach nur glücklich, dass wir geheiratet haben“ oder ein: „Also die Tante Erna hat schon einen kleinen Schwips“ ist. Es ist einfach nur wundervoll, gerade diese Kleinigkeiten, die auf einem Bild verborgen bleiben, einzufangen.

Dein Videograph kann schon weit vor deiner Hochzeit seine Arbeit beginnen. Wäre es nicht zauberhaft, das Video mit den *besonderen Orten* des Paares zu beginnen? Die erste gemeinsame Wohnung, die Lieblings-Eisdiele, der Weg der endlosen Spaziergänge. Das ist eine wundervolle Einstimmung, vielleicht sogar untermalt von einem *Geschichten- oder Erinnerungserzähler* wie der besten Freundin. So wird der Einstieg schon besonders emotional.

Dein Video ist mehr als nur ein Video. Die Einzigartigkeit des Paares wird hier festgehalten und durch die verschiedenen kreativen Besonderheiten hervorgehoben. Die individuellen Momente, eure Vita, erzählt von euren Liebsten, machen das Video zu eurem Hochzeitsvideo.

> ***Tipps zur Auswahl deines Videographen:*** Setze auf ein kreatives Team. Eventuell suchst du sogar eine Agentur, die nicht ausschließlich Hochzeitvideos dreht. Meist sind Musikvideographen besonders positiv experimentierfreudig. Trotzdem sollte deine Wahl auf jemanden fallen, der Hochzeitsvideos auf seiner Plattform anbietet und bestenfalls auch Ausschnitte zeigt.

> ***Budget:*** Je nach Aufwand und Zeiteinsatz kannst du zwischen 3.000 und 8.000 € rechnen.

Deine perfekte Hochzeitsreise

Deine Flitterwochen perfekt geplant

Ein Reisebüro oder ein Dienstleister, der Erfahrung mit Hochzeitsreisen hat, ist Gold wert. Ganze Pakete erwarten dich, wenn du deine Reise bis zu maximal sechs Monaten nach deiner Hochzeit antrittst. In diesen besonderen Angeboten sind spezielle Preise, kostenlose Verlängerungsnächte, meist ein Candlelight-Dinner am Strand, oft ein Upgrade des Zimmers und manchmal sogar eine Torte, die im Flugzeug serviert wird, beinhaltet.

Foto: Nadine Dorau

Deine Hochzeitsreise ist etwa ein Jahr im Voraus buchbar, die Fluggesellschaften veröffentlichen dann die neuen Flugpläne. Dein persönlich geführtes Reisebüro wird dich informieren, wann die beste Reisezeit ist, um in das jeweilige Land zu reisen. Es geht aber auch andersrum: Wenn du den Monat angibst, wann du reisen möchtest, wird dir das Reisebüro eine Auswahl der Ziele zusammenstellen können.

Auch wenn Mauritius die *Turteltauben-Insel* schlechthin ist und als Ganzjahresziel gilt, weil du immer reisetaugliche Temperaturen erwarten kannst, so solltest du doch auf Feinheiten achten. In den Monaten Juli bis November wird das Zuckerrohr abgebrannt, aus eigener Erfahrung weiß ich, dass dies nicht nur mit einem unangenehmen Geruch verbunden ist, sondern auch mit Asche auf Haut (unangenehm, aber nicht so schlimm, weil abwaschbar) und auf der Kleidung (superärgerlich) einhergeht.

In muslimische Länder solltest du nicht während des Ramadans reisen, auch auf den Malediven zum Beispiel ist die Staatsreligion der Islam, Religionsfreiheit gibt es nicht und entsprechend ist die Aktivität tagsüber stark eingeschränkt.

Bist du homosexuell, so entscheide dich für ein frei denkendes Land, eine liebe Geste in der Öffentlichkeit kann zum besonderen Ärgernis beidseitig führen.

Diese Besonderheiten, die ich dir aufgezählt habe, weisen viele Länder und Inseln auf, achte hier wirklich auf ein professionelles Reisebüro, deine Flitterwochen sind mit allem Geld der Welt nicht ersetzbar.

Aufgabe deines Reisebüros ist es, nicht nur das ideale Ziel samt perfekten Verbindungen zu finden, sondern auch auf die etwaigen Vorsorgemaßnahmen hinzuweisen. Dazu gehören Impfungen (Iguazú zum Beispiel Gelbfieber) ebenso wie zu beantragende Visa oder die Auflagen verschiedener Länder, eine besonders lange Laufzeit deines Reisepasses nach Ausreise zu verlangen. In Buthan benötigst du sogar die offizielle Einladung des Königs, um das Land bereisen zu dürfen. Das ist natürlich auch nur eine automatisierte Bürokratie, die trotzdem gemacht sein will. In Buthan gilt noch immer *Zulaufregelung* von Urlaubern, so dass du dir sicher sein kannst, in ein wirklich naturbelassenes Land zu reisen. Großer Vorteil, kleiner Nachteil, wenn die niedrige Zahl an zugelassenen Touristen erreicht ist, bleiben die Grenzen zu.

Achte auch auf die Feriensaison des zu bereisenden Landes. Du kannst davon ausgehen, dass in deinem Hotel dann auch viele einheimische Kinder sind, was, wenn du dir Ruhe und Zweisamkeit wünschst und extra aus diesem Grund außerhalb der deutschen Feriensaison reist, eine Enttäuschung sein kann.

Hast du alles, was du nicht möchtest ausgegrenzt, so ist der letzte Punkt, den du beachten musst, dein Geschmack und der deines Partners. Eine Kreuzfahrt, eine Rundreise, Inselhopping oder eine Metropole mit anschließender Weiterreise zum Entspannungs- oder Badeurlaub. Alles kann, nichts muss. Wichtig ist einzig und allein, dass ihr euren Traumurlaub verbringt, eventuell sogar mit einer weiteren, kleinen Zeremonie nur für euch am Strand. Schon diese Bilder werden unübertroffen sein!

Super-Tipps obendrauf

Dies und das für deine perfekte Hochzeit

Der rote Faden

Die Atmosphäre wird bestimmt von dem Wohlbefinden deiner Gäste, sie lassen sich gemeinsam mit dir auf eine besondere Stimmung ein: auf eure Stimmung. Durch das Festhalten am roten Faden ist das harmonische Gesamtbild für alle gewährleistet, eine Wohlfühl-Atmosphäre wird schnell hergestellt und das *Sicherheitsgefühl*, dass wir alle unterschwellig behalten möchten, wird gestärkt. Behalte unbedingt den roten Faden im Blick!

Das Gästebuch

Ein Gästebuch ist eine wunderschöne Erinnerung für die weiteren Ehejahre, jedoch auch ein kleiner *Off-Moment* für deine Gäste. Manche wissen nicht, mit welchem geschwungenen Wort sie euch alles Glück der Welt wünschen sollen, so wird eine Seite das ein oder andere Mal durch wüste Reden und zusammenhanglose Sätze gefüllt (oft ist auch eine gewisse Menge an Alkohol daran Schuld). Mach es besser und deinen Gästen einfacher: Du kannst schöne Glitzer-Sticker bereithalten oder vorgefertigte Fragen aufstellen, z. B. „An welche Situation erinnerst du dich mit dem Bräutigam/der Braut am liebsten?“ Du kannst natürlich auch Sofortbildkameras aufstellen, so ist die Seite direkt mit einem Schnappschuss verschönert, deine Gäste haben Spaß und du gestaltest gerade eine noch lebhaftere Erinnerung.

Die Ecke

Deine Location wird außergewöhnlich, wenn du auch die Nischen verschönerst. Ein Ohrensessel, dazu ein gepolsterter Hocker, ein kleiner Beistelltisch, darauf ein Kerzenarrangement. Dekoriert sieht jede Ecke gleich ansprechend aus, oft werden gerade diese individuellen Nischen als hübsches Fotomotiv von deinen Gästen genutzt.

Zeige dein Gesicht

Standesamt, Kirche, freie Trauung – stets kehrst du deinen Gästen den Rücken zu. Überlege deshalb, ob die Stühle des Brautpaares anders zu stellen sind, so dass eure Emotionen die ganze Zeit über sichtbar sind. Bei einer freien Trauung könnt ihr euch auch mit den Gesichtern nach vorn, zu euren Gästen gerichtet, setzen. Trauredner und ihr in einer zu den Gästen gerichtetem V.

Zucker zum Tee?

Wähle Kandis, so adelst du direkt die Kaffeetafel.

Gekonnte Inszenierung deiner Tafel

Weiß, weiß und erneut weiß. Halte die Gläser, Geschirr und Textilsets gerne außergewöhnlich. Achte darauf, dass sich die Farbe wiederholt, mische nicht mehr als drei verschiedene Muster.

Die leidvolle Torte

Lasse deine Torte vorher vom Konditor schneiden, ja, alle Stücke! Das obligatorische Anschneiden kannst du natürlich trotzdem übernehmen bzw. *vortäuschen*. Das Stück Torte sieht dann jedoch direkt ansprechend aus und nicht wie ein missglückter Versuch.

Die Kleidung

Instagramable werden die Bilder, wenn nicht über jedem Stuhl ein Jackett, ein Blazer, die Jacke oder gar ein Mantel hängt. Sorge für eine (provisorische) Garderobe, verbannt in eine Ecke, die nicht direkt ins Auge fällt. Bei wirklich großen Festen lohnt sich das Bereitstellen einer Garderobiere.

Kleider machen Leute

Und auch Musiker! Buchst du deine Musiker über den Tag verteilt zu den unterschiedlichen Anlässen, so bitte sie ebenfalls, ihre Garderobe anzupassen. Genau: Der rote Faden! Außerdem haben deine Gäste auch hier direkt das Gefühl, dass auf jedes Detail geachtet wurde.

Selfie-Ecke

Die sozialen Medien sind beliebt. Auch wenn durchgängig verpönt, schießt jeder hin und wieder ein Selfie von sich. In Köln gibt es dazu ein ganzes Museum, in dem verschiedene Sets aufgebaut sind, um sich dort selbst zu shooten. Deine Gäste kannst du mit einer toll dekorierten Ecke, die eventuell sogar bestens ausgeleuchtet ist, überraschen. Wundervoll dekoriert und mit lauter Herzen verziert, freut sich jeder Gast über diese Möglichkeit.

Mein rechter, rechter Platz ist frei ...

Sitzordnungen werden zumeist auf einem Schild präsentiert oder auch gar nicht. So müssen die Gäste dann jeden Tisch *abklappern*, um ihren Platz zu finden. Du kannst die starre Art auflockern, indem ein Cocktail samt Namen und Wegweiser zum Platz des jeweiligen Gastes bereitsteht.

Das seid ihr!

So mancher Gast kennt vielleicht noch gar nicht eure Liebesgeschichte. Eine schöne Idee ist, diese durch eine Fotoreportage im Saal zu präsentieren. Verziert mit kleinen Post-its samt Infos eine schöne Pause im Trubel, die zum Verweilen einlädt.

Kinder-Unterhaltung

Das können Goodie-Bags sein, jedoch auch engagierte Babysitter, die mit Programm für die Kleinsten aufwarten. Mittlerweile gibt es ganze Agenturen und Berufszweige, die sich mit nichts anderem beschäftigen als eben Kinderanimation. Eine wertvolle Investition zu deiner Hochzeit.

Pflaster-Körbchen

Hier finden nicht nur (Blasen-) Pflaster Platz, sondern auch Deo, Zahnseide, Nadel und Faden, Tampons und Haarspray. Sei dir sicher, dieses Notfallkörbchen wird dankbar genutzt. Gut, wenn du es im Waschraum bereitstellst.

Alkohol, nein danke

Biete alkoholfreien Sekt, Wein und Bier an. Es ist so viel schöner, mit einem Sektglas anzustoßen und nicht als eine der wenigen mit einem Wasserglas dazustehen. Dies schafft ganz nebenbei auch die schöneren Bilder der Gesellschaft beim gemeinsamen Anstoßen auf das Brautpaar.

Nadines Lieblingsrezepte

Foto: Ines Schaefer Portraiture
Hair and Make Up: Sandra Ruelke
Location: Greve Maßkonfektion

Harry's Carpaccio

Nach dem italienischen Originalrezept von 1950 aus Harry's Bar Venedig

Es gibt in der Gastronomie echte Legenden. Eine Legende ist *Harry's Bar* in Venedig. Der 60er-Jahre-Jetset nahm hier seine Drinks zu sich und die berühmtesten Schriftsteller der Welt (Ernest Hemingway, Orson Welles, Truman Capote) gingen hier ein und aus.

Alles an Harry's Bar ist legendär. So auch die Gründungsgeschichte. Arrigo Cipriani ist Sohn des Gründers Giuseppe Cipriani und führt die Bar heute. Sein Vater eröffnete die Bar im Frühjahr 1931.

Giuseppe hatte lange in Hotels gearbeitet, in der Schweiz, in Frankreich und Deutschland. 1927 begann er seine Arbeit als Barmann im renommierten Hotel Europa in Venedig. Dort lernte er den Amerikaner Harry Pickering kennen, der mit seiner Tante Gast im Hotel war. Eines Abends sah Cipriani, wie sich Pickering mit der Tante stritt und sie aus dem Saal rauschte. Cipriani fragte den traurigen Amerikaner, ob er nach dem Streit nicht einen Drink vertragen könne. Pickering winkte ab, er habe kein Geld mehr. Nicht einmal für die Rückfahrt nach Amerika reiche es. Ob er ihm vielleicht etwas Geld leihen könnte? Cipriani erzählte seinem Sohn später, dass er den Amerikaner für einen ehrlichen Mann hielt, von dem er sein Geld zurückerhalten würde. Also bezahlte er ihm eine billige Rückfahrkarte für ein Schiff in die Vereinigten Staaten. Dann wartete er, zunächst ein paar Wochen, dann mehrere Monate, doch es kam keine Zeile von Pickering. Cipriani wollte nicht glauben, dass der junge Mann sein Wort nicht halten würde. An einem kalten Februarmorgen des Jahres 1930 schließlich kam Pickering zur Tür herein. Er sagte, er wolle ihm sein Geld zurückzahlen und noch etwas drauflegen. Dann überreichte er Cipriani 40.000 Lire – mit dem Vorschlag, gemeinsam eine Bar aufzumachen. „Also eröffnete mein Vater die Bar und benannte sie nach Harry Pickering", sagt Arrigo Cipriani. „Und als ich ein Jahr später geboren wurde, wählten meine Eltern für mich denselben Namen, nur auf italienisch. Ich bin wahrscheinlich der einzige Mensch auf der Welt, der nach einer Bar benannt wurde."

Legendär sind auch die Gerichte und Drinks. Giuseppe Cipriani erfand den berühmten Bellini, Prosecco mit Pfirsichpüree gemischt, benannt nach dem venezianischen Künstler Giovanni Bellini aus dem 15. Jahrhundert. Ebenfalls nach einem Künstler benannt ist seine zweitberühmteste Erfindung: Das Carpaccio.

„Nach den Erzählungen Giuseppe Ciprianis hatte er es für die Contessa Amalia Nani Mocenigo erfunden, die in den Sechzigern Stammgast war. Bei ihrem Freund Cipriani beschwerte sie sich, dass die Ärzte sie auf Diät gesetzt hatten. Kein gekochtes Rindfleisch für die Contessa! Also ließ Cipriani ihr einen Teller dünn geschnittenes rohes Rinderfilet bringen und dekorierte es mit einem hausgemachten Dressing. Da die kräftigen Farben zwischen dem roten Rindfleisch und der weißen Soße an die Gemälde Vittorio Carpaccios erinnerten, benannte er das Gericht nach dem Renaissance-Maler." (Maria Wiesner, faz.net)

Foto: Nadines Schmeckerei

Carpaccio ist ein Klassiker, der für sich steht. Klassiker brauchen keine Nebendarsteller. Möchtest du doch noch etwas dazu servieren, passen gekochte Eier, Kartoffeln, Salat oder Baguette.

Zutaten & Zubereitung

Zutaten für vier Personen:

150 g	*Rinderfilet, gut abgehangen*
5	*Blätter Blattpetersilie*
1/3	*Bund Schnittlauch*
1 TL	*Kapern*
1	*sehr kleines Eigelb*
1 TL	*Dijonsenf*
2,5 EL	*Olivenöl, kalt gepresst*
2 EL	*Milch*
	etwas Worcestersauce
	sehr wenig Zitronensaft
	etwas Meersalz
	schwarzer frischer Pfeffer aus der Mühle

Wer mag, nimmt etwas Rucola und geröstete Kürbiskerne als Deko und Geschmacksakzent dazu

Das Fleisch: Du frierst das Rinderfilet mindestens einen Tag im Voraus ein. Eine Stunde, bevor du das Gericht servieren möchtest, nimmst du das Filet aus dem Tiefkühlschrank und schneidest es, am besten mit einer Aufschnittmaschine, einem elektrischen oder einem sehr scharfen Messer in hauchdünne Scheiben.

Falls du nichts dergleichen in deinem Haushalt hast, kannst du das Filet auch in etwas dickere Scheiben schneiden, die Scheiben einzeln zwischen Klarsichtfolie packen und mit einem Fleischklopfer oder Nudelholz so platt wie möglich klopfen.

Die Alternative der Alternative: Du kannst hauchdünn geschnittenes Rinderfilet natürlich auch bei deinem Metzger bestellen.

Wenn du das Filet gefroren schneidest, fächerst du die Scheiben auf einem Teller oder einer Servierplatte auf, damit es langsam auftauen kann.

Die Sauce: Für die köstliche Sauce rührst du das Eigelb mit dem Senf glatt und fügst langsam das Olivenöl unter ständigem Rühren dazu. Rühre vorsichtig weiter bis die Sauce sich bindet, eine herrliche cremige Konsistenz bekommt und eine hellgelbe Farbe annimmt. Füge schlückchenweise Milch hinzu, bis die Konsistenz dickflüssig ist.

Dann schmeckst du mit Worcestersauce, Zitronensaft, Salz und Pfeffer ab.

Anrichten

Du wäschst Petersilienblättchen und Schnittlauch, schüttelst beides gut trocken, dann hacken. Die Kapern schüttest du ab.

Das Rinderfilet richtest du Scheibe für Scheibe auf deinem Teller oder einer Servierplatte an. Du beträufelst es mit der Sauce und verteilst Schnittlauch, Kapern und Petersilie obendrauf. Carpaccio sollte unbedingt bei Zimmertemperatur serviert werden, da sich sonst der zart-würzige Geschmack nicht entwickeln kann.

Fantastischer Stremellachs mit Bandnudeln, Zucchini und Möhrchen

Mit alter ostpreußischer Fischspezialität punkten

Das Krünitzlexikon von 1858 schreibt: *„In Ost-Preussen werden die Lachse von mittlerer Größe aufgeschnitten, ausgenommen, in schmahle Stücke vom Kopfe bis zum Schwanze in die Länge zertheilt, gesalzen, und einige Tage geräuchert, welche Stücke Striemel-Lachs heißen, und unter diesem Nahmen in Königsberg auf den Straßen häufig zum Kauf angetragen werden.“*

Der heute bekannte Stremellachs ist eine uralte ostpreußische Fischspezialität. Hierfür wird Lachsfilet in Streifen – Stremel – geschnitten und heiß geräuchert. Der Unterschied zum Räucherlachs: Der wird bei 20 bis maximal 30 Grad kalt geräuchert.

Wusstest du, dass jeder Deutsche pro Jahr im Durchschnitt drei Kilogramm Lachs futtert? Kein Wunder, denn Lachs ist einfach zuzubereiten und schmeckt zart-buttrig. Seine rosa Farbe setzt zudem auch optisch einfach auf jedem Teller ein Highlight fürs Auge, das ja bekanntlich mitisst.

Zutaten & Zubereitung

Zutaten für vier Personen:

1 kg	*Lachsstremel*
400 g	*Bandnudeln*
4	*Möhren*
1	*Zucchini*
	etwas frische Kresse
	Salz und Pfeffer
	grober Pfeffer
50 ml	*Rapsöl*
60 ml	*Olivenöl*

Die Nudeln: Die Bandnudeln kochst du in einem großen Topf in reichlich Salzwasser. Wusstest du, dass du Nudeln immer direkt schon zum kalten Wasser dazu geben kannst und nicht erst, wenn das Wasser kocht? So garen die Nudeln beim Aufheizen des Wassers schon mit, das spart dir etwas Kochzeit.

Die Nudeln bitte nicht mit kaltem Wasser abschrecken. Wirkliches No-Go! Die Nudeln werden nur kalt und gegen das Kleben hilft es sowieso nicht.

Zucchini und Möhrchen: Die Möhren und die Zucchini wäschst du. Die Zucchini schneidest du in ca. 1cm dicke Scheiben. Die Möhren schälst und achtelst du. Du brätst das Gemüse nun kurz in einer Pfanne mit etwas Öl scharf an, salzt und pfefferst es (und füge, wenn du magst, etwas Knoblauch dazu). Dann gönnst du dem Gemüse eine Extrarunde im Ofen – 20 Minuten bei 190 °C, schön mollig in Alufolie eingewickelt.

Lachs: Deinen Stremellachs bestreust du mit grobem Pfeffer und lässt ihn in einer Pfanne mit 30 ml Rapsöl und 50 ml Wasser bei kleiner Hitze etwa 20 Minuten garen. Die Stremel musst du nicht wenden.

Anrichten

Die Bandnudeln schwenkst du nach dem Abgießen nochmal in Olivenöl, gibst sie auf einen Teller und zupfst etwas Kresse darüber. Daneben richtest du den Stremellachs, die Zucchini und Möhrchen an. Ab auf den Tisch - Yummie!

Foto: Tobias Ritter / Rheinschau Uerdingen

Ofenschwein mit beschwipstem Backobst und Spinatknödelchen

Deftig. Wums. So gut.

Deftig und gut, so muss das manchmal sein. Ja, ich gebe zu, ich bekomme die Metzgertochter aus mir einfach nicht raus. Aber warum auch? So sehr mich spannende Küchenexperimente mit Molekulartechniken faszinieren und so sehr ich Bewunderin der feinen französischen Küche bin, so sehr steckt in mir das Uerdinger Mädsche, das in einer Metzgerei groß geworden ist und gute, ehrliche Gerichte mag und serviert. Ich kann Haute-Cuisine-ChiChi. Aber manchmal habe ich auch einfach gern Wums auf dem Teller. Und genau das ist dieses Rezept.

Zutaten & Zubereitung

Zutaten für vier Personen:

1,2 kg	*Schweinefilet*
50 ml	*Rapsöl*
500 ml	*Wasser*
500 ml	*Rotwein*
	Salz und Pfeffer
1 EL	*Rapsöl*
300 g	*Backobst deiner Wahl (Trockenobst wie z. B. Pflaumen, Aprikosen)*
	dunkle Mehlschwitze
	Zimt
	Kardamom
250 g	*Knödelbrot (alte Brötchen vom Vortag)*
125 ml	*Milch (leicht erwärmt)*
2	*Eier*
50 g	*würziger Käse, gerieben*
250 g	*passierter Spinat (Blattspinat kochen, dann pürieren)*
80 g	*Butter/Butterschmalz*
120 g	*Zwiebeln*
15 g	*Knoblauch*
	Semmelbrösel
	Zerlassene Butter
	Parmesan

Das Ofenschwein: Ofen auf 190 °C Umluft vorheizen. Dann brätst du das Schweinefilet von allen Seiten gut an, gerade so, dass es Farbe annimmt. Das angebratene Schweinefilet im vorgeheizten Backofen etwa 30 Minuten garen, gib den Bratensud aus der Pfanne mit hinzu. Danach holst du das Filet heraus, wickelst es in Alufolie ein und lässt es fünf Minuten vor dem Servieren ruhen.

Die Backobst-Sauce: Du brätst das Backobst in einer möglichst hohen Pfanne an mit etwas Öl. So können sich die Aromen besser entfalten. Dann gibst du Wein und Wasser dazu, sowie Salz und Pfeffer. Gib den Bratensud dazu, der sich im Ofen bei deinem Filet gebildet hat. Köchele alles so lange auf kleiner Flamme, bis sich die Flüssigkeit auf ca. 700 ml reduziert hat.

Um die Sauce etwas zu binden, also etwas dickflüssiger zu machen, bereite die Mehlschwitze nach Packungsanleitung zu und gebe sie in deine Wein-Obst-Reduktion. Verrühre alles und schmecke, wenn du magst, mit Zimt, etwas Kardamom sowie Salz und Pfeffer ab.

Die Spinatknödelchen: Du schneidest die Brötchen klein und gibst sie als Knödelbrot in eine große Schüssel, übergießt sie mit warmer Milch und salzt sie leicht. Verquirle die Eier, gib sie dazu und vermenge alles, am besten mit deinen bloßen Händen gut durchkneten. Die Masse kurz ruhen lassen. Dann Käse und Spinat dazugeben und noch einmal alles gut vermengen und durchkneten.

Die Zwiebeln in einer Pfanne mit der Butter anschwitzen, bis sie goldbraun sind. Knoblauch zu den Zwiebeln geben, kurz mitdünsten und das Butter-Knoblauch-Zwiebel-Gemisch zur Knödelmasse geben. Alles noch einmal gut durchkneten und etwa eine halbe Stunde ruhen lassen.

Hat die Masse die richtige Konsistenz? Der Teig sollte sich gut kneten und formen lassen und auch gut in Form bleiben. Ist der Teig zu wenig fest, etwas Semmelbrösel zugeben. Wenn der Teig zu trocken ist, etwas Milch oder Eier zugeben.

Knödel formen und für etwa 25 Minuten über Dampf garen (Tipp: Besonders gut werden sie, wenn sie im Dampfgarer zubereitet werden!).

Währenddessen Butter schmelzen und leicht bräunen lassen. Parmesan reiben.

Anrichten

Schweinebraten in Scheiben schneiden. Eine Scheibe auf den Teller legen, Knödel daneben anrichten, mit geschmolzener Butter und Parmesan ergänzen. Rundherum die Backobst-Rotwein-Sauce geben. Dann: Setzen. Essen. Futtern. Genießen.

Foto: Nadines Schmeckerei

Italienisches Trio Grande

Kalbsfilet gefüllt mit Tomaten und Mozzarella, mediterranem Gemüse und Ricotta-Canelloni

'O sole mio! Liebe geht durch den Magen, und wenn jemand das weiß, dann sind es die Italiener. Nicht umsonst schlemmt sich die, von einer Lebenskrise gebeutelte Elizabeth Gilbert (im Film gespielt von der wunderbaren Julia Roberts) therapeutisch Pasta- und-Eiscreme-essend durch Rom. Wenn du mal alle fünfe gerade sein lassen und einfach nur genießen möchtest, dann schenke dir dieses wunderbare Gericht.

Zutaten & Zubereitung

Zutaten für vier Personen:

1	*Aubergine*
1	*Zucchini*
1	*rote Paprika*
1	*gelbe Paprika*
1	*grüne Paprika*
1	*Knoblauchzehe, gepresst*
	Salz, Pfeffer,
	mediterrane Kräuter (Thymian, Oregano, Basilikum - trocken oder frisch)
4 EL	*Olivenöl*
300 g	*Ricottakäse*
400 g	*Spinat*
1	*Zwiebel*
1	*Knoblauchzehe*
1	*Zitrone*
200 g	*passierte Tomaten*
1 EL	*Tomatenmark*
3 EL	*ungesalzene Butter*
2 EL	*Mehl*
300 ml	*Vollmilch*
6	*frische Lasagneplatten (aus dem Kühlregal, nicht die trockenen, harten!)*

Wenn du keine frischen Lasagneplatten findest, nimmst du die harten Platten und kochst sie vor.

Forsetzung auf der nächsten Seite...

Das mediterrane Gemüse: Backofen auf 180 Grad vorheizen. Das gesamte Gemüse waschen, in Scheiben schneiden und auf einem Backblech verteilen. Das Olivenöl mischst du mit dem Knoblauch und gibst es über das Gemüse. Etwa 20 Minuten bei 180 °C garen. Aus dem Ofen nehmen, mit Salz und Pfeffer würzen und mit den (wenn frisch: gehackten) Kräutern bestreuen.

Das Gemüse kannst du vorbereiten und abkühlen lassen. Es schmeckt kalt (gern auch als Antipasti). Als warmes Gericht einfach nochmal das Blech zum Aufwärmen zu den Canelloni in den Ofen schieben.

Die Ricotta-Canelloni: Backofen auf 200 °C vorheizen. Dann schälst du Zwiebel und Knoblauch und würfelst beides fein. Den Spinat hackst du. In einer Pfanne erhitzt du etwas Pflanzenöl und gibst die Hälfte des Knoblauchs und die Hälfte der Zwiebeln hinein, anschwitzen, bis sie glasig werden. Den gewaschenen Spinat dazugeben, zwei Minuten mit anbraten, bis der Spinat zusammenfällt. Die Spinatmischung vom Herd nehmen und in einem Sieb abtropfen lassen.

Für die Béchamelsauce schmilzt du die Butter in einem Topf. Hitze auf klein stellen. Siebe das Mehl hinein, verrühre alles mit einem Schneebesen. Keine Sorge, es ist noch etwas klumpig, aber das gibt sich gleich, denn du gießt nun die Milch schlückchenweise hinzu und rührst so lange, bis eine cremige Sauce entsteht. Mit Salz, Pfeffer und Muskat schmeckst du ab.

Den abgetropften Spinat gibst du in eine Schüssel und vermengst ihn mit dem Ricotta. Ebenfalls mit Salz, Pfeffer und Muskat abschmecken.

Auf den Boden einer Auflaufform gibst du etwas Olivenöl und verteilst es großzügig. Passierte Tomaten mit dem Tomatenmark vermischen und die Tomatensauce auf den Boden geben. Darauf die Hälfte der Béchamelsauce verteilen.

Einen Teil der Spinat-Ricotta-Füllung gibst du auf das untere Drittel einer frischen Lasagneplatte und rollst diese vorsichtig zusammen. Lege das Röllchen mit der Naht nach unten in die Auflaufform. Den

40 g	*Parmesankäse*
125 g	*Mozzarellakäse*
	Salz, Pfeffer, Zucker
	gemahlene Muskatnuss
	Pflanzenöl
1 kg	*Kalbsfilet, dünn als Schmetterlingssteaks* aufschneiden lassen*
500 g	*Mozzarella*
2	*Tomaten*
	Salz, Pfeffer,
	Öl zum Anbraten
	mediterrane Kräuter

Vorgang wiederholst du mit den restlichen Lasagneplatten und der restlichen Füllung.

Das gefüllte Kalbsfilet: Klingt kompliziert, ist aber wirklich total easy: Du schneidest Mozzarella und Tomaten dünn auf und füllst die Kalbsfilettaschen damit. Alles ab in die heiße Pfanne mit etwas Öl rundherum anbraten und mit Salz und Pfeffer würzen.

Anrichten

Auf dem Teller richtest du eine Kalbsfilettasche, das mediterrane Gemüse und die Canelloni an. Du kannst die Canelloni auch in kleine Stücke oder Röllchen schneiden und aufrecht servieren. Verteile etwas von der Tomatensauce auf dem Teller.

* *Ein Schmetterlingssteak wird nur bis zur Mitte durchgeschnitten und erhält so die Form eines Schmetterlings. Es kann somit prima gefüllt und wie eine Tasche zusammengeklappt werden.*

Foto: Nadines Schmeckerei

Lieblingsmaronensuppe

Was muss, das muss: Mein Alltime-Klassiker, den ich jedem aufzwinge.

Wer ein Catering, vor allem im Winter, bei mir bestellt, dem *zwinge* ich meine Lieblingsmaronensuppe auf. Sie ist so gut! Und, das Tolle: Sie ist nicht nur gut, sondern macht satt und glücklich, wärmt rundum und ist auch für dich total easy nachzukochen. Die einfachen Dinge sind letztlich immer die besten, oder?

Generell gilt bei Suppen, wenn du für viele Gäste kochst: Reiche stets eine vegetarische Suppe und eine *fleischige*. Wenn du Suppen als Hauptspeise planst, rechne mit 500 ml pro Person, das sind pro Gast ungefähr zwei Suppenschalen. Als Vorspeise geplant, rechnest du die Hälfte.

Zutaten & Zubereitung

Zutaten für vier Personen als Vorspeise:

½	*große Zwiebel*
2-3	*Knoblauchzehen*
1 EL	*Butter*
800 g	*Maronen, geschält und vorgegart*
250 ml	*Brühe*
250 ml	*Weißwein*
250 ml	*Sahne*

Salz, Pfeffer, Chili, Zimt

Die Zwiebeln und den Knoblauch würfelst du fein und schwitzt ihm mit Butter in einer Pfanne an. Die Maronen in der Brühe zum Kochen bringen, dann alles etwas köcheln lassen. Die Hälfte der Brühe abschütten und auffangen. Die Zwiebel- Knoblauch-Butter-Mischung nun zu den Maronen geben. Alles pürieren und mit Sahne und Wein bis zur gewünschten Konsistenz auffüllen. Falls zu dick, mit der restlichen aufgefangen Brühe verdünnen. Mit Zimt, Chili, Pfeffer und Salz abschmecken.

Croutons: Das Toastbrot entrinden und würfeln. Butter schmelzen, die Brotwürfel zugeben und unter gelegentlichem Rühren goldbraun braten. Mit Salz, Zimt und Chili würzen und auf Küchenpapier abtropfen lassen.

Anrichten

Die Suppe nicht mit der Kelle portionieren, sondern mit einem hitzebeständigen Messbecher – viel einfacher! Gerade auch, wenn du viele Gäste hast, kannst du schneller servieren und *Tropf-Unfälle* gehören der Vergangenheit an.

Die Croutons in einem kleinen Schälchen separat neben der Suppe anrichten.

Foto: Nadines Schmeckerei

Nadines beste Kürbiscrémesuppe

So einfach. So gut.

Diese Kürbiscremesuppe ist so einfach und braucht so wenig Zutaten, dass du sie sogar im Schlaf nachkochen kannst. Die Suppe ist Kürbis pur. Kein Chichi, kein Kokos, keine Karotten oder andere Zutaten. Nein, einfach nur der pure, reine Kürbisgenuss.

Zutaten & Zubereitung

Zutaten für vier Personen als Vorspeise:

1 l	*Brühe (nach Belieben Gemüsebrühe, Rinderbrühe, Hühnerbrühe)*
2-3	*Kürbisse, je nach Größe (Hokkaido, Butternut)*
250 ml	*Sahne*
	Salz, Pfeffer, Chili, Zimt
4	*Scheiben Toastbrot*
50 g	*Butter*
150 ml	*Sahne*
1 TL	*Muskat*

Von den Kürbissen schneidest du den oberen kleinen Deckel ab und stellst sie ganz auf ein mit Backpapier ausgelegtes Blech. Die Kürbisse im vorgeheizten Backofen für 30 Minuten im kleinen Wasserbad bei 200 °C garen bzw. so lange garen, bis sie weich sind.

Die Kürbisse herausnehmen, abkühlen lassen. Dann höhlst du sie aus und gibst das Fruchtfleisch in einen Topf. Die Kerne entsorgst du. Das Fruchtfleisch mit einem Pürierstab pürieren und nach und nach die heiße Brühe und Sahne unterrühren.

Zum Schluss abschmecken und Aufkochen. Bis zum Servieren warm halten.

Croutons: Das Toastbrot entrinden und würfeln. Butter schmelzen, die Brotwürfel zugeben und unter gelegentlichem Rühren goldbraun braten. Mit Salz, Zimt und Chili würzen und auf Küchenpapier abtropfen lassen.

Muskatsahne: Sahne mit Muskat aufschlagen und als Oberst auf die Suppe geben

Anrichten

Die Suppe in Teller füllen, einen kleinen Klecks Muskatsahne obendrauf. die Croutons in einem kleinen Schälchen separat dazu servieren. Für den besonderen Effekt kannst du die Suppe auch in den ausgehöhlten Kürbissen servieren.

Foto: Nadines Schmeckerei

Alles in einem Topf: Boeuf Bourguignon

Das perfekte Partygericht, denn hier hast du alles in einem Topf.

Das berühmte Boeuf Bourguignon ist ein Klassiker aus der französischen Küche und nach seinen beiden Hauptzutaten benannt: Rindfleisch (le bœuf) und Burgunderwein (le vin bourguignon). Warum ausgerechnet diese beiden Zutaten? Weil die Region Burgund sowohl bekannt ist für seine Rinderzucht als auch seinen Weinbau. Wenn du es genau nehmen willst, ist dieses Gericht das französische Pendant zum Gulasch. Klingt nur wesentlich eleganter, oder? Hach, die Franzosen halt.

Wusstest du, dass der Klassiker das Lieblingsgericht von Superman ist? Nun, er hat es, Amerikaner halt, als *Beef Bourguignon* mit Ketchup etwas *verfeinert*. Er hat das berühmte Gericht vor allem gekocht, um seiner Frau Lois Lane in codierter Form mitzuteilen, dass alles in Ordnung ist.

Auch für deine Gäste ist das *Rindfleisch in Wein* ein perfektes Gericht: Denn was kompliziert klingt, ist kinderleicht. Du erzielst mit diesem Gericht immer einen Wow-Effekt, ohne dabei viel Stress zu haben, denn: Du schmeißt einfach alles in einen Topf. Alles ist einfach vorzubereiten und das Gericht kocht sich praktisch von selbst. Et voilà!

Zutaten & Zubereitung

Zutaten für vier Personen:

1 kg	*Rinderhüfte*
1	*Zwiebel*
1	*Knoblauchzehen*
100 g	*Speck*
0,5 l	*Rotwein*
250 ml	*Wasser*
3	*bunte Paprika*
500 g	*kleine Tomaten, bunt – nur halbiert*
3	*Feigen*
5	*Datteln*
250 g	*Champignons*
5	*Süßkartoffeln*
5	*Kartoffeln*
150 g	*Möhren*
2 EL	*Speisestärke*
1 EL	*Tomatenmark*
½	*Zimtstange*
	Salz, Pfeffer, Paprikapulver, Chili, Muskat

Gemüse schälen. Dann alle Zutaten – Fleisch und Gemüse – in grobe Würfel schneiden. Alles in einen großen Topf geben, Wein und Wasser dazugeben.

Du kannst, brauchst jedoch nicht, die Zwiebeln und das Gulasch separat in Öl anrösten, und gibst dann erst den Rest der Zutaten dazu.

Alles zum Kochen bringen, dann Hitze reduzieren und alles ca. eine Stunde köcheln lassen. Mit den Gewürzen und Salz und Pfeffer abschmecken. Zum Binden die Speisestärke einrühren und abschmecken.

Wein und Wasser in einem großen Topf erhitzen. Wein und Wasser erhitzen, alle Zutaten, wenn nötig schälen, würfeln oder in Scheiben schneiden und gemeinsam in den Topf geben - für etwa eine Stunde köcheln lassen, würzen, Speisestärke einrühren und abschmecken.

Tipp: Wenn du die Kartoffeln weglassen möchtest, serviere Brot dazu.

Foto: Nadines Schmeckerei

Nadines Lieblingsbuttermilchbrot

Frisch und warm aus dem Ofen – so gut!

Hast du dich schon mal getraut, ein Brot zu backen? Nichts ist so befriedigend und gut, wie sein eigenes Brot zu backen. Dieses Brot ist saftig, fluffig und hell und ist, wie fast alle meine Lieblingsrezepte, simpel und schnell zu backen. Frisch aus dem Ofen mit Butter oder dem vorgeschlagenen Dip einfach nur lecker. Du brauchst keine Hefe, hast keine Wartezeiten, keine aufwendigen Arbeitsschritte. Probiere es unbedingt aus! Deine Gäste werden begeistert sein!

Zutaten & Zubereitung

Zutaten für ein Laib:

400 g	*Mehl*
2 TL	*Backpulver*
1 TL	*Natron*
½ TL	*Salz*
20 g	*Zucker*
1	*Ei, verschlagen*
250 ml	*Buttermilch*
25 g	*weiche Butter*

Für den Dip:

100 ml	*Mayonnaise*
100 ml	*Schmand*
80 g	*Crème fraîche*
1	*Knoblauchzehe frisch gehackt*
	Salz, Pfeffer
	Saft einer viertel Zitrone
2	*Stängel frische Minze, davon ausschließlich die Blätter hacken oder im Mixer zerkleinern*

Ofen auf 225 °C vorheizen, Backblech mit Backpapier auslegen. Mehl mit Salz, Zucker, Backpulver und Natron vermischen.

In einer extra Schüssel verrührst du das Ei, die weiche Butter und die Buttermilch. Diese Mischung gibst du nun zum Mehlgemisch dazu. Mit deinen Händen knetest du alles gut durch und formst es zu einem runden Laib.

Den Laib auf das Backblech legen und etwa zehn Minuten bei 225 °C backen. Dann die Hitze auf 190 °C reduzieren und weitere 20 Minuten backen. Wenn dir das Brot zu dunkel wird, kannst du es mit Alufolie abdecken. Das Brot ist durchgebacken, wenn es hohl klingt (das findest du heraus, wenn du mit einem Messer drauf klopfst).

Das Brot ist sehr *feucht*, soll jedoch genauso sein

Dip: Alle Zutaten in einer großen Schüssel miteinander verrühren und abschmecken.

Foto: Nadines Schmeckerei

Gefüllte Ofenbeete

Erdig, würzig, saftig, gut!

Rote Beete polarisiert und an ihr scheiden sich die Gemüter. Die einen lieben sie, die anderen verschmähen sie. Ich bin mir sicher, mit diesem Gericht wirst du selbst die Nicht-Beete-Esser konvertieren und restlos begeistern.

Zutaten & Zubereitung

Zutaten für vier bis fünf Personen:

4	*große rote Beeten, vorgekocht*
100 g	*saure Sahne*
1-2	*Knoblauchzehen, gehackt*
100 g	*Schafskäse*
1 EL	*Öl*
0,5 EL	*Sahne-Meerrettich*
	Salz, Pfeffer, Majoran

Den Ofen auf 180 °C Ober-Unterhitze vorheizen und eine Auflaufform mit Öl einfetten.

Die saure Sahne verrührst du mit dem Majoran, der Knoblauchzehe und dem gewürfelten Schafskäse in einer Schüssel. Mit Salz und Pfeffer abschmecken und nach Belieben Sahne-Meerrettich dazu geben.

Die rote Beete-Knollen hüllst du mit einem Löffel aus. Die ausgehöhlte Masse würfelst du und gibst sie zur Sahne-Schafskäse-Füllung dazu. Füllung gut verrühren, nochmals abschmecken.

Die rote Bete mit der Käse-Mischung füllen und in die Form setzen.

Im vorgeheizten Ofen etwa 15 Minuten backen.

> ***Tipp:*** Es gibt auch *gelbe Beete*. Solltest du diese finden, nimm stattdessen gelbe Beete. Sie schmeckt genauso, aber hat einen Überraschungsfaktor für deine Gäste. Kaum jemand kennt die gelbe Verwandte der roten Knolle.

Achtung, rote Beete färbt stark! Wenn du die rote Beete aushöhlst und das Fruchtfleisch klein schneidest, ziehe Gummihandschuhe an. So verhinderst du Verfärbungen an deinen Händen.

Foto: Nadines Schmeckerei

Ultimatives Yummie-Curry

Mein veganer Super-Allrounder

Das hier ist *mein Curry!* Dieses authentische vegane Rezept ist mein Allrounder: Schnell und einfach zubereitet. Lässt sich super vorbereiten und kocht sich dann später ganz von allein. Schmeckt jedem. Und sogar aufgewärmt noch ein echter Genuss.

Das Curry passt in jede Lebens- und Feierlage: Ob als Mitternachtssnack auf deiner Hochzeit, als Hauptgericht auf deiner Party (bei der es mehr ums ausgelassene Feiern geht und nicht so sehr ums Essen), als außergewöhnliche Beilage zu deinen Hauptspeisen, als Mottogericht zum indischen Abend. Als Liebeskummer-Trost-Gericht für deine beste Freundin. Und, und, und...

Zutaten & Zubereitung

Möchtest du dieses Gericht als Hauptspeise anbieten, so ist dieses Rezept für 4-5 Personen ausgelegt, als Beilage reicht es für 8 bis 10 Personen.

250 g	*Kichererbsen aus der Dose*
¼	*Blumenkohl*
150 g	*Champignons*
½	*Aubergine*
½	*Zucchini*
75 g - 100 g	*gelbe Currypaste (nach Geschmack)*
75 g	*Erbsen aus der Dose*
150 g	*Datteln*
650 g	*Kartoffeln, festkochend*
325 g	*Süßkartoffeln*
1-2	*bunte Paprika*
100 g	*Karotten*
75 g	*Zwiebeln*
5 g	*Schalotten*
½ l	*Kokosmilch*

Für Nicht-Veganer: etwas Butter zum Verfeinern

Befreie den Blumenkohl vom Strunk und zerteile die einzelnen Röschen. Kartoffeln und Süßkartoffeln schälen und in grobe Würfel schneiden. Paprika entkernen und grob würfeln. Champignons vierteln. Statt zu schneiden kannst du sie brechen, so erhalten wir später eine schöne ungleichmäßige Struktur im Curry. Datteln vierteln. Zucchini vierteln und in etwa 1cm große Stücke schneiden. Aubergine achteln und sehr klein würfeln. Zwiebeln und Schalotten schälen und sehr klein würfeln. Zwiebeln und Schalotten kurz anschwitzen und glasig werden lassen. Kokosmilch erwärmen und Currypaste einrühren, bis diese sich vollständig mit der Milch verbunden hat. Kartoffeln in die Curry-Kokosmilchbasis geben, erhitzen und 8 Minuten köcheln lassen. Dann Süßkartoffeln, Paprika und Champignons dazu geben und 5 Minuten köcheln lassen. Jetzt alle weiteren Zutaten in den Topf geben und etwa 10 Minuten köcheln lassen. Das Gericht ist fertig, wenn es für dich die perfekte Konsistenz erreicht hat. Wenn du das Curry noch heiß halten willst, bevor deine Gäste kommen, kannst du die Garzeit verringern. Das Curry zieht noch nach.

Tipp: Variiere dein Curry und lasse mal die Kartoffeln weg. Reiche Reis dazu oder ganz einfach Toastbrot, auch Ramen-Nudeln sind ein idealer Begleiter.

Foto: Nadines Schmeckerei

Beschwipste Birne

Eine Rotweinbirne als Dessert

Ein unglaublich köstliches Dessert, das mit dem Kontrast der Aromen (der herbe Weingeschmack, die süße Birne, die sahnige Sauce) spielt.

Zutaten & Zubereitung

Zutaten für vier Personen:

600 ml	*Rotwein*
500 ml	*Kirschnektar*
150 g	*Zucker*
1	*Zimtstange*
4	*Kardamomkapseln*
1	*halbierte Vanilleschote*
4	*feste Birnen*
1 TL	*Speisestärke*
4 EL	*gebrannte Mandeln*
300 g	*Vanilleeis*
200 ml	*Schlagsahne*
4 EL	*Amaretto*

Rotweinbirnen: Koche den Rotwein mit Kirschnektar, Zucker, Zimtstange, den Kardamomkapseln und der halbierten Vanilleschote in einem hohen, schlanken Topf auf. Schäle die Birnen und gib sie zur kochenden Flüssigkeit. Lass alles 15 bis 20 Minuten bei kleiner Hitze köcheln. Zieh den Topf vom Herd und lass die Birnen im Sud auskühlen. Wenn die Birnen abgekühlt und mariniert sind, nimm sie aus dem Sud heraus. Die übriggebliebene Sauce wieder erhitzen und auf 200ml einkochen. Vermische Speisestärke mit etwas kaltem Wasser und rühre sie in den Sud ein. Alles aufkochen lassen, bis die Sauce sämig ist. Leicht abkühlen lassen.

Vanillesauce: Die gebrannten Mandeln grob hacken. Das Vanilleeis in einer Schüssel antauen lassen. Die Schlagsahne steif schlagen. Vanilleeis mit dem Amaretto verrühren. Sahne unterheben.

> ***Tipp:*** Gebrannte Mandeln gibt es im gut sortierten Supermarkt fertig zu kaufen (schau mal bei den Nüssen). Solltest du keine bekommen, kannst du sie auch schnell selbst zubereiten: Gib 4 EL Mandeln in eine Pfanne und röste sie ohne Fett an, so lange, bis sie Farbe annehmen und duften. Herd ausstellen. Dann kannst du etwas Honig, Ahornsirup oder Agavendicksaft dazu geben. Alles verrühren und abkühlen lassen. Die gebrannten Mandeln hacken.

Anrichten

Die Birnen mit dem gebundenen Sud, Vanillesauce und Mandeln servieren.

Foto: Nadines Schmeckerei

Die Königin: Pavlova

Das ultimative Dessert

Für mich ist eine Pavlova die Königin aller Desserts. Sie sieht einfach prächtig aus.

Zutaten & Zubereitung

Zutaten für acht Personen:

Baiser:

5	*Eiweiß*
300 g	*Zucker*
1,5 TL	*Essig*
1,5 TL	*Speisestärke*

Creme:

400 g	*Mascarpone*
400 g	*Sahnequark*
2	*Eigelb*
200 g	*Zucker*

Beeren, Obst, Fruchtsoßen nach Wahl

Baiser: Backofen auf 180 Grad vorheizen. Eiweiß in einer fettfreien Schüssel schlagen bis es beginnt, dick zu werden, weiter schlagen und Zucker hineinschlagen. Eischnee schlagen, bis er steif ist. Essig und Speisestärke vorsichtig unterheben und kurz schlagen. Die Masse sollte gut fest sein – aber noch glänzen. Baisermasse auf ein mit Backpapier ausgelegtes Backblech geben. Eischnee in den Ofen schieben und die Temperatur auf 100 Grad zurückdrehen. Die Pavlova muss eine Stunde langsam im Ofen trocknen. Die Masse soll außen knusprig und innen weich sein.

Creme: Eigelb mit dem Zucker verrühren. Mascarpone und Sahne hinzufügen und weiter schlagen, bis eine cremige Masse entsteht.

Anrichten

Das getrocknete Baiser vierteln. Schicht für Schicht mit Mascarponecreme bestreichen und hochstapeln. Die letzte Schicht mit Frucht und Obst dekorieren, wer mag, gibt etwas Eierlikör über die fertige Pavlova.

Foto: Phil Stev

Haselnuss-Vanille-Käsemohn-Träumchen

Drei auf einen Streich

Haselnussmousse mit Vanillecremepudding und Käsemohnkuchen – das perfekte, unverschämt gute Dessert für alle Naschkatzen. Etwas aufwendiger, weil es natürlich drei Desserts auf einen Streich sind, aber du kannst alles in Ruhe vorbereiten.

Zutaten & Zubereitung

Zutaten für acht Personen:

Baiser

Für den Teig:

100 g	*Butter*
250 g	*Mehl*
75 g	*Zucker*
1 Prise	*Salz*
1 Pck.	*Vanillezucker*
1	*Ei*

Für die Füllung:

250 g	*gemahlener Mohn*
375 ml	*Milch*
100 g	*Zucker*
25 g	*Butter*
1	*Ei*

Für den Belag:

4	*Eier*
75 g	*Butter*
150 g	*Zucker*
1 Pck.	*Vanillezucker*
500 g	*Magerquark*
125 g	*Schlagsahne*
1 Pck.	*Sahnepuddingpulver*
½	*Zitrone, unbehandelt, davon die abgeriebene Schale*

Forsetzung auf der nächsten Seite...

Käsemohnkuchen

Teig: Die Butter in Stückchen mit Mehl, Zucker, Salz, Vanillezucker und Ei rasch zu einem Teig verkneten. Zugedeckt 30 Minuten kaltstellen. Danach den Teig auf bemehlter Fläche ausrollen, eine gefettete Springform (26 cm Durchmesser) damit auslegen und einen Rand von ca. 4 cm hochziehen. Den Boden mehrmals mit einer Gabel einstechen.

Füllung: ¼ Liter Milch mit Mohn, Zucker und Butter aufkochen lassen. 10 Minuten quellen lassen. Das Ei trennen und das Eigelb mit 1/8 Liter Milch und der Stärke verrühren, die Mischung zum Mohn geben, aufkochen und danach etwas abkühlen lassen. Das Eiweiß steif schlagen und unter den Mohn heben. Die Mohnmasse auf dem Mürbeteigboden glattstreichen.

Belag: 2 Eier trennen. Die Butter mit Vanillezucker und Zucker cremig rühren. Nach und nach 2 Eigelbe und 2 Eier unterrühren. Quark, Schlagsahne, Zitronenschale und das Puddingpulver unterrühren. Die Eiweiße steif schlagen und unterheben. Die Quarkcreme auf die Mohnschicht streichen.

Im Backofen bei 175 °C (Umluft 150 °C) 60-65 Minuten backen. Den Kuchen auskühlen lassen und dann erst aus der Form lösen.

Vanillecremepudding

Rühre Milch, Eigelb, Stärkemehl, Zucker und das Mark der Vanilleschote in einem Topf kalt an, bringe alles zum Kochen, schlage die Masse bis zum Kochen mit einem Schneebesen auf. Sofort vom Herd ziehen und kaltstellen. Während die Masse abkühlt, weiter stetig umrühren, damit keine Haut entsteht. Sobald die Creme vollständig ausgekühlt ist, für etwa eine Stunde in den Kühlschrank stellen, mit Folie bedecken. Dann die steifgeschlagene Sahne unterheben.

Dessertgläser mit Creme etwa zu einem Drittel befüllen.

Haselnussmousse

100 g Haselnüsse zusammen mit der Milch in einem Topf erhitzen (die Milch sollte jedoch nicht kochen). Die Nussmilch am besten über Nacht ziehen lassen. Dann nur die Milch auffangen, diese durch ein

Foto: Nadines Schmeckerei

Vanillecreme für das Dessert im Glas

200 ml	*Milch*
2	*Eigelb*
20 g	*Stärkemehl*
1 Stange	*Vanilleschote*
2 EL	*Zucker*
0,25 l	*Sahne*

Haselnussmousse

200 g	*Vollmilchschokolade*
70 g	*Zartbitterschokolade*
200 g	*Milch*
150 g	*ganze Haselnüsse*
250 ml	*Schlagsahne*
1 EL	*Nuss-Nougat-Creme*
4	*Eier (Größe M)*
50 g	*Zucker*
2	*Blatt Gelatine*

Sieb abgießen, die Haselnüsse auffangen und entsorgen. Die Vollmilchschokolade fein hacken, dann die Nussmilch erhitzen und die Schokolade hinzugeben und verrühren, bis eine Masse entstanden ist. Die Sahne steif schlagen. Die Gelatine in kaltem Wasser auflösen. Die Eier trennen. Das Eiweiß mit einer Prise Salz steif schlagen. Das Eigelb zusammen mit dem Zucker cremig aufschlagen (am besten mit dem Mixer). Zur Schokoladen-Milchmasse nun die Eigelbe geben und unterrühren. Noch einmal erhitzen, bis eine puddingartige Masse entstanden ist. Dann vom Herd nehmen und die ausgedrückte Gelatine hinzugeben. Nun vorsichtig die steif geschlagene Sahne und das Eiweiß unter die Schokoladenmasse rühren und in Gläser auf die Vanillecreme füllen. Für 4 Stunden kaltstellen.

Für die Ganache 100 ml Sahne erhitzen. Die Zartbitterschokolade fein hacken und zur heißen Sahne geben. Die Nuss-Nougat-Creme ebenfalls unterrühren und auf die gekühlte Vollmilch-Mousse geben. Die restlichen Haselnüsse in einer Pfanne leicht anbräunen und über das Dessert streuen.

Anrichten

Das getrocknete Baiser vierteln. Schicht für Schicht mit Mascarponecreme bestreichen und hochstapeln. Die letzte Schicht mit Frucht und Obst dekorieren, wer mag, gibt etwas Eierlikör über die fertige Pavlova.

Fingerfood

Köstliche Kleinigkeiten z. B. für deine Great-Gatsby-Party

Wir naschen und probieren alle gern. Deshalb ist Fingerfood bei jedem Event, bei jeder Party, bei jedem Empfang beliebt. Ob als Kleinigkeit zwischendurch, als kleinen Happen zum Empfang oder als Ergänzung zu den Vorspeisen, es kommt immer gut an und wird gern gegessen. Hier einige meiner Alltime-Favourites für dich - alle schnell und einfach zuzubereiten!

Richtig leckerer Mozzarella im Glas serviert

Zutaten für 12 Gläser:

360 g *Frischkäse*
560 g *guten Mozzarella*
24 *kleine aromatische Strauchtomaten*

Aceto Balsamico Creme

Salz & grober Pfeffer

Zum Dekorieren:
24 Blätter Basilikum

Pesto:

50 ml *Sahne 30% (je nach Geschmack gern auch mehr)*

Pinienkerne, kurz angeröstet

Olivenöl

Parmesan

Knoblauch

Basilikum, Salz, Pfeffer

Lass den Mozzarella in einem Sieb abtropfen und tupfe ihn mit Küchenkrepp ab. Den Mozzarella zerzupfen (Nicht schneiden! Zerzupft sieht cooler aus!) und die Stücke auf die 12 Gläser verteilen. Einen Teelöffel Frischkäse auf den Mozzarella geben. Alle Zutaten für das Pesto vermischen. Sahnepesto auf Mozzarella und Frischkäse geben. Die Tomaten würfelst du und gibst sie – pro Glas zwei klein gewürfelte Tomaten – auf das Mozzarella-Frischkäsegemisch. Mit etwas Aceto Balsamico Creme adeln, mit grobem Pfeffer und Basilikumblatt dekorieren.

Foto: Nadines Schmeckerei

Pumpernickel-Karamell mit Frischkäsebällchen

Zutaten für 20 kleine Portionen:

200 g	*Pumpernickel*
400 g	*Frischkäse (Sahnefrischkäse oder auch bereits aromatisierten Frischkäse z. B. mit Honig-Senf, Rotwein- oder Beerengeschmack)*
50 g	*Pinienkerne*

Pumpernickel und Pinienkerne im Mixer zerkleinern. Pfanne kurz auf mittlerer Hitze vorwärmen, die Pumpernickel-Pinienkerne-Masse anschwenken, gerade so, dass die Stückchen heiß werden, jedoch keine Farbe annehmen. Dann abkühlen lassen. Aus dem Frischkäse formst du 20 kleine Bällchen. Auf 20 kleine Servierlöffel oder in 20 kleine Schnapsgläschen verteilst du den Pinienkern-Pumpernickel-Crunch und legst dort jeweils ein Frischkäse-Bällchen oben auf. Drücke das Bällchen ein wenig an die Pumpernickel-Masse an, so hält sie besser.

Tipp: Gib in der Adventszeit ein wenig Zimt und Muskat in die Pfanne, wenn du die Pumpernickel-Mischung schwenkst. Es passt perfekt und bringt dir und deinen Gästen sofort weihnachtliche Stimmung.

Foto: Nadines Schmeckerei

Famoser Flammkuchen

Zutaten für ca. 20 Mini-Flammkuchen:

Schneller Flammkuchenteig, selbst gemacht:

Du kannst den Flammkuchenteig kaufen, es gibt ihn heute in fast jedem gut sortierten Supermarkt fertig im Kühlregal. Es ist aber auch nicht schwer, Flammkuchenteig selbst zu machen.

2 EL	*Öl*
125 ml	*Wasser*
1 Prise	*Salz*
250 g	*Mehl*

Belag (klassisch elsässisch):

2	*Zwiebeln in halbe Ringe dünn geschnitten*
100 g	*Speck, gewürfelt*
1 Becher	*Crème double*
1 Becher	*Schmand, 24 % Fett*
	Salz, Pfeffer
	Schnittlauchröllchen

Flammkuchen passen immer, sie sind lauwarm, heiß und auch kalt ein Genuss. Im Miniformat eignen sie sich zudem prima, um die Auswahl der angebotenen Speisen zu vergrößern.

Backofen auf 250 °C vorheizen.

Wenn du den Teig selbst machst: Alle Teigzutaten mischen und verkneten. Teig ganz dünn ausrollen und mit Gläsern ausstechen, so dass du etwa 20 kleine Flammküchlein erhältst. Fertigteig? Hier machst du das gleiche. Schmand und Crème double mischen, würzen und auf dem Teig verstreichen.

Zwiebeln mit einem Esslöffel Wasser eine Minute auf dem Herd kurz anschwenken, glasig, aber nicht braun werden lassen. Zwiebeln und Speck mischen und auf dem Teig verteilen. Die Flammkuchen benötigen etwa 6-8 Minuten auf mittlerer Schiene bei 250 °C Umluft.

Danach mit Schnittlauch bestreuen.

Foto: Nadines Schmeckerei

Tipp: Flammkuchen kannst du total variabel belegen, lass deiner Fantasie und Kreativität freien Lauf! Belege deinen Flammkuchen z. B. mit frischem, geräuchertem Lachs und bestreue diesen später mit Dill. Mische dafür in die Schmand-Double-Mischung noch ein Esslöffel Sahnemeerrettich. Nutze auch hier die Vielfalt, die dir in den deutschen Jahreszeiten gegeben wird. Im Herbst passt ein feiner Flammkuchen mit Pfifferlingen und Trüffel. Der Frühling kann mit grünem und weißem Spargel und rohem Schinken deinen Flammkuchen adeln. Im Winter geben Maronen eine schöne Charakteristik und im Sommer reichst du einen mit Frischkäse und Creme Fraiche bestrichenen Flammkuchen und toppst diesen mit Rucola, frischem Pfirsich und feinem Himbeerdressing.

Köstliche Süßkartoffelquiche aus dem Glas

Zutaten für ca. 10 Quiches:

Fertiger Quicheteig aus dem Kühlregal

Als Alternative funktioniert auch Blätterteig wunderbar

Oder selber machen:

Eine traditionelle Quiche besteht aus klassischem Mürbeteig, der statt Zucker nur eine großzügige Prise Salz enthält. Auf 3 Teile Mehl kommen 2 Teile kalte (!) Butter. Also werden beispielsweise 150 g Mehl mit 100 g Butter verknetet. 1 Ei sorgt für zusätzliche Geschmeidigkeit. Allerdings solltest du dann die Buttermenge ein wenig reduzieren. 1 Prise Muskatnuss verleiht dem Quicheteig ein dezentes Aroma. Machst du eine süße Quiche füge nur eine kleine Prise Salz hinzu und eine Prise Zucker.

Füllung:

3	*Eier*
1 EL	*Mehl*
1 Msp	*Backpulver*
200 g	*Süßkartoffeln gegart und gepellt*
	Salz, Pfeffer
125 g	*Fetakäse*
1	*Zweig Rosmarin, frisch*
3	*kleine Zweige Thymian, frisch*

Auch eine Quiche eignet sich wunderbar als Fingerfood. Die feine Quiche wird in kleinen Portionen gefertigt und ist darum ideal als Fingerfoodbestandteil zu reichen, als Vorspeise oder auch als Snack. Diesen Snack kannst du kalt, warm und heiß genießen.

10 ofenfeste Weckgläschen bereit stellen und einfetten (auch den Rand einfetten). Ofen auf 180 Grad vorheizen. Zunächst die Eier im Mixer verquirlen, dann Mehl und Backpulver zugeben und alles miteinander verquirlen. Süßkartoffeln würfeln und zusammen mit Fetakäse in den Mixer geben. Alles auf höchster Stufe miteinander mixen. Salzen und pfeffern. Rosmarin und Thymian (falls das Gehölz an den Kräutern sehr zart ist, kann dieses mit in den Mixer) ebenfalls in die Masse geben und alles ein letztes Mal verquirlen. Die eingefetteten Weckgläschen mit Quicheteig auskleiden, so dass der Teig über das Gläschen ragt. Die angemixte Quichemasse auf die Gläschen verteilen und diese jeweils zu 3/4 füllen. Die Gläser im Backofen bei 180 Grad 25 Minuten garen.

Die Gläschen mit einem Löffel servieren. Nutze als Dekoration eine Physalis und einen Zweig Thymian.

Tipp: Nutze diese Masse als Grundmasse und variiere mit weiteren Zutaten. Nutze zum Beispiel Parmesan anstelle von Fetakäse oder Gouda, füge in den fertigen Teig klein geschnittene Oliven, Tomaten, Paprika oder Datteln hinzu. Achtung: Nicht nochmal mixen, nur leicht mit der Hand einrühren, du kannst auch alle Zutaten prima kombinieren! Schnell hast du ein feines Fingerfood gezaubert, das du individuell erweitern kannst. Du kannst ebenfalls Kartoffeln anstatt Süßkartoffeln nutzen. Zu einem Empfang kannst du die Quiche auch aus den Gläsern lösen und mit einer Serviette anreichen. Den Teig und die Quichemasse kannst du einen Tag im Voraus zubereiten und kalt stellen. Am Tag deiner Feierlichkeit den Teig nochmal kurz aufschlagen und erst dann deine Zutaten einrühren.

Eine besonders schöne Idee für ein Fingerfood-Buffet ist es, die unterschiedlichsten Quichesorten nebeneinander aufzustellen und sortenrein zu präsentieren. Zum Beispiel eine mediterrane Quiche mit Oliven, Feta und getrockneten Tomaten, eine arabische Quiche mit Datteln und Feigen, eine asiatische Quiche mit Sprossen und Shiitake Pilzen, eine französische Quiche mit einem Schluck Weißwein und Gruyere. Eine deutsche Quiche mit Speck und Zwiebel. Eine flämische Quiche mit zusätzlich Gouda überbacken. Wie du siehst, hast du hier schier unendliche Möglichkeiten. Du kannst sogar eine Schokocreme in die Süßkartoffel-Ei-Masse einrühren, lasse dann nur Salz und Pfeffer sowie weitere Zutaten und Kräuter weg und ergänze stattdessen durch Vanillezucker und einer kleinen Prise Salz.

Foto: Nadines Schmeckerei

Fantastische Wraps

Zutaten für ca. 6 Wraps (die in ca. 36 kleine Fingerfood-Happen geteilt werden können):

Fertig-Wraps mit ca. 30cm Durchmesser

Oder selber machen:

300 g	*Mehl*
2 TL	*Salz*
4 EL	*Öl*
150 ml	*Wasser*

Füllung:

400 g	*Frischkäse Doppelrahm*
140 g	*Tessiner Feigensenfsauce ROT*
12	*Scheiben Gouda à 50 g*

Auch Wraps sind wunderbares Fingerfood. Einfach zuzubereiten. In kleine Röllchen geschnitten und auf Spießchen gesteckt auch optisch ansprechend. Ebenso kannst du sie vielfältig und überraschend füllen, süß und herzhaft. Alles ist möglich. Nach Belieben füllen, rollen, fertig.

Wenn du den Wrapteig selbst machst: Mehl, Öl und Salz in eine Schüssel geben, danach löffelweise Wasser zugeben und alles mit den Knethaken verkneten. Den Teig 20 Minuten ruhen lassen. Danach den Teig in ca. 6 gleich große Stücke teilen und auf einer bemehlten Fläche ganz dünn ausrollen. Mit etwas Öl in einer beschichteten Pfanne von beiden Seiten anbraten. Die Wraps mit der helleren Seite nach oben ausbreiten und mit einem guten Esslöffel voll Frischkäse bestreichen, so dass der Wrap gut bedeckt ist. Unbedingt auf die Ränder achten, diese müssen ebenfalls lückenlos eingestrichen sein. Pro Wrap je einen Teelöffel Tessiner Feigensenfsauce mittig als Streifen auf dem Wrap verteilen. Gouda an den Anfang des Wraps legen und sehr fest eindrehen.

Im Abstand von etwa 2cm Zahnstocher in den Wrap stecken. Mittig von den Zahnstochern den Wrap dann in etwa sechs bis sieben gleich große Stücke schneiden. Halte dabei das Messer schräg, so erhältst du eine schönere Optik.

> ***Tipp:*** Variiere deine Wraps nach Belieben. Wichtig ist, dass du zunächst eine cremige Zutat auf den Wraps verteilst, da sie so wesentlich besser halten als ohne. Du kannst deine Wraps mit allem füllen, was dir in den Sinn kommt. Nutze Hummus und dazu Avocado und Sprossen. Nimm Quark und feine, blanchierte Gemüsesorten. Wähle einen Ziegenfrischkäse und rolle deinen Wrap mit Lavendelhonig und geräucherten Landschinken. Besonders lecker ist auch eine Oliventapenade belegt mit Fetakäse und Salami. Im Winter kannst du deinen Wrap mit gebratenen Äpfeln, Quark und wenig Zimt und Zucker anbieten. Auch diese Variante schmeckt gut und überrascht. Wählst du im Frühling grünen und weißen Spargel sowie Kochschinken, wird das schon fast ausgediente Schinkenröllchen wieder hip und trendy.

Foto: Nadines Schmeckerei

Aperitif & Digestif

Über das Davor und Danach im Glas

Lass uns das Wochenende be-GIN-nen!

Aperitif und Digestif bilden den passenden Rahmen zu einem Menü. Oft gehören sie auch einfach zur regionalen Trinkkultur dazu. Der Aperitif (aus dem Lateinischen abstammend von aperire, was öffnen heißt) wird vor dem Menü gereicht. Das meistens alkoholhaltige Getränk soll den Magen auf das bevorstehende Essen vorbereiten. Ich glaube aber eher, dass es sich hier um eine soziale keine biologische Maßnahme handelt: Der Aperitif sorgt dafür, dass Gäste gleich etwas lockerer werden, sich in einer größeren Runde kennenlernen und sich die Wartezeit aufs Essen verkürzt. Der Aperitif trägt also auch zu einer entspannten und angenehmen Atmosphäre bei.

Nach einem Menü wird der Digestif (aus dem Lateinischen abstammend von digestio, was verdauen heißt) gereicht. Der Digestif soll für eine leichtere Verdauung sorgen (Verdauungsschnaps). Als Digestif geht aber auch Tee oder Kaffee. Im Norddeutschen Raum nennt man das übrigens Absacker oder Verpacken, in Süddeutschland Verrisserle und in der Schweiz ganz niedlich-putzig Verdauerli. Fun Fact: Studien haben ergeben, dass Alkohol die Verdauung eher bremst als sie anzuregen. Die Sache mit der Verdauung ist also vielleicht nur ein Vorwand, sich noch ein winziges Schlückchen genehmigen zu dürfen. Aber: Es darf bei einem Dinner auch ein Espresso oder Cappuccino zum Abschluss eines Dinners sein.

Beim Aperitif und Digestif kannst du auch immer mit der Jahreszeit spielen. Es ist das sprichwörtliche i-Tüpfelchen, wenn Empfang und Abschluss des Menüs rundum stimmig sind. Im Sommer kannst du deinen Aperitif z. B. mit frischen Erdbeeren pimpen, im Winter mit einer Hibiskusblüte. Im Sommer kannst du Gin Tonic mit Minze reichen, im Herbst und Winter mit Rosmarin, gerösteter Marone oder Mandeln. Das ist nicht nur ein Hingucker und auch ein tolles Geschmackserlebnis, über das man sprechen wird, sondern man sieht auch, wie viel Mühe du dir gegeben hast. Wenn du mehr darüber wissen möchtest, schau mal unter diesem Link* nach, eine tolle Zusammenfassung und spannende Infosammlung!

* https://www.sachsen-fernsehen.de/aperitif-und-digestif-die-richtigen-begleiter-zum-menue-335596/

Foto: Nadines Schmeckerei

Wenn's nicht immer klassisch sein soll …

Für deine Draußen-Party darf es übrigens gerne auch mal eine Bowle sein und auch die Cocktailbar ist eine wundervolle Abwechslung!

Wenn es in Richtung Winter geht: Reiche zum Empfang einen Glühwein. Ein heißer Wein ist eine wirklich tolle Willkommensgeste, die deinen Gästen sagt: „Fühl dich wohl", „Wärme dich auf", „Du bist mir wichtig". Auch hier kannst du die Gäste gleich doppelt überraschen, z. B. wenn du einen weißen Glühwein (Rezept im Rezeptteil) servierst. Reiche dazu gebrannte Mandeln (die kann man übrigens auch easy und schnell selbst machen: Einfach Mandeln in der heißen Pfanne fettfrei anrösten, so lange, bis sie leicht braun werden und die ganze Küche anfängt zu duften, die Pfanne vom Herd nehmen und dann Zucker, Honig oder Ahornsirup darüber geben und rühren, bis sich alles vermischt hat.) Damit zauberst du eine feine Stimmung und heimelige Gemütlichkeit. Wenn dir das zu sehr Weihnachtsmarkt ist, kannst du als Alternative z. B. auch kleine Flammkuchenröllchen reichen.

> *Cenosillicaphobie: Die Angst vor leeren Biergläsern. So ein Mist. Ich habe auch wirklich alles!*

Im Herbst kannst du auch einen Federweißen zum Empfang reichen. Reiche dazu eine herbstliche Quiche (mit Trauben oder Kürbis) oder feine Bruschettahäppchen (Rezept im Rezeptteil).

Bruschetta zum Aperitif

Zutaten:

	Bruschetta-Brot
250 g	*Pfifferlinge, klein geschnitten*
	Olivenöl
	Salz, Pfeffer
	Petersilie
	Crème fraîche oder Schmand
	Knoblauch
	Frischer Pecorino

Das Brot in Scheiben schneiden und kurz in Olivenöl in der Pfanne rösten. Die Pfifferlinge in Olivenöl mit wenig Salz und Pfeffer anbraten, Petersilie unterheben. Brot mit Knoblauch einreiben und mit Creme Fraiche oder Schmand bestreichen. Die Pfifferlinge darauf verteilen. Frischen Pecorino darüber reiben.

Foto: Nadines Schmeckerei

Weißer Glühwein

Zutaten für 8 Personen:

4	*ganze Gewürznelken*
1 Stück	*Orange*
50 ml	*Orangensaft*
80 ml	*Rum*
1,2 l	*Weißwein*
	(trocken, hochwertig)
4 EL	*Kandiszucker, weiß*
500 ml	*weißer Traubensaft*

Die Orangen heiß abwaschen und in Scheiben schneiden. In jedes Glas eine Scheibe geben. Gewürznelken, Rum, weißen Kandiszucker, Weißwein, Traubensaft und Orangensaft in einem großen Topf aufkochen (ca. 5-10 Min.). Auf die Gläser verteilen. Der Glühwein muss heiß serviert werden.

Rezeptideen für deine 90er-Party

Leckere Häppchen für den 90er-Flashback

Die Rezepte für deine 90er-Party sind eigentlich keine richtigen Rezepte, eher kleine Tipps, wie du etwas, das sowieso schon bekannt und beliebt ist, noch besser machen kannst.

Mettigel

Zur richtigen 90er-Party gehört ein Mettigel. Das Mett kaufst du fertig bei deinem Metzger, zur Dekoration nutzt du für die Augen und die Nase Nelken. Die Zwiebel für die Stacheln sollte möglichst groß sein. Schäle die Zwiebel und viertele sie, dann die halben Ringe auseinanderziehen. Nun schneidest du kleine Dreiecke aus den größten Ringen und drückst diese mit der Spitze nach oben in das Fleisch. Achte darauf, dass die Wölbung bei jedem Stachel nach hinten zeigt, wir wollen ja keine Sturmfrisur.

Würstchen im Speck- und Blätterteig-Mantel

Beim Metzger kaufst du Würstchen und geräucherten, durchwachsenen Speck. Die Würstchen sollten keine allzu dicken Bockwürstchen aber auch keine zu dünnen Wiener sein. Den Speck lässt du dir hauchdünn schneiden (pro Würstchen brauchst du 3 Scheiben Speck). Zusätzlich kaufst du noch Gouda, pro Würstchen brauchst du davon 80 Gramm, gerieben.

Foto: Nadines Schmeckerei

Drittele die Würstchen und wickle den Speck drum rum. Brate sie kurz an, so dass der Speck sein Aroma entfalten kann. Halte den ausgebreiteten Blätterteig bereit, den du bereits auf etwa das Dreifache eines Würstchenstücks zurechtgeschnitten hast. Belege die Mitte mit Käse, lege das Würstchen darauf und umwickele es mit dem Teig. Bereite alles vor, kühle die Würstchen und backe sie dann bei 190 Grad für etwa 10 Minuten. Serviere heiß. Ich verspreche dir, ein gepimptes 90er-Gericht erwartet dich.

Käsepicker

Käsepicker (kleine Käsestückchen am Spieß) erklären sich von selbst, hier kannst du sehr gut saure Gurken nutzen, jedoch auch mit Paprika gefüllte Oliven.

Kleine Frikolinos

Nutze deine Lieblingsfrikadellenmasse, gib zu dieser etwas Senf, Creme Fraiche und Sahne. Du wirst begeistert sein.

Foto: Nadines Schmeckerei

Schnittchen

Belegte kleine Stullen mit Käse, Schinkenwurst und rohem Schinken.

Aufschnittplatte

Aufschnittplatte mit sauren Gurken und Silberzwiebelchen. Lass dir vom Metzger allerlei Aufschnittsorten zusammenstellen, jedoch auch eine dicke Fleischwurst im Ring, die du mittig platzieren kannst.

Spargel-Schinkenröllchen

Schinkenröllchen mit Spargel aus dem Glas: Total 90er! Hier darf der Klecks Mayonnaise nicht fehlen.

Nudelsalat mit Schinkenfleischwurst

Nudelsalat mit Schinkenfleischwurst, sauren Gürkchen, etwas Gurkenwasser, Ei und Mayonnaise. Werte den Salat auf, indem du ein wenig Creme Fraiche einrührst.

Kräuterbutter-Baguette

Kräuterbutter Baguette zum Aufbacken: nutze anstelle des Baguettes mal ein zünftiges Bauernbrot. Schneide dieses ein und platziere abwechselnd Kräuter und Knoblauchbutter, eine gelungene Abwechslung, die deine Gäste lieben werden. Achtung: Nur kurz erhitzen, so dass die Butter schmelzen kann, das Brot aber nicht nachdunkelt.

Wackelpudding, rot und grün, dazu Vanillesoße

Tipp: Gib in die Masse, bevor du sie zum Abkühlen stellst, frische Früchte. Besonders lecker und eine schöne, optische Ergänzung.

Foto: Nadines Schmeckerei

Menschen: Rolemodels, Vorbilder, Inspiration

Foto: solarseven / iStock

Rolemodels oder das Vorbild in mir

Es sind die Menschen, die dich prägen und dich zu dem machen, was du bist.

„Ideale sind wie Sterne. Man kann sie nicht erreichen, aber man kann sich an ihnen orientieren."

– Carl Schurz, deutscher Politiker im 19. Jahrhundert

Wer sind meine Vorbilder? Wer inspiriert mich? Wie du ja mittlerweile sicherlich unweigerlich bemerkt hast, bin ich unbändig neugierig. Ich liebe es, meinen Ideen und meiner Kreativität freien Lauf zu lassen. Unglaublich neugierig bin ich vor allem auf Menschen. Ich habe so viele *Vorbilder* und *Rolemodels*, die mich inspirieren und die mich begeistern. Ich lasse auch keine Gelegenheit aus, mit Menschen zu sprechen, mit ihnen in Kontakt zu treten und bin regelrecht heiß darauf, von ihnen zu lernen. Ich bin dankbar für jeden Blick über den Tellerrand. So war es mir eine Freude und Ehre, für dieses Buch einige meiner Rolemodels für dich zu portraitieren und sogar interviewen zu dürfen.

Zu meinen unangefochtenen Rolemodels gehören die Köche und Spitzengastronomen Maria Groß, Grant Achatz und Léa Linster. Ebenso gehören dazu der kongeniale Komponist Ludwig van Beethoven, die Primaballerina Polina Semionova, der Schauspieler Bobby Schenk. Und meine Mama. Eine illustre Runde, oder? Was mich an diesen Menschen fasziniert, und was vielleicht sogar auch du dir von diesen Menschen abgucken kannst, wirst du auf den nächsten Seiten erfahren.

Ganz ehrlich: Meistens möchte ich selbst viel lieber ein Vorbild sein, als selbst eins zu haben. Ich habe dann stets den Eindruck: *Ich muss so sein wie...* Doch das ist es gar nicht, was ein Vorbild ausmacht. Meist ist es eine Kleinigkeit, die mir besonders auffällt, eine Idee von einem TUN, eine Leichtigkeit, die mich beeindruckt oder eine besonders *zähe, unermüdliche* Herangehensweise, die in mir ein *Wow!* hervorruft.

„Bei Vorbildern ist es unwichtig, ob es sich dabei um einen großen toten Dichter, um Mahatma Gandhi oder um Onkel Fritz aus Braunschweig handelt, wenn es nur ein Mensch ist, der im gegebenen Augenblick ohne Wimpernzucken gesagt oder getan hat, wovor wir zögern."

– Erich Kästner, deutscher Schriftsteller

Dann und wann darf ich die Wege von Persönlichkeiten streifen, manchmal nur virtuell oder durch einen Zeitungsschnipsel, manchmal sogar persönlich. Egal auf welchem Weg ich Menschen begegnen darf, sind es stets die Persönlichkeiten, die mich inspirieren, jede auf ihre eigene, ganz besondere Art.

Es ist dieses bestimmte Gefühl, was du hast, wenn du jemandem zuschaust oder zuhörst, der vollkommen in seinem TUN aufgeht. Die Menschen, Situationen und Jahrhunderte mögen verschieden sein, doch der Punkt, der bei dir und mir getroffen wird, ist der gleiche: absolute Bewunderung. Und da Nachahmung die ehrlichste Art der Bewunderung ist, darfst du dich natürlich inspirieren lassen, ohne deine Individualität zu verlieren.

Manchmal ist es das Produkt seiner Arbeit, das dich bei einem Menschen inspiriert. Meistens sind es aber auch nur Bruchstücke oder Facetten von dem, was einen Menschen ausmacht, die wir vorbildlich finden. All diese individuellen Eindrücke, die von den verschiedensten Menschen entstehen, lassen dann etwas Neues, wunderbares gepaart mit deinem Sein entstehen.

Lass dich umspielen von den Individualisten – meinen Rolemodels – die ich dir hier vorstelle. Suche dir aus einem großen Buffet der Möglichkeiten dein Gängemenü der Inspirationen heraus. Lerne von den Größten ihres Fachs, sie helfen dir, ein ganz besonderer Gastgeber zu sein.

Foto: gece33 / iStock

Maria Groß

Gerne statt Sterne: Maria Groß

Glanz und Gloria, nein danke! Ich mach mein eigenes Ding!

„Wir begegnen uns hier alle auf Augenhöhe. Die Produkte haben sich nicht geändert vom Sterne-Niveau her. Aber inhaltlich hat sich alles verändert. Es hat sich herumgesprochen, dass wir radikal einfach sind. Ohne Schickimicki. Wir haben konservative Werte, wir kochen Essen, das man sieht und schmeckt, ohne Effekte."

– Maria Groß

Als Gastgebender wirst du *zwangsläufig* bewertet, zumindest wenn du in der Gastronomie professionell tätig bist. Eine externe Bewertung trifft dich bestenfalls direkt von deinen Kunden und Gästen, und bestenfalls ist diese ausladend und überschwänglich positiv auf den breiten Bewertungsportalen, die wiederum helfen, den nächsten Gast *anzulocken*. Maria Groß wurde bewertet, und zwar von den besten *Kritikern* weit und breit. Sie wurde sogar ganz hervorragend bewertet und hatte es *TROTZ*-dem satt! Die sympathische, großzügige, warmherzige und authentische Spitzengastronomin Maria Groß hat sich ganz bewusst von der Sterneküche verabschiedet.

Doch zurück zum Anfang. Ihre *Gerne-statt-Sterne-Karriere* begann, na klar, so wie wir uns alle die Karriereleiter erträumen. Mit bemerkenswerten Auszeichnungen. Die damals 33-jährige Maria erkochte sich im Erfurter Restaurant *Clara* den ersten Michelin-Stern und war – Knall auf Fall – die jüngste Sterneköchin Deutschlands.

Die enorme Arbeitsbelastung und den immensen psychischen Druck in der Sternegastronomie wollte sie auf Dauer jedoch nicht mehr mitmachen. Sie entschied sich bewusst für sich. Heute boykottiert Maria dieses Sterne-System sogar, ein Verlust der Leidenschaft am Kochen, dieser Preis ist für einen Stern zu hoch.

Mit wiedergefundener Leidenschaft zum Kochen und größter Motivation eröffnete sie zusammen mit ihrem Partner ihr eigenes Restaurant *Bachstelze* bei Erfurt, in dem, wie sie selbst sagt, Pippi-Langstrumpf-Atmosphäre herrscht. Dort serviert sie neben aus regionalen und saisonalen Produkten zubereiteten Speisen auch immer ganz viel Philosophie: Das schon seit 1931 bestehende Lokal steht mit Maria als Küchenchefin für Qualität, Lässigkeit und Lifestyle mit einer würzigen Prise Nostalgie, Vintage und vor allem ganz viel Freude und Spaß. In einem Spiegel-Interview sagt sie über ihr Restaurant: *„Es gibt dort kein großes Gewese um das Essen. Zum Schaulaufen für Wichtigtuer eignet sich mein Restaurant auch nicht.“*

Ihr erstes Kochbuch heißt *Maria – gerne ohne Sterne*. Maria Groß verzichtet auf festgelegte, starre *Sterne-Regeln*. Für sie gilt: lieber authentisch und nah statt erzwungen und starr.

Was lernte ich daraus?

Es gibt nicht den einen richtigen Weg! Es wird zu meinem Weg, wenn ich ihn gehe.

Wie kann dir ihre Einstellung helfen, ein besonderer Gastgeber zu sein?

Authentisch, nah und eher persönlich als perfekt ist das, worauf es ankommt. Du musst nicht in eine Schublade passen. Du musst es auch nicht so machen wie alle anderen. Du kannst auch gerne drei Schritte zurück gehen, um dann doch in die andere (Party-) Richtung abzubiegen. Zum Empfang ein Eis im Sommer und einen Glühwein im Winter? Ja! Why not? Das ist deine persönliche Handschrift!

11 Dinge, die wir von einem der besten Köche der Welt lernen können

Follow your heart, diene, lerne, kämpfe – gelebte Gastgeber-Erfolgsformel

Ich liebe die Netflix-Serie *Chef's Table*. In dieser großartigen und Emmy-prämierten Doku-Serie, mittlerweile in der 6. Staffel, werden herausragende Köche aus der ganzen Welt portraitiert, allesamt mehrfach ausgezeichnet und zu den besten ihrer Zunft gehörend. Du lernst dabei nicht nur die Köche als Mensch sehr gut kennen, sondern auch ihren Werdegang, ihr Durchhaltevermögen, auch wenn es steinig und aussichtslos war und ihre beeindruckende, kaum in Worte zu fassende Leidenschaft für die Kochkunst.

„Es ist doch nur Essen!" – mag der ein oder andere denken. Bedenke aber: *Essen* ist für passionierte Menschen so viel mehr: Kunst, Erlebnis, Abenteuer, Verbindung mit der Natur, Sinnlichkeit, Begeisterung, Leidenschaft, Kreativität, Liebe. Die Köche aus der Serie könnten unterschiedlicher nicht sein. Die unterschiedlichen Zugänge zum Thema *Essen*, zur Gastronomie und zur Gastfreundschaft sind durch die verschiedensten Prägungen stets individuell und spürbar *anders*. Von der traditionellen und bodenständigen Küche über Molekular-Konzepte bis hin zur freaky Erlebnis-Outdoor-Küche ist das Spektrum schier unendlich. So wie die Gäste selbst reihen sich spektakuläre Erlebnisgastronomen wie Perlen an eine Kette. Jede einzigartig und wunderschön und doch unverkennbar in ihrem Sein und Schein *gleich*. Die Gleichheit dieser Köche ist die Individualität und die Lust auf Außergewöhnlichkeit, die sie letztendlich vereint.

Die Serie entführt dich nicht nur zu sehr speziellen Persönlichkeiten, denn sie nimmt dich auf eine Genussreise mit. Jedes Gericht, welches dir virtuell *gereicht* wird, lässt dich dahinschmelzen. Du lernst die abgelegensten Orte der Welt kennen, denn die Doku findet ihre Protagonisten an den unterschiedlichsten *Places to be* dieser Welt. Jeder einzelne der dort portraitierten Chef-Köche beeindruckt mich zutiefst. Besonders berührt, beflügelt und inspiriert hat mich Grant Achatz (Folge 1, Staffel 2) – für mich der herausragendste Avantgarde-Koch der Welt. Schon in den ersten Sekunden der Folge saß ich wie elektrisiert vor meinem iPad. Weil alles, was er sagte, für mich so wahr ist, so erkenntnisreich. Weil seine Herangehensweise an das Kochen und wie man ein Restaurant führt, so ganz anders ist, als es in der Branche üblich und *normal* ist. Weil das, was er für seine Gäste auf den Tisch zaubert, kaum in Worte zu fassen ist.

Grant Achatz findet stets Lösungen, nicht nur, wenn es um das extravagante Anrichten eines Desserts geht. Grant erkrankte schwer an Krebs, die Krankheit befiel seine Zunge, das wohl wichtigste *Instrument* eines Kochs. Dem Tode näher als dem Leben, unterzog er sich einer letzten experimentellen Behandlung, die sein Leben rettete, jedoch seinen Geschmackssinn abtötete. Wo andere resigniert und frustriert aufgegeben hätten, kochte er mit unfassbarer Kreativität auch ohne Geschmackssinn weiter und *schmeckte* Gerichte mit einem ausgeklügelten *System* ab. Schließlich konnte er sich noch erinnern, wie eine Zitrone zum Beispiel schmeckt. In Abstufungen wurden dann alle Geschmackssinne bewertet und von seinen Mitarbeitern eingestuft. So gelang ihm das Unmögliche: seine Sterneküche nicht nur aufrechtzuerhalten, sondern noch weiter Richtung Unerreichbarkeit zu pushen.

Und Freunde, besonders die Mädels, die hier lesen, den Award für die betörendste Stimme unter den Sterne-Köchen sollte er ebenfalls verliehen bekommen.

Es gibt so vieles, was wir von Grant Achatz lernen dürfen – als Gastgeber und als Mensch. Ansätze, worüber es sich lohnt, nachzudenken. Über Führung. Über Mitarbeiter-Motivation. Über Kreativität. Über Willen. Über wahre Passion. Follow your heart, diene, lerne, kämpfe – das sind alles Erfolgsfloskeln, die aber sehr wahr sind. Unaufhörliches Lernen, keine Regeln, Spaß, Kreativität, nett sein, Respekt – das sind die Basis-Zutaten in Grant Achatz unglaublicher Story.

1. „Regeln? Es gibt keine Regeln. Mach doch einfach, was du willst!"

Das ist einer der ersten Sätze, die Grant Achatz in den ersten Sekunden der Doku fallen lässt. Und es ist seine Lebensmaxime. Für alles. Grant Achatz stellt die Welt der Kochkunst komplett auf den Kopf. Zu Beginn der Sendung steht er in einer Galerie vor riesigen Gemälden und fragt sich, wer eigentlich bestimmt hat, dass Essen nur auf Tellern angerichtet werden darf. *„Wieso sollen wir uns das von der Teller-herstellenden-Industrie diktieren lassen?"*, fragt er. So lässt er nicht nur in seiner eigenen Kreativ-Werkstatt eigene abgefahrene Teller-Kreationen fertigen, sondern richtet auch sein berühmtes Dessert wie ein Gemälde direkt auf dem besonderen Tischtuch an, das die Gäste dann mit Löffeln vom Tisch kratzen.

Regeln zu hinterfragen und diese auf den Kopf zu stellen, zieht sich durch die ganze Sendung, bzw. durch sein ganzes Leben. Er hinterfragt ALLES und findet komplett neue und ungewöhnliche Wege. Ob beim Kochen oder wie er sein Restaurant führt und auch wie er mit seiner schweren Krebs-Erkrankung umgegangen ist – er akzeptiert keine durch andere aufgestellte Gesetze.

Wie kannst du diese Inspiration für dich und deine Gäste umsetzen?

Lass dir bitte keine Regeln auferlegen, weder welche, die aus deiner Kindheit stammen, die du entsprechend gelernt hast, noch selbst auferlegte Regeln.

Du möchtest dein Dessert vielleicht nicht gerade auf dem gewachsten Tischtuch präsentieren, ein Schälchen wiederum ist dir zu einfach? Dann nutze ein Sektglas, eine ausgehöhlte Melone oder Orange. Alles kann und nichts muss! Du darfst experimentell sein! Und weißt du was? Genau so ist übrigens der Geschmackssinn *Umami* entstanden.

Ausprobieren, das gilt auch bei deiner Dekoration. Man soll keine eingepflanzten Blumen auf den Tisch stellen? Das sehe ich anders! Bei meiner Hochzeit haben wir die Tische mit Bonsaibäumchen dekoriert. Es sah zauberhaft aus, wir mussten den Blumen nicht beim Verwesen zuschauen und hatten eine jahrelange Erinnerung. Sogar nachdem die Ehe geschieden wurde, leben unsere Bäumchen noch immer. Eine wundervolle Metapher dafür, dass das Leben immer weiter geht, selbst wenn sich die Umstände ändern.

2.
Du darfst deine Gäste provozieren (expect the unexpected)

Wer in der Spitzen-Gastronomie unterwegs ist, ob als Koch, Servicekraft oder Gast, der weiß, wie unglaublich furchtbar schrecklich ernst sich die ganze Branche nimmt. In einem gehobenen Restaurant zu speisen, gleicht meistens einer Trauerveranstaltung. Wenn da nicht ein außergewöhnlicher Chefkoch den Kochlöffel schwingt und mit Leichtigkeit, Wärme und Persönlichkeit das Restaurant führt.

Ein Sterne-Restaurant muss nicht bieder und anstrengend sein. Ein Restaurant, in dem jedes Lachen eines zu viel ist, eine Unterhaltung, die über den Flüsterton hinausgeht, nicht erwünscht ist, und das Servicepersonal um einen herumschleicht, ist für mich kein Sterne-Restaurant (auch wenn der Guide Michelin das anders sieht), sondern schiere Folter. Ich kann, dem Himmel sei Dank, sagen, dass die meisten Spitzenköche da genauso denken wie ich und die angenehme Atmosphäre der angestrengten Atmosphäre vorziehen.

Grant Achatz allerdings ist in seinem Tun eine ganze Dimension weit weg von allem, was du dir unter der gehobenen Küche vorstellen möchtest. Er wählt neben der angenehmen, lebhaften Atmosphäre noch die anderen Merkmale, die uns irgendwie kitzeln. Ehrlich gesagt empfinde ich seine Gerichte und deren Präsentation schon als Provokation, manch einer der *alten Schule* würde das Wort *Eskalation* wählen.

Ich kann ihn auf dieser Ebene besonders gut verstehen, ich provoziere auch sehr gerne. Und wenn du erst mal deinen Spaß daran entdeckt hast, so wirst du merken, dass diese Provokation das gewünschte Ergebnis beschleunigen kann. Seine Gäste sollen staunen, ihre Begeisterung zum Ausdruck bringen, sich wohl fühlen, sich entspannen und vor allem Spaß haben. Wie geht das besser als Spannungskurven aufzubauen, die dich zum Kern des wahren Genusses bringen, nämlich der Befriedigung all deiner Sinne.

Ein Chefkoch-Kollege, der das *Alinea* (Grants Restaurant) besuchte, bringt es wunderbar auf den Punkt: *„The one thing that struck me, aside from the creativity of the dishes, was simply how much fun I had in a formal dining setting. The stuffiness and pretension of old school fine dining venues was replaced with surprise, excitement and delight.“*

Welche Inspiration kannst du für dich und deine Gäste mitnehmen, umsetzen oder sogar weiterspinnen?

In diesem 2. Punkt von 11 liest du viele Ansätze, die als Motivation, *es anders zu machen*, hilfreich sind. Denn das ist die Aussage. Expect the unexpected – erwarte das, was nicht zu erwarten war! Das ist ab jetzt deine Maxime. Sobald du davon Abstand nimmst, „es zu machen wie...", „so zu sein wie..." oder die *größeren, schöneren, teureren* Kerzenhalter/Blumen/Jakobsmuscheln anzubieten, nimmst du für dich den Stress aus der Situation raus, *nicht mithalten zu können* oder *mithalten zu müssen*. Zeitgleich nimmst du deinen Gästen den Vergleich. Dieser Satz entspannt mich schon beim Schreiben ungemein. Denn du bist einzigartig, du bist NICHT vergleichbar, weder als Persönlichkeit noch als Gastgeber. Deine Gäste können wahrlich darauf bauen, dass du in deiner Dimension spielst und deiner Individualität, wohl auch das, was man *undefinierbar* als innere Haltung, Charme, Strahlen und Personality beschreibt, treu bist.

Das funktioniert übrigens in beide Richtungen! Wenn du einen Freundeskreis hast, der stets auf Palmblättern serviert, seinen Reis in der Kastanienrinde gart und Goethes geschriebenes Wort zum Umwickeln des Bestecks nutzt, so setzt du auf runde weiße Teller, ein in der Pfanne gebratenes Steak samt Kroketten und Pariser Karotten (runde Karotten aus der Dose)! Ich verspreche dir, in diesem Kreis ist genau das die höchste *Provokation* und Herausforderung, die du stellen kannst. Total freaky, so weiße Runde Teller! Beachte, dass in diesem Fall deine Finesse in die andere Richtung zielt.

3.
Gute Chefs, doofe Chefs.

In der Küche geht es nicht selten zu wie auf einem Sklavenschiff. Die gehobene Gastronomie ist von extremen und in Stein gemeißelten Hierarchien geprägt. Ich könnte dir viele Beispiele nennen. Um eines dieser Beispiele jedoch tut es mir besonders leid, sie nicht in unserer Zunft als Nachwuchs *heranwachsen zu sehen*. Julia ist eine begnadete, zauberhafte, vielversprechende Köchin, so jung und talentiert und noch dazu mit *angeborener Gastlichkeit* ausgestattet, die aus genau diesem Grund ihren Beruf nicht mehr ausüben möchte. Sie wechselt demnächst in einen Verwaltungsjob. Das zerreißt mir das Herz.

Ein Chefkoch zu sein bietet den perfekten Nährboden für eine ganz besondere Spezies: den narzisstischen Egoisten, der niemanden neben sich duldet. Angestellte schikaniert und bis zur Erschöpfung arbeiten lässt, ihnen keinerlei Anerkennung zollt, sondern weiterhin fordert. Gegenseitige Verachtung herrscht in den Haut-Cuisines vor. In einem solchen Umfeld gibt es nichts zu Lachen. Das fördert hingegen Konkurrenzdenken, Intrigen, Ellenbogenmentalität und tötet jegliche Leidenschaft und Liebe zum Beruf. Alles ist von Angst regiert. Kreativität nicht möglich.

Grant Achatz sagt hingegen, sinngemäß: Ich will, dass mein Team gern zur Arbeit kommt. Dass wir uns gegenseitig pushen und unterstützen. Dass wir respektvoll miteinander umgehen. Dass wir Spaß haben. Jeden Tag. Und genau so führt Grant Achatz seine Restaurants. Natürlich verlangt Grant Achatz von seinen Angestellten das Gleiche, was alle Spitzenköche von ihrem Team erwarten: Absolute Spitzenleistung und größte Kreativität. Grant Achatz schafft dafür jedoch ein in dieser Branche ungewöhnliches Umfeld und beste Bedingungen. Er behandelt sein Team menschlich und auf Augenhöhe und nicht wie ihm unterstellte Sklaven.

Grant Achatz ist selbst durch diese harte Schule gegangen und hat bei einem prominenten und hoch dekorierten Spitzen-Chefkoch gelernt. Denn klar gehört das dazu – eine ordentliche Ausbildung, Referenzen sammeln, Erfahrungen, sich seine Sporen erkochen. Grant Achatz war aber von dessen Führungsstil und der täglichen psychischen und körperlichen Ausbeutung so entsetzt, dass er für sich die Entscheidung traf, seinen eigenen Weg zu gehen. Er kündigte. Die Worte des Egomanen-Chefs: „Du wirst es nie zu etwas bringen! Du wirst keine Referenz von mir bekommen! Du hast hier nie gearbeitet!"

Alle, die ihren eigenen Weg gehen und übermächtigen Ego-Chefs kündigen, kennen solche angstmachenden und kleinhaltenden Kommentare nur zu gut. Gekränkte Egos vertragen es halt einfach nicht, wenn jemand es wagt, sich gegen die Sklaverei aufzulehnen. Sich aus den Regel-Gefängnissen der anderen zu befreien, genau darum geht es.

Grant heuerte schnell im nächsten Spitzenrestaurant seiner Karriereleiter an. Als er dort ankam, schrubbte der Chef gerade eigenhändig die Küche. Würde ein Ego-Chef nie tun. Der neue Chef gewährte Grant Achatz Freiraum, um sich zu entfalten und zu entwickeln. Dieser führte sein Restaurant und sein Team nach den gleichen Werten, die für Grant Achatz an erster Stelle standen. Genau diese Qualitäten zeichnen, unter sicher vielen anderen Aspekten, einen richtig guten Chef aus: Größe, Respekt, Freude, ermuntern, ermutigen, Anteilnahme, Neugier, Spaß.

Und die Moral aus der Geschichte?

Was ist hier die Botschaft, die wir als Gastgebende umsetzen können? Schließlich arbeitet man ja selten mit Mitarbeitern auf seiner eignen Party! Richtig, nicht mit Mitarbeitern, jedoch häufiger mit Dienstleistern, mit gebuchten Servicekräften, mit Musikern und Köchen. Und im Umgang mit diesen Fachkräften ist Menschlichkeit, Motivation, Spaß und Respekt soviel mehr wert als die festgesteckte Hierarchie: „Ich bezahle dich, du machst was ich will!"

Wir alle, ich zähle mich ganz klar dazu, sind besser in unserem TUN, wenn wir einen Auftraggeber haben, der uns sympathisch ist. Wir alle kennen das: Es gibt Zeitgenossen, die uns auf Anhieb sympathisch sind und welche, die du direkt *auf Abstand halten möchtest*. Diese Art von Sympathie meine ich nicht. Es geht um mehr. Denn oft ist es nur eine winzige (Un-) Aufmerksamkeit, die uns besonders gut sein lässt oder eben ein Ticken schlechter oder genervter. Bitte versteh mich richtig, das hat nichts mit Professionalität zu tun, denn gut sind Profis immer. Aber dieser kleine, feine Unterschied, du weißt sicher, was ich meine, macht das Pünktchen auf dem i.

Ich nenne dir mal ein paar Beispiele:

Morgens in der *Schmeckerei*, wenn wir gerade deftige Frühstücke zubereiten, betritt ein Gast den Laden und steht wortlos vor der Theke. Auf die begrüßende Frage: „Guten Morgen, was darf es denn sein?“, antwortet er: „Mett“. Auf die hoffentlich, aufklärende Frage: „Ja, gerne, wie viel Mett brauchen Sie denn?“, die Antwort: „2“. Auf die Rückfrage „Ach so, Sie möchten zwei Mettbrötchen?“, antwortet er: „Hab ich doch gesagt!“

Während ich die Brötchen mit Mett dann also zubereite, beherzt die fein geschnittenen Zwiebeln darauf verteile und das Brötchen zuklappe, höre ich nur ein aufstöhnendes Geräusch. Ich hebe den Kopf, sehe ein schmerzverzogenes Gesicht und bin mir sicher: Der Herr hat sich gerade einen Hexenschuss zugezogen! Besorgt frage ich ihn: „Um Himmels Willen, was ist denn passiert? Kann ich Ihnen helfen? Geht es Ihnen nicht gut?“ Seine Antwort: „Ohne Zwiebeln!“ Das ist schwierig und lässt mich wirklich das ein oder andere Mal die Augen verdrehen. Der Herr mag sonst noch so nett sein, ich finde ihn gerade einfach doof.

Es geht natürlich, und so ist, zum Glück, die Mehrzahl meiner Gäste, auch folgende Variante:

„Schönen guten Morgen!“

„Guten Morgen, was darf es denn sein?“

„Ich hätte gerne zwei belegte Brötchen mit Mett, allerdings bitte ohne Zwiebeln. Und könnten Sie für mich nachwürzen?“

Ja, gleiche Aussage. Aber ganz anders. Für mich sympathisch. Obwohl ich auch diesen Herren nicht näher kenne. Es ist ganz oft die simple Kunst der guten Kommunikation, die den Unterschied macht. Ganze Sätze, freundliche und vor allem KLARE Anweisungen sowie ein gutes Maß an Respekt – all das gibt Dienstleistern ein gutes Gefühl.

Es gibt viele dieser Beispiele. Einmal habe ich in einer wunderschönen Villa gearbeitet, ein wahrlich hochpreisiges Menü wurde bestellt und das samt Chefkoch – also meiner Wenigkeit – die vor Ort die Teller anrichten, die Gänge erklären und mit Assistenz die Menüabfolge den platzierten Gästen servieren sollte. Die Gäste waren in einem traumhaften Kaminzimmer platziert, klein aber fein. Allerdings so klein, dass hier ein vernünftiger Service am Platz einfach nicht möglich sein konnte.

Wir, die Dienstleister, wurden draußen auf zwei mal zwei Meter vor der Villa unter einer Außentreppe platziert. Als Licht diente eine Kerze im Glas und als Windschutz eben die Treppe. Im Januar eine wirklich anmaßende Situation. Bitte versteht mich nicht falsch, ich mache alles, um meine Gäste zufrieden zu stellen. Was sich jedoch äußerst schwierig gestaltet, wenn ich ohne Licht im Winter abends und zitternd vor Kälte die Teller anrichten und in Windeseile die Gerätschaften für die heißen Speisen von dem sehr beschränkten Arbeitsplatz entfernen muss, um das Dessert anrichten zu können. Wenn ich von draußen nach drinnen in das sehr warme Kaminzimmer laufen und dann die Gäste am Anfang der Tafel bitten muss, die Teller durchzureichen, weil gerade mal 40 cm Platz bis zur nächsten Wand hinter jedem herausgerückten Stuhl sind. Das eingefrorene Kinn hilft auch nicht wirklich dabei, den Gang charmant und genussvoll zu erklären und zu präsentieren.

Auch die Situation, dass du deine Arbeit nicht perfekt ausüben kannst, ist einfach nur demotivierend. Die Teller hätten viel schöner angerichtet und überhaupt hätte der ganze Abend so viel professioneller sein können. Das hat weder Spaß gemacht noch zu Höchstleistungen motiviert. Während es Festivitäten gibt, bei denen ich gerne und auch kostenlos noch Zeit *dranhänge*, war ich an diesem Abend froh, *endlich weg zu sein*.

Die Gastgeberin hatte bei uns noch kleine Petit Fours bestellt, die als Giveaways verteilt werden sollten. Wir haben diese in feine, kleine Papeterie verpackt und liebevoll mit Bändchen verschönert. So wie wir das eben immer machen. Als Sie das sah, sagte die Dame: „Oh, das sieht ja ganz nett aus. Dann brauche ich die ja gar nicht neu verpacken. Ich vertraue ja generell nicht auf das Verständnis von Schönheit anderer." Bähm. Geht es noch respektloser? Ich als Dienstleister nehme von dieser Dame jedenfalls keine Bestellungen mehr an, denn diese Arbeit von mir war weder ein Aushängeschild meines Könnens noch ein Meilenstein in meiner Karriere. Konnte es auch nie sein, unter diesen Bedingungen. Die Kundin war dennoch sehr zufrieden, denn natürlich bleibe ich auch in einer solchen Situation professionell. Aber ich weiß ja selbst, wie es hätte besser sein können.

Wenn du also mit Menschen arbeitest, weil du eine Floristin brauchst, Servicekräfte, die die Teller abräumen, du eine Köchin engagierst oder Livemusiker buchst: Schaff bitte auch für sie ein schönes Umfeld! Du brauchst dafür kein Profi zu sein. Dein liebevolles Auge, dein Respekt, deine Wertschätzung und deine Dankbarkeit reichen vollkommen aus. Wenn du dir sehr unsicher bist, frag gerne nach. Du bekommst Höchstleistung nur, wenn es möglich ist, diese auch zu vollbringen. Dafür sind Respekt und Wertschätzung dringend erforderlich. Eine gelungene Party ist immer das Zusammenspiel des perfekten Miteinanders.

Sorge dich auch um das Wohlbefinden dieser Kräfte. Du musst und sollst sie gar nicht umsorgen wie einen Gast. Wenn ich als Partyplanerin gebucht und am Tag der Feierlichkeit während der Feierlichkeit für den organisatorischen Ablauf zuständig bin, arbeite ich sehr oft mit mir fremdem Personal und unbekannten Firmen. Da es während einer Veranstaltung schon mal hektisch sein kann, und ich auch nicht viel Zeit habe, mich um jeden einzelnen Dienstleister zu kümmern, vermittele ich meine Dankbarkeit, meine Anerkennung und meinen

Respekt schon lange im Vorfeld. So kannst du es ebenfalls machen.

Am Event-Tag selbst stelle ich mich so vor: „Hallo, ich bin Nadine Dorau und heute für den Ablauf hier verantwortlich, so dass sich die Gastgebenden nicht kümmern müssen. Ich freue mich, dass ich heute mit dir zusammenarbeiten darf! Und du kennst das ja, du bist ja ebenfalls Profi: Zwischendurch wird's das ein oder andere Mal hektisch, also es kann sein, dass ich bei all dem Trubel vergesse, dir zwischendurch auch etwas anzubieten. Darum möchte ich dir jetzt schon sagen, bitte fühle dich frei, dir dein Getränk am Ausschank zu holen und später kannst du natürlich in Absprache mit mir auch etwas essen. Und bitte sag mir Bescheid, wenn irgendetwas ist, das dich nicht hundertprozentig gut arbeiten lässt oder du irgendwelche Fragen hast. Hier vorne findest du die Toiletten und hier hinten ist der Abstellraum. Es ist heute so heiß, bitte achte darauf, dass du ausreichend trinkst, okay? Hast du noch Fragen?"

Das ist liebevoll, du kümmerst dich und die Person, mit der du arbeitest, fühlt sich wertgeschätzt und gesehen. Du baust Vertrauen auf, wenn du sagst: „Wenn du mal eine Pause brauchst, siehst du ja selbst, wann's möglich ist und wann schwierig, weil gerade so ein großer Andrang ist". Du signalisierst: Wir brauchen dich. Du bist wichtig für den Erfolg der Party. Miteinander statt gegeneinander.

Wenn ich mit meiner Crew bei einer Veranstaltung bin, oder meine Crew ohne mich vor Ort ist, sorge ich immer dafür, dass sie Getränke und auch Speisen aus der *Schmeckerei* für ihre eigene Versorgung mitnehmen. Denn auch wenn es eine sehr wertgeschätzte und liebevolle Geste ist, dies auch von den Gastgebenden angeboten zu bekommen, ist es leider nicht immer selbstverständlich.

Fazit: Behandle die Personen, die deine Party zum rauschenden Fest machen sollen, respektvoll. So erreichen wir so viel mehr!

4.

Unendliche Kreativität und Freude am Experimentieren

Nicht umsonst wird Grant Achatz ehrfurchtsvoll *The Culinary Miracle Worker* genannt. Das, was er seinen Gästen auf den Tisch zaubert, kann man kaum beschreiben. Eindrucksvolle Kunst, Magie und die perfekte Spitzengastronomie, die deine eigene Interpretation des Menüs zulässt.

Mein, bisher noch unerfüllter Traum: Einmal Gast sein in seinem Restaurant. Bestenfalls an einem ganz besonderen Tisch Platz nehmen, nämlich am exklusivsten Tisch des ALINEA: In der Küche selbst! Das ist der sogenannte *Kitchentable* – derzeit ein echter Trend in den USA – den auch Grant anbietet. Und Freunde, ich würde alles dafür tun, dort speisen zu dürfen.

Grant Achatz Kreationen sind schlichtweg überwältigend: Und wenn es das schon in seiner Zweidimensionalität ist, einfach nur durch Video- und Foto-Aufnahmen, wie muss es dann wohl *in echt* sein? Mit Geschmack, mit Geruch? Grant Achatz zaubert aus seinen Kreationen Kunstwerk, Sinnlichkeit, Event, Illusion: Er macht aus Tomaten

Erdbeeren und aus Erdbeeren Tomaten. Er konserviert den Duft von Thymian in einem Luftkissen, auf dem das dazugehörige Gericht serviert wird, dann muss der Gast in das Kissen pieken und der Kräuterduft verströmt, was zum Gericht dazu gehört. Er macht aus Apfelaroma essbare Luftballons, die der Gast einsaugt, was sich wohl wie ein Hauch von Nichts, aber mit Apfelgeschmack, anfühlen muss.

Für all diese Kreationen verwendet er ausschließlich die besten Zutaten und keine Chemie, was man der Molekular-Küche gern mal vorwirft. Er hat eine eigene Entwicklungsabteilung, die sich, gemeinsam mit ihm, all diese unfassbaren Dinge ausdenkt und solange herumprobiert und experimentiert, bis das gewünschte Ergebnis da ist. Auch hier verfolgt Grant gnadenlos seine Regel Nummer 1: Es gibt keine Regel. Das Unmögliche wird eben möglich gemacht. Geht nicht, gibt's nicht. Basta.

Wie kannst du nun deine Kreativität, Experimentierfreude und Freude am Neuen in deine Gastgeberqualitäten einfließen lassen?

Probiere dich selbst aus! Leg deine eigene Messlatte höher! Grant Achatz ist auch nicht als der Meister der Thymiankissen geboren worden. Meist ist es eine kleine Idee, die du immer weiter und weiter spinnen und bis zu deiner eigenen Perfektion hochpushen kannst. Nur um diese dann hinter dir zu lassen und deine neue Herausforderung anzunehmen.

Diese Lust auf Neues, die Kreativität und das Experimentieren beginnen ganz klein und können auch *nur* das Falten einer Serviette sein, so, wie du sie eben noch nie gefaltet hast. Es kann ein anderes Gewürz im Püree sein oder etwas Zimt im Cocktail. Es könnte aufgebrühte Pfefferminze sein, die einen frischen Geruch verströmt, gerade zu dem Zeitpunkt, wenn alle ein wenig *träge* vom guten Essen sind. Du wirst sehen, deine Gäste werden munter. Das kann natürlich auch die Party selbst sein, lade zur Buchparty ein, classy, schicki und total *Upper East Side* stellt jeder kurz sein Favoritenbuch vor. Greife zu einer dir unbekannten Zutat und binde sie irgendwo mit in dein Menü ein.

Aber das Allerwichtigste ist: Behalte und lebe deine Neugierde. Immer. Schmeiß dich selbst ins kalte Wasser! Gehe deinen Ideen nach! Wenn du denkst: *„Das könnte ich doch für meine ‚Party in red' rot streichen…"* und dann automatisch der Gedanke kommt: *„Och nö. Ist ja gerade erst renoviert!"* – dann wirf genau diesen zweiten Gedanken über Bord! Weißt du was ich meine? Du darfst verrückt sein! Du musst nicht das tun, was allseits der Norm entspricht! Du bist der Regisseur deines Lebens und deiner Party! Als Gastgebender lenkst du deine Gäste durch deine Party. Nutze das für dich und deine neuen Herangehensweisen!

Kleiner Exkurs in Sachen Kreativität: Bleiben wir doch einfach mal bei dem Thema *Party in red*. Du wirst erkennen, was ich meine und diese Inspiration auf sämtliche Ideen adaptieren können. Rot? Nun, was könnte alles rot sein? Der Cocktail? Alle Speisen? Die Tischdecken? Der Dresscode? Es besteht natürlich keinerlei Notwendigkeit, einen Martini einzufärben. Bei Kreativität geht es geht jedoch nie um die reine, pragmatische Notwendigkeit, sondern einzig und allein darum, zu spielen, neugierig zu sein und mit Spannung zuzusehen, ob deine Ideen und deine Illusion aufgehen.

CoroNO! Wie Kreativität dir auch in Krisenzeiten hilft.

Ich möchte dir ein Beispiel aus meinem Leben nennen. Ich schreibe dieses Buch während der *Corona-Krise*. Es ist schon ein bisschen ironisch, denn während ich lang und breit darüber schreibe und nachdenke, was alles zu dem *perfekten Gastgeber* dazu gehört, ist das echte Leben im Shutdown. Gastronomien sind geschlossen. Partys und Events jeglicher Art sind verboten. Das Kontaktverbot verbietet sämtliche Anlässe, ein guter Gastgebender zu sein. Irgendwie fühlt sich mein Buch, in dem es um das ausgelassene Zusammensein von Personen geht, gerade ziemlich surreal an. Oder ist es die Wirklichkeit, die sich surreal anfühlt?

Alle meine Veranstaltungen, zu denen Joey Kelly als Gastredner geladen oder eine amerikanische Livesängerin samt BBQ-Pitch von mir gebucht ist, werden einfach staatlich abgesagt. Die beantragte *Corona-Hilfe* lässt auf sich warten, während alle meine Sitzgelegenheiten von einem rot-weißen Flatterband geziert nicht genutzt werden dürfen. Alles, worauf wir, alle Gastronomen dieser Welt über Jahrzehnte lang hingearbeitet haben – ein volles Gasthaus, abwechslungsreiches Programm, besondere Events, gelebte Gastlichkeit – einfach weg.

Es geht jetzt ums pure Überleben. Auch finanziell. Anstatt über das Leben in Gemeinschaft zu philosophieren, zu debattieren und zu lamentieren, müssen jetzt wieder andere Gedankenansätze her. Während viele einfach warten, kann ich das nicht. Eine Eigenschaft, die oft kritisch beanstandet, aber zum Glück doch öfter bejubelt wird. Wir erfinden also die ganze *Schmeckerei* neu, gehen wie Segler mit dem Wind: Setzen unsere Segel neu, holen diese mal ein oder wechseln auch ganz den Kurs.

Da wir eben nicht nur Gastronomen sind, sondern auch Lebensmittelhändler, bleibt die *Schmeckerei* teilweise geöffnet. Anstelle feiner Jakobsmuscheln auf Kaviarschaum verkaufen wir plötzlich Mehl, denn daran ist in der freien Marktwirtschaft für Haushalte kein Rankommen mehr. Wir packen 25 kg-Säcke in kleine 1 kg-Pakete ab. Wir versuchen, unsere Kundschaft mit Toilettenpapier zu bedienen. Wir laufen auch nicht vor den ganzen Kritikern davon, die uns als *Kriegsgewinnler* betiteln, weil wir handeln und nicht lethargisch dem Zustand ergeben sind.

In der jetzigen Situation erlebe ich mich wieder anders und lerne mich einmal mehr neu kennen. Ich spüre meine starke Risikofreude. Es ist dieses *Jetzt erst recht!*, was mich immer und immer wieder antreibt. Während andere sich den sicheren Hafen wünschen, tanze ich zeitgleich auf dem Vulkan. Je höher die Gefahr ist zu fallen, desto leichter kann ich tanzen.

Gern provoziere ich auch und kanalisiere meine Wut und mein Unverständnis über das willkürliche und für mich nicht zu durchschauende Corona-Krisen-Management der Regierung mit einer kleinen kreativen Protestaktion. Den Post dazu habe ich in den sozialen Netzwerken veröffentlicht, er ist für meine bescheidenen (Klick)-Verhältnisse geradezu viral gegangen:

> ***Das willkürliche Grillpaket***
>
> *Da ich das Gefühl habe, dass staatliche Aussagen, Anordnungen, Schließungen, Öffnungen und Auszahlungen völlig willkürlich getroffen werden und allenfalls das Mondhoroskop noch zu irgendeiner systematischen Herangehensweise zur Berechnung herangezogen wird, es sich jedoch jeglichem klaren Denken entzieht, haben wir ab morgen für dich unser:*
>
> ***Willkür-Grillpaket***
>
> *Herein kommt was ich will. Soviel ich will. Und zu dem Preis, den ich will! Ok, ganz so schlimm wie in der Politik ist es in der Schmeckerei dann doch nicht. Also, hereinkommt, was ich will, so viel ich will, und zwar für 10 €. Allerdings kann ich es mir nicht leisten, bei dir in Ungnade zu fallen, du kannst also sicher sein, bei mir bekommst du eher etwas mehr als etwas weniger!*

Unsere Kreativität und unsere Überzeugung *Jetzt erst recht!* rettet die Existenz der Schmeckerei. Unser Willkür-Grillpaket und die vielen weiteren *unseriösen* Angebote, die eine Spitzengastronomin nach herkömmlichem Bild auf gar keinen Fall machen darf, sind mein *Kill your Darlings*, worüber ich dir im nächsten Punkt gern etwas erzählen möchte. Meine Gäste kennen mich ausschließlich als Gastgebende, bei Hochzeiten, Kochevents, in der Schmeckerei. Trotzdem kann ich soviel mehr. Und wenn es sein muss (und auch wenn es manchmal nicht sein muss), tue ich Neues. Und wenn das bedeutet, dass ich gefährdeten Personen Toilettenpapier bringe, dass wir einen kompletten Notwarenbestand an Lebensmitteln in unser (vor Corona nicht bestehendes) Tante-Emma-Regal aufgenommen haben (welches vorher übrigens ausschließlich den besten Weinen der Welt Platz bot). So bin ich dann halt die Gastronomin, die jetzt Toilettenpapier liefert. Meine Oma sagte stets: „Du kannst alles sein, was du willst". Ja! Und jetzt ist das eben Toilettenpapier-Verkäuferin! Die einzige Grenze, die existiert, ist die in deinem Kopf! Beherzige diese Weisheit immer!

5.

Kill your Darlings. Stell alles infrage. Und: Mach es dir zur Routine, immer und immer wieder Neues zu tun.

Kreativität, siehe Punkt 4, ist nicht einfach da, weil eben jemand kreativ ist. Grant Achatz bringt es ganz unromantisch und absolut realistisch auf den Punkt: „Kreativität ist das Resultat von harter Arbeit und unaufhörlichem Lernen." Unaufhörliches Lernen gehört neben dem Nicht-Akzeptieren von Regeln zu Grant Achatz Lebensmotto.

Mit dieser Herangehensweise fordert er nicht nur von sich jeden Tag aufs neue Spitzenleistung, sondern auch von seinem Team. „Wir nehmen alle Elemente des Restaurants auseinander und hinterfragen sie: Ist das die beste Lösung, die es gibt oder gibt es eine bessere?" sagt Grant Achatz. Ein seit Monaten geplantes und konzipiertes Menü ist in Grant Achatz Augen nie fertig. Wenn er eine Idee hat, was daran verbessert oder anders gemacht werden kann, wird es gemacht. Sein Team rollt da schon mal mit den Augen und macht sich darüber lustig. Aber jeder im Team weiß auch, dass er es genau dieser Herangehensweise zu verdanken hat, dass er selbst immer besser wird. Nichts, absolut rein gar nichts, ist für Grant Achatz je in Stein gemeißelt. Das geht sogar so weit, dass er perfekte Schokoladenkugeln bei seinem Dessert nach dem Anrichten zerstören lässt. Und es genauso seinen Gästen serviert.

Es ist normalerweise üblich, dass ein Avantgarde-Spitzenrestaurant, welches so viel Zeit, Geld und Energie in die Entwicklung seiner Gerichte steckt (via eigener Forschungsabteilung) seine Karte so wenig wie möglich erneuert. Der Aufwand, neue Gerichte zu kreieren, ist einfach zu groß. Und es macht ja auch Sinn. Denn die meisten Gäste gönnen sich den Luxus, so ein Restaurant zu besuchen, nur ein einziges Mal. Das wiederum heißt, die kulinarische Reise durch alle Sinne, so wie von Grant in seinem *Alinea* serviert, ist für sie neu, außergewöhnlich und anders, ganz gleich ob das servierte Menü nun sechs Monate oder sogar zwei Jahre besteht. Grant allerdings ist diese Routine *über*. Er setzt bei diesem Gedankengang erst in zweiter Linie bei den Gästen an und verfolgt eher folgenden Gedanken: „Wenn wir als Team immer und immer wieder das Gleiche servieren, dann können wir nicht besser werden. Uns wird langweilig und wir verschanzen uns in unserer eigenen Wohlfühlzone." Das wiederum wäre zwar sehr *bequem*, jedoch nicht aufregend. Spaß, Freude und Nervenkitzel gehen verloren, die Herausforderungen nun mal mit sich bringen. Ich würde sagen, Grant hält alle im Team im *Spielmodus*.

Grant fragt sich immer wieder, wie die Dinge anders sein könnten. „Wie können wir eine Marone anders aussehen und sich anfühlen lassen? Dinge zu manipulieren und zu verändern, das finde ich spannend. Natürlich unter der Bedingung, die Dinge im guten Sinne zu verändern. Also immer mit einem Verantwortungsgefühl an die Sache herangehen. Dann können wir Dinge so verändern, dass sie provozieren, anders sind und unwiderstehlich. Ich liebe es, Grenzen zu verschieben, Dinge zu verändern und neu zu erschaffen. Aber: Es muss natürlich gut schmecken. Wenn unsere Experimente nicht hervorragend schmecken, haben wir versagt." Statt auf vorgeschriebene Perfektion setzt er auf die Perfektion der Innovation.

Wenn man Grant Achatz fragen würde, warum er z. B. Tomaten in Erdbeeren verwandelt, dann wäre seine Antwort: Warum nicht? Grant ist ein progressiver Denker, der keine Scheu davor hat, den Status Quo immer wieder zu hinterfragen. Für ihn gibt es auch keine Grenzen, alles ist für ihn prinzipiell denkbar und möglich. Genau diese Art zu denken und genau diese Herangehensweise macht Grant Achatz und sein *Alinea* so außergewöhnlich und völlig neue Maßstäbe setzend. Für Grant Achatz ist die Evolution der Erfahrungen das Wichtigste. Neues zu tun ist Leben und Lebendigkeit pur. Natürlich birgt diese Herangehensweise auch Risiken. Dinge, die gut funktionieren, einfach ad acta zu legen, um sie mit Neuem zu ersetzen, das erfordert Mut und Risikobereitschaft sowie ein starkes Mindset und verlangt natürlich den Mitarbeitern viel ab.

Diese Herangehensweise spiegelt sich in seinem ganzen Tun wider. Irgendwann kommt der Zeitpunkt, da passt das liebevoll eingerichtete Restaurant in seinem Design nicht mehr zu deinen Vorstellungen. Auch hier wächst du heraus.

Grant ließ sein *Alinea* schließen, für viele Kritiker *grundlos*, schließlich war das Restaurant über Monate ausgebucht und eine Schließung bedeutet immensen finanziellen Verlust. Ganz abgesehen von den Investitionen, es war ja kein veraltetes *Schätzchen*, welches auf Vordermann gebracht werden sollte. Es war ein schon renommiertes, modernes und zukunftsweisendes Restaurant, welches im Design genauso brillierte wie in der gereichten Küche. Grant jedoch war es einfach nicht genug. Er wollte das Restaurant in einen magischen Illusions-Ort verwandeln, der die Gäste schon beim Ankommen in den Bann zieht. Egal, ob andere das nun für nötig erachten oder eben nicht, wer bis jetzt aufmerksam gelesen und eine Idee davon bekommen hat, wie Grant tickt, weiß um die Notwendigkeit.

Getriggert vom ganzen Erscheinen seiner Person ist wohl auch der Name seines Restaurants entstanden, den ich hier schon einige Male erwähnt habe: ALINEA. Es markiert das Ende und damit auch gleichzeitig den Anfang eines neuen Absatzes. Im Mittelalter diente es zur Markierung in Schriften für die Trennung von verschiedenen Gedankengängen. Alinea ist der Begriff für das Absatzzeichen (¶).

Kannst du von seiner Art, Dinge anzugehen, etwas als Inspiration nutzen?

Ja, doch zunächst müssen wir einmal *aufklären* was es heißt, *seine Darlings* zu killen. Auf der Suche nach einer Inspiration für mich und für dieses Kapitel habe ich Folgendes gefunden:

Kill your darlings: Lass lieb Gewonnenes los. *„Kill your darlings' ist ein geflügeltes Wort, das Romanautoren bestens vertraut sein dürfte. Es handelt sich dabei um einen Begriff, der zum Ausdruck bringen soll, dass man zu Gunsten der Spannung und der Dramatik manchmal seine lieb gewonnenen Figuren opfern muss."*

Mit dieser Erklärung in Gedanken finde ich es geradezu einleuchtend was gemeint ist, sowohl metaphorisch als auch ganz physisch. Du kommst nicht weiter, wenn du dich an immer gleich Abläufe hältst, an die Grundregeln (Grundfiguren), die für dich liebgewonnen und ja, auch bequem und einfach, sind.

6.

Echte Freundschaft, Loyalität. Such dir die richtigen Menschen, mit denen du gerne arbeiten möchstest.

Grant Achatz hatte das große Glück, von Anfang an einen Fan seiner Kochkunst als Investor an Bord zu haben. Spitzen-Gastronomen brauchen Investoren, um so kreativ sein zu können. Eine riesige Küchen- und Service-Mannschaft samt Ausgaben für die erlesenen Zutaten sowie der Luxus einer eigenen Forschungsabteilung, das kostet. Aus der anfänglichen rein beruflichen Partnerschaft ist mittlerweile eine seit Jahren bestehende Freundschaft entstanden. Beide haben zusammen viele weitere Projekte - mit Erfolg und Spaß - realisiert. Diese Loyalität ist selten in der Branche.

Wie ist diese Inspiration für dich und dein Fest umsetzbar?

Das berühmte Bauchgefühl, dieser kleine Moment, in dem dich etwas *zwackt*. Du kannst es nicht beschreiben, doch irgendetwas stört dich. Das Gefühl, auf das wir manchmal nicht hören und im Nachhinein denken: *„Ach hätte ich mal auf mein Bauchgefühl gehört.“* Dein Bauchgefühl ist nichts anderes als deine Erfahrungswerte, selten offensichtliche, oft unterschwellige. Diese *Art* Mensch ist dir schon mal übel aufgestoßen, hat dich schon mal enttäuscht, ist dir zu spießig, zu lieblos, zu dominant, zu präsent, nicht präsent genug. Diesem Gefühl darfst du glauben. Immer! Auch und gerade bei der Buchung der unterschiedlichsten Dienstleister, Musiker und ja, auch der Location.

Dein Bauchgefühl hat recht. Auch wenn alles *auf dem Papier* stimmt, die Fassade perfekt ist und du nun wirklich nicht weißt, was dich da stört, vertraue dir! Es hat seinen Grund, auch wenn du ihn nicht erklären kannst. Vertraue deinem Instinkt.

Mach‘s wie Grant. Suche dir die *richtigen* Menschen, mit denen du wirklich gern arbeiten möchtest. Alles wird dir und auch deinen *Mitarbeitern* leichter von der Hand gehen. Du musst gar keine dicke Freundschaft suchen, doch eine gute Basis sollte da sein. Eine Verbundenheit auch nach der Feierlichkeit wird dir gewiss sein.

7.

Geh offen mit Schicksalsschlägen um: Es könnte deine Rettung sein.

Es klingt sarkastisch, aber jedes Hollywood-Drehbuch einer Erfolgs-Story hat ihre absoluten Tiefpunkte. Momente, in denen nichts mehr geht, Momente der Ausweglosigkeit. Und auch Grant Achatz erlebte so einen absoluten Tiefpunkt. Er erkrankte schwer an Zungen-Krebs, Stadium 4. Die Ärzte sagten ihm, dass sie ihn nur noch operieren könnten, Zunge und Teile des Hals weg, das sei die einzige Chance. Die Wahrscheinlichkeit, dass er sterben würde, läge dabei jedoch trotzdem bei 70 %. Man muss nicht viel dazu schreiben oder sagen. Das war das Ende und das Aus für den Meisterkoch. Er entschied sich gegen die OP, die in seinen Augen absolut keinen Sinn machte. Ohne Zunge und entstellt mit nur einem halben Hals war sein Leben als passionierter Koch nicht mehr lebenswert. Er würde sterben. So oder so. Die Sache war klar für ihn.

Doch was macht man in so einer Situation? Andere würden sich verstecken, bloß keine Presse. Könnte ja dem Restaurant und dem Business schaden. Grant Achatz hingegen machte es publik. Er ließ seine Maske fallen, zeigte sich verzweifelt, tat nicht so, als sei alles in Ordnung. Er ließ einen Artikel veröffentlichen, in dem er seine ausweglose Situation erklärte, sein Sterben ankündigte und Abschied nahm. Schonungslos, offen und persönlich.

Und dann geschah das große Wunder. Ärzte von der University of Chicago lasen zufällig den Artikel und riefen daraufhin bei Grant Achatz an, er solle unverzüglich in die Klinik kommen, sofort, denn es gäbe vielleicht eine Möglichkeit, ihm zu helfen. Grant Achatz hatte nichts mehr zu verlieren, also fuhr er in die Klinik.

Dort erklärte man ihm, man arbeite derzeit an einer experimentellen Studie, und man könnte seinen Zungen-Krebs und Teile seines Halses bestrahlen. Er würde Zunge und Hals behalten können, und die Überlebenschance läge bei 70 %. „Wo soll ich unterschreiben?“, fragte Grant Achatz und startete die Behandlung sofort.

Auch hier wieder: Regeln brechen. Alles in Frage stellen. Es ist die perfekte Metapher für Achatz‘ eigene Philosophie, alles in Frage zu stellen, dass nun ein Onkologenteam der Universität Chicago mit demselben Ansatz alles Bekannte in Frage stellt und mit einem radikalen, neuen Ansatz seine Überlebensaussichten radikal erhöht. Grant, gezeichnet von der Behandlung und mit nicht nur einer Nebenwirkung bedient, überlebte. Überlebte zunächst als *halber* Koch, sein Geschmackssinn war weg und ohne eine Idee, ob dieser je wiederkommen würde, arbeitete Grant weiter. Tag für Tag, während und nach der Therapie. Grant entwickelte Strategien um Gerichte auch ohne Geschmackssinn virtuell und virtuos abschmecken zu können. Leidenschaftlich wie immer, auch ohne seinen wichtigsten Sinn. Nach und nach kamen seine Geschmackssinne zurück, zunächst nur einer ganz langsam, dann ein weiterer und immer mehr. Bis zur vollständigen Genesung sollten noch Monate vergehen.

Was können wir hier lernen?

Schließlich geht es in diesem Buch um die *perfekte Party* und nicht um ein medizinisches Wunder. Wir können so viel lernen: Durchhaltevermögen, Nüchternheit, Objektivität, Mut.

Durchhalten

Manchmal ruckelt es, wenn du eine Party planst, im echten Leben, zwischenmenschlich und ehrlich gesagt, so ganz glatt läuft es ja selten. Hier ist Durchhaltevermögen angesagt. Einfach weiter machen, Instinkten folgen, und wenn es sein muss, sich selbst motivieren und den inneren Schweinehund bestechen!

Bestechen? Ja! Bezwingen funktioniert bei mir nicht. Ich muss stets eine Möglichkeit der Wahl aufzeigen und eine Belohnung in Aussicht stellen. Ja, ich weiß, dass der Schweinehund nur mein Faulpelz-Ich ist. Gegen mich selbst zu kämpfen, ist halt der schwerste Kampf.

Nüchternheit

Wisse, wann es genug ist. Lass los, so wie Grant. An einer gewissen Stelle ging es für ihn nicht mehr weiter. Dann mach Pause, verabschiede dich und teil mit, was das Problem ist. Oft kommt von ungeahnter Stelle ein hilfreicher Tipp, eine Unterstützung, die Lösung. Und dann heißt es wieder volle Kraft voraus! Die Würfel liegen anders. Dein Spiel ändert sich gerade!

Objektivität

Grant wusste nicht, ob die Behandlung anschlägt, doch er hatte nichts zu verlieren. Was kannst du verlieren, wenn du es durchziehst? Grant wusste nicht, ob der Geschmackssinn wiederkommt, also hat er eine andere Möglichkeit gefunden, Dinge anzugehen. Ohne Klagen, ohne Murren, sondern objektiv! Die Situation war nun mal einfach so wie sie war. Ganz objektiv betrachtet war Grants Situation so:

Ich bin geheilt.

Mein Geschmackssinn ist aber weg.

Ich bin Koch.

Ich lebe und liebe meinen Traumjob.

Ich kann nicht schmecken, was ich koche.

Ich werde meinen Job aber trotzdem nicht aufgeben.

Wenn du deine Fakten kennst, dann erarbeitest du deine Lösungen. Eine objektive Betrachtungsweise lässt dich ohne theatralische Gefühlsduselei entscheiden und vorankommen. Bedenke, oft musst du einen Tod sterben. Aber du entscheidest, welchen!

Es gibt nicht den einen richtigen Weg. Es wird zu deinem Weg, wenn du ihn gehst. Kenne deine *Warums*, und dann ergeben sich deine *Wies*.

Als Menschen können wir nie die Wirklichkeit an sich wahrnehmen. Sondern nur unsere subjektive Wahrnehmung der Wirklichkeit. Genau genommen: Jeder Mensch konstruiert seine eigene Wirklichkeit. Dass jede Wahrnehmung rein subjektiv ist, gilt als eine der zentralen Thesen des Konstruktivismus. Wie kann dir also ein anderer Mensch sagen, dass du niemals mehr als Koch arbeiten kannst, das gelbe Service besser ist als das rote, du die Party zu schnell planst? Es ist sehr wichtig für dich zu wissen: Das ist die Meinung der anderen, aber es ist nicht deine Wirklichkeit!

Du hast wirklich nichts zu verlieren. Trau dich, du zu sein! Schäm dich nicht, dass du so gerne noch Pfingstrosen besorgt hättest, den näheren Blumenladen aber vorgezogen hast. Schäm dich nicht, in der kleineren Location mit dem preiswerten Essen und der Musik vom Band zu feiern. Gehe offen in die unvermeidliche Konfrontation mit dir selbst oder anderen. Sei offen und mutig. Du wirst sehen, so manchem fällt ein Stein vom Herz, du bist auch ein Mensch!

8.
Es gibt immer eine Lösung. Du musst sie nur finden.

Und wenn es die wirklich nicht gibt? Meist suchen wir ja einen Lösungsweg, den zumindest schon eine Person vor uns beschritten hat und wir lediglich *darauf kommen müssen*. Wenn es diesen Lösungsweg aber noch nicht gibt, dann erfindest du halt einen!

Nun habe ich dir ja schon so einiges über Grant erzählt, dass er einer unheilbaren Krankheit die Stirn geboten hat, dass er nicht aufgibt, dass er sehr unkonventionell mit Tiefs, jedoch auch mit Hochs in seinem privaten und beruflichen Leben umgeht. Ich möchte dir jedoch noch seine Lösung präzise erklären, die ihn auf höchstem Niveau hat weiterkochen lassen, als er seinen Geschmackssinn verlor.

Seine kulinarische Welt, samt der Sinneseindrücke, die für ihn so unverzichtbar waren, das Schmecken und das Riechen, existierte für ihn nicht mehr. So besann sich Grant Achatz auf sich selbst. Auch wenn er nichts riechen und schmecken konnte, war die Leidenschaft für die Kochkunst immer noch genauso stark wie eh und je. Und er fand eine Lösung. Er beschrieb die Gerichte und Menüs, die er sich ausdachte. Mit Worten. Mit Bildern. Mit seiner Vorstellungskraft. Wie ein Designer Skizzen von seinen Kleidern anfertigt, damit die Näherinnen diese umsetzen, skizzierte er als Koch seine Gerichte. Nun fragt man sich, aber geht das, Geschmack zu beschreiben? Ja. Es ging. Mit den genannten Abstufungen zu allen Geschmacksrichtungen. Es ging sogar ganz wunderbar. So wunderbar, dass er einige Methoden aus dieser Zeit noch heute nutzt, um Gerichte zu ihrer Vollkommenheit zu komplettieren. Grant Achatz sagt, er sei noch nie so kreativ gewesen wie in dieser Phase, als er gezwungen war, sich auf seine reine Vorstellungskraft zu verlassen.

Sein Restaurant brachte Grant dank dieser unkonventionellen Methode höher in den Olymp der Sterneköche als je auch nur erträumt. Und wer mich kennt, der weiß, ein persönliches *Happy End* braucht es dann doch noch. Das gab es auch! Nach ca. einem Jahr ist sein Geschmackssinn Stück für Stück zurückgekehrt. Allerdings: Seine Gerichte und Menü-Ideen skizziert er noch heute auf großen Bildern und arbeitet auf diese Art und Weise mit seinem Team zusammen.

Was kannst du für dein Fest übernehmen?

Sei unkonventionell! Es gibt manchmal nicht die Lösung, die dir jemand nennen kann, die du ergooglen kannst oder die sich durch eine Norm von *so macht man das* ergibt.

Manchmal gibt es die eine Lösung, die eventuell auch sogar nur für dich und ausschließlich in diesem Moment passend ist.

Viele Menschen machen sich Gedanken über längst vergangene Tage. Meist geht es dann um lebensverändernde Taten, die einmal ausgesprochen und getan, eben einen neuen Weg bedeuten. Diese Entscheidung von damals kann dir heute absolut unverständlich vorkommen. Damals in der Situation, in der du genau so entschieden hast, war sie jedoch richtig. Die Umstände, deine Gefühle, die ganze Welt hat sich seitdem verändert. Eine Entscheidung kann darum ausschließlich für eine Situation gelten, du kannst sie nicht automatisieren.

Für deine Feierlichkeit heißt das: *Tanze die Probleme!* Gehe nicht mit dem Gedanken heran: „Das schaffe ich jetzt wirklich nicht". Meist hast du einen kleinen Gedankenfunken, der, wenn du ihn weiterspinnst, so lodernd hell wird, dass er mit seinem Feuer etwas Besseres, Größeres und Außergewöhnliches erschafft!

Ich gebe dir ein persönliches Beispiel. Hier und heute, mitten in der Coronazeit am 26.04.2020, schreibe ich nicht nur dieses Buch. Ich lebe meine Tipps an dich, denn genau jetzt ist die Zeit, in der wir unkonventionelle Wege gehen müssen. Alles ist neu! Jede Situation, jede Information, jede Auflage, die wir gerade erfüllen sollen. Was noch vor einer Woche für uns ungewohnt und abschreckend war, ein Mund- und Nasenschutz an unsere Kunden auszugeben, ist heute schon Alltag geworden. Den Abstand zu unseren Mitmenschen von mindestens 1,5 m zu wahren, ist durch auferlegte Strafen schon fast leichtgefallen. Geschlossene Grenzen, für uns als freiheitsliebende Weltenbürger, kaum mehr der Rede wert. Ja, alles ist anders, und doch so schnell verinnerlicht in dieser Zeit.

Ich kann nicht ohne Events! Ich kann es einfach nicht. Durch die staatlich auferlegten Zwänge müssen wir uns jedoch beugen und alle besonderen Veranstaltungen in der *Schmeckerei* absagen. Joey Kelly, Sven Hannawald, ein amerikanischer Livemusik-Abend samt großem BBQ und passendem Pitch. Das alles darf auf behördliche Anordnung nicht stattfinden. Hochzeiten, Kommunionen, Konfirmationen, Geburtstage, überhaupt alles, was mit dem Zusammentreffen deiner Liebsten zu tun hat – VERBOTEN!

Für mich unerträglich. Es muss also eine Möglichkeit geben, ein Event zu planen. Es muss etwas machbar sein, von dem wir alle profitieren. Meine Ideen haben sehr klein angefangen.

So habe ich Ostern genutzt, um unseren Kunden, Gästen und vielen Neukunden ein Ostercatering anzubieten. Für die kleinsten Familien und für Singles schon ab einer Person und meine Ideen potenzieren sich langsam weiter hoch.

In der letzten Woche gab es ein Samstagsbrunch, ebenfalls schon ab einer Person. Wir haben ja eh nichts anderes zu tun, also liefern wir gerne kostenlos im Umkreis an und freuen uns über den Menschenkontakt.

In dieser Woche habe ich ein feines Picknickkörbchen kreiert, was prall gefüllt mit feinen Wraps, frischen Erdbeeren, Flammküchlein, Muffins, Weintrauben, Falafel, Teriyakispieß und frischem Smoothie den Weg zu unseren Gästen fand.

Wer mich kennt, weiß, mir war die Taube auf dem Dach schon immer lieber als der Spatz in der Hand. Mit vielen Blessuren, metaphorischen blauen Flecken, Schweiß und Blut erreiche ich die Taube auch, beruflich wirklich immer.

Ich möchte immer ein bisschen besser sein, ein bisschen mehr leisten, etwas Anderes, Neues bieten als *beim letzten Mal*. Das Ostermenü entwickelte sich also weiter zum Frühlingsbrunch, das Brunch entwickelte sich weiter zum Picknickkorb. Es käme mir nicht in den Sinn, jede Woche ein Menü anzubieten! Gerade in der Abwechslung, in der Planung und Zubereitung der abwechslungsreichen Speisen liegt für mich der Kick.

Ich gebe natürlich zu, die Idee ähnelt sich, stets Samstag ein besonderes Schmankerl anzubieten. Doch die Ideen potenzieren sich, und so wird der eigentliche Gedanke *ein Ostermenü* für wenige Personen anzubieten, initiiert von der Idee, etwas Besonderes für die jetzige Zeit zu erschaffen, zum Gedanken: „Kann ich ein Live-Event veranstalten?" Und ja! Ich kann! Es ist alles geplant. Der erste Gedanke, *zumindest an Ostern etwas Besonderes zu machen*, hat mich dazu gebracht, ein Livemusik-Duo zu buchen. Ich habe eine Gourmet-Tasche entwickelt, die prall gefüllt mit leckersten, saisonalen Spezialitäten aufwartet, alles zum *aus der Hand essen* gedacht, die neben feinsten Wraps gefüllt mit Rinderfilet und grünem Spargel abgerundet durch leichtes Dressing, eine Maibowle enthalten, einen leckeren Smoothie, Salamipralinen-Spieße mit Oliven und Bergkäse, Frikadellen, Datteln im Speckmantel, Weintrauben, Käsekuchen mit frischen Erdbeeren und natürlich Coke und Popcorn. Da es mir ein Herzensanliegen ist, dass dieses Event für die ganze Familie brauchbar ist, gibt es natürlich auch die Gourmet-Tasche für Kids mit angepasstem Essen. Und das alles findet in Zeiten von Corona statt? Du machst dich strafbar! Nein, denn wenn einmal das Gedankenkarussell angelaufen ist und ich alle derzeitigen No-Gos – also die Fakten (siehe *Objektivität* aus dem letzten Punkt) – beachte, dann entwickelt sich daraus eine rege Fantasie, die keinerlei Spielraum für Zweifel bietet.

Also keine Menschenansammlungen? Richtig! Aber Menschen in Autos? Ja, das geht! Kein Verzehr von Speisen im Restaurant? Richtig! Verzehr im eigenen Auto? Ja, das geht! Lärmbelästigung? Mmhhh, da muss es eine Lösung geben.

Schnell war die Radiofrequenz angefragt (echt ein Schnapper, 100 € im Jahr), die Genehmigung eingeholt („Brauchen Sie nicht bei zehn Autos") und ein Sender angefragt. Anstelle des Radiosenders werden es jetzt doch professionelle, gemietete, sterilisierte Kopfhörer mit eigenem Sender. Allerdings nur, weil die Frequenz erst zum 15.05. stehen könnte (derzeit hohe Anfrage der Autokinos). Es wird eine (selbstgebaute) Bühne geben, die hoch genug ist, damit auch die Personen in den Autos in der zweiten Reihe gut sehen können.

Unter dem Motto *Maskenball* lassen wir also in der nächsten Woche wieder etwas Neues entstehen. Entstanden aus dem Gedanken *zumindest an Ostern soll es etwas Schönes geben*, hat sich dieser Gedanke einfach immer selbst nach oben geschraubt. Ideen bauen sich aufeinander auf.

Gäste in zehn Autos in zwei Reihen lauschen professioneller Livemusik und werden kulinarisch verwöhnt – auch in dieser schwierigen Zeit!

Pippi Langstrumpf hat den Satz geprägt: „Das habe ich noch nie gemacht, also bin ich völlig sicher, dass ich es schaffe." Ich habe diese Art von Event auch noch nie gemacht, ich weiß nicht, ob alles funktioniert. Und selbst, wenn nicht, dann wird es auch dafür eine (unkonventionelle) Lösung geben!

9. *Vertrau deinem Team und lass los*

Grant Achatz nennt seine Krebs-Erkrankung und die daraus resultierenden Probleme (kein Geschmackssinn) *ironic health problems*. Hier beweist er erneut seine Eigenironie und seinen Sinn für Humor. Natürlich hatte auch Grant Achatz mit dieser Situation zu kämpfen. Er musste lernen, damit umzugehen, das gibt er unumwunden zu. Und doch sagt er, es sei das Beste, was ihm passieren konnte. Er lernte, seinem Team zu vertrauen und loszulassen.

In einer Branche, in der es ungewöhnlich ist, im Team und eben nicht in einer Hierarchie zu arbeiten, ist das ein persönliches und berufliches Aha-Erlebnis. Grant war gezwungen, dem Urteil seiner Mannschaft zu vertrauen. Er war auf sein Team angewiesen. Damals musste er, heute kann er einfach mal loslassen und geschehen lassen.

Können wir diesen Tipp umsetzen?

Ja! Dir selbst und auch deinen beauftragten Firmen geht es besser, wenn du diese einfach machen lässt. Profis konzentrieren sich auf ihre Arbeit und möchten ebenfalls das bestmögliche Ergebnis. Du hast dafür bezahlt, Dinge abzugeben, lass dir darum auch diese Arbeit abnehmen. Vertrauen ist wichtig, Kontrolle ist besser? Bei manchen Firmen mag das stimmen, ich rate allerdings dringend davon ab, im *Erarbeitungsprozess* bereits Ergebnisse prüfen zu wollen. Meist hat das Zwischenergebnis nicht viel mit dem Endergebnis zu tun.

Aufmerksam musst du werden, wenn du bei Firmen eine *Schludrigkeit* feststellst, z. B. verpasste oder zu spät wahrgenommene Termine. Manchmal ist es jedoch auch kein richtig zu benennendes Thema, sondern eine Art, die du wahrnimmst. Dann rate ich dir zu einem *Ende mit Schrecken*. Hör auf dein Bauchgefühl.

10. Wahre Gastfreundschaft

Die (Ego-)Super-Köche inszenieren sich selbst. Lassen sich feiern. Es geht ihnen schlussendlich um sich selbst. Ihr ganzes Bestreben ist, sich selbst ins rechte Licht zu rücken. Der Gast ist am Ende des Tages Mittel zum Zweck, um den Sterne-Koch hochleben zu lassen. Bei Grant Achatz hingegen steht der Gast im Mittelpunkt. Für diesen ein außergewöhnliches Erlebnis zu schaffen, ist sein Ziel. Grant Achatz' *Warum* ist, Menschen mit seiner kulinarischen Kunst und dem kreierten Gesamterlebnis glücklich zu machen, ihnen ein Lächeln ins Gesicht zu zaubern, sie in eine ganz andere Welt zu entführen. Das ist Gastfreundschaft.

Können wir das als Inspiration für unsere nächste Party anwenden?

Ja! Auch wenn du kein Stück narzisstisch veranlagt bist, so kann man sich trotzdem manchmal verlieren in Gedanken wie: „Wie wirke ich, wenn ich dies so oder so mache…?" oder „Hoffentlich wissen meine Gäste, es zu würdigen!" Das wiederum bedeutet Stress. Es ist also nicht nur viel gastfreundlicher, sondern eben auch relaxter, wenn du dein Augenmerk auf die zu beglückenden Gäste legst. Du nimmst dich in und ab diesem Moment, wenn du den Fokus von dir selbst abwendest nicht mehr so wichtig. Dass du müde bist und dass du schon so viel geplant hast, ist egal! „Aber es soll doch bitte alles gewürdigt werden, was ich hier leiste!", magst du vielleicht denken. Wenn du all diese Gedanken wegschiebst und dein Augenmerk darauflegst, dass du für deine Gäste das bestmögliche Ergebnis erzielst, dann ist dein Fokus von der Müdigkeit und der anstrengenden Vorbereitung und Planung, den Stunden in der Küche und dem Geld, was du investiert hast, in den Hintergrund gerückt. Dein Fokus liegt jetzt auf etwas ganz anderem. Sobald dein Fokus verschoben ist, arbeitet es sich leichter. Nur so überwindest du den manchmal eintretenden *toten Punkt* und überschreitest ihn. Nur so kannst du deine Gäste glücklich machen und das wiederum macht dich glücklich! Win-win für alle Beteiligten!

11. Sei einfach ein netter, guter, freier Mensch

Bei all diesen ganzen Anregungen rund um Grant Achatz such dir diejenigen heraus, die zu dir passen. Setz das eine um, spinne das andere in ungeahnte Höhen und lasse das nächste völlig aus. Denn du bist du, und das ist wunderbar. Sei du! Ein netter, guter, freier Mensch, der sein Bestes geben möchte: Mit Liebe für andere da sein, friedvoll und voller Menschlichkeit.

Was wir von Primaballerinas lernen dürfen

Polina und Louisa – oder was Ballett mit dir als perfektem Gastgeber zu tun hat

„Das Schwere am Tanzen ist, das Schöne des Tanzens so zu zeigen, dass das Schöne des Tanzens nicht schwer aussieht."

– Uwe Scholz, deutscher Choreograf und Ballettdirektor

Rollenmodelle und Vorbilder haben für mich nicht immer etwas mit einem spezifischen Beruf zu tun. Nur weil ich Gastronomin bin, heißt das nicht, dass ich nur Köche als Vorbilder habe. Für mich sind es immer Menschen, die mich inspirieren. Vorbilder, die mich faszinieren, kommen aus allen Branchen und Bereichen. Es ist letztlich egal, welchen Beruf sie ausüben, von jedem kann ich etwas lernen.

Es gibt zwei Balletttänzerinnen, die mich faszinieren, die eine wie die andere. Da ist zum einen Louisa Paterson, zum anderen Polina Semionova. Primaballerina sein, dieser Beruf ist von Strapazen geprägt. Wozu also all die Strapazen? Hinter diesem Beruf lockt weder das große Geld noch der weltweite Ruhm. Die *Lebensdauer* des Berufes ist stark beschränkt, so dass du, wenn du diese Kunst professionell ausüben willst, gerade mal ein Jahrzehnt die Primaballerina sein kannst, um danach in der Dunkelheit zu verschwinden. Schmerzen, Hungern, Verbote - für was? Die Ehre?

Louisa Paterson erzählt z. B. offen in einem Interview über Zeiten im Rollstuhl. Über Glasscherben, die ihr die Konkurrenz in die Schuhe legte. Von Magengeschwüren, verursacht von den vielen Schmerzmitteln. Ihr Bericht über die Realität einer Balletttänzerin ist schockierend. Ganz zu schweigen von der Einsamkeit, denn alle Strapazen steht sie nicht im Kreis ihrer Familie durch, sondern meistert alles allein. Schon als Teenager verließ sie ihre Heimat Australien, um in Europa zu tanzen. *„Kein Leben, kein Geld aber einen kaputten Körper"*, berichtet sie in einem Interview mit *fitbook*. Sie hält durch, tanzt als Ensemblestar im Friedrichstadtpalast und ist das, was sie immer sein wollte: Primaballerina. Louisas Geschichte schneide ich hier nur kurz an, weil sie interessant ist und ich ihren Werdegang für dich recherchiert habe. Louisa hat mittlerweile eine Pause eingelegt, ist Personaltrainerin und betreibt den Instagram-Channel: @trainlikea-ballerina sehr erfolgreich. Louisa ist laut, das merkst du, wenn du dir ihre Videos auf Instagram oder YouTube anschaust. Louisa lässt sich verbotenerweise regelmäßig Schmerzblocker in die Füße spritzen. Louisa ist eine Kämpferin durch und durch. Sie ordnet alles ihrem

Tun unter. Ihr Wille ist stärker als ihr Körper. Das ist faszinierend und abschreckend zugleich.

Eine Kämpferin ist auch Polina Semionova. Während ich über Ballett recherchiere und mich in Louisa einarbeite, merke ich immer wieder, dass mich Louise fasziniert, aber ich gleichermaßen auch schockiert bin von der Härte, mit der sie mit sich selbst umgeht. Ihr bisheriger Werdegang ist bemerkenswert, doch sie drückt nicht aus, was ich dir hier vermitteln möchte. Denn wirklich inspirierend ist für mich die Grazie des Balletts. Die Weichheit. Das Fließen. Die Hingabe. Und genau das finde ich bei Polina Semionova wieder.

Polina ist leise. Du findest kaum etwas, was als *laut* ausgelegt werden könnte. Polina sagt in Interviews: *„Ja, natürlich war es schwer, ich hatte nicht den perfekten Körper, um Ballett zu tanzen, aber mit Arbeit kommt alles."* Polina bittet darum, das Interview auf deutsch zu führen, weil sie ehrgeizig ist und lernen will. Polina redet nicht viel, sie tanzt. Sie tanzt mit blutigen Füßen und Hunger, und wenn du sie tanzen siehst, dann kannst du dir nicht vorstellen, dass diese Dame jemals Schmerzen dabei hat. Ihre grazile Hand, die im Flug die Luft zu schneiden scheint, das weiche Aufkommen auf dem Boden, anmutig wie eine Feder. Sie zeigt eine Leichtigkeit, die durch Trainings, geschickte Bewegungen und perfekte Abläufe einstudiert ist. Polina, die Primaballerina, die durch ihr Können überzeugt, nicht durch Worte und nicht durch Präsenz in den Medien. Wenn du Polina auf der Bühne siehst, so bist du eins mit den rhythmischen Bewegungen und fühlst dieses Ineinanderfließen der einzelnen Abläufe. Die vielen Ballerinas, die mit der Primaballerina gemeinsam die perfekte Symbiose ergeben, ein Bild, das sich ständig verändert, jedoch stetig wie ein Zahnrad in das andere greift. Das perfekte Gesamtbild, das sich wieder und wieder auflöst in seine Einzelteile, die ebenso bestehen und wunderschön anzusehen sind.

Beim Zuschauen sind wir im *Flow* diesem Zustand, wenn wir aufgehen, in dem, was wir gerade tun und an nichts anderes denken. Das, was wir beim Zuschauen erleben, ist das, was die Ballerinas nach sehr langer harter Arbeit auch erleben. So oft studiert und eingeübt, so oft den inneren Schweinehund überwunden und morgens um vier im Bad gestanden, so oft auf Pizza, Nudeln, Freunde und Familie verzichtet. Für dieses Gefühl, das du jetzt zum ersten Mal auskosten kannst. Der Moment, wenn sich der Kreis schließt und du merkst, *so fühlt sich das an, dieser Flow.*

Ich denke ganz oft an Ballett und diese eben beschriebene Szene, wenn ich mit meinen Kunden und Gastgebenden zusammenarbeite. Ideen, die ineinandergreifen, ein Zahnrad, das sich weiter und weiter dreht. Gedanken, die wachsen, oft zunächst mühsam und langwierig, um dann aber in vollem Glanz am Tag der Tage auf der Bühne zu erstrahlen und das perfekte Gesamtbild zu inszenieren. Wir tanzen metaphorisch gemeinsam durch diesen Tag. Ein Tag, den du im Flow erleben sollst, und den deine Gäste als überwältigend in Erinnerung behalten sollen. Ein Tag, an den du dich bereits während des Erlebens erinnern willst. Szenen, die sich stets neu finden und immerwährend erneuern in perfekter Harmonie mit dem Bild im Gesamten. Eine Leichtigkeit, die dich auszeichnet, während du als Gastgeber springst und fliegst, Leidenschaft ausdrückst. Das alles für den einzigartigen Augenblick, den deine Party im Vergleich mit einem ganzen Leben andauert.

All die Mühen sind vergessen und mit spielerischer Kraft erschaffst du gelebte Zeit. Manchmal, und das ist wirklich wahr, spielt sich in meinem Kopf *Für Elise* von Beethoven ab, wenn sich dieser Flow vor meinen Augen ergibt. Dieser wundervolle Moment, wenn ich sehe, der Plan geht auf. Alles ist getan, alles greift jetzt ineinander. Das ist das, was ich dir mit Polina zeigen möchte: Der perfekte Gastgeber inszeniert die perfekte Party, ganz egal, ob du noch fünf Minuten vor dem Eintreffen deiner Gäste in (übertragen oder ganz physisch) Scherben gestanden hast. Denn dann passiert es: Let it flow!

Die Grand Dame der Gastlichkeit: Léa Linster

Herzliche Gastlichkeit und Souveränität schließen sich nicht aus

„Gastfreundschaft besteht aus ein wenig Wärme, ein wenig Nahrung und großer Ruhe.“

– Ralph Waldo Emerson, US-amerikanischer Philosoph und Schriftsteller

„*Das Kalbsfilet wird davon auch nicht zarter, wenn ich hier rumschreie!*“ Das war einer der ersten Sätze, die Léa Linster, die Sterneköchin aus Luxemburg, sagte, als ich sie kennenlernte. Dieser Satz war die Antwort auf die Frage eines neugierigen Gastes „Schreien Sie in Ihrer Küche, wenn mal was schiefläuft?“ Léa Linster ist ehrlich, sie ist direkt und sie ist nah. Sofort. Eine Dame, nein, die Grand Dame der Gastlichkeit! Mit ihrer Art umarmt sie dich strahlend und persönlich. Bei ihr fühlst du dich daheim und trotzdem als Gast.

Léa Linster und Nadine Dorau

Diese Balance zu finden, ist eine große Herausforderung und Meisterleistung, die Léa souverän lebt. Léa liebt, was sie tut und ist sehr vielseitig. Ihre Facetten schimmern, und sie schimmern so hell, dass ihr Leuchten auch dich zum Strahlen bringt. Ihre Facetten sind jedoch nicht nur einfach hell, sie sind bunt, so allumfassend königlich und üppig, dass jeder Superlativ ihrer Persönlichkeit nicht ansatzweise gerecht wird. Du merkst schon, Léa ist die hervorragende Gastgebende (und ich ein echtes Fangirl!), die für mich alles erfüllt, was anbetungswürdig ist.

Léa, angesprochen auf ihre üppige Figur, antwortet: *„Mir hat es nie geschadet, dass ich mehr Kilos auf den Rippen habe. Ganz im Gegenteil. Rückwirkend gesehen hatte ich nie Nachteile. So wurde ich geschäftlich auch nicht so schnell über den Tisch gezogen. In den 80er-Jahren als Frau überhaupt bestehen zu können, war nicht selbstverständlich. Ich glaube, ich war die erste Frau die alleinstehend einen Kredit bekommen hat.“*

Léas Sohn, heute ebenfalls Sternekoch, ist in der Küche groß geworden. Er liebte Leber mit Vanilleeis. Léa musste sich so einiges anhören, wie sie ihn denn so etwas essen lassen konnte, und das als Sterneköchin! Léa hat ihren Sohn gelassen, hat ihn sich entfalten lassen. Sie vermutet dahinter eine kindliche Provokation aber findet später heraus, dass genau diese Mischung *Leber und Eis* das sagenumwobene Umami-Geschmackserlebnis hervorruft.

Léa ist sich und ihrer Meinung treu: *„Also, wenn ich mir manchmal Rezepte auf YouTube anschaue, um zu sehen, wie es die anderen machen und dann höre, nun füllen sie 100g Butter oder 100g Margarine in den Topf, da klicke ich direkt weiter, wie kann man denn nur Margarine anstatt Butter nehmen?“*

Léa ist provokant und offen: „Ihr könnt mich alles fragen, seriöses und auch nicht seriöses“, und schafft damit eine Wohlfühlathmosphäre. Léa isst Butter direkt vom Messer. Und zwar ohne Brot. Sie verkündet dabei: *„Am meisten liebe ich Butter, wenn sie in Pfund-Paketen abgepackt ist, 250-Gramm-Pakete und auch 750-Gramm-Pakete schmecken irgendwie anders.“* Léa isst bei einer solchen Buttergeschmacksprobe vom Messer, niemals unmanierlich, ganz im Gegenteil, sie ist charmant, elegant und menschlich einfach wunderbar.

Léa erfindet die für mich weltbeste feine Kartoffelsuppe und nutzt dafür besten Cremant. Sie überzeugt kulinarisch mit einfachsten Speisen, die sie so verfeinert und geschickt mit Parmesan, Sahne und kleinsten Croutons adelt, dass deine Geschmacksknospen Tango tanzen möchten.

„Wenn der Gaumen sich verselbstständigt und das Gehirn gar nichts mehr braucht, das ist voller Genuss!“ Ebenfalls ein Satz von Léa Linster. Ein Satz, der alles ausdrückt, denn so ist es doch: Wenn du überwältigt von einem Geschmack bist, dann denkst du nicht mehr! Dann bist du im *Flow*, im Hier und Jetzt.

Léa lässt sich nicht aufhalten, weder von starren Sterneregeln noch von persönlichen Anmaßungen. *„Du kannst doch in deinem Alter nicht noch in die Provence reisen und wandern, und das mit deinem schlimmen Bein!“* Léas Antwort, immer mit einem Lächeln: *„Aber wer sagt* *denn, dass mein Bein nicht sogar besser wird, weil es genau das ist, was meinem Bein gefehlt hat? Eine Wanderung durch die Provence!"*

In Léa Linsters Leben hat es stets an allen Ecken und Enden gekracht: Ein abgebrochenes Jurastudium, eine Insolvenz, eine verflossene Liebe, der sie Geld zahlt, damit er aus ihrem Leben verschwindet (*„Ich habe es als Investition in mein Seelenwohl gesehen."*), der frühe Tod der Eltern, die Übernahme einer Tankstelle mit Wirtshaus und Kegelbahn, hoch verschuldet, an einer unspektakulären Kreuzung gelegen.

Genau dieses Wirtshaus im unbekannten Örtchen Frisingen wird nur wenige Jahre nach Léas Übernahme zum Gourmettempel. Ein sagenhafter Aufstieg, der für Léa einfach klar war. *„Hab ich doch gesagt, dass ich diese Adresse zum Sternerestaurant mache! Mir lag ja das Kochen schon immer. Ich mochte nur den Satz nicht: Wer nichts wird, wird Wirt. Darum habe ich studiert."*

Léa wird seit 1987 regelmäßig mit einem Stern ausgezeichnet, sie erreicht 18 von 20 möglichen Punkten. Sie gewinnt als erste und bisher einzige Frau die Kochweltmeisterschaft und erhält den *Bocuse d`Or*. Sie will das perfekte Gericht kochen und verlässt sich nicht nur auf ihr Können, sondern tut einfach alles dafür. Man kann fast sagen, sie ist besessen, sie hat Biss und Ehrgeiz, aber im absolut positiven Sinne. Zum Beispiel isst sie fünf Tage lang nur Haferflocken und trinkt nur Wasser, um ihren Geschmackssinn zu schärfen. Und gewinnt tatsächlich als erste und bisher einzige Frau diese Weltmeisterschaft.

„Ein Gastgeber ist wie ein Feldherr: Erst wenn etwas schiefgeht, zeigt sich sein Talent."

– Horaz, römischer Satiriker und Dichter

Lieber Leser, liebe Leserin, ich verehre Léa sehr. Als Gastgeberin und als Köchin – doch in allererster Linie als Mensch. Wenn du mich fragst, welche Ihrer Fähigkeiten mich besonders inspiriert und berührt haben, so ist es wohl diese hier: Um negative Erlebnisse zu bewältigen, hat Léa eine ganz eigene und wunderbare Strategie, ich möchte es eher *Prinzip* nennen. Sie wandelt unschöne Erinnerungen einfach um. Sie transformiert sie zu Anekdoten, mit trockenem Humor charmant unterlegt, gibt sie diese Weisheiten als Lebenslehrstücke weiter. *„Man kann manche Dinge nicht vergessen, aber man kann sie verdauen"*, rät sie in ihrer sinnlich-praktischen Wortwahl. Ich hoffe so sehr, ich konnte euch Léa so nahbringen wie sie mir ist, denn sie ist wahrlich nacheiferungswürdig. Sie macht einfach Spaß. Meine Empfehlung für dich: Ihr Buch *Mein Weg zu den Sternen*.

Die perfekte Komposition: Beethovens *Für Elise*

Ein Komponist als Vorbild für unsere Partyplanung

„Klavierspiel besteht aus Vernunft, Herz und technischen Mitteln. Alles sollte gleichermaßen entwickelt sein. Ohne Vernunft sind Sie ein Fiasko, ohne Technik ein Amateur, ohne Herz eine Maschine."

– Vladimir Horowitz, russischer Pianist

Für Elise aus Beethovens Feder ist für mich die vollkommene Komposition. Kein musikalisches Stück ist für mich so harmonisch und melodisch perfekt wie dieses. Ich kann dir gar nicht sagen, woran es liegt, dass ich *Für Elise* so absolut grandios finde, doch ich weiß, dass der perfekte Ablauf einer Party in diesem Lied widergespiegelt wird. Jeder professionelle Musiker wird hier gewiss die Hände über den Kopf zusammenschlagen, diese Telefonwarteschleifenmusik, ernsthaft, Nadine? Ja. Ganz ernsthaft. Jede Note passt zur nächsten, jeder Klang ist individuell anders und neu und doch so stimmig mit dem großen Ganzen. Erst durch die Aneinanderreihung der richtigen Noten, im richtigen Rhythmus in der passenden Tonlage enthält ein Musikstück Vollkommenheit.

So wie bei einer Party. Hunderte Bausteine, die einzeln betrachtet nur ein Baustein sind oder im übertragenden Sinne eine Note. Ein Baustein, der weder Gefühle auslöst noch wirklich wichtig erscheint. Im Ganzen aber betrachtet, kann schon eine Millisekunde eines Songs die Energie einer Party beeinflussen und ausmachen. Aneinandergereiht wie an einer Perlenkette ergeben diese Elemente dann nicht nur Sinn, sondern eine ganze Komposition. Deine perfekte Party mit dir als perfektem Gastgeber – das ist das fertige Lied. Keine Note zu viel, keine Note zu wenig, Rhythmus und Stimmung stimmen und auch die Länge ist perfekt. Der Song deines Lebens, der sich in deiner Zusammenkunft liebster Menschen widerspiegelt.

Während ich dieses Kapitel schreibe, lese ich viel über Beethoven. Wie geht das eigentlich, ein Musikstück zu komponieren? Jeder Komponist hat die gleichen Noten, nämlich 12 zur Verfügung. Jeder bedient sich der gleichen Stimmungen, Mol und Dur. Jeder ist auch in der Auswahl des Takts beschränkt auf das, was eben für alle möglich ist. Aber warum klingt dann das eine Lied mit diesen immer gleichbleibenden Komponenten wie das Paradies auf Erden und ein anderes Lied wie Katzenjammer? Je mehr ich über Beethoven lese, desto klarer wird mir, dass er sehr visuell war. Er skizziert, malt und plant, hundertmal, nur um dann doch einen Fehler zu entdecken und wieder von vorne zu beginnen. Er ist leidenschaftlich, schiebt die Noten hin und her, sitzt vor seinem musikalischen Bröckelwerk und sucht das eine fehlende Teilchen, das Element, das vermag, die Noten zu sinnesbetörender Musik zu machen.

Ich stelle mir vor, wie Beethoven an seinem Klavier sitzt, um ihn herum ausgebreitet tausende von beschriebenen Blättern, Skizzen, Ideen, Gedanken, Inspirationen, Motive und Stimmungen. In der Luft der Duft von gespitzten Bleistiften, von Tinte, von einem schweren Rotwein. Die beschriebenen Blätter, weil seine Gedanken schneller sind als seine Hand. Seine Gedanken um seine Melodien fliegen ihm zu. Schnell muss er diese zu Papier bringen, bevor sie davon fliegen und sich verflüchtigen. Schnell sollen sie in seiner nächsten Partitur landen. Ich frage mich, ob er Zweifel hatte bei all dem Chaos und sich auch mal dachte: „Das wird doch nie was!“. Hat er sich Inspirationen und Hilfe bei seinen (wechselnden) Liebsten oder Kollegen holt, um die Nadel im Heuhaufen zu finden, die seine Stück vollendet? Beethoven findet das fehlende Stück immer. Von unmelodischen Takten, deren Skizzen eher wackelig daherkommen, bis zur perfekten Dramaturgie ist es manchmal nur eine halbe Note, manchmal jedoch fast ein Jahrzehnt. *Fidelio*, Beethovens einzige Oper (uraufgeführt 1805) katastrophal und mit schlechtesten Kritiken. 1806 stark bearbeitet, zusammengestrafft und erneut aufgeführt. Diesmal bedeutend besser, jedoch auch nicht von Erfolg gekrönt, sondern schnell abgesetzt. Beethoven lässt nicht locker, seine innere Stimme sagt ihm, er muss an *Fidelio* dranbleiben, denn da schlummert mehr, viel mehr. Fast 10 Jahre später, 1814, kommt *Fidelio* erneut auf die Bühne. Versuch Nummer drei. Der Rest ist Geschichte, ein Siegeszug beginnt.

Beethoven ist sich seines Talents und seines Könnens stets bewusst. Er weiß, dass er gut ist. Außergewöhnlich gut. So wie er komponierte keiner. Trotz seiner sehr frühen Taubheit. Oder vielleicht auch gerade wegen seiner Taubheit? Ungewöhnliche oder gar unmögliche Stellen zum Wechseln der Tonart brechen liebliche Klänge, um tosend wie ein Sturm über das Stück und des Zuhörers Gemüt zu wehen, erfrischend, doch auch unheimlich. Dissonanzen *sprengen* das System, fern des damaligen Musikverständnisses entbehrt sein Verständnis von Harmonie jedweder Grundlage von allem bisher dagewesenen. Respektlos mag mancher seine Musik gefunden haben, die heute, nach drei Jahrhunderten Generationen überdauert. Respektlos, so lerne ich, war er, sogar zu seinen Auftraggebern, dem Hochadel. „Fürst!“, schrieb er. „Was Sie sind, sind Sie durch Zufall und Geburt, was ich bin, bin ich nur durch mich. Fürsten wird es noch Tausende geben, Beethoven gibt es nur einen!“ Fürst Lichnowsky ist sicherlich aus allen Wolken oder sagte man damals *der Schnupftabak aus der Hand gefallen*? Beethovens Genie gab seiner Arroganz Recht. Nur er traute sich, liebliche Violinenklänge von dröhnenden Trompeten durchdringen zu lassen.

Beethoven juckte wenig, was andere über ihn sagten und dachten. Er war sich selbst sein eigener unbeugsamer Maßstab.

„Besser eine schlechte Kritik als keine, manchmal lästig wie ein Mückenstich, jedoch nicht weiter schlimm, und noch dazu vorübergehend“, soll Beethoven gesagt haben. Kunst lässt sich nicht in schmeichelnde Formen zwingen. Das kleinste Element einer Melodie zu verrücken bis etwas verrückt Neues entstand, so oft geprüft, dass nur das Beste entstehen konnte. Perfektionist Beethoven, eigenwillig und Generationen überdauernd.

Für Elise muss sich aus etlichen Einzelteilen bis zum perfekten Ergebnis aufgebaut haben, kein Stück, das stand, wie es stand, sondern gereift ist. Gereift mit Können, Erfahrung und Erleben. Ein Stück, das vielleicht länger überdauerte als einige seiner Liebschaften. *Für Elise* ist sagenumwogen. Für wen wurde es geschrieben? Schließlich war keine Elise ihm zugetan. Seit dem Jahr 1865, also seit knapp 200 Jahren, wird gemunkelt, geraten, erforscht und dementiert, für wen dieses Lied denn nun geschrieben worden sei. Manch einer behauptet gar, der damalige *Finder* des Stückes konnte auf dem verblichenen Notenblatt Beethovens nicht mehr viele Buchstaben erkennen und hat sich *Elise* zusammengereimt. Die eigentliche Empfängerin sollte Therese sein, das sei das Einzige, was einer sinnvollen Erklärung nahekommt. Heißt dieses Stück, diese bekannte Bagatelle in a-Moll, also völlig willkürlich *Für Elise*, weil sich jemand verlesen hat? Das könnte sein. Doch viel wichtiger ist: Ist das für das Stück wichtig? Für seinen Weiterbestand und seinen Erfolg? Würde *Für Elise* nicht so von mir verehrt werden, hieße es Für Therese? Ich glaube, es wäre völlig egal.

Nehmen wir nun also den Komponisten als Vorbild für unsere Party: Planen, kreieren, entwickeln, sich inspirieren lassen und immer, immer wieder an der Perfektion des Ablaufs feilen. Uns steht zur Verfügung, was auch allen anderen zur Auswahl angeboten wird. Aber die Art, wie du die Bausteine zusammenfügst, die Art und Weise, wie du komponierst, macht das Event zu deiner individuellen Party und verleiht ihr deine persönliche, unverkennbare Handschrift.

Komponiere dir dein Traumevent! Nehmen wir *Für Elise* als Vorbild für unsere Party: Langsam harmonisch beginnend, sich aufbäumend und immer lebhafter werdend, um dann in seichten Klängen abzuschließen. Das ist nicht nur der Ablauf der perfekten Party, sondern auch des perfekten kulinarischen Hochgenusses. So soll nämlich auch ein Menü wirken.

Bobby oder Florian? Schenk!

Wie wir mit zwei Herzen in unserer Brust mit dem Wind segeln können

„Ich habe nie einen Weg eingeschlagen. Ich hab mein Leben lang das Gefühl gehabt, schon auf dem Weg sein."

– Bobby Schenk, deutscher Weltumsegler

Ein Titel mit einem Fragezeichen und einem Ausrufezeichen, macht man das? Ja! Also ob *man* das macht, das glaube ich ehrlich gesagt nicht, ich jedoch, ich mache das, und zwar mit Hintergedanken.

Bobby Schenk, der abenteuerliche Weltumsegler, Florian der Bürokrat, vereint in einer Person. Was sich irgendwie nach Dr. Jekyll und Mr. Hyde anhört, soll sich im Laufe dieser Zeilen zu einer wunderbaren Inspiration für dich entwickeln.

Als ich über das Kapitel *Rollenmodelle* nachgedacht habe, sind mir immer wieder die unterschiedlichsten Szenarien eingefallen, die es zu bestehen gilt, wenn eine Gästeschar unterhalten, beköstigt und durch die Party geleitet werden will. Eines dieser Szenarien ist das Verschmelzen mit Situationen, das Mitgehen mit den Wellen und dem Sturm zu trotzen, den so manche Veranstaltung mit sich bringt.

Wenn ich große Events plane oder außergewöhnliche Aufträge annehme, bei denen ich vorher nicht so wirklich weiß, was auf mich zukommt, sagt mir meine innere Stimme: Vertraue! Ich muss einfach vertrauen. Auf meine Kompetenz, auf meine Erfahrung, und ja, auch auf mich als Person. Wenn du z. B. eine Charityparty in Cannes ausrichtest, kannst du nicht vorher einfach mal hinfahren, um dir die Gegebenheiten anzuschauen. Du kannst nicht damit rechnen, dass dir die Einstellungen des Herds bekannt sind oder die Küche den Anforderungen entspricht, die du dir wünschst. Aber: Du kannst auf dich zählen, mit dir selbst rechnen und dir vertrauen!

So geschehen vor zwei Jahren. Als die Anfrage ins Haus der *Schmeckerei* flatterte, eine Promiveranstaltung in Cannes zu begleiten, habe ich nicht lange überlegt. Ich habe zugesagt, und zwar sofort! Ich habe mir keine Gedanken gemacht, wie ich das Essen aus Deutschland an die Côte d' Azur transportiert bekomme. Ich habe nicht überlegt, ob ich den Geschmack der internationalen Gäste treffen kann und auch nicht, ob ich überhaupt Personal mitten in der Hochzeitssaison finde, das mich begleiten würden. Ich habe einfach gemacht, die Ärmel hochkrempelt und gearbeitet, physisch und psychisch. Jeder einzelne meiner Gedanken hätte Hochleistungssportler im Denken werden können, mein Adrenalinspiegel konnte sicherlich den Weltrekord im

Ausdauer-Ausnahmezustand gewinnen. Gut geplant ist halb gewonnen, so hatte ich also schnell und motiviert ein einfaches, jedoch nah an der Location gelegenes Hotel finden können, Flüge gebucht und den Kühllaster geblockt. Nun, was soll ich sagen, eine Zeile eines Songs aus dem Musical *Elisabeth* trifft es wohl am besten:

„Und ist ein Plan auch noch so schlau, er bleibt doch Theorie, denn wie man plant und denkt - so kommt es nie."

Im Übrigen der Lieblingssatz meiner Mama.

Alles fing damit an, dass der Kühllaster samt Fahrer plötzlich nicht mehr zur Verfügung stand und das Hotel eine Mitteilung schickte, dass es überbucht sei, uns jedoch gerne das 150 km entfernte Partnerhotel zur Verfügung stellen könne. Natürlich habe ich mich aufgeregt, geschimpft und Nackenschmerzen von der pulsierenden Halsschlagader bekommen. Allerdings weiß ich auch: Je mehr ich mich aufrege, desto mehr schmeiße ich die gute Energie der schlechten hinterher und komme nicht weiter.

Ich habe also umgedacht, habe unseren Trockeneislieferanten angefragt und eine kleine Wohnung in Cannes. Das Trockeneis wurde mir sehr schnell zugesagt, die Reservierungsbestätigung für die Wohnung ließ allerdings auf sich warten. Nun, was sollte ich tun? Die Veranstalter verlassen sich stets auf mich und ich bete meinem Sohn Verlässlichkeit rauf und runter – natürlich werde ich die Gastgebenden in Cannes nicht enttäuschen.

So bin ich also mit zwei (Gastro-) Freundinnen und einem Pkw voll Trockeneis und feinsten (Roh-) Speisen (diese in Frankreich zu besorgen war mir zu riskant, schließlich hatte ich keinerlei Kontakte zu hochwertigen Anbietern) nach Südfrankreich gefahren. Donnerstag hin, Freitag die Party, Samstag zurück. Schließlich warteten am Sonntag noch so einige Kommunionsveranstaltungen auf mich. Ein Plan, der aufgehen sollte, trotz fehlender Reservierungsbestätigung, die ich sage und schreibe erst auf halber Strecke Richtung Cannes endlich bekam.

Vor Ort angekommen konnten wir glücklich feststellen, dass der ganze Kofferraum noch gefroren war, ja ich muss es wirklich so schreiben, denn all die feinen Speisen lagerten hygienisch verpackt zwischen der gefühlt ganzen Arktis. Wir konnten also beruhigt unsere kleine Wohnung beziehen. Nach einer turbulenten Nacht, gefangen im Gedankenkarussell, ließen wir uns ein Frühstück am Meer nicht nehmen, wanderten auf der Promenade und landeten mitten auf dem großen Platz vor dem abgesperrten, roten Teppich. Wow! Das war schon etwas ganz Besonderes, ein Teil dieser Show zu sein.

Nach etlichen Eindrücken und mit Sand an den Füßen schlenderten wir zurück zu unserer kleinen Wohnung, warfen uns in Schale für die Whiteparty und fuhren überpünktlich zur Location. Eine Villa, so wie du sie in deinen schönsten Träumen siehst, edel, mit ausladendem Pool und einer One-Million-Dollar-Aussicht.

Schnell waren die feinsten Köstlichkeiten ausgepackt und in der Küche platziert. Eine Küche, die hochmodern schien, jedoch seit Jahren außer Betrieb war, schließlich tingeln Besitzer eines solch hochherrschaftlichen Hauses in den Jahreszeiten zwischen St. Moritz, St. Tropez, Sylt und Monaco hin und her, und in der Saison eben von Party zu Party. Eine Küche, das leuchtete mir ein, ist wohl das Letzte, was hier gebraucht wird. Die Vorbereitungen und das Herstellen der Köstlichkeiten haben tatsächlich funktioniert. Ich habe sogar die Blätterteighäppchen statt im Ofen auf dem Herd in einer Pfanne zubereiten können, mir ist bis heute schleierhaft wie das funktionieren konnte. Die Gäste zufrieden und satt, der Gastgebende dankbar und glücklich. Ende gut, alles gut und eine tolle Erinnerung allemal.

Ich scheue den Vergleich mit Bobby Schenk nicht, ganz im Gegenteil, er ist mir ein Vorbild geworden. Ich möchte mit diesem Zitat beginnen um dir von Bobby zu erzählen:

„Ich habe nie einen Weg eingeschlagen, ich hab mein Leben lang das Gefühl gehabt, schon auf dem Weg sein.“

Ich wähle die Worte eines Portraits der Journalistin Judith Duller-Mayrhofer aus dem Jahr 2008, um dir die Person Schenk näher zu bringen.

Recht und Unordnung

Bobby Schenk zählt zu den bekanntesten Seglern im deutschen Sprachraum, das Publikum schätzt den Juristen für seine Leistungen und pointierten Aussagen. Judith Duller-Mayrhofer skizziert den Menschen hinter dem Phänomen.

Ich liebe sein rechtes Ohr. Frech widersetzt es sich den Gesetzen von Symmetrie und Ebenmaß, scheint einem zuzuwinken und gibt diesem Mann von 68 Jahren einen verwirrend einnehmenden Lausbubencharme. Bobbys Weltumsegler-Ohr. Das ordentliche, angepasste, stramme, pflichtbewusste, linke Ohr hingegen gehört Florian. Dem Richter und Staatsanwalt, dem braven Steuerzahler, dem logischen Denker und Mathematiker.

Und dazwischen ist der Schenk, eine Legende zu Lebzeiten, gerne als Blauwasserpapst tituliert, von der deutschen Zeitschrift Yacht, für die er immer wieder Beiträge verfasst, zu den hundert größten Seglern aller Zeiten gewählt. Einer, dem es gelungen ist, die Gegensätze in seiner Person, in seinem Charakter, in seinem Leben – nein, nicht zu vereinen, sondern sie als Antipoden unbehelligt stehen zu lassen, zu akzeptieren und, vor allem, sie nach Bedarf zu nutzen. Florian *Bobby* Schenk schöpft aus zwei Quellen. Das ist sein Geheimnis.

Hat man es erfasst, versteht man auch die scheinbaren Brüche in seiner Biographie. 1969 trat Schenk bei der bayerischen Justiz als Richter in den Staatsdienst ein, 1970 löste er die Leinen seiner *Fähnrich 34* und segelte gemeinsam mit Frau Carla auf der Passatroute um die Welt, ein Unternehmen, das zuvor nur ein einziges anderes deutsches Ehepaar (Elga und Ernst-Jürgen Koch, 1964-67, *Hundeleben in Herr-*

lichkeit) zu einem guten Ende gebracht hatte. Schenk, der Aussteiger, der seine sichere Beamtenstellung aufgab und gegen ein Abenteuer ohne Kranken- und Pensionsversicherung eintauschte; rechtes Ohr. 1974 kehrten die Eheleute in die Bürgerlichkeit zurück, Carla in die Apotheke, er in den Staatsdienst, zunächst als Staatsanwalt, später wieder als Richter, 1975 erschien mit *Fahrtensegeln* sein erstes Buch, ein Lehr- und Nachschlagewerk der Extraklasse, das sich zum Klassiker entwickeln sollte; linkes Ohr.

1979 der nächste Aufbruch. Kündigung (nie war's Beurlaubung, wie von manchen behauptet), neues Schiff, neues Ziel. Südsee. Jahrelang lebte das Paar auf eigenem Land in Moorea, Französisch-Polynesien, dann war es genug. Carla und Bobby segelten über Kap Hoorn heim nach Europa und nahmen 1983 den roten Faden in Deutschland auf; Wiedereintritt in den Staatsdienst.

„Hätten wir uns Fragen nach der Rente gestellt, oder ganz einfach nach der Zukunft, wären wir nie losgesegelt."

– Bobby Schenk

Und so weiter und so fort. Atlantik-Überquerungen mit dem einmotorigen Flugzeug oder mit einer Yacht ohne jede Navigationsausrüstung, wieder Kap Hoorn, wieder Südsee. Und dazwischen der Gerichtssaal, viele, viele Bücher, Artikel, Vorträge und Seminare. Rechtes Ohr, linkes Ohr …

Zwei Seelen.

Die Bipolarität, die sich äußerlich an Schenks Werdegang nachvollziehen lässt, findet auch im Inneren ihre Entsprechung. Als er zu seiner ersten Weltumsegelung aufbrach, hatte Schenk – im Gegensatz zu vielen Kollegen – alle Scheine, die man damals in Deutschland machen konnte, in der Tasche, Prüferlizenzen inklusive. Er war und ist ein überzeugter Theoretiker, der leidenschaftlich Wissen sammelt (und sehr gut vermitteln kann, was ihn zu einem ausgezeichneten Sachbuchautor und Referenten macht). Einer, der sich mit den Aufgaben, die der Segelsport stellt, gerne kognitiv auseinandersetzt. Ist er deshalb ein Technokrat, wie es ihm manchmal vorgeworfen wird? Technokrat, das ist die halbe Wahrheit. Die andere Hälfte: Sein Gefühl für Wasser, Wind und Wetter, sein innerer Kompass, der ihn intuitiv ahnen lässt, was kommen wird. Und seine Empfänglichkeit für die praktischen Erkenntnisse anderer: Er ließ sich bereitwillig von französischen oder amerikanischen Seglern inspirieren, besaß die Offenheit, deren Erfahrungen in sein System zu integrieren und betrachtete die *deutsche* Lehre nie als Bibelwort. Auch das ist Bobby Schenk.

Was ist er noch? Vorsichtig, sehr sicherheitsbewusst, er selbst bezeichnet sich sogar als *ängstlichen Menschen*. In schlechtes Wetter hineinsegeln, das gibt es bei ihm nicht, wenn fünf Beaufort oder mehr angesagt sind, läuft er nicht aus, Zeitdruck hin oder her. Nie würde er mit einer Yacht losfahren, die wesentliche Mängel aufweist, nie Zweifel mit einem: *„Das geht schon irgendwie“* wegwischen. Und deshalb war er auch nie in ernsthaften Schwierigkeiten, hat kein Schiff auf Grund gesetzt oder an ein Riff verloren. Nicht, solange es sein linkes Ohr gibt.

Bequem ist er übrigens auch, das macht sich zum Beispiel bemerkbar, wenn er sich auf See zwischen Komfort und Geschwindigkeit entscheiden muss, und führt an Land zu einem Lebensstil, der vom Asketischen zunehmend ins Barocke driftet. Lässliche Schwächen, mit 68 Lenzen auf dem Buckel.

Und dann wäre da noch seine Empfindlichkeit. Wenn Kritiker und Neider monieren, dass es der Schenk trefflich verstanden habe, sich zu vermarkten und dem Geld nachzujagen, dann kann er sich nicht schütteln wie ein nasser Hund, in der sicheren persönlichen Gewissheit, dass sein Erfolg aus Zielstrebigkeit und harter Arbeit resultiert. Nein, dann fühlt er sich bitterböse missverstanden. Solche Verletzungen sitzen tief, tun richtig weh und schwären lange vor sich hin. Sensibler, als man glaubt, der berühmte, selbstbewusste Bobby Schenk.

Goldene Jahre.

Heute lebt er auf seiner *Privilege 465* (seinem ersten Katamaran) in Langkawi, Malaysien, einer Gegend, die Schenk als Paradies für Langfahrtyachten bezeichnet. Keine Kriminalität, keine Schikanen durch die Behörden, keine Hurrikans, dafür jede Menge Ellenbogenfreiheit und sichere Ankerplätze, bestens ausgestattete Marinas, intakte Natur und eine Bevölkerung, deren Herzlichkeit ihn immer wieder rührt. 2000 ließ sich Schenk bei der bayerischen Justiz freistellen, seit Juni 2002 ist er offiziell im Ruhestand, persönlich für seine Leistungen geehrt übrigens von Staatsminister Weiß. Die über viele Jahre verdiente Pension fließt verlässlich, finanzielle Sorgen gehören damit der Vergangenheit an. Fad ist dem Schenk als Rentner nicht. Am Schiff gibt es immer was zu basteln, Törns zu den umliegenden Inseln und Inselchen, aber auch nach Thailand, Vietnam oder Kambodscha sorgen für Abwechslung. Und in Deutschland ist er ein gefragter Vortragsredner, nicht nur zu maritimen Themen, sondern auch bei Motivationsseminaren großer Firmen. Seine Homepage *www.bobbyschenk.de*, die seit sieben Jahren online ist und eine äußerst umfassende Sammlung aller nur denkbaren Themen für Blauwassersegler bereithält, betreut er mit der ihm eigenen Akribie und Gewissenhaftigkeit. Mindestens einmal pro Woche (kein Urlaub, keine Fehlzeiten!) gibt es ein Update, ausführlich beantwortet er alle Fragen der ratsuchenden User. Eine Art Hobby, an dem er besonders schätzt, dass ihm niemand reinquatscht und er in Alleinherrschaft Inhalte und Umfänge bestimmen kann.

(Quelle: https://www.bobbyschenk.de/n004/yr08.html)

Mit Bedacht habe ich diese Quelle genutzt. Sie ist perfekt, ich hätte nichts besser, persönlicher oder verständlicher über Bobby schrieben können, als es Judith in diesem Portrait über ihn bereits tat. Mit Bedacht schlage ich jetzt die Brücke zu einer Aussage von Bobby:

„Ich weiß nicht wie das Wenden mit dieser Art von Katamaran funktioniert. Ich habe noch nie eine Wende gefahren, ich fahre die Halse, weil das viel einfacher ist."

– Bobby Schenk

Die Essenz für dich? Du darfst die einfache Lösung wählen. Wenn etwas perfekt ist, so belasse es einfach, wie es ist. Versuche nicht, *noch eins obendrauf zu setzen*, nur deines eigenen Stolzes wegen. Du kannst Ideen vollständig übernehmen, wenn du es nicht besser machen könntest.

Das macht Bobby, indem er als Idol der Weltmeere auf das Wenden verzichtet, auch wenn es mehr Prestige verspricht. Und das mache auch ich, indem ich dir den Text eines Portraits aus 2008 vorlege, da ich es hätte für dich nicht besser schreiben können.

Was ich noch von Bobby lernte, ist, mit dem Wind zu gehen, die Segel gesetzt lassen wenn es nötig ist, die Segel auf Halbmast setzen, sie einholen oder eben den Kurs ändern (dann fahren wir halt mit Trockeneis im Kofferraum nach Cannes!)

Ich lernte, dass zwei Herzen in einer Brust schlagen dürfen und sich sogar effizient ergänzen können. Darum kannst du Grand Dame und Servierkraft sein, bodenständig und abgehoben. Bobby ist Staatsanwalt und Abenteurer, gibt es etwas, was sich mehr widerspricht? Gewissenhaftigkeit und Abenteuersinn widersprechen sich nicht, sondern sind in der Symbiose die Perfektion.

In diesem Portrait steckt Motivation und Inspiration – nutze sie für dich!

Interview: DJ Giulia Siegel

„Music makes the people come together"
– Madonna in ihrem Song Music

Keine Party ohne Musik. Keine Party ohne Band. Keine Party ohne DJ. Ist es nicht so, dass das Event noch so perfekt sein kann – Dekoration, Essen, Location – aber wenn keine Stimmung aufkommt und die Gäste am späteren Abend nicht tanzen, dann wird die Party zur Enttäuschung. Sowohl für die Gäste als auch für den Gastgeber. Die entscheidende Rolle spielt dabei die Musik. Band und DJ sorgen für die richtige Stimmung. Was für Laien so einfach aussieht, ist es aber gar nicht. Als DJ einfach ein paar Songs am Rechner abspielen, und that's it? Nein. Ganz und gar nicht.

Ich wollte es ganz genau wissen und freue mich daher umso mehr, dass ich DJ Giulia Siegel zu diesem Thema interviewen durfte. Was für eine Ehre! Denn wahrlich, leibhaftig, echt und in Farbe lud sie mich zu sich nach Hause in München ein, wo sie mir über mehrere Stunden lang so vieles über die Arbeit des DJs erzählte, aus dem Nähkästchen plauderte, mir ihre beeindruckende Technik zeigte und

Giulia Siegel und Nadine Dorau

tolle und überraschende Songs vorspielte. Keine Frage, auf die sie keine Antwort hatte. Giulia Siegel erlebte ich als unglaublich nahbar, authentisch, offen und sympathisch. Keine meiner Fragen war ihr zu viel, geduldig und mit viel Begeisterung erklärte sie mir einfach alles.

Giulia Siegel ist kein *Promi-It-Girl*, das glaubt, jetzt auch eine Karriere als DJ starten zu können, wie es bei vielen anderen C-prominenten Damen gern belächelt wird. Nein, Giulia Siegel war schon DJ, bevor sie überhaupt etwas anderes war (Model, Moderatorin, Schauspielerin). Giulia legt seit mehr als 30 Jahren auf. Als Teenager startete sie, mit Kassetten. Wie jedes Kind hing auch sie gebannt vor dem Radio und nahm die gespielten Songs auf Kassetten auf. Mit diesen Kassetten startete sie ihre DJ-Karriere. Ihr Know-how und ihre Technik erarbeitete sie sich über viele Jahre selbst. Bei ihrer Bandbreite an musikalischem Wissen kann kaum einer mithalten. Ihr Wissen ist genreübergreifend beeindruckend allumfassend. Giulia ist in jedem Genre zu Hause und hat in ihrem Rechner zu jeder Stilrichtung alles parat. Du willst House? Kein Problem: In ihrem ausgeklügelten eigens entwickelten Song-Speicher- und -Bewertungssystem filtert sie innerhalb von Sekunden alle House-Songs heraus. Ganze 14,5 Stunden könnte sie dir jetzt auf den Dancefloor liefern. Willst du lieber Schlager? Kein Thema, dieselben Klicks, und schon könnte sie dich 14 Stunden lang mit Schlagermusik unterhalten.

Genau diese Vielseitigkeit ist Giulias DJ-USP. Sie kennt die Geschichten hinter den Geschichten der Songs. Zudem ist Giulia als DJ nahbar, feiert mit den Gästen mit, quatscht mit ihnen, steht für Selfies ohne Allüren zur Verfügung, trinkt gern mit und singt auch mal Karaoke mit, wenn sie Bock darauf hat.

Streaming? Nein, das kommt für eine Giulia Siegel nicht in Frage. Digital, ja, klar, anders geht es heute auch nicht mehr. Aber jeder einzelne ihrer zig Tausend Songs auf ihrem Rechner ist gekauft, teilweise mühsam digitalisiert von schwer zu ergatternden Originalplatten, für die sie auch schon mal für einen ganz besonderen Song 300 Mark hinblätterte.

Für mich war ganz deutlich zu spüren: Giulia Siegel ist der geborene DJ. Musik und Musik aufzulegen ist ihre Leidenschaft und Passion. Mit Hingabe spielt sie mir besondere Songs vor und es wird klar: Giulia verliert sich darin, geht in den Texten, den Grooves und Melodien auf.

Das alles ist insofern gar nicht so überraschend, denn Giulia hat die Musik nicht nur im Blut, sondern auch in den Genen. Ich habe mich zur Vorbereitung auf das Interview nicht nur in die Materie des Auflegens und die Rolle des DJs bei einem Event intensiv eingearbeitet (mein Fragenkatalog umfasste ca. 40 Fragen), sondern mich auch in die Familienchronik der Siegels eingearbeitet. Und Leute, was soll ich sagen, das ist so spannend! Spannend war auch, als ich Giulia die Chronik vorlegte und sie mit ihren musikalischen Vorfahren *konfrontierte*, staunte auch sie und sagte lachend: *„Ich glaube, das weiß alles noch nicht mal mein Vater!“*

Also, kurze Reise in die wirklich spannende musikalische Vergangenheit der Siegels:

Diese fängt, soweit ich es zurückverfolgen kann, 1692 mit dem berühmten Organisten und Orgelbaumeister Michael Glaeser an. Berühmt deshalb, denn genau jener Organist und Orgelbaumeister findet besondere Erwähnung nicht nur im *Universallexikon der Kunst*, sondern auch in der *Enzyklopädie der gesamten musikalischen Wissenschaft*.

Jetzt kommen einige *Carls*, die allesamt zu Giulias Vorfahren gehören. Der 1715 geborene Carl Gotthelf Glaeser, Sohn vom eben genannten Michael Glaeser, wurde Kantor der Stadtkirche Weißenfels. Sein Sohn, der 1747 geborene Carl Ludwig Traugott Glaeser, wurde ebenfalls Komponist und Kantor und trug mit seinen Melodien zur Siegesfeier der Völkerschlacht bei Leipzig bei. Dessen Sohn, der 1784 geborene Carl Gottes Glaeser der Jüngere wurde ebenfalls Komponist und Musikdirektor in Barmen. Er komponierte zahlreiche Lieder und Choräle und veröffentlichte ebenfalls literarische Begleitwerke dazu, wie z. B. das Elementarwerk *17 musikalische Warntafeln zur ersten musikalischen Unterweisung*.

Imponierend, oder? Aber die beeindruckende Reise geht noch weiter. Denn verfolgt man die Spur der Glaesers, trifft man in einer der Ahnenreihen auf den 1793 geborenen Bernhard Joseph Klein, den sogar der berühmte deutsche Dichter Heinrich Heine in seinem Werk *Reisebilder – Briefe aus Berlin* erwähnt: *„Kleins Musik ist ganz original. … Klein ist ein Kölner und kann als der Stolz seiner Vaterstadt betrachtet werden."* Bernhard Klein war Musikdirektor am Kölner Dom, Musikdirektor am königlichen Institut sowie Gründer der *Junge Lieder Tafel*.

In einer anderen Ahnenreihe der Glaesers tritt 1878 Rudolf Siegel in Erscheinung, der, du ahnst es, Großvater von Ralph Siegel. Rudolf Siegel war eigentlich Rechtswissenschaftler, konnte sich aber wohl nicht gegen die musikalischen Gene wehren und wurde ebenfalls Komponist und Dirigent. Als Musikdirektor zeichnete er sich für Opern und Theaterstücke an verschiedenen Spielstätten verantwortlich. Er komponierte u. a. 12 deutsche Volkslieder. Und was ich besonders spannend finde: Rudolf Siegel war u. a. auch Generalmusikdirektor in Krefeld!*

1911 kam sein Sohn Ralph Maria Siegel zur Welt. Auch er wurde Komponist, Musikverleger, Schriftsteller und Sänger. Aus seiner Feder stammen z. B. Hits wie *Die Capri Fischer* und Die *Liebe ist ein seltsames Spiel*. Zudem war er Aufsichtsratsmitglied der GEMA. Ralph Maria Siegel heiratete die Opernsängerin Ingeborg Döderlein.

Und so ist es kein Wunder, dass der 1945 geborene uns bekannte Ralph Siegel (Vater von Giulia) die volle Ladung Musik im Blut abbekam. Auch Ralph Siegel ist Komponist und Produzent, schreibt Ohrwürmer für das Who ist Who der deutschen Schlagerszene, sein Sieg mit Nicole und *Ein bißchen Frieden* beim ESC längst Legende.

---

* Anm.: *Die Schmeckerei* ist in Krefeld

Und dann kommt Giulia. Sie hatte faktisch gar keine Chance gegen die jahrhundertealten familiären Musikgene. Als DJ ist sie bei Firmenevents und in den angesagtesten Clubs gebucht. Modell und Entertainerin, das ist sie praktisch nur nebenbei. Mehrere Single-Veröffentlichungen hat sie an den Start gebracht, ihr *Dance*-Video hat Millionen Klicks. 145.000 Instagram-Abonnenten. Mutter von drei Kindern. Ach, und sechs Sprachen spricht sie auch noch.

Erfolg im Wandel der Zeit, auch wenn sich die Musik dieser Dynastie im Laufe des letzten halben Jahrtausends gewandelt hat, so tritt Giulia doch in die erfolgreichen Fußstapfen mehrerer Generationen. Jede Generation war erfolgreich im Musikbusiness tätig und hat diese jeweils weiterentwickelt. Mit Giulia ist diese nun im medialen Zeitalter angekommen.

Das Gespräch

Sollte ein DJ Musiker, Entertainer oder Künstler sein?

Giulia: Ein DJ spielt die Kunst von anderen. Und die Kunst des DJs ist es, die Kunst von anderen so zusammenzustellen, so zusammenzuführen, dass das Publikum Spaß daran hat. Manche DJs ziehen eine Stunde lang ihr Ding durch, zeigen ihre Kunst, gehen aber nicht auf die Leute ein.
Ich hingegen sehe mich als Entertainer, denn ich versuche immer, den Leuten einen schönen Abend zu bereiten. Das ist meine Mission. Ich kann mit meiner Musik wirklich beeinflussen und bestimmen, ob die sich streiten, ob sie sich knutschen, ob ein Paar zusammen nach Hause geht oder getrennt. Musik ist für mich eine Art Macht. Und natürlich nutze ich diese Macht im guten Sinne. Mein Antrieb und meine Herzensangelegenheit sind, den Menschen einen schönen Abend zu bereiten.

Ich sage dazu auch gern *psychologisches Auflegen*. Ich arbeite seit über 30 Jahren als DJ und kann mich sehr schnell in die Menschen, die Situation und die Atmosphäre hineinversetzen. Wenn ich z. B. Bei Firmen-Incentives auflege, dann sind die von 18 bis 60. Alle müssen ja irgendwie Spaß haben. Ich möchte die Leute immer dazu bringen, sie auf den Dancefloor zu bringen. Also muss ich mir psychologisch überlegen, was kann ich auflegen, dass die einen schönen Abend haben.

Psychologisches Auflegen heißt auch, ich brauche ein Gespür für Musik und vor allem Empathie. Die Technik kann man schnell lernen. Das wird uns DJs heute mit all den neuen technischen Möglichkeiten auch leicht gemacht. Das Schöne ist hier, wir können dadurch auch viel kreativer auflegen, können z. B. Loops einbauen, was früher mit Plattenspieler gar nicht möglich war. Dennoch bin ich der Überzeugung, dass es nicht reicht, nur die Technik zu beherrschen. Ich brauche das Gefühl für die Situation, die Stimmung, die Menschen, die Musik. Nur dann wird es rund. Wenn z. B. keiner tanzt, muss ich Musik auflegen, die die Frauen mögen. Weil wenn Frauen tanzen, kommen die Männer von allein hinterher.

Ebenso sorge ich auch dafür, dass die Gäste mit einer guten Stimmung nach Hause gehen. Ich bitte die Clubbesitzer oder Eventveranstalter immer darum, mir Bescheid zu geben, ab wann sie die Leute gern nach Hause schicken und den Abend beenden wollen. Dann spiele ich auch die passende Musik. Auch hier ist es mir wichtig, die Stimmung positiv zu halten. Ich spiele keine aggressive Rausschmeißmusik, sondern unbedingt positive Musik.

Ich sage auch immer lieber *Rausspieler* und nicht *Rausschmeißer*. Die Gäste hinausspielen ist doch viel netter als sie rauszuschmeißen. Ebenso kannst du die Gäste auch nicht einfach Knall auf Fall rausspielen, du brauchst mindestens eine Viertelstunde, um die Stimmung langsam runterzufahren. Mein Lieblingsrausspiel-Song ist *Your song*. Jedoch nicht in der Version, wie wir sie von Elton John kennen, sondern in der warmen, wunderschönen funky Variante von Billy Paul. Dieser Song baut nochmal eine ganz tolle positive Stimmung auf, die Leute gehen nochmal hoch und gehen mit diesem Gefühl nach Hause. Generell sind Songs dafür immer super geeignet, die man als Partylied kennt, aber in einem langsamen Cover auf einmal total überraschen.

Denn auch das ist die Aufgabe eines DJs - und nicht zuletzt auch eines Gastgebers: Bring die Gäste gut in die Party rein, aber hole sie auch gut wieder raus. Die Gäste sollen schon merken, es ist jetzt vorbei, aber das kann man ja charmant machen. Schlusslieder dürfen die Gäste auch immer überraschen. Positiv. Bring sie zum Lächeln. Ich spiele immer langsame Lieder, die aber Spaß machen. Lieder für‘s Herz.

Was hältst du von ‚My Way‘ oder ‚New York, New York‘ als Schlusslied? Das spielen ja gefühlt immer alle.

Giulia: Das ist mir zu abgedroschen. Das spiele ich nicht. Was ich aber manchmal mache, ist, das Original von *My Way* zu spielen. Das war nämlich ein französisches Chanson mit dem Titel *Comme d'habitude*. Das wissen nämlich die wenigsten. Während *My Way* eine Art trotzige Männerhymne geworden ist, hat das Original eine völlig andere Bedeutung. Es ist ein sehr trauriges Lied, bei dem sich ein Ehemann darüber beklagt, dass sich seine Frau nicht mehr für ihn interessiert. Wenn ich den Song spiele, wundern sich die Gäste, denn natürlich erkennen sie die Melodie, sind aber total überrascht, dass es ein altes, französisches Lied ist.
Ich liebe auch musikalische Raritäten. Der französische Chansonier Charles Aznavour hatte einige seiner Songs auf deutsch eingesungen. Heute bekommt man die natürlich im Internet. Aber vor 20 Jahren gab es nur eine Handvoll Platten davon. Ich habe damals jemandem, der die Platte hatte, 300 Mark gegeben, damit er mir den Song *Du lässt dich gehen* auf eine CD brennt. Den Song spiele ich auch gern als Schlusslied.

Empfiehlst du Leuten bei Partys, selbst Musik zu machen? Denn das ist doch durch die ganzen Streamingdienste heutzutage echt einfach geworden. Ibiza-House-Party-Playlist, 80er-Jahre-Alltime-Klassiker-Playlist – und ab dafür…

Giulia: Ich selbst arbeite nie mit Streaming-Diensten. Klar kannst du einfach eine Playlist abspielen. Aber das ist ja dann kein psychologisches Auflegen. Wenn ich z. B. im Urlaub bin, bin am Strand, es läuft coole Musik, dann gehe ich zum DJ und kaufe die CD. Lege ich die CD dann hier zu Hause auf, denke ich: Doof! Passt halt nicht. Ich habe zu Hause nicht das Feeling, was ich am Strand habe, wenn ich mit einem Glas Rosé in der Hand aufs Meer schaue. Genauso, wie ich im Urlaub gern mittags eine Flasche Rosé trinke. Aber hier zu Hause würde ich nicht auf die Idee kommen, mittags eine Flasche Rosé aufzumachen. Das Feeling fehlt.
Playlisten sind super, ich habe nichts gegen Playlisten. Klar kannst du im Auto Playlisten deiner Lieblingslieder abspielen. Das hat aber nichts mit dem Job des Auflegens zu tun.

Große DJs wie David Guetta, die eine Show machen, die haben natürlich fertige Playlists. Wie ein Musiker eben auch seine Setlist hat, also vorher die Stücke festlegt, die er mit seiner Band spielt. Bei den großen DJ-Shows ist das aber auch wichtig und gar nicht anders möglich, denn drum herum ist ja die ganze Show gestrickt. Die Videos, die im Hintergrund laufen, sind auf die Songs abgestimmt. Die Lichtshow läuft auf die Songs synchron.

Auch bei einer Dinnerparty kannst du Playlisten laufenlassen. Da gibt es wirklich viele tolle Playlists (suche einfach nach *Dinnerparty*), die du im Hintergrund laufen lassen kannst. Aber wenn du möchtest, dass eine Stimmung aufgebaut wird, geht das mit einer Playlist nicht. Dementsprechend kannst du eben auch in einem Club keine Playlist spielen.

Was rätst du Gastgebern: Spielt die Musik von Anfang an oder erst, wenn alle Gäste da sind?

Giulia: Ich mache es so: Ich habe gern einen Co-DJ dabei, der die Empfangsmusik abspielt. Das sind softe Grooves für die richtige, entspannte Stimmung. Ab dem Hauptgang spielen wir dann Musik, bei der sich schon so langsam die Schultern bewegen. Die Gäste sitzen am Tisch, trinken gemütlich ein, zwei Gläser Wein, und unsere Musik bringt sie schon mal in die richtige Stimmung, in den richtigen Groove, bewegt sie. Den Spannungsbogen baue ich dann bis zum Dessert immer weiter auf. Es wird leicht lauter, die Musik immer kitzelnder, so dass die Gäste nach dem Dessert gar nicht anders können, als tanzen zu wollen.
Was viele Gastgeber gern machen: Sie spielen bei einer Dinner-Party während des Essens relaxte Piano-Musik. Das kann ich aber überhaupt nicht empfehlen. Denn die Stimmung soll ja aufgebaut werden. Piano-Musik baut aber ab. Piano-Musik oder auch klassische Musik zieht die Gäste energetisch nach unten. Ausnahme: Du hast

einen Piano-Entertainer, der einen Hit nach dem anderen raushaut und die Stimmung nach oben pusht.

Kann ich denn bei einem Event alles haben? Also zum Empfang eine Harfenistin, zum Dinner einen Pianisten und für die Party einen DJ? Kann ich wild kombinieren? Oder ist das zu viel?

Giulia: Man kann grundsätzlich alles miteinander kombinieren. Meine Empfehlung ist aber hier immer, egal, ob es um ein Firmenevent geht oder um eine Hochzeit: Redet vorher mit dem DJ! Denn der kann euch gute Tipps geben, wie ihr die richtig Stimmung aufbaut. Das haben die meisten Eventveranstalter gar nicht auf dem Schirm. Ich war z. B. bei einem Charity-Event, da bin ich als DJ fast gestorben. Denn erst kam der Zauberer, dann ein Künstler, dann eine Band, dann eine Solosängerin mit ganz traurigen Liedern, dann ein Pianist. Es war ein einziger, chaotischer Flickenteppich. Wie soll ich denn da als DJ Stimmung reinbringen? Der Gast braucht einen roten Faden. Ein Kinofilm, ein Theaterstück oder ein Buch braucht auch einen roten Faden. Und das brauchen die verschiedenen Acts bei einem Event auch. Ich fange ja beim Abendessen auch nicht mit der Nachspeise an, gefolgt von Hauptgang und dann die Suppe. Ich brauche also einen roten Faden, um den Gast zu leiten und mitzunehmen. Ich muss die Leute so mitnehmen und in meinen Bann ziehen, dass sie am Ende das machen, was ich will. Und was will ich? Die Gäste sollen eine tolle Zeit haben, ausgelassen feiern, singen und tanzen.

Ich kann nur jedem raten, der ein Event plant und Musiker und DJs dabeihat: Rede mit den Profis! Binde sie in deine Planung mit ein! Mach das nicht alleine! Rede über den Ablauf und rede über deine Wünsche. Sorge auch dafür, dass sich Musiker und DJ vorher miteinander abstimmen und aufeinander einstellen. Die Musiker und die DJs wollen doch am Ende genau dasselbe wie du: Den Gästen unvergesslich tolle Momente schenken.

Es ist so wichtig, in den Ablauf eingebunden zu werden. Als DJ ist es z. B. wichtig zu wissen, wenn und wann Shuttle-Busse geplant sind. Wann geht der erste Gäste-Pulk, wann der zweite usw.? All das muss ich ja mit meiner Musik begleiten und ggf. auffangen. Wenn ein DJ z. B. sagt, das passt schon, ist er nicht professionell.

Wie ist das mit den berühmten Wünschen des Publikums? Ist das schwierig und ein No-Go? Oder kriegst du das hin und baust das ein?

Giulia: Ich lehne Wünsche nie ab. Genauso, wie sich ein Gast eine Cola oder einen Wein bestellen kann, kann er doch auch beim DJ einen Song bestellen. Das ist sein gutes Recht. Heißt aber nicht, dass ich alles spiele. Deshalb trickse ich da immer auch ein bisschen. Wenn ich z. B. auf der AIDA bin und dort auflege, gibt es natürlich immer viele Wünsche. Ich lege dann immer Post-It‘s und Stifte vor das Pult. Dann können die Gäste ihre Wünsche aufschreiben und ich klebe die Post-It‘s an die Wand hinter mich. Das gibt den Gästen ein gutes Gefühl, wenn ich ihnen so *erlaube*, ihren Wunsch bei mir zu platzieren. Und ganz ehrlich, manchmal ist sogar auch wirklich eine gute Idee dabei. Ich versuche dann auch herauszufinden, ob das ein Einzelwunsch ist oder ein Wunsch von z. B. einer Mädelsgruppe, was dann auch immer eine ganz andere Dynamik beim Abspielen haben kann. Ich binde die Gäste auch gern ein, lasse sie an meinem Laptop den Song raussuchen, lasse sie reinhören und frage sie dann, ob sie glauben, ob es passt. Meistens geben sie zu, dass es gar nicht so wirklich passt. Wenn ich die Gäste so mit einbinde, das finden die toll.

Gibt es eigentlich eine Faustregel, dass man sich mit der Musik an den Alkoholpegel oder an die Uhrzeit anpassen sollte? Also nach dem Motto, je später der Abend und je mehr Drinks in der Blutbahn, desto lauter die Musik und desto mehr Ballermann-Musik?

Giulia: Nein, da gibt es keine Regel, denn das hängt immer vom Club und vom Event ab. Die einen wollen Schlager, die einen wollen auf gar keinen Fall Schlager. Die einen wollen Polonaise zu Kölscher Karnevalsmusik tanzen, für die anderen ist das ein No-Go. Auch hier muss man sich immer die Menschen anschauen und ein Gespür dafür haben, womit ich ihnen als DJ eine geile Zeit mache.

Wenn bei einer Party Multikulti angesagt ist, also die Gäste aus verschiedenen Kulturen kommen, wie zollst du dem musikalischen Tribut?

Giulia: Prinzipiell ist ja genau das erst mal das Schöne auf Partys und in Clubs: Menschen aus den verschiedensten Religionen, Kulturen und Ländern sind dabei, und sie alle feiern gemeinsam. Natürlich kann ich nicht den ganzen Abend afrikanische oder jüdische oder italienische Musik auflegen. Aber es ist ein wundervolles Zeichen von Wertschätzung, wenn du ein bekanntes afrikanisches Lied spielst, wenn du weißt, es ist ein afrikanisches Grüppchen da. Oder wenn Hollandfans da sind, lege ich auch mal die Hymne ein. Wenn ich weiß, dass Gäste *aus dem Osten* da sind, spiele ich zwischendurch *Am Fenster* von *City*, eine Art *ostalgische Hymne*. Das sind sozusagen jedes Mal kleine individuelle musikalische Giveaways für die Gäste. Das ist für die Stimmung ein Megabooster.

Hobby-DJ oder Profi-DJ, was empfiehlst du?

Giulia: Es gibt in jeder Firma und in jedem Bekanntenkreis immer jemanden, der *Hobby-DJ* ist. Wenn ich nicht wirklich absolut davon überzeugt bin, dass der oder diejenige die Party rockt, würde ich dringend davon abraten. Wenn man seinen Leuten etwas bieten möchte, sollte man auch immer etwas Besonders hinstellen. Ein DJ mit einem *Namen* ist z. B. eine Wertschätzung für deine Gäste, denn sie wollen dann gern Selfies machen, finden das toll. Ich geselle mich z. B. auch gern zu den Gästen dazu und tanze mit ihnen.

Wie feiert denn eigentlich eine Giulia Siegel ihre eigenen Partys?

Giulia: Meine eigenen Partys sind in der Tat sehr berüchtigt. Meine letzte Geburtstagsparty ist sogar unabsichtlich bei *RTL Exclusiv* gelandet. Bei meinen Partys bereiten sich meine Leute schon wochenlang vorher vor. Denn ich habe immer Dresscodes – aber immer ugly! Ugly, Trash, Siebziger und so, jeder muss einfach so richtig scheiße aussehen. Denn: Wenn jeder scheiße aussieht, wenn jeder lustig aussieht, ist die Stimmung sofort positiv! Zum Beispiel lassen sich Männer Bärte wachsen oder rasieren sich die Haare an den Seiten komplett ab, um in der Mitte einen echten Iro stehen zu lassen. Besagter Freund arbeitet normalerweise bei der Allianz. Da Männer sich generell nur ungern verkleiden, bekommen sie bei mir immer Perückenpflicht. Denn was dann passiert, ist spannend: Wenn der Mann die Perücke anzieht, kommt er in Stimmung und wird kreativ. Dann fällt ihm ein, hey, ich habe doch hier noch das alberne Hawaii-Hemd und die rosa Hose und die alte Tasche von Papa. Und zack, geiles Kostüm! Mittlerweile sind meine Leute so gut vorbereitet, dass ich sie oft im ersten Moment selbst gar nicht erkenne. Und wir alle haben sofort Mega-Spaß.
Wenn ich eine Party mache mit einem megaschicken Dresscode, bei der die Frauen dann alle im kleinen Schwarzen auf High-heels rumstehen, kommt keine Stimmung auf. Die rennen nur alle halbe Stunde aufs Klo und kontrollieren sich im Spiegel, ob sie noch gut aussehen. Sie trauen sich nicht, aus sich rauszugehen.

Deshalb ist ein Dresscode, der lustig ist, immer ein Stimmungsbooster. Die Leute haben von Anfang an Spaß, sind gut drauf, sie kommen alle viel leichter miteinander ins Gespräch, man hat sofort Themen, über die man sich zusammen unterhalten und amüsieren kann. Sie lachen übereinander und miteinander. Übrigens, wenn jemand wegen des Mottos meckert, dann sage ich klipp und klar: Dann bleib zu Hause, das ist mein Geburtstag und meine Party.

Apropos: Muss denn bei einer Mottoparty die Musik auch entsprechend monothematisch sein? Z. B. Weihnachtsfeier, nur Weihnachtslieder?

Giulia: Musik ist ja immer etwas, was die Stimmung unterstreichen und hochschrauben soll. Man muss die Musik nicht ans Motto und nicht an den Dresscode anpassen. Hier und da darauf Bezug nehmen, ja, klar. Die Musik kann das Motto hier und da untermalen. Aber sonst darf die Musik davon gern losgelöst sein.
Der DJ hingegen muss sich an den Dresscode halten. Wenn ich bei einer 80er-Party gebucht bin, sehe ich natürlich auch aus wie 80er-Jahre. Und auf einer Hochzeit hat auch der DJ sich entsprechend dem Anlass zu kleiden und kann da nicht in T-Shirt und Jeans ankommen.

Im Moment sind überall ‚Great-Gatsby-Partys' total angesagt. Jedes zweite Catering, das wir machen dürfen, hat dieses Motto. Das würde ja für dich nicht in Frage kommen, oder? Denn du hast ja gesagt, es soll bei deinen Partys ugly und lustig sein.

Giulia: Prinzipiell fällt für mich alles als Partymotto flach, bei dem sich meine Gäste extra etwas kaufen müssen. Partymotto *Rot*, der Mann muss sich extra dafür rote Klamotten kaufen. Das mag ich nicht. Ich möchte nicht, dass der Gast dafür Geld ausgibt. Wenn er schon Geld ausgibt, dann soll er lieber etwas spenden. Gerade bei *Great Gatsby* müssen vor allem die Frauen richtig tief in die Tasche greifen, Kleid, Make-up, Frisur, Accessoires – da ist man schnell bei 200 Euro. Das ist unzumutbar. Mottoparty sollte für jeden einfach umzusetzen sein.

Wie finde ich denn den perfekten DJ für mein Event?

Giulia: Wichtigster Faktor: Welches Budget hast du? Dann musst du für dich entscheiden, wie wichtig ist an dem Event die Musik und der DJ? Wenn es nur darum geht, jemanden da zu haben, der einfach im Hintergrund etwas Musik laufen lässt, kommst du mit 300 Euro klar und findest jemanden. Wenn Musik und Stimmung aber essentiell sind, musst du mehr investieren. Je höher der Stellenwert von etwas, desto mehr Budget brauchst du.
Wenn du buchst, stelle es dir wie ein Casting vor. Wo hat er aufgelegt, welche Referenzen hat er, gibt es Empfehlungen aus dem Bekanntenkreis, ist er dir am Telefon sympathisch? Miteinander reden und das persönliche Gespräch sind wirklich wichtig. Zeigt der DJ Interesse an deinem Event, stellt er Fragen zum Ablauf?

Schreib dir ruhig auch ein Anforderungsprofil: Was möchte ich? Wieviel Budget kann ich ausgeben? Wie soll die Stimmung sein?

Absolutes No-Go: Wenn der DJ fragt: „*Wann ist die Hochzeit vorbei?*" Denn eine Hochzeit oder ein anderes Partyevent ist immer open end. Da kann ein DJ natürlich nicht sagen, so, es ist 12 Uhr, ich gehe jetzt. Der DJ hat bis zum Schluss Vollgas zu geben.

Interview: Tamara Gräfin von Nayhauß

„Noblesse oblige. Adel verpflichtet."

– Pierre-Marc-Gaston Du de Lévis, französischer Politiker und Schriftsteller

Ich gebe es zu: Schon immer haben mich Königs- und Adelshäuser fasziniert. Adel ist das Einzige, was ich mir nicht selbst erarbeiten kann. Vielleicht reizt es mich ja deshalb so. Wollte ich auch Prinzessin sein? Na klar! Rauschende Ballnächte und prunkvolle Dinner mit Staatsoberhäuptern in großen Spiegelsälen, hach, das muss so herrlich sein! Ob meine Fantasie und die Wirklichkeit übereinstimmen, das wollte ich erforschen. Und bat Tamara Gräfin von Nayhauß um ein Interview. Und welch große Freude, sie ließ mich meine Fragen stellen! Wir trafen uns in Berlin in einem Café und ich konnte viele wertvolle und spannende Einblicke in das Leben als moderne Gräfin erhaschen.

Nadine Dorau mit Tamara Gräfin von Nayhauß

Von Nayhauß ist ein Adelsgeschlecht, das erstmalig Erwähnung im 11. Jahrhundert findet. Um genau zu sein 1263 unter dem Adelsgeschlecht von *Tschernembl* entstanden. Es wird gemunkelt, das Tamara von Nayhauß eine direkte Nachfahrin von Casanova ist. Ihre Eltern sind Mainhardt Graf von Nayhauß und Sabine Gräfin von Nayhauß. Verheiratet ist Tamara mit Rechtsanwalt Alexander Graf von Kalckreuth, beide leben in Berlin und haben zwei Söhne.

Tamara studierte an der Pariser Sorbonne Kunstgeschichte und ist seit vielen Jahren als Reporterin, Redakteurin und Moderatorin für verschiedene Fernsehsendungen und Sender tätig. Am liebsten bewegt sie sich im Rahmen dieser Tätigkeiten auf adligem Parkett und berichtet über Aristokraten, Unternehmerpersönlichkeiten und den besonderen Luxus-Lifestyle. Mit ihrem Fashion- und Lifestyle-Blog *Comtesse-Express* ist sie seit 2016 online und lässt uns an ihrem bunten und inspirierenden Leben teilhaben.

Das Gespräch

Liebe Tamara, wir lechzen alle nach Informationen rund um Prinzessinnen und die hohe Gesellschaft. Wir Frauen haben doch alle mindestens einmal im Leben den Wunsch, Prinzessin zu sein, und sei es zur Hochzeit. Dieser Traum wird nicht zuletzt geschürt durch die wunderbaren Bälle die sowohl in Sissi-Filmen, als auch im Märchen immer wieder Anlass zum Träumen geben. Du bist ja mittendrin in genau diesem wundervollen Leben, seit Generationen dem Adel verpflichtet und mit blauem Blut geboren, verrate uns doch bitte: Kannst du dir diese große Faszination erklären, die wir alle dem Adel gegenüber empfinden?

Tamara: Ich kann das total nachvollziehen. Ich interessiere mich ja selbst dafür, auch beruflich, und finde es auch irgendwie schön, dass es nach wie vor dieses *Verlangen* nach News aus den Adelshäusern gibt. Es ist schön, dass die Leute sich nach wie vor dafür interessieren. Adel heißt ja auch, ganz besondere Werte und Traditionen zu leben.

Siehst du dich noch als traditioneller Adel oder als eher moderner Adel?

Tamara: Ich bin definitiv die eher moderne Gräfin. Meine Eltern haben mich schon mit einem gewissen Bewusstsein erzogen und mir auch Werte vermittelt. Das finde ich sehr wichtig und das versuche ich auch, meinen Söhnen weiterzugeben. Zum Glück haben mich aber meine Eltern nie zu so unsäglichen Veranstaltungen wie *Adel auf dem Radel* geschickt, bei dem Jungadlige zusammen ihre Freizeit verbringen. Natürlich ganz bewusst von den Eltern gesteuert, damit Kinder andere Kinder aus den gleichen Kreisen kennenlernen. Sowas habe ich immer abgelehnt.

Sogar den Tanzkurs habe ich abgelehnt. Das fand ich als Teenager total spießig. Bei der Hochzeit meiner Schwester musste ich dann aber einen Crash-Kurs machen, denn da war ja dann Walzertanzen angesagt.

Du warst mal zum Geburtstag der Queen eingeladen. Ich bin neugierig: Wie war das?

Tamara: Ehrlich gesagt war die Einladung auch gar nicht für mich, sondern für meine Mutter. Und ich durfte mitkommen. Das war auch für mich total spannend, denn ich bewundere die Queen sehr. Das Ganze war vor ungefähr 14 Jahren, da war die Queen Anfang 80. Es fand das berühmte *Trooping the Colour* statt und es war sehr faszinierend zu sehen, wie die Queen, mit ihren 80 Jahren, stundenlang diszipliniert stand. Hinterher gab es dann ein Poloturnier, dort konnte ich auch Prinz William und seine Kate treffen und kurz sprechen. Das war für mich natürlich auch total spannend, diese Menschen einfach mal live erleben zu dürfen. Wobei ich mich generell aber für alle Menschen interessiere. Mein Interesse zieht da keine Grenzen, ob Adel oder nicht. Auch hier mit dir zu sitzen, mit dir zu reden, finde ich spannend.

Steht denn auf den Einladungen auch etwas zum Thema Dresscode? Oder weiß man einfach, wie man sich zu kleiden hat und die Frage stellt sich gar nicht?

Tamara: Auf den Einladungen steht immer der Dresscode mit drauf. Beim Geburtstag der Queen war z. B. der Hut wichtig. Wobei man heute gar nicht mehr die klassischen Hüte tragen muss, sondern hauptsächlich Fascinator getragen werden. Früher musste alles aufeinander abstimmt sein, Kostüm und Hut mussten zusammenpassen. Heute ist der Dresscode moderner und entspannter – man darf wild miteinander kombinieren – der Stilmix macht‘s aus.

Kann ich denn eigentlich ohne Vorkenntnisse zu einem Ball gehen? Das geht nicht, oder?

Tamara: Doch natürlich! Und weißt du, was der allerbeste Trick ist, wenn man zu *gehobenen* Events geht? Gelassenheit! Geh einfach ganz gelassen da hin. Du brauchst nicht verkrampft und unsicher sein und dich ständig fragen, ob du alles richtig machst. Oh Gott, die Gabel fällt runter, was für ein Drama! Nein, ist es nicht. Sind ja auch alles nur Menschen. Du darfst da wirklich ganz locker sein.

Amüsierst du dich eigentlich bei diesen offiziellen Events wirklich, oder, mal Hand aufs Herz, findest du die Geburtstage deiner Kinder besser?

Tamara: Also die Geburtstage meiner Kinder finde ich einfach nur anstrengend *(lacht)*, das kann jede Mutter sicher bestätigen. Ansonsten freue ich mich wirklich über jede Einladung zu einem besonderen Event, denn ich weiß selbst, was für ein Aufwand mit Organisation und Vorbereitung dahintersteckt. Deshalb weiß ich das sehr zu schätzen und möchte dann eben auch als Gast *mein Bestes* geben. Ich finde es toll, wenn es traditionelle Feierlichkeiten in den Königshäusern noch gibt und diese ausgetragen werden.

Von meinen ZDF-Reportagen kenne ich auch deutsche Adelshäuser, in denen das Personal die Familien noch mit *Ihre Durchlaucht* anspricht. Da habe ich mich dann wie in einem alten Film gefühlt. Früher hätte ich noch gesagt, dass das uncool, spießig und nicht mehr zeitgemäß ist. Aber je älter ich werde, desto mehr schätze ich all diese Traditionen, die bewahrt bleiben und gepflegt werden.

Und apropos feiern: Ich finde *Mottopartys* wirklich super. Auch wenn man im ersten Moment oft über den damit verbundenen Aufwand schimpft, aber dann ist es doch toll, sich darauf zu freuen und vorzubereiten. Es ist auch toll, in andere Rollen zu schlüpfen. Und es kommt bei den Partys auch von Anfang an eine gute Stimmung auf. Ich träume ja noch von einer großen Pyjamaparty! Wenn alle im Pyjama kommen, das kann doch nur locker werden!

Du hast gerade diesen Aufwand angesprochen. Geht denn der Butler wirklich mit dem Zentimetermaß rum und misst auf den Millimeter genau die Abstände zwischen Gläsern und Tellern, dass die überall identisch sind? Und gibt es No-Gos? Schwarze Tischdenken? Dürfen Torten nur cremeweiß sein?

Tamara: Naja, ich glaube, so wild ist das alles gar nicht. Ist ja viel auch ganz normaler Menschenverstand. Das fängt beim Dresscode an, natürlich trägt man kein Schwarz und nur der Braut ist Weiß und Creme vorbehalten. Auch eine schwarze Tischdecke wäre komisch bei einer Hochzeit. Es gibt aber keinen Leitfaden, wie man dekorieren darf und wie nicht, das ist heute wirklich komplett individuell.

Was man aber auf jeden Fall nicht unterschätzen darf, ist die Vorbereitung. Das habe ich bei meiner eigenen Hochzeit gemerkt. Es war so viel, an was wir denken mussten, und ja, es birgt auch eine Menge Konfliktpotential für das Brautpaar-*to-be*.

Was auch wirklich nicht geht, sind Flaschen auf dem Tisch. Hier hat das Servicepersonal regelmäßig bei den Gästen Wein und Wasser nachzuschenken. Alternativ darf Wasser gern in schöne Kelche gefüllt und auf den Tisch gestellt werden. Auch hier ertappe ich mich natürlich im Alltag dabei, dass es auch mal schnell gehen muss und ich die Flaschen auf den Tisch stelle. Und was machen meine Kinder dann? Die beschweren sich! „Mama, das sieht aber nicht schön aus!", bekomme ich dann zu hören *(lacht)*.

Mein Sohn wollte früher nie bei mir essen, weil er lieber bei Oma aß, denn die hatte goldenes Besteck. Wird denn auch bei euren Feierlichkeiten das Tafelsilber rausgeholt?

Tamara: Also ganz ehrlich: Das Silberbesteck benutzen wir im Alltag auch *(lacht)*. Denn es ist doch irgendwie schade, wenn man es immer nur zu besonderen Anlässen rausholt. Aber, ganz ehrlich, so schön das ist, es ist auch wirklich viel Arbeit. Denn Silbersteck musst du regelmäßig putzen, damit es nicht schwarz anläuft. Du musst es wirklich polieren und pflegen.

Ich habe im Knigge-Seminar gelernt: Wenn man einmal einen Teller in der Hand und davon gegessen hatte, geht man damit nicht nochmal zum Buffet. Ist das im Rahmen der aktuellen Umweltschutz- und Nachhaltigkeitsfragen überhaupt noch zeitgemäß? Oder ist Mehrfachnutzung bei euch verpönt? Gibt es überhaupt Buffets beim Adel oder wird immer nur am Platz serviert?

Tamara: Bei uns gibt es auch Buffets. Meistens für die Vorspeise. Der Hauptgang wird hingegen fast immer am Platz serviert. Ansonsten muss ich sagen, dass bei uns doch die Tradition noch Oberhand hat. Das Alte wird gepflegt. Dennoch rückt auch das Thema Nachhaltigkeit immer mehr ins Bewusstsein. Ich sage mal so: Hauptsache keine Papp- oder Plastikteller, dann ist doch alles in Ordnung.

Lassen sich die großen Schlösser eigentlich auch von Lieferdiensten beliefern?

Tamara: Bei großen Events lassen wir uns natürlich von Caterern helfen. Ich denke da z. B. an meine Schwiegereltern, die haben ein altes Rittergut nahe Leipzig, auf dem auch Hochzeiten stattfinden. Hier unterstützen dann externe Cateringfirmen. Aber wenn wir private Feiern machen, machen wir in der Tat alles selbst.

Jedes Schloss hat ja seine ganz eigenen Räume, die nur für Feierlichkeiten genutzt werden, wie z. B. der Ballsaal. Das heißt, es MUSS ja regelrecht gefeiert werden!

Tamara: Die meisten Menschen haben eine sehr romantische Vorstellung davon, wie es ist, auf einem Schloss zu leben. Aber das ist wirklich gar nicht erstrebenswert. Ich bin sehr kälteempfindlich, und auf einem Schloss ist es immer überall kalt. Denn man kann ja alles gar nicht richtig heizen. Viele richten sich dann im Schloss eine Art Drei-Zimmer-Wohnung ein, einen Bereich, in dem sie leben, und der beheizt und genutzt wird. Die großen Säle werden dann nur für die Feierlichkeiten aufgeschlossen und genutzt. Ist ja auch als Familie nicht so gemütlich, Sonntag abends im 400 qm großen Spiegelsaal zu sitzen oder an einer 30 Meter langen Tafel gemeinsam Abend zu essen.

Muss man bei einer Feier in Adelskreisen vorher sein Handy abgeben? Ich habe noch nie Handyfotos von solch einer Feier gesehen, man sieht nur die Bilder hinterher in ‚Bunte' und ‚Gala'.

Tamara: Abgeben muss man es nicht, nein. Aber es gehört sich generell einfach nicht, bei einem wichtigen Event ständig sein Handy in der Hand zu haben. Und schon gar nicht gehört es an oder auf den Tisch. Das ist generell so eine Unart geworden! Und hier sage ich auch ganz klar, es ist völlig egal, in welchen Kreisen ich mich bewege, ein Handy gehört nicht an den Tisch. Es sollte generell auch einfach mal ein paar Stunden unbenutzt in der Tasche stecken bleiben, wenn Menschen, z. B. bei einem Event, zusammenkommen, essen und feiern. Sonst werden wir alle doch nur noch völlig *gaga*, können uns auf gar nichts mehr konzentrieren, können nicht genießen.

Ebenso finde ich auch die Tradition, als Familie im Alltag zusammen zu essen, bei uns sind das Frühstück und Abendessen, unglaublich wichtig. Das gibt allen Halt. Es ist ein wichtiges Ritual bei uns, alle kommen zusammen, alle tauschen sich aus. Auch wenn meine Söhne es natürlich viel cooler finden, mit Teller auf dem Schoß vor dem Fernseher zu essen, beharre ich auf unser Ritual. Denn die Kraft dieses Rituals, so finde ich, wird unterschätzt. Hier beziehe ich auch Haltung, wenn ich das bei Freunden beobachte. Normalerweise mische ich mich nicht in deren Angelegenheiten ein, aber hier bringe ich schon zum Ausdruck, dass ich das nicht gut finde.

Apropos Ritual: Wir beten als Familie auch immer vorm Abendessen. Denn alle kommen von überall her, alle hatten ihre Aufgaben des Tages, und das ist dann der Moment, wo wir alle endlich zur Ruhe kommen.

Was ist dein ultimativer Tipp für alle Gastgebenden, um eine tolle Feierlichkeit auszurichten?

Tamara: Das Wichtigste ist wirklich, dass man als Gastgeber entspannt ist. Wenn der Gastgeber unentspannt und nur darauf bedacht ist, dass alles perfekt ist, die Teller richtig stehen, die Gläser auf Hochglanz poliert, dann hast du eine total steife Atmosphäre. Und: Gute Musik ist wichtig! Das trägt immer maßgeblich zur Atmosphäre bei. Wenn man gleich zum Start klassische Musik anmacht, fühlen sich die Gäste nur noch mehr gehemmt, und es kommt keine schöne, gelassene Stimmung auf. Die Musik lasse ich immer gleich von Anfang laufen, das ist wichtig. Ich merke das auch, wenn ich woanders eingeladen bin. Wenn gute Musik läuft, bin ich automatisch gelassener und gut drauf. Es gibt ja nichts Unangenehmeres, als wenn man irgendwohin kommt, und es herrscht Stille. Besonders schlimm, wenn noch nicht viele Gäste da sind.

Tamara Gräfin von Nayhauß

Macht richtig Bock auf Wein: Björn Bittner

Weingenuss: Eine der schönsten Nebensachen der Welt!

„Wein auf Augenhöhe? Auch heute noch lange nicht selbstverständlich. Darum nehme ich euch mit auf meine vinophile Reise. Los geht's!"

– Björn Bittner, deutscher Wein-Experte

Ich wollte in meinem Buch unbedingt ein Kapitel über Wein haben. Da ich selbst nicht die allergrößte Wein-Expertin bin und in der Tat auch wenig bis so gut wie gar keinen Alkohol trinke, war ich aber nicht die Richtige, um darüber zu schreiben. Denn Wein ist Wissenschaft, Wein ist Religion. Und genau hier kommt mein Gastautor Björn Bittner ins Spiel: Er gehört zu den *jungen Wein-Wilden*. Björn ist kein ausgebildeter Sommelier im klassischen Sinne. Er versteht sich als *Wein-Entertainer*, als *Wein-Animateur*, dessen Mission es ist, uns allen richtig BOCK AUF WEIN zu machen. Er ist Wein-Blogger und vermarktet sich als *one of the most seen #wine faces worldwide** selbst. Björn hat sich in die Welt der Weine selbst eingearbeitet und sich seine Expertise und seinen Ruf mit smarten Social-Media-Strategien aufgebaut. Er präsentiert sich und die Welt der Weine immer stylish, charmant, mit Witz und Know-how. Es macht einfach Spaß, ihn bei seinen Wein-Entdeckungen zu erleben und ihm dabei zuzusehen. Er ist auf dem Boden geblieben und nahbar. Und genau deshalb ist er der richtige Experte, um uns in diesem Buch noch mehr über das Thema Wein zu lehren. Denn eins ist klar: Als perfekter Gastgeber darfst du dich gern ein bisschen mit Wein auskennen.

Was mich bisher bei den typischen Wein-Experten, und vor allem dem typischen Sommelier, gestört hat: Sie kommen oft so abgehoben daher, starr und arrogant. Dieses Getue um den fruchtigen Abgang, die Blüte der weißen Trauben am letzten Hang im Spätfrühling, das nervt mich voll! Vielleicht ist es auch ein Klischee, aber ich fühle mich in Gegenwart eines Sommeliers eher eingeschüchtert und unsicher, ich könnte gar nicht sagen, dass mir ein Wein nicht schmeckt, denn der Sommelier würde mich Banause nur naserümpfend schelten.

Bei Björn Bittner ist es hingegen ganz anders. Er hat einfach Mega-Bock auf Wein, und genau diesen Mega-Bock macht er uns. Er denkt sich in das Thema rein, erarbeitet sich sein Wissen, mit SEINEM Instinkt und SEINEM Geschmack. Er macht sich seine eigene Wein-Welt, wie sie ihm gefällt. Und genau das finde ich spannend, genau das begeistert und inspiriert mich, genau das finde ich toll. Er ist ein Wein-

* https://www.instagram.com/bjrlebouquet/

Freigeist. Und du kennst mich ja inzwischen ein bisschen – für diese kreativen Rulebreaker-Köpfe habe ich einfach eine Schwäche. Björn geht in Sachen Wein ganz neue Wege und erklärt alles menschlich nah, gut verständlich und mit einer ordentlichen Portion Lockerheit. Er erschließt die Wein-Welt für alle – für Wein-Connaisseure genauso wie für alle, die eben KEINE Weinexperten sind. Er macht es so gut, dass wir *Normalos* es verstehen, dass wir im Herzen getroffen werden und einfach nur richtig Bock auf Wein bekommen. Nicht nur, ihn zu trinken und zu genießen, sondern auch, ihn in all seinen Facetten zu verstehen.

Umso mehr freue ich mich – und es ist mir wirklich eine große Ehre – dass Björn sich dazu bereit erklärt hat, uns in einem von ihm geschriebenen Gastkapitel die Welt des Weines näher zu bringen.

An dieser Stelle nochmal ein ganz herzliches Dankeschön an dich, Björn!

Björn Bittner

Über Wein

Ein Gastkapitel von Björn Bittner

Der Wein und ich

Ich fand Alkohol nie besonders toll, oder den Kater nach einem Partyabend übermäßig erstrebenswert. Egal ob Bier, Mixgetränke, harte Sachen oder Wein. Am ehesten noch Wein. Mein Vater trank immer mal wieder einen Roten aus Spanien, oder er kaufte Bordeaux für seine Freunde in Peking. So konnte ich hier und da mal reinschmecken und ein sehr, sehr grobes Bild vom fermentierten Traubensaft erhaschen.

Dann kam lange gar nichts, bis ich eines Abends auf dem Sofa liegend durch die Netflix-Bibliothek swipte. Aufgrund chronischer Serien- und Filmsucht waren alle *coolen* Filme bereits geguckt und so ging es an die Dokus. Hängengeblieben bin ich schließlich bei SOMM. Eine Dokumentation über fünf Amerikaner, die die wohl schwerste Prüfung der Welt ablegen wollen, ja noch schwerer als sämtliche juristische Examina – den *Master Sommelier*. Ob das wirklich stimmt, werde ich in diesem Leben zwar nicht mehr herausfinden können, dennoch hörte sich das erstmal spannend an. Nach dem vierten Mal ansehen in Folge war ich mir sicher, dass das mehr als nur spannend ist! Da ich aufgrund einer Krebserkrankung eine Prothese im linken Bein habe, bin ich für langes Stehen nicht gemacht, weswegen für mich immer klar war, dass ich nicht zum Master Sommelier werden würde. Dennoch schien mir das Thema Wein so ein komplexes, interessantes und unendliches Thema zu sein, dass es sich lohnen würde, es zu vertiefen.

Die Art und Weise, wie die fünf Jungs über die Weine sprachen, wie sie sie errochen, erschmeckten, anhand von Textur, Struktur, Länge und Aromenbild *blind* benannten und kategorisierten. Aufgrund einzelner, für Otto-Normalverbraucher kaum wahrnehmbarer, Faktoren auf das Alter der Rebstöcke, die Herkunftsregion und sogar auf Winzer und Lage schlossen. Es war schlichtweg beeindruckend und begeisternd zu sehen, wie die Jungs sich in ihren Ausführungen überschlugen und die Augen vor Leidenschaft strahlten. Das wollte ich auch! Und, auch wenn ich kein Master Sommelier sein wollte, würde ich mich dem Wein verschreiben!

Allerdings, leichter gesagt als getan. Denn: Wo fängt man an? Und wo hört man auf? Gar nicht so einfach, musste ich recht schnell feststellen. Heute weiß ich, dass ein Menschenleben bei Weitem nicht ausreicht, um *alles* über Wein zu wissen, alle Weine zu verkosten und sämtliche Weingüter zu besuchen.

Stellt man sich jedoch der persönlichen Challenge, so viel zu sehen, zu probieren und zu erleben wie möglich – so wie ich es tat – treibt es einen permanent weiter. Zu einer nächsten Flasche Wein. Einer anderen Weinregion dieser Erde. Einer anderen Rebsorte. Und einer anderen Geschichte.

Denn Wein ist Geschichte. Und zwar im doppelten Sinn. Zum einen die wirkliche Geschichte, in der die Kelten vor vielen, vielen Jahren noch vor den Römern die ersten Reben gepflanzt und somit einen Grundstein für den Weinbau gelegt haben. In der Schule war Geschichte für mich eins der langweiligeren Fächer und entweder fehlte ich, oder war im Unterricht regelmäßig mit anderen Dingen beschäftigt. Heute sieht das anders aus. Und das liegt tatsächlich am Wein.

Wo wurde zu allererst Wein angepflanzt? Das war übrigens in Georgien. Haben die Römer wirklich während ihrer Schlachten einen Liter Wein pro Tag getrunken, wie es in Erzählungen über Cäsar und seine Truppen immer heißt? Wie war das nochmal mit dem Elsass und Deutschland, vor und während der Kriege? All diese Fragen und viele mehr beschäftigen sich mit der Geschichte des Weins, sind aber auch irgendwie Grundwissen und in dieser Kombination wirklich spannend.

Zum anderen steckt hinter jedem Wein, jeder Rebe, jeder Weinbauregion, jedem Winzer und jeder getrunkenen Flasche Wein – im besten Fall mit netten Menschen, denn alleine trinken ist doof – eine Geschichte. Das kann die Geschichte über den Ur-Ur-Ur-Großvater eines Winzers sein, der in einem weit zurückliegenden Jahrhundert die ersten Reben pflanzte und dessen Familienweingut bis heute besteht. Das kann die Geschichte über den Hund des Winzers sein, der diesen seit Jahren begleitet und fast zu einem Maskottchen des Weinguts geworden ist. Das kann die Erzählung über eine Flasche Wein aus deinem Geburtsjahr sein, die du an einem besonderen Abend mit Freunden in London getrunken hast. Oder einfach nur die Geschichte über eine Flasche Wein, die du mit Freunden an einem lauen Sommerabend beim Grillen auf der Terrasse genossen hast, bei leckerem Essen, kurzweiligen Gesprächen und einfach einer guten Zeit. Vielleicht auch während einer schlechten Zeit.

Doch natürlich ist Wein nicht nur Geschichte. Wein ist aktueller und trendiger denn je, nicht selten Statussymbol, ein gewisses Grundlagenwissen beim ersten Date sexy und eine der schönsten Nebensachen der Welt!

Die FAQs mal anders

Normalerweise findet man die FAQs – also oft gestellte Fragen – im Abspann oder am Fuße einer Website. Da wir in diesem Werk jedoch herausstellen möchten, wie man zum perfekten Gastgeber wird, sind Themen und Fragen, die sonst eben im FAQ landen, absolut essentiell für einen genussvollen Abend daheim mit Freunden.

Der Weinkauf

Die erste wirklich essentielle Voraussetzung für einen erfolgreichen Abend ist natürlich, dass ihr Wein im Haus habt. Doch was? Welchen Wein? Aperitif? Wie viele Flaschen? Was soll ich ausgeben? Fragen über Fragen. Zunächst solltet ihr euch im Klaren darüber sein, ob es nur ein Beisammensitzen mit Weinbegleitung sein oder auch die ein oder andere Speise gereicht werden soll. Wichtig ist auch die Frage, wer eure Gäste sind und welche Weine sie gern trinken. Vielleicht hat man ja selbst auch Lieblingsweine und würde diese gern mit den Gästen trinken. Dabei sollte man jedoch beachten, dass es recht wenig Sinn macht, mit einem Neuling abgefahrene oder überanspruchsvolle Weine zu trinken, wie auch andersrum. Schaut beim Kauf auch darauf, die eine oder andere Option einzubauen, damit jeder eurer Gäste ein glücklicher Gast ist.

Glaubt mir, lieber 10 € mehr für einen zusätzlichen Wein, als wenn die neue Freundin des besten Freunds, oder die Schwiegermutter (noch schlimmer) den ganzen Abend schlecht gelaunt ist. Generell solltet ihr keine Weine für weniger als 4,50 € in den Wagen oder Korb legen, denn damit wird niemand froh. Bei 4,50 € liegt für mich die Grenze, ab der man sauber gemachte Weine einkaufen kann. Wichtig ist mir dabei auch ein Preis, bei dem auch etwas beim Winzer, der durch die Weinberge kraxelt und sich den Allerwertesten für einen guten Wein aufreißt, ankommt. Nach oben sind hier natürlich keine Grenzen gesetzt, und es kann je nach eigenem Geldbeutel gestaltet werden.

Bleibt also noch die Frage nach der Menge und dem Weinhändler. Beim kleinen Laden um die Ecke, beim Discounter, Lebensmitteleinzelhandel, im Weinfachgeschäft oder vielleicht doch online? Beim Discounter kaufe ich keine Weine, was nicht bedeutet, dass die Weine dort durchweg nicht gut sind. Ich möchte einfach ein größeres Sortiment vor mir, und da der Weinkauf für mich eine sehr angenehme Angelegenheit ist, lege ich *offline* Wert auf eine entsprechende Verkaufsfläche. Im Lebensmitteleinzelhandel gibt es immer wieder ein paar Highlights, vor allem in den großen Häusern, deren Weinabteilungen manchen Weinfachhändlern in nichts nachstehen. Hier lohnt sich jedoch immer ein Blick auf *Winesearcher*, meine favorisierte App, um schnell Preise und Verfügbarkeiten von Wein zu checken und um den Preis auf Kundenfreundlichkeit zu überprüfen.

Ich kaufe ehrlich gesagt entweder online oder beim befreundeten Fachhändler. Online habt ihr enorme Transparenz und könnt Preise vergleichen, was euch hier und da schnell einen Euro sparen lässt. Dafür könnt ihr im Gegensatz zum Fachhändler nichts vor Ort probieren, müsst *blind* kaufen und könnt euch nicht auf den Rat eines Profis verlassen. Meine Strategie wäre deshalb hier: wenn ihr Weine kennt und euren Bestand einfach nur auffüllen wollte, ordert online. Zwar kommt hier der Versand hinzu, dafür habt ihr sonst keine Arbeit. Möchtet ihr Neues ausprobieren, euren Horizont erweitern oder explizite Empfehlungen für eine sommerliche Vorspeise haben, wendet euch an den *Offline-Berater* eures Vertrauens.

Für einen Abend solltet ihr pro Kopf – je nachdem wen ihr zu Besuch habt, ihr kennt eure Gäste am besten – eine Flasche einplanen. Und nochmal: kauft lieber ein, zwei oder drei Flaschen mehr als nötig. So kann der durstige Freund bei Gefallen ein paar Gläser trinken und auch einem möglichen Flaschenfehler, wie einem Korkschmecker, kann vorgebeugt werden.

> ***Tipp:*** Schaut doch mal – je nach Anzahl aller Trinker – nach Großformaten wie Magnums (1,5 l) oder Doppelmagnums (3 l). Großformate eignen sich wunderbar für Gruppen und sind immer ein kleiner Show-Effekt und WOW-Garant!

Wein lagern, für die Gäste vorbereiten und servieren

Nachdem ihr ausreichend guten Wein für euer Happening eingekauft habt, müsst ihr den Stoff bis zum großen Tag lagern, um ihn dann in bestem Zustand präsentieren zu können. Wenn ihr entsprechende Kühlmöglichkeiten habt, könnt ihr einen Teil der Weißweine schon einmal im Kühlschrank platzieren. Achtung: je nachdem wie lange ihr im Voraus einkauft, solltet ihr den Schaumwein zum Aperitif erst wenige Tage vor dem Servieren kaltstellen. Wenn dieser für mehrere Wochen im Kühlschrank steht, führt ein Austrocknen des Korks dazu, dass Luft in die Flasche eintreten kann. Der Schaumwein kann beginnen zu oxidieren und seine Aromatik sich zum Schlechten verändern. Für den normalen Weißwein besteht diese Gefahr nicht und ihr könnt ihn ohne Probleme im Kühlschrank aufbewahren. Die Rotweine könnt ihr einfach im Keller lagern. Die Frage, ob dieser besser stehend oder liegend gelagert wird, teilt die Wein-Welt in zwei Lager und ist bis heute nicht klar beantwortet. Wichtig ist jedoch, wenn man beabsichtigt, Weine über einen längeren Zeitraum zu lagern: möglichst geringe Temperaturschwankungen, bei geringen Temperaturen um die 12 Grad, wenig bis kein Licht, keine Bewegung und im besten Fall – was nicht immer möglich ist – eine gewisse Feuchtigkeit im Raum.

Welche Temperatur für welchen Wein?

Wenn es dann schließlich so weit ist und die Gäste nahen, sollte der Wein vorbereitet werden, damit ihr ihn in der bestmöglichen Temperatur an den Gast bringen könnt. Dass die Weine schon kalt stehen und somit eine passende Grundtemperatur haben, ist eine gute Basis, doch dann geht es nochmal an das Feintuning.

Gerade beim Thema Wein gibt es – wie wir hier auch einmal mehr lesen – eine ewig lange Liste an Dos und Don'ts, trotzdem ist wohl keine Faustregel so klar wie: weißer Wein gehört kühl getrunken, roter Wein wärmer. Grundsätzlich ist das auch korrekt, allerdings gibt es an diesem Punkt schon viele Ausnahmen und weiterführende Fragen. Welcher Weißwein? Welche Rebsorte? Welcher Rotwein? Reicht die bekannte *Zimmertemperatur*? Was heißt *Zimmertemperatur* überhaupt? Was ist mit Schaumweinen? Und, und, und…

So ist bereits die Frage nach der *Servier- und Trinktemperatur* ein Thema. Wein wird bei wärmerer Umgebungstemperatur schon beim

Servieren, also dem Einschenken, schnell wärmer. Wie schnell und wie viel, hängt natürlich von der Umgebung ab. Beim Kochen in der vielleicht etwas aufgeheizten Küche wird er schneller warm und insgesamt wärmer als während eines Kellertastings im temperierten Weinkeller.

Viele wissen es, viele haben es bereits selbst – am eigenen Gaumen und in der eigenen Nase – erlebt. Weine reagieren auf unterschiedliche Temperaturen und können ihr gesamtes Geruchs- und Geschmacksbild verändern. Ist ein Rotwein zu kalt, wird er aus dem Kühlschrank oder auch sehr kühlen Kellern geholt, geöffnet und direkt serviert, ist er oft verschlossen und zeigt nicht die Aromen und den Geschmack, den er bei einigen Grad mehr haben würde. Säure und Tannine werden betont und wirken somit *aggressiver*. Der Wein kann sich schlichtweg nicht entfalten. Ist er hingegen zu warm, tut ihm das genauso wenig gut. Weine, ob rot oder weiß, die zu warm serviert und getrunken werden, wirken oft alkoholisch und *fett*, einfach überladen. Gut beobachten kann man dies bei kraftvollen, intensiven Rotweinen, die mit zu hoher Temperatur *marmeladig* werden.

Wichtig ist, und das solltet ihr nicht vergessen: lieber den Wein zu kalt zu servieren, also einzuschenken, als zu warm. Ist der Wein einmal im Glas, wird er ab dem Moment, in dem er die Flasche verlässt, wärmer und lässt sich nur sehr umständlich wieder runterkühlen. Eiswürfel im Wein sind hier übrigens – zumindest für mich – keine Option. Deshalb schenkt ihn, auch grade wenn ihr im Sommer zusammensitzt, lieber zu kühl ein. Warm wird er von alleine!

Um nun einmal Zahlen zu nennen, ungefähr so lässt sich die Temperatur beziffern, wobei zu beachten ist, dass es sich im Folgenden um die Trinktemperatur handelt und dass es auch Weine gibt, die sich nicht pauschal zuordnen lassen.

- Schaumweine (Sekt, Cava, Champagner ohne Jahrgang, Franciacorta, Prosecco):
  5-7 °C
- Leichte, trockene Weißweine (Riesling, Sauvignon Blanc, Pinot Grigio/Gris):
  9-11 °C
- Körperreiche Süßweine (Auslese, Eiswein, Sauternes):
  10-12 °C
- Weißweine mit mittlerem Körper (Weiß- und Grauburgunder):
  10-12 °C
- Jahrgangschampagner (gereifte Champagner):
  10-14 °C
- Körperreiche Weißweine (Chardonnay/Weißwein aus dem Holz, Riesling Großes Gewächs):
  12-14 °C
- Leichte Rotweine (Beaujolais, leichte Spätburgunder/Pinot Noir):
  12-14 °C

- Rotweine mit mittlerem Körper (Chianti, Zinfandel, Rioja):
  15-17 °C
- Körperreiche, tanninhaltige Rotweine (Bordeaux Grand Cru, Südliche Rhone, Barolo, Shiraz):
  16-18 °C

Um auf der komplett sicheren Seite zu sein, ist ein Thermometer, mit dem die Temperatur des Weins gemessen wird, natürlich unabdingbar. Ich selbst muss zwar gestehen, noch nie eins benutzt zu haben, ich gehe immer nach meinem Gefühl und Geschmack. Gerade am Anfang ist das Thermometer aber eine gute Unterstützung. Eine Alternative ist eine Manschette, die um die Weinflasche geklammert wird und die Temperatur misst. Tut auch was sie soll, ist nur nicht so genau wie das Thermometer.

Sollte einmal der Fall eintreten, dass der vorbereitete Wein ausgetrunken ist, oder ihr bei der Gelegenheit einen schon lange im Keller liegenden Wein spontan probieren möchtet, dieser jedoch nicht richtig temperiert ist, kriegt ihr das mit ein wenig Übung auch schnell hin. Da es ja verschiedene *Richtungen* gibt, also die Weintemperatur erhöhen oder eben verringern, gibt es auch verschiedene Möglichkeiten, den Wein auf die für ihn richtige Trinktemperatur zu bringen. Die beiden Verfahren nennen sich *frappieren* und *chambrieren*, was soviel bedeutet wie *runterkühlen* und *erwärmen*.

Um zu frappieren, also schnellstmöglich zu kühlen, nehmt ihr euch einen Sektkühler oder ein ähnliches Gefäß, füllt diesen mit Eiswürfeln und Wasser und dreht die Flasche dann bis zur entsprechenden Temperatur um die eigene Achse. Zusätzlich beschleunigen lässt sich der Kühlvorgang, wenn man noch Salz hinzugibt. Dieses lässt die Eiswürfel schneller schmelzen, was die Abgabe von Kälte beschleunigt und somit den Wein noch schneller runterkühlt. Tipp: Natürlich kann auch ein Rotwein zu warm sein, was ihm ein kleines Eisbad erlauben würde. Sollte es der Fall sein, dass Rotwein zu kühl ist, chambriert man ihn, um die richtige Servier- und somit Trinktemperatur zu erhalten. Wie wird der Wein nun schneller warm? Man könnte ihn eine Zeit lang innig umarmen, was bei manchen Weinen auch durchaus erlaubt sein soll, wenn sie etwas Besonderes sind (Achtung: Spaß!). Wichtig ist, je nach Wein, ihn nicht nur von einer Seite zu erwärmen, z. B. indem man ihn auf die Heizung stellt, auf den von der Fußbodenheizung erwärmten Boden oder ähnliches. Warum? Der Wein wird nur unten warm, nicht oben, man müsste ihn also einmal *umdrehen*, um den wärmeren Anteil in der ganzen Flasche zu verteilen. Bei gereiften Weinen und Weinen mit Sediment ist dies jedoch nicht ratsam. Deshalb werden diese auch oft schon Tage vorher aufgestellt, damit sich das Sediment unten absetzt und es beim Ausgießen nicht ins Glas gerät. Deshalb wird der Rotwein mit einer wärmenden Manschette erwärmt oder in lauwarmes Wasser gestellt, was ihn im Handumdrehen auf die richtige Temperatur bringt. Achtung: Lasst den Wein nicht zu lange baden!

Schraub- vs. Korkverschluss und wie man die Flasche richtig öffnet

Ich erwische mich immer wieder dabei, wie ich selbst als Gast im Restaurant die Weinflasche am liebsten selbst öffnen würde. Das Öffnen einer bestellten oder aus dem Keller geholten Flasche Wein ist für mich ein Akt, den man zelebrieren kann und sollte. Vor allem natürlich, weil man anschließend mit flüssigem Glück belohnt wird. Doch wie öffnet man die Flasche professionell und was hat es eigentlich mit den Kork- und Schraubverschlüssen auf sich? Ursprünglich wurde eine Flasche Wein mit einem Korken versehen, anschließend die Flaschenöffnung bis zum Hals mit der sogenannten Kapsel überzogen. Heute werden viele Weine mit einem Schraubverschluss verschlossen. Optisch ist dieser natürlich längst nicht so schön und das Öffnen erscheint längst nicht so zeremoniell. Wo man beim Korken zunächst mit einem *Kellnermesser* unterhalb der *Wulst* die Kapsel einschneidet, diese oberhalb anschließend abzieht und dann mit der Spirale vorsichtig den Korken herauszieht, steht diesem Akt ein kurzer Dreher und ein leichtes Knacken beim Drehverschluss gegenüber.

Mit dem Schraubverschluss wird den meisten Verbrauchern zudem vermittelt, dass es sich um einfache, billige Weine handelt. Doch weit gefehlt! Mehr und mehr Weingüter von internationalem Rang steigen vom Kork- auf den Schraubverschluss um. Warum? Die Wahrscheinlichkeit von Korkfehlern und weiteren Weinfehlern sinkt mit dem Schraubverschluss enorm, was ihm eigentlich das Totschlagargument überhaupt liefert. Denn mal ehrlich, was bringen euch verkorkte Flaschen, wenn ihr den Wein vor euren Gästen öffnet, dieser einen Fehler hat und nicht genießbar ist? In diesem Moment wünscht ihr euch, dass auch die teure Flasche beim Abfüllen einen Drehverschluss verpasst bekommen hätte.

Wo sich das Flaschenöffnen bei normalen Weinflaschen mit etwas Übung schnell erlernen lässt, ist das Öffnen von Schaumweinflaschen schon ein anderes Kaliber. Das liegt unter anderem an der bestehenden Gefahr, jemanden zu verletzten. In einer Flasche Schaumwein herrscht ein enormer Druck, der den Korken, nach Entfernung des kleinen Korbs, aus der Flasche herauskatapultieren kann. Doch von vorne. Auch beim Schaumwein wird zunächst die Kapsel entfernt. Hierfür gibt es meist vorgefertigte Laschen, die das Entfernen erleichtern. Unter der Kapsel wird nun zunächst die Agraffe (der kleine Drahtkorb) sichtbar, die den Korken sichert und fixiert. Achtung, denn jetzt wird es gefährlich: die Agraffe muss an einer Stelle geöffnet und anschließend entfernt werden. Damit der Korken nicht bereits dabei herausfliegen kann, drückt während des Aufdrehens und Lockerns der Agraffe unbedingt einen Finger oder die flache Hand von oben auf das Konstrukt. Klassisch wird nun gepfriemelt und die Agraffe unter der aufgedrückten Hand herausgepult - dabei immer Druck auf den Korken ausüben. Wenn diese ab ist, nimmt man die Flasche in die eine Hand und hält den Korken mit der anderen fest. Ein weitverbreiteter Irrtum ist, dass man den Korken nun durch herausdrehen aus der Flasche kriegt. Vielmehr sollte der Korken festgehalten und die Flasche vorsichtig in einer Art Rüttelbewegung gedreht werden, bis sich der Korken schließlich löst und entfernen lässt. Du hast die Flasche übrigens dann perfekt geöffnet, wenn der

Korken fast lautlos mit einem leisen Zischen aus der Flasche entfernt wird. Tut euch und euren Lieben den Gefallen und kühlt die Flasche Schaumwein vorab gut, denn je wärmer er ist, desto höher ist der Flascheninnendruck. Falls ihr *Freistil* betreibt, kann das ganz schnell ganz arg *ins Auge gehen*.

Noch ein paar spannende Tipps und Informationen: ein sogenannter Kapselschneider für verkorkte Flaschen lässt sich super einfach benutzen und überzeugt mit einem sehr sauberen Ergebnis am Flaschenhals. Sollte mal ein Flaschenhals mit Wachs überzogen sein (manche Winzer ersetzen die einfache Kapsel durch Wachs), fangt bloß nicht an, das Wachs abzufummeln. Einfach die Spirale durch das Wachs bohren und den Korken normal ziehen. So geht es viel einfacher und vor allem sauberer!

Das richtige Weinglas

Die Weine sind nun passend temperiert, die Gäste sind gerade reingekommen und ihr wollt den Aperitif genießen und in einen wunderbaren Abend starten. Bleibt noch die Frage nach dem richtigen Servieren. Welches Glas für welchen Wein und welchen Wein muss ich eigentlich dekantieren? Oder karaffiere ich lieber? Was ist eigentlich der Unterschied? Ähnlich wie bei der Frage nach dem richtigen Lagern von Wein - ob stehend oder liegend - ist die Frage nach dem richtigen Glas eine äußerst pikante. Wäre die Frage leicht zu beantworten, und diese Antwort entsprechend zu belegen, gäbe es sicher nicht die vielen Produzenten von Weingläsern. Allesamt fertigen sie ihre eigenen, individuellen Gläser und arbeiten auch mit komplett eigenen Überzeugungen. So gibt es Glashersteller, die ausschließlich ein Glas produzieren, aus dem wirklich jeder Wein – ob Schaumwein, weiß oder rot – getrunken wird. Andere wiederum sind der festen Überzeugung, für jeden Weintyp oder jede Rebsorte sei ein eigenes, individuelles Glas notwendig. Und wieder andere produzieren zusätzlich noch diverse Serien und Ausführungen mit Farbakzenten oder besonders geformten Gläsern. Gemein haben sie alle die Absicht, die bestmöglichen Bedingungen für den Wein und dessen Genuss zu schaffen. Hierbei kann man mit einfachen Gläsern unter 10 € arbeiten, aber je nach Lust und Laune auch bis zu 100 € für ein einziges Weinglas ausgeben.

Ähnlich sieht es bei den Karaffen oder Dekantern aus. Hier kann man eine einfache handelsübliche Wasserkaraffe verwenden, oder hohe dreistellige Beträge für pompöse Dekanter ausgeben. Hier muss jeder, seinem Geldbeutel und dem eigenen Stil entsprechend für sich selbst entdecken, welcher Hersteller oder welches Glas für ihn am besten funktioniert. Das richtet sich natürlich besonders nach den Weinen, die man trinkt. Generell gilt das Kredo, Rotweine aus großen Gläsern, Weißweine aus kleinen Gläsern und Schaumwein aus der bekannten Flöte. Hier möchte ich direkt einlenken und jeden dazu ermutigen, die Flöten zu entsorgen und Schaumweine aus dem Weißweinglas zu genießen. Besonders hochwertige sogar aus einem Rotweinglas. Ich persönlich nutze fast ausschließlich große, ursprünglich für Rotwein konzipierte Gläser und trinke daraus Schaumwein, Weißwein oder

Rotwein. Einige Weine oder Weintypen brauchen viel Luft und Raum, um sich zu präsentieren, andere weniger.

Ich würde dennoch ein paar Empfehlungen für die richtige Gläserwahl geben. So würde ich frische Schaumweine, knackige Weißweine wie einfache Rieslinge oder Sauvignon Blancs aus einem Weißweinglas trinken. Dagegen gereifte Schaumweine wie Jahrgangschampagner, hochwertige Lagenrieslinge, Chardonnays und weiße Burgunderrebsorten wie Weiß- und Grauburgunder eher aus einem Rotweinglas.

Innerhalb der Fraktion der Rotweine würde ich zwischen leichteren Rotweinen wie Pinot Noirs und Beaujolais und kraftvollen, dichten und intensiven Roten wie Cabernet Sauvignon, Shiraz (Syrah), Tempranillos oder Sangiovese unterschieden. Erste präsentieren sich sehr gut im sogenannten und bauchig weit ausladenden Burgunderglas, letztere können ein schlankeres, aber im Volumen ebenfalls großes *Bordeauxglas* vertragen. Dies gilt – ebenfalls wie bei der Frage nach der richtigen Trinktemperatur – nicht verallgemeinernd für jeden Wein, sondern ist individuell und eine kleine Wissenschaft für sich.

Gereifte Weine und Süßweine werden übrigens in einem möglichst kleinen Weinglas serviert, in der Regel auch kleiner als das Weißweinglas. Im kleinen Glas bietet der gereifte oder alte Wein wenig Oberfläche für Luft und somit Oxidation und bleibt so stabiler. Im Rotweinglas hingegen würde er womöglich schnell *kippen* und wäre nicht mehr genießbar. Müsste ich mir ein Glas aussuchen, mit dem ich auskommen muss, würde ich eine Zwischengröße zwischen Weiß- und Rotweinglas aussuchen und diese als *Universalglas* verwenden.

Dekantieren oder karaffieren?

Nachdem ihr eure Gäste nun also mit dem schaumigen Aperitif aus dem Weißweinglas begrüßt und angestoßen habt, liegt der Fokus auf den kommenden Weinen, denn nur ein aufmerksamer Gastgeber ist ein guter Gastgeber. Die knackigen, frischen Weißweine werden direkt aus der Flasche serviert, denn so zeigen sie sich am besten. Ein komplexer Chardonnay bietet sich zum Karaffieren an. Auch oft als *Dekantieren* betitelt, wobei es jedoch nicht das Gleiche ist. Beim Karaffieren wird der Wein ganz einfach nur in eine entsprechend große Karaffe gekippt, wobei der Wein, nachdem er die Flasche verlassen hat, mit viel Luft in Kontakt kommt. Der Sinn des Karaffierens ist das Zuführen von Luft, um den Wein dabei zu unterstützen, sich zu öffnen und bestmöglich zu präsentieren. Weißweine - wenige Ausnahmen ausgeschlossen - werden nur karaffiert, wogegen Rotweine sowohl karaffiert als auch dekantiert werden können. Dabei hat das Karaffieren des Rotweins den gleichen Sinn wie beim Weißwein.

Das Dekantieren, bei dem der Wein zwar auch in eine Karaffe gekippt wird und Luft erhält, unterscheidet sich allerdings in einem kleinen Aspekt. Dekantiert werden Weine mit Depot, also Sediment am Boden der Flasche, welches den Wein trübt und verunreinigt. Man dekantiert also, um dieses Depot von dem Wein zu entfernen. Klassischerweise geht dies über der Flamme einer Kerze von statten.

Die Karaffe hält man in der einen und die Weinflasche in der anderen Hand und kippt langsam und behutsam den Wein in die Karaffe. Dabei hält man den Flaschenhals so gegen die Flamme, dass man erkennen kann, ab welchem Punkt das Depot mit in die Karaffe fließen will. Sobald das trübe Depot im Flaschenhals ankommt, beendet man den Vorgang und hat nun den klaren Wein in der Karaffe und das trübe Depot in der Flasche. Achtung: der Wein gewinnt - je nach Umgebungstemperatur - an Temperatur, weshalb das Kühlen der Karaffe im Weinkühler durchaus erlaubt ist.

Wein ‚richtig' genießen: Umgang mit dem Glas und wie ich richtig verkoste

Eine Frage, die mir immer und immer wieder gestellt wird, ist die Frage nach dem richtigen Weintrinken. Dabei stellt sich zunächst die Frage, ob es ein falsches Weintrinken gibt. Ich würde sagen nein, vielleicht den falschen Wein. Dennoch wird Wein unterschiedlich genossen und ich selbst ertappe mich im Restaurant oder auf Verkostungen immer wieder dabei, weintrinkende Menschen und ihr Verhalten *am Glas* zu beobachten. Dieses Verhalten beginnt bereits vor dem ersten Schluck, ja vor der ersten Nase, die man vom Duft des fermentierten Traubensaftes in sich aufsaugt. Ich würde behaupten, dass weit über 50 % der Leute, die gerne Wein trinken, das Glas am Kelch anfassen und nicht am Stil. Was denkt ihr? Und wo fasst ihr es an? Man steht mit Freunden beim Afterwork zusammen, startet mit einem schnellen Bier gegen den Durst und wechselt dann auf Wein. Ähnlich wie beim Gin-Tonic-Kelch wird das Glas meistens entweder rundum gegriffen oder in die, nach oben geöffnete, Handfläche gelegt. Ich mache das auch, jedoch nur dann, wenn der Wein zu kalt temperiert eingeschenkt wurde und eine höhere Temperatur vertragen könnte. Ansonsten lasse ich komplett die Hände vom Glaskelch und nutze den Stil. Warum? Ja, es geht wieder um die Temperatur. Mit rund 37 Grad ist unser Körper viel wärmer als jeder servierte Wein (ich hoffe es zumindest, sonst solltet ihr mit dem Gastgeber sprechen) und ein Weinglas ist nicht sehr dickwandig. Dementsprechend geben wir etwas von unserer Temperatur an den Wein ab, wenn wir das Glas am Kelch halten. Das mag lässig aussehen - wobei ich persönlich finde, dass das Halten am Griff weitaus eleganter aussieht - tut dem Wein aber nicht gut. Der Wein wird rasch wärmer und wie wir bereits gelesen haben, verändert sich der Wein, je wärmer er wird. Er wird alkoholischer, üppiger, gar fetter und ändert seinen kompletten Charakter. Deswegen tut euch selbst den Gefallen, und haltet das Glas am Stil. Nase und Gaumen werden es euch danken.

Womit wir beim zweiten Teil von *wie genießt man Wein richtig* sind. Nachdem der Wein im, von euch am Stil gehaltene, Glas landet, seid ihr dran. Schmeckt, probiert, verkostet, riecht, bewertet. Doch in welcher Reihenfolge? Und macht es für einen nicht professionellen Weintrinker überhaupt Sinn, den Wein genauer zu hinterfragen? Im Fokus steht natürlich vor allem der Genuss. Der Wein muss dir schmecken. Doch wieso nicht hinterfragen und eine eigene Meinung bilden? Mit jedem Wein, den ihr aufmerksam probiert, lernt ihr mehr und bildet euren Erfahrungsschatz aus. Ich finde das wahnsinnig spannend. Ihr beginnt also mit dem Blick ins Glas, haltet es dafür auf Augenhöhe, gegen einen weißen oder hellen Hintergrund. Ist der Rotwein von hellem Rot, sodass man durchschauen kann, kann man auf einen leichteren Rotwein, wie einen Pinot Noir schließen. Ist das Rot undurchsichtig, wird es ein kraftvollerer Rotwein sein, wie ein Cabernet Sauvignon oder Shiraz. Als nächstes riecht ihr am Wein und bekommt einen ersten Eindruck.

Dann, und jetzt wird es spannend, solltet ihr versuchen, das Glas zu schwenken. Das funktioniert mit ein wenig Übung freihändig. Sollte es aber zunächst nicht klappen, stellt ihr es auf den Tisch und macht mit dem Stil in der Hand kreisende Bewegungen, welche den Wein im Glas zirkulieren lassen. Dadurch verbreitet sich die Oberfläche des Weins und die Aromen haben die Möglichkeit, sich auszubreiten und präsenter und dominanter zu erscheinen. Nun folgt ein nächster Geruchstest und ihr werdet sehen, dass ihr im Gegensatz zum ersten Mal, einen intensiveren Duft in der Nase habt. Nun fragt ihr euch: Was riecht ihr? Womit assoziiert ihr die Aromen? Frucht? Wenn ja, was für Früchte? Holz? Ein Spaziergang im Wald? Tabak? Fleisch? Blumen? Nasse Steine? Austernschale? Das Spektrum an Aromen ist immens und hier gilt nun: tobt euch aus. Denkt über Weine nach, die ihr bereits getrunken habt und die an diesen Wein erinnern. Welche Rebsorten waren das? Wo kam der Wein her? Alles was ihr aus dem Wein heraus riecht, ist individuell und subjektiv, fließt in euren persönlichen Erfahrungsschatz ein und hilft euch, wie eine Art Puzzle, Weine immer und immer besser zu verkosten und einzuordnen. Nachdem ihr dem Bouquet des Weins ausreichend Aufmerksamkeit gewidmet habt und im besten Fall bei Gefallen nun Lust auf einen Schluck habt, geht es an den Gaumen. Nehmt einen Schluck und lasst diesen in Ruhe auf euch und eure Rezeptoren im Mundraum wirken. Schmeckt ihr Früchte? Die Gerbstoffe - Tannine - aus der Beerenschale? Ist der Wein schwer oder leicht? Kraftvoll oder zurückhaltend? Pritzelt er vor Mineralität an den Seiten der Zunge (denn dort sind die Rezeptoren für Mineralität)?

Geht in euch und lasst euch von euren Eindrücken und Empfindungen lenken, falls ihr mit Freunden verkostet, tauscht euch aus. Mit mehr und mehr verkosteten Weinen und Erfahrungen in eurer persönlichen Geschmacksdatenbank, könnt ihr die Weine irgendwann nach verschiedenen Aspekten kategorisieren. Ob nach Intensität, Fruchtigkeit, anhand einzelner Aromen oder weil ihr bereits diverse Weine dieser Rebsorte verkostet habt. Ein wichtiger Indikator für den Gesamteindruck und besonders für die Qualität des Weins ist nun das sogenannte Finish, oder Abgang, wie es oft genannt wird. Der Nachgeschmack also, den man nach dem Herunterschlucken des Weins noch am Gaumen hat. Gibt es einen Nachgeschmack? Wonach? Finden sich einzelne Aromen, die ihr vorher erschmeckt habt, im Nachgeschmack wieder? Wie lang ist dieser? Eine gewisse Faustregel besagt: Je länger der Nachgeschmack, desto hochwertiger ist der Wein. Ich habe schon Weine getrunken, deren Nachgeschmack minutenlang wie am Gaumen geklebt hat und kaum verschwinden wollte.

> ***Tipp:*** Wenn ihr einigermaßen stark interessiert seid und euch das Thema Wein wirklich begeistert, solltet ihr neben eurer *Geschmacksdatenbank* eine weitere Datenbank anlegen. Die Datenbank der verkosteten, getrunkenen Weine. Der eine oder andere kann sich viele Weine und seine Eindrücke zu diesen bis ins Detail merken. Das ist jedoch nicht die Regel, weshalb fast jeder Notizen zu seinen Weinen macht. Das sind anfangs vielleicht einfachere Weine, später dann die besonderen Weine, die man verkostet und deren Eindrücke man schriftlich festhalten möchte. Zwar gibt es dafür diverse Apps, ich persönlich empfehle jedoch nur die App *Cellartracker* – die allerdings häufig von recht fortgeschrittenen Weintrinkern genutzt wird - oder einfach die Notizenapp im Handy. Auf ausgesprochenen Verkostungen ist ein Notizbuch zu empfehlen, in dem man seine Aufzeichnungen einfach chronologisch geordnet nach Namen des Weins, Nase, Gaumen und Gesamteindruck festhalten kann.

„Ich trink' einen Sekt, vielleicht." – Schaumwein

Ich bin ehrlich: diese kleinen, im Glas aufsteigenden Perlen, Bläschen, Bubbles – wie immer ihr sie auch nennen mögt – treiben mir stets ein Lächeln auf die Lippen. Kaum ein anderer Wein, denn auch wenn er blubbert nennen wir ihn Wein, vermag es, zu so vielen Anlässen und Stimmungen die richtige Wahl zu sein. Schaumwein trinkt man zum Aperitif, als erfrischenden Starter in einen kulinarischen Abend mit Freunden. Schaumwein trinkt man zur Feier des bestandenen Studienabschlusses, zu den gängigen Feiertagen und Familienzusammenkünften. Und Schaumwein trinkt man auch – ich zumindest – in schweren, traurigen Zeiten.

Dabei ist zunächst die Frage, wie diese kleinen Bubbles überhaupt in der verkorkten Flasche landen. Bis zu einem gewissen Punkt verläuft alles wie beim Stillwein. Die erste Gärung findet im Holz oder Edelstahlbehälter statt und man erhält den Grundwein für den späteren Schaumwein. Mithilfe der *Methode Traditionelle*, *Methode Champenoise* oder *Champagnermethode*, der in der Champagne erfundenen Methode zur Herstellung von Schaumwein, kommt es zu einer zweiten Gärung in der Flasche. Dabei wird der Grundwein mit Zucker und Hefe versetzt. Diese fangen direkt an zu arbeiten, und wandeln den Zucker in Alkohol und Kohlensäure – da sind also die Bubbles – um.

Da der Schaumwein anschließend noch nicht fertig ist, wird die Flasche für diesen Vorgang üblicherweise mit einem Kronkorken verschlossen. Der Wein verbringt nun eine gewisse Zeit *auf der Hefe* und erhält so mehr Feinheit und Komplexität. Die abgestorbenen Hefezellen müssen für das finale Ergebnis jedoch wieder aus der Flasche heraus. Mithilfe des sogenannten *Rüttelns* der Flasche bewegen diese sich nach und nach in den Flaschenhals, bis die Flasche mit dem Kronkorken schließlich nach unten zeigt und sich sämtliche Hefe direkt unter dem Kronkorken angesammelt hat. Nun kommt es zum *Degorgieren*, dessen Ziel das Entfernen dieses Hefepfropfens aus der Flasche ist. Dazu wird der Flaschenhals schockgefroren, damit der Pfropfen am Kopf der Flasche bleibt. Anschließend wird der Kronkorken geöffnet und durch den Druck in der Flasche wird die Hefe aus dem Flaschenhals katapultiert. Da bei diesem mittlerweile fast überall vollautomatisierten Verfahren auch immer etwas Schaumwein verloren geht, wird die Differenz mit der sogenannten *Versanddosage* aufgefüllt.

„Spezielle Süßreserve, die einem Schaumwein vor der endgültigen Verkorkung zugesetzt wird. Die Versanddosage (frz.: liqueur d'expédition) besteht aus einem Gemisch von Wein und Zuckersirup (gelegentlich auch süßem Branntwein), um den Geschmack abzurunden und gleichzeitig die Flaschen, deren Füllniveau durch das Degorgieren gesunken ist, wieder aufzufüllen. Mittels Versanddosage wird der endgültige Zuckergehalt des Schaumweins festgelegt, von Extra Brut bis Doux. Hochwertige Jahrgangschampagner oder Schaumweine, die lange auf der Hefe gelegen haben, werden häufig ohne Dosage verkorkt. Brut Nature, Dosage Zéro oder Pas Dosé steht dann auf ihrem Etikett (Champagnerbereitung).“

Hört sich theoretisch an, aber gerade die *Versanddosage* ist für den Geschmack wirklich wichtig. Vielen von euch ist sicher schon aufgefallen, dass die Weine der großen und bekannten Schaumweinproduzenten oft gleich schmecken, egal ob ihr ihn im Jahr 2016, 2018 und 2020 gekauft und getrunken habt. Genau hier bekommt die Versanddosage ihren Auftritt. Durch den Zuckergehalt selbiger kann der Winzer bestimmen, wie süß oder eben nicht süß der Schaumwein später wird. Auch im Wein ist der Zucker ein Geschmacksträger und kann somit das gesamte Geschmacksbild des Weins beeinflussen.

Wie bereits erwähnt, befindet sich die Wiege des Schaumweins in der Champagne, wo die lange und weite Reise ihren Ursprung hat. Zwar ist jeder Champagner ein Schaumwein, aber längst nicht jeder Schaumwein ein Champagner. Champagner dürfen sich wirklich nur die Schaumweine nennen, die aus der Region im Nordosten Frankreichs stammen. Hier und da wurden ausländische Schaumweine als Champagner deklariert, was zu hohen Strafen für die entsprechenden Herausgeber geführt hat.

Schaumwein wird weltweit produziert und bringt viele Perlen – Achtung Wortspiel – hervor. In Frankreich zählen neben Champagner, der Cremant d'Alsace und der Cremant de Limoux zu meinen Favoriten. In Deutschland erlebte der Schaumwein, der deutsche Winzersekt, in den letzten Jahren eine regelrechte Renaissance und trumpfte mit sehr hochwertigen Schaumweinen auf. Der spanische Cava, der in Katalonien hergestellt wird, ist einer meiner absoluten Lieblinge und kann sowohl frischer Aperitif als auch kraftvoller Speisenbegleiter sein. In Italien zählen die Franciacortas zu den Top-Sprudlern, wenn natürlich auch der Prosecco eine immense Fanbase hat. Für alle aufgeführten Schaumweine gilt: prickelnder Genuss muss nicht immer teuer sein. Schaut über den Tellerrand und vorbei an den ganz großen Namen, und ihr findet unzählige Preis-Genuss-Hits für Zuhause!

Rebsorten dieser Welt – vereinigt euch

Auch wenn ich nur bedingt auf die Theorie und Weinkunde eingehen möchte, kommt man hier und da einfach nicht drum herum, wenn man ein guter Gastgeber für seine Lieben sein möchte und vielleicht hier und da mal ein wenig sympathisch klugscheißen mag. Dazu gehören definitiv die grundlegenden Trauben, die schließlich in fermentierter Form *auf der Flasche* und im Glas landen – die Rebsorten.

Weiße Rebsorten

Der Riesling ist nicht nur in unseren Gefilden beheimatet, er ist zudem auch noch die wohl wandelbarste Rebsorte auf unserem Planeten Erde. So kann er zunächst als Still-, aber auch als Schaumwein im Glas landen. Ja, es gibt exzellente Riesling-Sekte! In Sachen Stillwein kommt er als trockener, durchgegorener Wein oder *lieblich* – wir nennen es lieber restsüß – bis edelsüß vor. Durch den sehr beliebten Pilz *Botrytis* und dem jeweiligen Grad des Befalls der Traube, vermag es der Riesling leicht süß bis edelsüß zu werden. Dabei perforiert der Pilz die Beerenschale und entzieht ihr sukzessive die Flüssigkeit, bis die Beere runzlig, irgendwann rosinenartig ist. Je mehr der Pilz *arbeitet* und je mehr Wasser er der Beere entzieht, desto höher werden Zucker und Extrakt in der Beere, was schlussendlich zu diversen Qualitätsstufen führt. Das sind dann Qualitäten wie Spätlese, Auslese, Beerenauslese und Trockenbeerenauslese, wobei die Namen bereits Hinweis auf die Art und Weise der Herstellung geben. In Frankreich - im Elsass - nennt man diese dann *Vendange Tardive* und *Selecion de Grains Noble*. Durch diese Vielfalt kann euch eigentlich niemand erzählen, dass er *Riesling nicht mag!* Man muss nur den passenden Stil finden. Die Riesling-Traube ist vielseitig, hat eine rassige Säure, Aromen von Apfel und Pfirsich und sie hat ein außergewöhnliches Lagerungspotenzial. Übrigens: der Riesling entwickelt mit der Zeit wunderbare Reifenoten.

Chardonnay ist eine der beliebtesten Weißwein-Rebsorten der Welt - mit gutem Grund. Seine Wiege hat die weltweit meist angebaute Rebsorte in einem kleinen Dorf in Frankreich, von wo aus sie die Welt erobert hat. Ähnlich dem Riesling, werden aus Chardonnay sowohl Still- als auch Schaumweine hergestellt. Die Trauben des Chardonnays sind sogar eine der drei dominierenden Rebsorten für den Champagner (siehe Schaumweine). Als meist angebaute weiße Rebsorte der Welt wird die Traube nicht nur in der alten Welt, sondern auch in vielen Ländern der neuen Welt kultiviert. Großartige Exemplare kommen aus den USA, Australien, Südafrika oder Chile. Chardonnays treten in aller Regel in zwei unterschiedlichen Formen auf: *Oaked* oder *Unoaked*, wie die Weinbranche es zu nennen pflegt. Damit ist die Ausbauform des Weins gemeint. *Oaked Chardonnays*, also umgangssprachlich *holzige Chardonnays* landen während der Vinifikation im Holzfass und nehmen, je nach Zustand des Fasses (je neuer, desto mehr Holzgeschmack) vanillige, holzige, rauchige Aromen an, die sich zu der rebsortentypischen Aromatik gesellen. Diese Chardonnays sind cremiger, fülliger und zeigen Aromen von Vanille und Butter. Beispiele hierfür sind u. a. Chardonnays aus dem

Burgund, den USA oder Australien. *Unoaked Chardonnay*, also *ohne Holzeinsatz*, wird in Edelstahlbehältern verarbeitet, nimmt dadurch keinerlei zusätzliche Aromen auf und ist somit sowohl puristischer als auch leichter und knackiger, mit Aromen von gelbem Apfel, Zitrone, Birne und Ananas. Das perfekte Beispiel dafür ist Chablis.

In Sachen Beliebtheit rangiert der Sauvignon Blanc sicher auf dem Treppchen recht weit oben. Überlegt mal, wen kennt ihr, der keinen Sauvignon Blanc mag? Übersetzt wird die Traube mit *Wilde Weiße*, was sicher auf ihre Rassigkeit zurückzuführen ist. Wie seine beiden Vorgänger, kann auch der Sauvignon Blanc mit einer großen Wandlungsfähigkeit auftrumpfen. Ob als Schaumwein oder Stillwein, ob trocken oder süß. Seine Wiege hat der Sauvignon Blanc, wie auch der Chardonnay, in Frankreich, genauer gesagt an der Loire, die im Atlantik mündet und deren Klima herausragende Sauvignon Blancs hervorbringt. Doch die Traube ist flexibel und lässt sich nahezu überall antreffen: Frankreich, Neuseeland, Südafrika und Chile, um die größten Anbaugebiete zu nennen. Außergewöhnlich gute Sauvignon Blancs kommen von der Loire und aus der Südsteiermark. Da die Frage oft kommt: Ja, auch unsere deutschen Winzer machen sehr gute Sauvignon Blancs. Diese weltweite Verbreitung geht entsprechend mit einer großen Vielfalt an unterschiedlichen Stilen der Weine einher. Sie reichen von leicht, knackig und frisch bis kraftvoll und üppig. Ausschlaggebend dafür ist der Reifegrad der Trauben zum Zeitpunkt der Lese. Werden die Trauben früh gelesen, zeigen sich die Weine typisch und auch klassischerweise mit Aromen von Stachelbeeren, Gras, Grapefruit und Limette. Je reifer die Trauben oder je später sie gelesen werden - einen großen Faktor dafür spielen die klimatischen Bedingungen in der jeweiligen Region - desto reicher und saftiger werden die Weine, ohne ihre dominante und charakteristische rassige Säure zu verlieren. Die Aromen von Stachelbeere und Gras treten in den Hintergrund und werden von weißem Pfirsich und Passionsfrucht ersetzt.

Wie auch der Chardonnay und Grauburgunder, gehört der Weißburgunder oder Weißer Burgunder - wie der Name es schon impliziert - zu der Familie der Burgunderrebsorten. Die weiße Traube erfreut sich wegen ihrer angenehmen Aromatik, über Deutschland hinaus, ebenfalls enormer Beliebtheit. Sie ist vielen von euch auch unter den Namen Pinot Blanc in Frankreich oder Pinot Bianco in Italien bekannt. Anzutreffen sind Weißburgunder hauptsächlich in der Alten Welt, also Europa. Die Traube bevorzugt wärmere und trockene Gegenden, die ihr erlauben, voll auszureifen und somit ihre Charakteristik zu formen. In Deutschland finden wir die wohl hochwertigsten Vertreter des Weißburgunder deshalb in den südlicheren, wärmeren Anbauregionen wie Baden oder der Pfalz, in Italien im nördlichen gelegenen Südtirol und in Frankreich im Elsass. Die Komplexität der Weine hängt dabei oft mit dem Lesezeitpunkt der Trauben zusammen. Früh gelesene Trauben bringen weniger Extrakt mit und lassen die Weine eindimensionaler erscheinen, wohingegen spät gelesene Trauben mit mehr Extrakt, Substanz und Kraft ausgestattet sind. Der Weißburgunder ist ein toller Trinkwein und deshalb so beliebt. Er erzeugt oft elegante Weine mit frischer Fruchtigkeit von Zitrus- und Steinfrucht, floralen und nussigen Noten sowie einem ausbalancierten, nicht überladenen Körper, der in der Regel nach einem nächsten Glas schreit.

Ein prekäres Thema stellt die ebenfalls zu den Burgunderrebsorten gehörige Traube des Grauburgunders dar. Als Weinfreak, wie ich mich selbst bezeichnen würde, ist der Grauburgunder nicht unbedingt einer meiner Favoriten, für den *Otto Normalverbraucher* jedoch unabkömmlich. Doch von vorne. Klassifiziert wird die Traube unter dem Namen Ruländer, genannt wird sie in Deutschland jedoch Grauburgunder oder Grauer Burgunder, in Frankreich Pinot Gris und in Italien Pinot Grigio. Sie kommt ursprünglich - wie soll es anders sein - aus dem Burgund in Frankreich. Der Wein aus dieser Traube ist zwar weiß, jedoch bekommt die Schale des Grauburgunders bei voller Reife einen leichten rötlich-grauen Stich, was ihm zu eben diesem Namen verhalf. In Europa trifft man ihn hauptsächlich in Deutschland, Italien und Frankreich an. In Deutschland bringt er reichhaltige, kraftvolle Weine von oft hoher Qualität hervor. In Italien sind die Weine eher leicht und fruchtbetont und im Elsass, in Frankreich, sind die Weine reif, komplex und ebenfalls oft von hoher Qualität. Die Weine aus Grauburgunder sind in aller Regel kraftvolle, körperreiche und vollmundige Weine mit Aromen von Zitrus, Steinfrucht, Haselnuss und Melone. Da die Weine nicht selten überladen und zu üppig sind und die Traube selbst keine besonders hohe Säure hat, können die Weine plump wirken und sind daher für den Weinfreak etwas verpönt. Nichtsdestotrotz gibt es Licht im Dunkel und durchaus auch immer wieder sehr hochwertige Vertreter des Grauburgunder, die zur Versöhnung rufen.

Rote Rebsorten

Den Anfang macht die weltweit meistangebaute rote Rebsorte, die ihren Ursprung im Bordeaux hat, der Cabernet Sauvignon. Spricht man von Rotwein, insbesondere kraftvollen Rotweinen, führt kein Weg am Bordeaux und der Traube Cabernet Sauvignon vorbei. Als Kreuzung - sozusagen Kind - von Cabernet Franc und Sauvignon Blanc, sind die Rotweine aus Cabernet Sauvignon weltweit ein Synonym für Qualität und mitunter die teuersten Weine der Welt. Grund dafür ist zum einen das Image dieser Traube, mit ihrer imposanten Historie, zum anderen ihre Aromatik und die Stilistik der Weine. Aus Bordeaux heraus eroberte die dickschalige Traube die Welt und wird heute fast überall angebaut. Die bekanntesten Vertreter stammen aus Bordeaux selbst, der Toskana in Italien, wo Weine aus Cabernet Sauvignon und Merlot als *Supertoskaner* bezeichnet werden und Kalifornien in den USA. Cabernet Sauvignon wird in der Regel im Holzfass ausgebaut und weist ein enormes Lagerpotenzial auf, das die Weine bis zu 100 Jahre reifen lassen kann. Aromatisch haben wir es hier mit dunklen, kraftvollen Weinen zu tun, die sich durch Aromen von schwarzer Kirsche, schwarzer Johannisbeere, oft Paprika und Zedernholz und rauchigen Noten vom Holzeinsatz auszeichnen.

„You had me at Merlot" – ein Spruch den ihr sicher schon gehört habt. Und natürlich sollte Merlot auch in keiner Auflistung fehlen. Ebenfalls aus dem Bordeaux stammend, wird er entweder reinsortig ausgebaut, oder mit Cabernet Sauvignon verschnitten. Und tatsächlich gibt es neben der Herkunft einige Parallelen zum Cabernet Sauvignon: die Weine aus der Merlot-Traube sind ebenfalls kraftvolle Rotweine, ähnlich beliebt und entsprechend stark in den weltweiten Weingärten von Frankreich bis China vertreten und zählen zu den lagerfähigsten und mitunter teuersten Weinen der Welt. Ein Name den man sich hier merken sollte, ist Petrus. Dabei rede ich nicht vom heiligen Petrus, sondern dem Weingut in Pomerol, was am rechten Ufer des Flusses Gironde liegt und Jahr für Jahr einen der zwei, drei teuersten Weine der ganzen Welt herstellt. Eine einzige Flasche kann da, je nach Jahrgang, bis zu 10.000 Euro kosten. Auch wenn die Trauben weltweit angebaut werden und unter unterschiedlichsten Bedingungen wachsen, überzeugen die Weine mit einer einzigartigen Aromatik. Wo sich das Aromenspektrum beim Cabernet Sauvignon im Bereich der dunklen Früchte abgespielt hat, zeigt der Merlot mehr rote Frucht von roter Kirsche, Pflaume und Schokolade und hat einen nicht ganz so vollen Körper.

Von den Schwergewichten wechseln wir nun zu mehr Feinheit und Leichtigkeit, die jedoch auch - wie soll's anders sein - in Frankreich ihren Ursprung hat. Der Pinot Noir, oder Spätburgunder, wie wir ihn in Deutschland nennen und lieben. Neben den bekannten und finessenreichen Stillweinen, spielt der Pinot Noir als eine der drei dominierenden Rebsorten in der Champagne auch im bekannten Schaumwein eine tragende Rolle. Der Pinot Noir ist in Sachen Kultivierung, Klima und Untergrund weitaus anspruchsvoller. Er ist eine kleine Diva und deswegen auch nicht so weit verbreitet wie Cabernet Sauvignon oder Merlot. Seiner Beliebtheit und vor allem den immer weiter steigenden Preisen tut das allerdings keinen Abbruch, was zu den im Durchschnitt wohl teuersten Rotweinen überhaupt führt. Doch Achtung: Der Pinot, wie ihn die Weinfreaks liebevoll nennen, ist alles andere als *Easy Drinking*. Die feinen, leichten und eleganten Weine sind nicht nur in der Kultivierung anspruchsvoll, sondern auch am Gaumen, weshalb die Lehre des Pinot Noir als der Heilige Gral betitelt und von vielen alteingesessenen Weinkennern als die schwerste Disziplin überhaupt bezeichnet wird. Herauszuheben sind dabei die Weine aus der Wiege des Pinot Noir im Burgund in Frankreich, Pinots aus den USA, Deutschland und der Schweiz. Im Gegensatz zum Cabernet Sauvignon und Merlot sind die Beeren des Pinot Noir eher dünnschalig und weisen deshalb weniger Tannin auf. Auch in Sachen Aromatik und vor allem in Sachen Körper erkennt man einen Pinot Noir recht klar: die Weine sind leicht, im Glas eher blass und zeigen Aromen von roter Kirsche, Himbeere, Erdbeere und eine feine Würzigkeit.

Von Frankreich aus gehen wir gen Süden und werden mediterran. Die Rede ist von Tempranillo, der dominierenden roten Rebsorte in Spanien. Neben Tempranillo hat sie gefühlt hundert weitere Namen, in jedem Anbaugebiet einen anderen. Bekannt für Tempranillo, die übrigens eine der sogenannten noblen Reben dieser Welt ist, sind vor allem die Weine aus dem Rioja. Hier werden die Weine unterschiedlich vinifiziert und landen manchmal ohne jeglichen Holzkontakt auf der Flasche. Die Qualitäten sind meist recht einfach und für den schnellen Verzehr gedacht. Andere Weine werden jahrelang im Holz gereift und geformt und gelangen als komplexe, elegante Weine mit enormen Lagerpotenzial ins Glas. Hierbei ist unbedingt zu erwähnen, dass Weine aus dem Rioja zu den Preis-Genuss-Champions gehören und man selten so viel Wein für sein Geld bekommt. Ausgezeichnete Weine aus der Tempranillo-Traube kommen auch aus dem Anbaugebiet Ribera del Duero, das direkt am Fluss Douro liegt und eigenständige Interpretationen der Tempranillo-Traube zeigt. Diese spanischen Roten sind Dampfhammer, haben recht viel Säure und Tannin - was sie extrem lagerfähig macht - und ein Aromenspektrum von roter Kirsche, Feige, Tabak und rauchigen Noten.

Auf ähnlichem Breitengrad und ebenfalls, sogar noch etwas mediterraner angehaucht, befindet sich die Wiege der Sangiovese-Traube in der Toskana in Italien. Wenn es auch immer wieder Versuche gab, die Traube in anderen Teilen der Welt zu kultivieren - zuletzt verkostete ich einen Sangiovese aus Australien - konzentriert sich diese Traube sehr auf Italien und das Herz des Stiefels in der Toskana. Hier hat die Traube viele Namen, je nachdem in welchem Weinbaugebiet sie in der Sonne reift. So könnt ihr euch sicher sein, dass wenn auf dem Weinetikett beispielsweise *Rosso di Montalcino*, *Vino Nobile di Montepulciano*, *Brunello di Montalcino* oder *Morellino di Scansano* steht, aus Sangiovese vinifizierter Wein in der Flasche ist. Am bekanntesten für die Sangiovese-Traube ist sicher der *Chianti* und *Chianti Classico*, der weltweit eng mit italienischem Wein verknüpft wird und zum Löwenanteil der Cuvée beiträgt. Aromatisch vergleiche ich die Weine aus Sangiovese oft mit einem Spaziergang über einen Florentiner Wochenmarkt, dessen Reihen man passiert und rote Kirschen, Pflaumen und Erdbeeren auf der einen Seite, auf der anderen mediterrane Kräuter und Gewürze, Tomaten und Paprika vorfindet. Für mich ist das eine sehr schön veranschaulichte und auch passende Beschreibung dieser italienischen Rebsorte Nummer eins.

Dessertweine

Nachdem wir bereits die Schaum-, Weiß- und Rotweine und deren Herstellung und Eigenschaften beleuchtet haben, widmen wir uns nun einem kontrovers diskutierten Thema. Zumindest ist es ein Thema, das auf jeder Verkostung mit Kunden spannend und divers beleuchtet wird - Weine zum Dessert. Auch wenn es diverse Stile gibt, fasst man hierunter süße Weine zusammen, die selbst die Süße haben, ein süßes Dessert oder eine feine Käseauswahl begleiten können. Wie beim Schaum-, Weiß- und Rotwein gibt es auch hier ein breites Spektrum an Dessertweinen, das den Weintrinker hier und da abzuschrecken vermag.

Zunächst steht jedoch die Frage im Raum: Wie wird ein Wein überhaupt süß? Natürlich wird hier nicht kiloweise Zucker in den Behälter gegeben, um einen entsprechenden Zuckergehalt zu erhalten. Das Ganze funktioniert - bis auf eine Methode - ganz natürlich. Der Schlüssel zu Dessertweinen ist Reife. Eine reife oder überreife Traube weist einen höheren Zuckergehalt auf als eine beispielsweise sehr früh gelesene Traube. So kommt es dazu, dass selbst nach der Vergärung der Trauben, bei der der Zucker eigentlich in Alkohol umgewandelt wird, ein Rest Zucker - die sogenannte Restsüße - im Wein vorhanden ist und somit den Wein süß macht. In einigen wenigen Regionen der Welt lässt der Winzer es sogar so weit kommen, beziehungsweise hofft darauf, dass die Trauben von einem Pilz namens Botrytis - einer Edelfäule - befallen werden. Dieser Pilz perforiert die Schale der Beere und entzieht ihr das Wasser, was die Zuckerkonzentration in der Beere nochmals erhöht. Die perfekten Beispiele dafür sind deutsche Beeren- oder Trockenbeerenauslesen von der Riesling-Traube, sogenannte *Selection de Grains Noble* im Elsass oder die bekannten Süßweine aus Sauternes im französischen Bordeaux. Die Weine gehören übrigens zu den teuersten der Welt, was nicht zuletzt am außergewöhnlichen Aufwand liegt, den der Winzer für diese Weine betreibt. Hierfür muss er nämlich einzelne, edelfaule Beeren aus der ganzen Menge von Trauben herauspicken, was zu besonders kleinen Mengen führt und somit ein weiterer Preistreiber ist.

Eine Sonderstellung hat der Eiswein. Wer glaubt, dass jedes Jahr Eiswein produziert wird, hat weit gefehlt. Für den Eiswein benötigt es ganz besondere klimatische Bedingungen von mindestens minus sieben Grad Celsius bei voller Traubenreife im Herbst, was bei weitem nicht jedes Jahr vorkommt. Die Beeren frieren ein, werden früh morgens gelesen und direkt gepresst, woraus eine einzigartige Frische, Säure und Konzentration resultiert.

Für die Herstellung von Süßweinen bieten sich besonders die Rebsorten Riesling und Sauvignon Blanc an. Sie sind mit einer besonders rassigen Säurestruktur ausgestattet und können somit die enorme Süße ausbalancieren. Und damit kommen wir auch schlussendlich zu dem Grund, weswegen viele das Gesicht verziehen, wenn es um Süßweine geht. Die Überreife der Trauben führt zu einer enormen Konzentration und Süße, was ohne ein entsprechendes Säurerückgrat im Wein schnell als klebrig, fett, überladen und vor allem nicht trinkfreudig empfunden wird. Und das stimmt! Zwar trinkt man von einem sehr süßen Dessertwein - etwa einer Trockenbeerenauslese - so oder so nur kleinste Mengen, doch muss auch hier eine gewisse Säure vorhanden sein, um dieses kleine Glas mit Freude zu leeren. Deswegen lohnt es sich, sich bei Süßweinen auf säurereiche Rebsorten zu fokussieren. Übrigens: Dessertweine oder Weine mit extremem Zuckergehalt eignen sich wunderbar zur Lagerung, da der Zucker als Konservierungsmittel fungiert. Solltet ihr also Weine aus dem Geburtsjahr eurer Kinder kaufen, die ihr mit ihnen gemeinsam zum 18. Geburtstag trinken möchtet, bieten sich süße Weine besonders an.

Als Dritte im Bunde der süßen Dessertweine gibt es die sogenannten aufgespriteten Weine, wozu beispielsweise Port oder Muscats aus dem Süden Frankreichs zählen. Im Gegensatz zu nicht aufgespriteten Weinen, sind diese Vertreter kraftvoller und - wer hätte es gedacht - alkoholischer. Diese aufgespriteten Dessertweine sind euch wahrscheinlich unter den Namen Port, Sherry oder Marsala bekannt. Das Besondere ist die Art der Herstellung: Hierfür wird vor oder während der Gärung geschmacklich neutraler Alkohol zum Wein gegeben, welcher die arbeitenden Hefen abtötet, was zu einem höheren Alkohol- und gleichzeitig Zuckergehalt führt.

„Food & Wine-Pairing"

Dieses Thema ist oft ein schmaler Grat, sowohl kulinarisch als auch zwischenmenschlich. Diese Disziplin stellt für viele Sommeliers und auch Hobbytrinker den heiligen Gral dar, daher ist hier wirklich Vorsicht geboten. Ihr sitzt in einem Restaurant, bestellt euer Essen und dann kommt sie, die Frage aller Fragen. „Was möchten sie gerne dazu trinken? Darf ich ihnen etwas empfehlen oder wünschen Sie einen Blick in die Weinkarte?" Das Gleiche gilt zuhause. Was trinken wir denn nun zum Osterlamm? Oder zur Vorspeise an Heiligabend? Ich nehme mich selbst auch nicht davon aus, dass ich mir, wenn ich koche, auch mal am selben Morgen bis 60 Minuten Zeit nehme, überlege, was dazu funktioniert, in den Keller gehe, den entsprechenden Wein suche, im besten Fall finde und schon mal mit nach oben nehme. Safety first.

Natürlich macht das oft ganz viel Sinn, denn die Aromatik des Weins nimmt Einfluss auf den Geschmack des Essens. Nicht umsonst ist die Disziplin des korrespondierenden Weins zum Essen die Champions League. Und da kennt wohl jeder die Klassiker unter den *Pairings*. Ich glaube allen voran und wohl jedem bekannt: Rot zu Fleisch, Weiß zu Fisch. Eh klar, oder?

Und ja, ein Bordeaux-Blend - so nennt man die Rotweine, die am Vorbild der bekannten Weine aus Bordeaux aus den Trauben Cabernet Sauvignon, Merlot, Cabernet Franc und Petit Verdot hergestellt werden - passt tatsächlich wunderbar zum Tomahawk, das gerade auf eurem Grillrost liegt und von Flammen geküsst wird. Und selbstverständlich passt ein trockener Weißwein wunderbar zu einem Fischgericht. Ist die dazu gereichte Sauce etwas üppiger, etwa mit Sahne angemacht, eignet sich hier ein üppiger Weißwein. Vielleicht ein im Barrique ausgebauter Chardonnay. Zu einem simpel angebratenem Stück Fisch mit gedünstetem Gemüse, wird ein leichter Weißer wohl besser passen, wie vielleicht ein Sauvignon Blanc.

Alles richtig. Aber ist das in Stein gemeißelt? Was, wenn ich im Restaurant Kabeljau bestelle und dazu einen Rotwein ordere? Kassiere ich dann einen doofen Spruch vom Personal? Oder spuckt man mir ins Essen, weil auf der Bestellung im System ein Vermerk steht: „Idiot, bestellt zum Fisch Rotwein!" Hausverbot? In der Regel nicht, nein.

Das Grundkonzept des korrespondierenden Weins zum Essen ist ja recht simpel: Wein und Essen sollen zueinander passen und sich gegenseitig unterstützen, um so das Genusserlebnis zu optimieren. Ein großartiger Gang ist super. Ein großartiger Wein ebenfalls. Passen diese zusammen, kann es ein außergewöhnliches Geschmackserlebnis geben, zu dem die beiden Komponenten alleine für sich wohl nicht imstande wären. So weit, so gut.

Manchmal allerdings hat man Lust auf ein bestimmtes Gericht und einen bestimmten Wein und es soll durchaus vorkommen, dass diese beiden aus Sicht des *Food & Wine-Pairings* echt gar nicht zusammen passen. Was dann? Lieber etwas anderes kochen? Aber du hast so Lust auf dieses Gericht. Schließlich hat deine Oma dir das auch immer an so verregneten Herbsttagen gekocht. Und du fühlst dich einfach gerade nach diesem Wein. Und? Was nun? Lass es geschehen! Wo ist das Problem? Wenn du Lust auf diese Kombination hast, dann lass sie dir schmecken! Wie mein guter Freund Robert nicht selten sagt: „Wine & Food-Pairing ist überbewertet." Und das gilt eben dann, wenn du einfach mal deinem Geschmack nachgehst und das machst, worauf du Lust hast, oder einfach etwas ausprobierst. Im Endeffekt sind Food & Wine-Pairings nur Empfehlungen. Dass diese meistens sehr gut passen und funktionieren ist unumstritten. Doch deswegen darf man trotzdem auch seiner Nase nachgehen.

Im Folgenden findet ihr einige Wein & Food-Pairings. Einige davon werdet ihr als absolute Klassiker herauslesen, andere mag ich persönlich echt gerne. Zu probieren lohnen sich alle, trau dich mal!

- Australischer Shiraz zum gegrillten T-Bone-Steak
- Muscat Sevre-et-Maine aus der Melon de Bourgogne Traube mit Austern
- Süßwein aus Sauternes mit Austern
- Süße Riesling Spätlese zum gegrillten Entrecote
- Meursault zu Hummer Thermidor
- Riesling Kabinett zum Thai-Curry
- Beaujolais zum scharf angebratenen Thunfischsteak
- Einfacher Morellino Di Scansano mit Pasta Puttanesca
- Saftiger kalifornischer Chardonnay mit Pasta mit Blauschimmelkäse, Birne und Salbeibutter
- Barbaresco mit Trüffel-Pasta

Liest du diese Sammlung an Pairings, sollten dir zwei Dinge durch den Kopf gehen. Zum einen, dass Essen und Wein etwas Wunderbares sind und es schon beim Lesen den Speichelfluss und die Fantasie anregt. Zum anderen, dass der Satz: „What grows together, goes together" Programm ist. Dies fällt besonders auf, schaut man sich Pairings wie Pasta Puttanesca mit Morellino di Scansano, T-Bone mit australischem Shiraz, Austern mit Melon de Bourgogne oder Trüffel-Pasta mit Barbaresco an. Stellt euch zum Beispiel vor, ihr seid am Atlantik, steht an einem der vielen kleinen Häfen und schaut aufs Meer. Über euren Köpfen umkreisen Möwen das Hafenbecken, euer

Blick schweift in Richtung Horizont. Im Gepäck eine kalte Flasche lokalen Muscat Sevre-et-Maine-Weins und zwei Gläser. Vom grade festgemachten Kutter holt ihr euch ein Dutzend frische Austern und genießt beides gemeinsam am Hafenbecken sitzend, mit der Salzigkeit des Meeres und der Puristik der Gegend in der Nase und am Gaumen.

Das Wichtigste zum Schluss

Wein ist für mich heute - mehr noch als zu Beginn - der Inbegriff von Leidenschaft, Genuss und schlichtweg Leben. Rückblickend ist es schon irgendwie witzig, dass ein Film mein Leben so veränderte, dass es heute nur noch aus Wein und allem, was damit zusammenhängt, besteht. Ich erlebe durch meine Liebe zum Wein viele Themen, die mich früher kalt gelassen haben, ganz anders und intensiver. Ob Geschichte, Kultur, Reisen oder einfach den Moment. Ich hoffe, euch mit meinem kleinen Wein-Exkurs einen gewissen Einblick in dieses hochkomplexe, aber mindestens genauso spannende Thema gegeben zu haben. Ob einfach Zuhause oder eben als Gastgeber in einer kulinarischen Runde darf alles zu kurz kommen, doch niemals der Wein. Wie Willie Gluckstern einst sagte - und das lässt sich vom Champagner auch auf den Stillwein übertragen: „In a perfect world, everyone could have a glass of Champagne every evening".

In einer, unserer Welt, in der es immer schneller, unpersönlicher und hektischer zugeht, ist ein Abend mit Freunden und gutem Wein, wie ein Fels in der Brandung. Er beruhigt, entschleunigt und zeigt uns wieder auf, worauf es schlussendlich doch ankommt. Ein Glas Wein. Freunde. Eine gute Zeit.

Überm Tellerrand

Foto: nehopelon / iStock

Nichts bleibt, wie es ist: Gastro im Wandel der Zeit

Unsere Essgewohnheiten verändern sich

„Beachte immer, dass nichts bleibt, wie es ist, und denke daran, dass die Natur immer wieder ihre Formen wechselt."

– Marc Aurel, römischer Kaiser & Philosoph

Ich bin ja mein ganzes Leben schon Gastro. Was ich immer wieder beobachte: Nichts bleibt, wie es war. Die ganze Welt verändert sich, neue Trends werden geboren, alte Trends begraben, ganz alte Trends wiederentdeckt. Dasselbe gilt auch für die Kulinarik und unsere Essgewohnheiten. Du brauchst nur mal in Mamas alten Rezeptbüchern blättern – oder noch besser – Brigitte-Zeitschriften von 1993! – und schon siehst du, wie sehr sich unsere Esskultur verändert hat.

Schauen wir zurück und auf die Teller in den 1950ern-Jahren, so waren zum Beispiel die ersten Fertiggerichte richtig luxuriös und total en Vogue! Selbstkochen war absolut *out*. Fertiggerichte waren entsprechend teuer. Heute ist der Trend, selbst zu kochen, Fertiggerichte sind verpönt. Heute ist luxuriös, was damals normal war.

Auch alte Werbespots sind herrlich. Zutaten, Mengen, Qualität, die Art, wie wir unser Essen zubereiten, alles hat sich stark verändert. Ganz zu schweigen von der vielfältigen Restaurantkultur heutzutage, sowie dem to go-Zirkus. Kaffee zum Mitnehmen in einem Pappbecher? Asia-Nudeln to go? Lieferando? Sushi, Bowls und Smoothies? Das gab es alles vor noch nicht mal 15 Jahren nicht.

In den 1990ern haben wir zum Beispiel noch pro Person 350g Fleisch und 200g heiße Beilagen plus 100g Salat, 100g Dessert und dreierlei Vorspeisen gerechnet. Heute ist es so, dass wir 200g Fleisch berechnen, jedoch 400g Beilagen, 150g Dessert und 5 Vorspeisen (Häppchen), Salat rechnen wir 80g pro Person.

Auch die *Rollenbilder* haben sich verändert. Und damit auch die Essgewohnheiten. Die große Familienrunde war früher Tradition, denn es waren die Hausfrauen und Mütter, die sich den ganzen Tag um nichts anderes kümmerten.

In *Meine Küche und ich*, einem Ratgeber von 1954 steht: *„Ich will nicht nur einen ordentlichen Haushalt, saubere Wäsche, pünktliche Mahlzeiten zustande bringen, sondern all dies meinen Leuten zuliebe tun [...] Jede Mahlzeit könnte eine heimliche Liebeserklärung sein. Aus dem von mir gekochtem Essen liest der Mann den Grad meiner Zunei-*

gung ab […] Es werden viele Gründe für das Auseinanderfallen der Familien genannt. Werden wir Hausfrauen bei solchen Untersuchungen nicht zu sehr geschont? Wenn wir nicht mehr für die gemütliche entspannte Gemeinsamkeit des Familientisches sorgen, wie sollen dann die Kinder im Familienboden einwurzeln?"

„Food-Trends sind die sichtbaren Phänomene für tiefer liegende Identitätsverschiebungen in der Gesellschaft. Wer sie richtig lesen lernt, versteht damit die Codes des Zukünftigen."

– Harry Gatterer, Geschäftsführer Zukunftsinstitut

Trends und Entwicklungen der letzten Jahre im Überblick

Das Ende der traditionellen drei Familienmahlzeiten zu Hause: Bis in die 80er-Jahre hinein wurde zu Hause gegessen.

Morgens, mittags, abends. Die Familie versammelte sich am Tisch. Zwischendurch gab es Snacks wie Schokoriegel, ein Stück Obst oder Kuchen. Der Fokus lag immer auf den drei großen Hauptmahlzeiten.

Snacking: Durch gesellschaftliche Veränderungen und aktuelle Ernährungstrends lösen Snacks die klassischen Hauptmahlzeiten ab. Essen ist überall *on the go* verfügbar. Es gibt keine festgelegten Zeiten. Wir essen, wenn wir Hunger – oder einfach nur Appetit – haben. Wir essen individueller und zeitlich flexibler.

Kein klassisches Tellergericht: Das klassische Tellergericht (z. B. Salzkartoffeln, Bratwurst und Rahmgemüse) hat ausgedient. Wo gibt es noch klassische Salzkartoffeln? Stattdessen gibt es internationale Vielfalt: Lunch- und Smoothie-Bowls, Ramen, Bento-Boxen, Tapas, Wraps, egal ob selbstgemacht oder gekauft.

‚Fast Good' statt ‚Fast Food': Auch wenn wir immer mehr unterwegs essen, hat sich die Vielfalt der angebotenen to go-Speisen stark verändert. Früher hatte man die Wahl zwischen belegten Brötchen und einem Burger. Heute stehen selbst an einer Tankstelle gesunde Snacks zur Verfügung. Wenn schon *on the go*, dann wenigstens halbwegs gesund.

Essen ist Lifestyle: Essen ist ganz klar zum Lifestyle avanciert. Mahlzeiten sind heute, dank Instagram und Co, längst zum Kunst-, Design- und Diskussionsobjekt geworden. Food-Pics und Food-Zubereitungs-Videos erfreuen sich starker Beliebtheit. Das Hashtag #foodporn ist eines der meistgenutzten. Du bist, was du isst. Und das möchten wir in den heutigen medialen Zeiten gern auf unseren Social-Media-Kanälen teilen. Was wir essen, ist Teil unserer Identität geworden.

Verantwortung: Ebenso stellen wir uns Fragen nach Nachhaltigkeit, Klimaschutz, Verpackungen. Wir sind uns mehr und mehr unserer Verantwortung bewusst. Wie sieht es mit Lebensmittelverschwendung aus? Was machen wir mit Resten einer Feier? Diese Fragen haben noch vor 10 Jahren die wenigsten interessiert, heute wird darauf immer mehr geachtet und es werden auch unkonventionelle Lösungen gefunden. Bei einer Veranstaltung in einer Kölner Location habe ich z. B. das Catering gemacht. Die Eventlocation arbeitete mit einer Dame der lokalen Tafel zusammen, die nach Ende jeder Veranstaltung vorbeikommt und fragt, ob etwas vom Essen übrig geblieben ist. Die Reste packt sie dann ein und nimmt sie für die Bedürftigen mit. Offiziell ist das nicht erlaubt, vor allem aus hygienischen Gründen. Dennoch finde ich dieses Vorgehen viel besser. Die Alternative wäre das Wegschmeißen.

Knigge: In Gastronomie und Kulinarik hat sich der Knigge ebenfalls stark verändert. Starre Benimmregeln gibt es nicht mehr. Viele Gastronomen setzen auf warme Gastfreundschaft und Herzlichkeit statt auf strengen Benimm. Das Credo ist mehr und mehr: Der Gast hat sich wohlzufühlen. Den Gast mit allzu viel Förmlichkeit einschüchtern, ist sowas von 90er und absolut out. Wie so oft: Kreatives Regelbrechen setzt voraus, dass wir die Regeln beherrschen. Es schadet also nichts, zu wissen, was laut Knigge sein darf und was nicht. Denn nur dann können wir mutige und bewusste Gegenakzente setzen. Der Musiker Helge Schneider ist ein Improvisationstalent, er albert sich scheinbar planlos durch seine Konzerte. Was kaum jemand auf dem Schirm hat: Helge Schneider ist ein begnadeter Musiker, der seit Jahrzehnten die verschiedensten Instrumente spielt und auf meisterlichem Niveau beherrscht. Der gastronomische Knigge ist – so wie jede andere Regel – nicht in Stein gemeißelt. Die Evolution, unsere Umwelt und durch die Globalisierung zusammenwachsende Kulturen fordern ihre (positiven) Tribute. Das, was früher *mal überhaupt nicht ging*, ist heute längst überholt oder gerade im Wandel. Hieß es früher an Buffets oder in Restaurants noch: *Ein Teller darf nicht zweimal genutzt werden*, so darf heute aus Nachhaltigkeitsgründen derselbe Teller mehrmals beladen werden.

Guck mal hin! Was ist drin?

Als perfekter Gastgeber trägst du Verantwortung

„Offenbar tritt in dem Maße, wie die Kultur sich hebt, an die Stelle der Fleischkost die Pflanzenkost."

– August Bebel, deutscher Politiker

Als perfekter Gastgeber gehört es heute dazu, sich mit aktuellen Trends und Entwicklungen zu beschäftigen. Dazu gehören ganz klar das Wissen um Ernährungsgewohnheiten und das Wissen um Allergien, Unverträglichkeiten aber auch um kulturell-religiös bedingte Nahrungsregeln. Die Bandbreite all dessen ist heute vielfältiger denn je. Prinzipiell dürfen wir uns heute auf alles einstellen. Healthyfood. Clean eating. Vegan. Paleo. Koscher. Halal. Glutenfrei. Laktosefrei. Und, und. und. Spannend ist zu beobachten, dass jeder Trend seinen Gegentrend hat. Auf der einen Seite haben wir z. B. die Healthy Smoothies. Auf der anderen Seite *Freakshakes*, in die alles reingepackt wird, was die Zucker- und Fettabteilung so hergibt und die so viele Kalorien enthalten wie drei Mittagsmahlzeiten für einen Footballspieler.

Die Ernährungsform, die sich in den letzten Jahren stark verbreitet hat, ist die pflanzenbasierte Ernährung. Ob vegetarisch oder vegan, *in* ist, auf Fleisch und tierische Produkte zu verzichten.

Ich liebe Tiere und engagiere mich schon seit vielen Jahren für den Tierschutz. Ich nehme immer wieder Tiere aus dem Tierheim bei mir auf, veranstalte Charity-Events zugunsten des Krefelder Tierheims. Ich verurteile Massentierhaltung. Ich verurteile billiges Fleisch, das in widerwärtigen Produktionsprozessen hergestellt wird. Ich verurteile die gesamte Massentierhaltungsindustrie. Es bricht mir das Herz.

Trotzdem bin ich keine Vegetarierin. Ich bin der Überzeugung, dass wir Tiere essen dürfen. Wenn wir dafür sorgen, dass sie artgerecht und mit Respekt aufwachsen und leben dürfen. Ich bin der Überzeugung, dass wir wenig Fleisch essen dürfen. Dafür aber bestes Fleisch von hervorragender Qualität.

Jeder, der sich für eine vegetarische oder gar vegane Ernährungsform entscheidet, tut dies aus verschiedenen Gründen. Ebenso sagt man der pflanzenbasierten Ernährung nach, dass sie auf so vielen Ebenen hilft, nicht nur als Mensch gesünder zu leben, sondern auch unseren wunderschönen blauen Planeten gesunden zu erhalten. Die weltweit vieldiskutierte Dokumentation *The Game Changers* (u. a. bei Netflix) betrachtet alle Perspektiven von pflanzenbasierter Ernährung und kommt zu dem Schluss, dass sie so ziemlich alle Probleme auf der

Welt lösen würde: Klimaschutz. Gesundheit. Performance. Frieden. Wohlstand.

Bei allem Respekt für vegetarische und vegane Ernährung: Womit ich mich in der Tat sehr schwertue, sind sämtliche pflanzliche Ersatzprodukte. Es ist mir ein Anliegen, hier einige Dinge zur Aufklärung beizutragen. Denn als perfekter Gastgeber tragen wir Verantwortung. Wir tragen Verantwortung dafür, was wir unseren Gästen anbieten. Denn nicht immer ist gut gemeint wirklich gut. Es ist sicher gut gemeint, wenn du deinen veganen Gästen Sojamilch anbietest. Aber hast du dich damit auseinandergesetzt, welche Inhaltsstoffe darin enthalten sind?

Es gibt leider viel zu viele vegane Ersatzprodukte, die Chemiebomben sind, in denen kaum noch etwas Natürliches enthalten ist, die stattdessen industriell zu *irgendwas* verarbeitet sind. Ebenso heißt *ohne Tier* nicht immer *ohne Tier*. Für viele vegane Produkte müssen Tiere dennoch leiden. Und das finde ich nicht in Ordnung! Uns wird glauben gemacht, dass wir etwas essen, für das keine Tiere leiden mussten. Und was ist die Wahrheit?

Wusstest du z. B., dass für eine vegane Sahne dennoch Tiere leiden müssen? Nicht offensichtlich. Ersatzprodukte werden in mehrfachen chemischen Prozessen hergestellt. Das allein kann schon mal gar nicht nachhaltig sein. Dann kommen sogenannte Zusatzstoffe (die berühmt-berüchtigten E-Nummern) dazu, die für Konsistenz, Geschmack und Haltbarkeit sorgen. Diese E-Nummern wiederum müssen vorher getestet werden, bevor sie als *unbedenklich* gekennzeichnet werden und in ein *zum Verzehr geeignetes Produkt* (Ja! Es gibt einen Unterschied zu *Lebensmittel*!) verarbeitet werden dürfen. Und wie werden solche Mittel getestet? An Tieren. Das Verdickungsmittel Natrium-Carboxymethylcellulose ist z. B. unter der europäischen Zulassungsnummer E 466 für Lebensmittelzusatzstoffe zugelassen und kann auch unter der Bezeichnung Carboxymethylcellulose oder Cellulosegummi auf der Zutatenliste von Lebensmitteln deklariert werden. Es ist ein Emulgator. Und wird an Mäusen getestet. E 466 ist u. a. im veganen Sahneersatz *Schlagfix* enthalten. Ein an Mäusen getestetes Produkt kann für mich nicht vegan sein!

Was ist hier vernünftiger? Eine künstlich hergestellte Sahnemasse mit vielen chemischen und an Tieren getesteten Zusatzstoffen – oder das natürliche Produkt, aus Biomilch hergestellte Sahne? Die Biomarktkette *Alnatura* bezieht z. B. ganz klar Stellung: Normalerweise wird in Sahne als Stabilisator der Zusatzstoff Carrageen verwendet. Die Wirkung ist nach wie vor umstritten. Dennoch sagt *Alnatura*: Bei uns gibt es keine Produkte mit Carrageen! Auch wenn es für die Hersteller schwierig ist, ihre Produkte darauf umzustellen.

Auch die berühmte Starköchin Sarah Wiener geriet in einen *veganen Shitstorm*, weil sie sich kritisch zu den Ersatzprodukten äußerte. So wies sie lediglich darauf hin, dass Mandelmilch nur zu 2 % aus Mandeln besteht, der Rest ist Wasser, Stabilisatoren, Emulgatoren, Fett und Zucker.

„Problematisch bei der veganen Lebensweise sind vor allem die vielen Ersatzprodukte für fleisch- oder milchhaltige Lebensmittel, die oft stark verarbeitet wurden und es nur mit Hilfe von chemischen Zusatzstoffen schaffen den Geschmack des tierischen Originals nachzuahmen. Für Sarah Wiener ist Sojamilch ein besonders plakatives Beispiel: ‚Kochen und drücken sie Sojabohnen einmal aus – die Brühe ist kaum trinkbar", schreibt sie, „Die Sojamilch, die heute in jedem Supermarkt steht, ist ein hochverarbeitetes Industrieprodukt – und in etwa so künstlich wie eine Cola.'

Die Lösung des Dilemmas ist für die Köchin dennoch überraschend simpel: Sie rät dazu, selbst zu kochen und zwar mit natürlichen Zutaten, statt irgendwelchen Fix-Beuteln. Beim Einkaufen sollte man darauf achten, saisonale und regionale Ware zu kaufen. Wer im November Spargel kauft, kann sicher sein, dass das Gemüse einen weiten Weg hinter sich und diesen auch nur mit chemischer Unterstützung überstanden hat. Zuletzt rät Sarah Wiener dazu, nur ab und zu ein Stückchen Fleisch zu essen – und zwar aus artgerechter Tierhaltung." (Quelle: Focus.de)

„Die Vernunft beginnt bereits in der Küche."
– Friedrich Nietzsche, deutscher Philosoph

Pflanzliche Ernährung ist sicherlich sinnvoll. Aber nur dann, wenn sie wirklich pflanzlich ist. Und nicht sich selbst ad absurdum führt und zur Farce gerät.

Apropos Zusatzstoffe

Wusstest du, dass es *Lebensmittel* und *zur Nahrung geeignete Mittel gibt*? Mit *zur Nahrung geeignet* kannst du quasi das Futter deines vierbeinigen Lieblings deklarieren. Du könntest es theoretisch essen und wirst nicht sterben. Für mich ist ein Lebensmittel das, was der Begriff aussagt: Ein natürliches Produkt. Ein im weitesten Sinne *lebendiges* Produkt. Lebensmittel dürfen verarbeitet sein, nichts anderes tust du, wenn du einen Kuchen backst. Hier mischst du verschiedene natürliche Lebensmittel für einen Teig.

Was mich wirklich deprimiert, sind die vielen synthetischen Produkte, die in den letzten Jahrzehnten auf den Markt gekommen sind. Fertigprodukte. Industriell verarbeitete Produkte. Die nicht mehr viel mit einem Lebensmittel zu tun haben. Die vollgepumpt mit Chemie sind. Ja, auch darauf achtet ein perfekter Gastgeber.

Aber schauen wir uns diese *bösen E's* mal etwas genauer an. Was bedeutet das eigentlich? Das E steht für Europa. Die E-Nummer ist im Grunde das Zeichen dafür, dass für den betreffenden Stoff im Rahmen des Zulassungsverfahrens der Europäischen Union nachgewiesen wurde, dass er

- auf seine gesundheitliche Unbedenklichkeit überprüft wurde
- technologisch notwendig ist
- in der jeweiligen Anwendung nicht zur Täuschung der Verbraucher führt und
- den EU-weit verbindlichen, detailliert festgelegten Reinheitsanforderungen entspricht.

Das klingt doch erst mal gar nicht so schlimm, oder? Die E-Nummer eines Zusatzstoffes ist der Code, mit dem jeder Stoff unabhängig von den jeweiligen Landessprachen eindeutig identifiziert werden kann. Dabei gibt es eine Systematik: So kennzeichnen etwa die Nummern E 100 bis 199 Farbstoffe, E 200 bis 299 Konservierungsstoffe, E 300 bis 399 Antioxidantien. Manche Stoffe sind nicht klar zuordenbar, so zählt z. B. E 270 (Milchsäure) zu den Antioxidantien, ist aber auch ein Konservierungsstoff.

Warum also welcher Zusatzstoff welche E-Nummer trägt, kann nur mit der Geschichte seiner Zulassung begründet werden, da die Dynamik bei den Zusatzstoffen hoch ist, viele verboten werden (diese dann aber nicht ersetzt werden, um Verwechslungen zu vermeiden) und andere neu hinzukommen. E-Nummern müssen immer in der Zutatenliste auf dem Etikett der Lebensmittel aufgeführt werden.

Die Bewertung der Zusatzstoffe unterliegt immer auch der Geschwindigkeit unseres technologischen Fortschritts. Was noch vor 20 Jahren als unbedenklich galt, kann heute erwiesenermaßen schädlich sein. Wie z. B. Carrageen, ein Emulgator, der Eis, Milchprodukte, Pudding und Ketchup dick und cremig macht. Offiziell stuft die Europäische Behörde für Lebensmittelsicherheit Carragen als unbedenklich ein. Wissenschaftliche Studien zeigen aber, dass das Verdickungsmittel Darmbeschwerden auslösen kann. Diese Unstimmigkeiten gibt es bei fast allen chemischen Zusatzstoffen.

Natürlich dürfen wir uns in einer modernen Gesellschaft weiterentwickeln. Dennoch glaube ich fest daran, dass es Bereiche im Leben gibt, in denen alles auch so bleiben darf, wie es ist. Weil es so, wie es ist, gut und seine Perfektion nicht mit Technologie und Chemie zu übertreffen ist. Und dazu gehören gute, natürliche Lebensmittel in hervorragender Qualität. Ich schreibe ganz bewusst nicht *Bio-Qualität*. Denn ich finde die Bezeichnung *BIO* falsch. Ich finde Bio-Produkte nicht falsch, im Gegenteil. Aber müsste es nicht genau andersrum sein? Müssten nicht alle Lebensmittel, die faktisch BIO sind, als *normal* gelten, und ohne Kennzeichnung daher kommen? Und müssten nicht stattdessen alle chemisch und industriell verarbeiteten *zur Nahrung geeigneten Mittel* mit dicken, roten Warn-Aufklebern: *Achtung, Chemie!* versehen sein?

Zum Schluss noch etwas zum Schmunzeln. Wenn es nicht so absurd wäre. Gib doch mal bei YouTube *Werbe-Highlights der 50/60er Jahre* ein. Eine Ode an Maggi und Fondor. Damals galt alles als fad, was einen natürlichen Geschmack hatte.

Echt jetzt? Ach was!

Kurioses aus der Welt der Gastronomie und Kulinarik

„Tage, an denen man plant, Bananen zu essen, nennt man auch Bananenplantage.“

Im Zuge meiner Recherchen für das Buch bin ich auf so allerhand spannende Fakten und Informationen gestoßen, die teils nützlich, teils witzig, teils überraschend und allesamt total spannend sind. Und so dachte ich, teile ich das mit euch. Denn diese Fakten sind auch ein guter Smalltalk-Aufhänger bei deiner nächsten Dinnerparty oder deinem nächsten Event.

11 Facts in 5 Minuten! Los geht's!

1.

Laktoseintoleranz ist völlig normal!

Wusstest du, dass alle Menschen eigentlich laktoseintolerant sind? Tierische Milch vertragen zu können ist eine Genmutation. 75 % der Weltbevölkerung vertragen keine Milch, diesen Menschen fehlt das Enzym Laktase, welches benötigt wird, um den Milchzucker Laktose aufzuspalten und zu verstoffwechseln. Durchschnittlich 90 Prozent der erwachsenen Nordeuropäer vertragen Milch. Je weiter es in Richtung Süden geht, desto weniger werden es: Mehr als zwei Drittel der Südeuropäer haben eine Laktoseintoleranz, in Asien vertragen nur etwa sechs Prozent der Bevölkerung Milch.

„Archäologen, Paläogenetiker und Archäozoologen von 13 europäischen Universitäten erforschten die Geschichte der Milch. Sie fanden heraus, dass die ersten Milchbauern vor etwa 7.500 Jahren aus Südosteuropa oder Anatolien nach Nordeuropa kamen. Sie konnten Milch aber nur als Joghurt oder Kefir verdauen – beides enthält kaum noch Milchzucker. Das wiesen die Wissenschaftler anhand von Milchfetten in Steinzeit-Kochtöpfen nach. Der am LeCHE-Projekt beteiligte Anthropologe Joachim Burger von der Universität Mainz ist überzeugt, dass Milch auf die Gesellschaft der frühen Europäer eine revolutionäre Wirkung hatte. Denn die ersten Milchtrinker hatten entscheidende Vorteile. Da sie ihre Kinder nach dem Abstillen mit Kuhmilch füttern konnten, ging die Säuglingssterblichkeit zurück, sie hatten mehr Helfer auf den Feldern und mussten weniger hungern. Das könnte die biologische Selektion verstärkt haben. Die Zahl der Milchtrinker, so die Datenlage, scheint innerhalb von 3.000 Jahren von null auf 50 Prozent der Bevölkerung angestiegen zu sein. Fest steht für Forscher wie Burger: Die Fähigkeit, Milch zu verdauen, ist die ‚stärkste evolutionäre Kraft, die je im Genom der Europäer untersucht worden ist.‘

2.

Männer essen lustbetonter

Männer lieben Bier und Frauen essen Schokolade. Was wie ein Klischee klingt, ist tatsächlich Fakt! Unterschiede im Ernährungsverhalten der Geschlechter sind seit langem von Forschern nachgewiesen. Fakt ist auch: Männer und Frauen brauchen genderspezifische Nährstoffe, was auch weitreichende Konsequenzen für die geschlechtsspezifische Gesundheitsförderung hat.

Auch die Bedeutung von Essen ist konträr. Schon im Teenageralter geben Jungs deutlich häufiger als Mädchen an, dass sie für ein gutes Essen jederzeit alles liegen und stehen lassen würden, dass Essen zu den schönsten Dingen in ihrem Leben gehört und dass sie sich nach einer Mahlzeit besonders wohl und fit fühlen. Mädchen äußern dagegen häufiger Ängste und Kontrollwünsche, vor allem auf ihr Aussehen, ihren Körper und ihr Gewicht bezogen. Für viele Mädchen (und später leider auch Frauen) scheint Essen mehr Bedrohung als Genuss darzustellen.

3.

Du treulose Tomate!

Wer seine Freunde regelmäßig versetzt oder enttäuscht, der darf sich dann anhören, eine treulose Tomate zu sein. Aber woher kommt das eigentlich? Wie kann bitte schön eine Tomate untreu sein?

Diese Redewendung ist wahrscheinlich während des Ersten Weltkriegs entstanden. Italien – das Land, das damals schon für seinen Tomatenkonsum bekannt war – war zunächst ein Verbündeter Deutschlands, entschied sich jedoch 1915 für die Gegenseite. Aus deutscher Sicht ein Verrat. Daher werden noch heute wortbrüchige oder unzuverlässige Zeitgenossen als treulose Tomate bezeichnet.

4.

Die Geschirrfarbe beeinflusst den Geschmack

Ob du es glaubst oder nicht, die Farbe des Geschirrs spielt für das Geschmackserlebnis eine entscheidende Rolle: Erdbeerkuchen schmeckt von einem weißen Teller süßer als von einem schwarzen! Das Gehirn nimmt den Farbkontrast zwischen rot und weiß stärker wahr und stellt sich auf einen süßeren Geschmack ein. Es ist also nicht nur Deko, wenn du dich als Gastgeber auch um das perfekte Geschirr kümmerst, sondern du weißt nun, welchen Einfluss dein Geschirr auf den Geschmack haben kann.

5.

Kaffee wurde von einer Ziege entdeckt

Mäh! Eine der populärsten Legenden besagt, dass einem äthiopischen Ziegenhirten aufgefallen ist, dass seine Tiere nach dem Verzehr einer bestimmten Bohne lebhafter waren. Der Hirte probierte die Bohne und nahm denselben Effekt wahr.

6.

Gefälschte Bananen

Mock Bananas war ein populäres Gericht in England während des Zweiten Weltkriegs. Aufgrund von Sanktionen durften u. a. keine Bananen importiert werden. So erfand man die falschen Bananen, die aus gekochten Pastinaken und Aromastoffen hergestellt wurden. Geschmacklich bestimmt eher fragwürdig.

Apropos Banane: Menschen teilen 50 % ihrer DNA mit der einer Banane. Wir sind also zur Hälfte eine Banane! Und der Spruch: „Du bist ja völlig Banane!“ Bekommt eine ganz neue Bedeutung.

7.

Millionengeschäft mit Avocados

Das mexikanische Drogen-Kartell Los Caballeros Templarios verdient schätzungsweise 152 Millionen US-Dollar pro Jahr mit dem Anbau und Verkauf von Avocados.

8.

Dicke Kellner bringen mehr Umsatz

Wie eine Studie der Uni Jena gezeigt hat, setzen dicke Kellner und Kellnerinnen scheinbar unsere guten Vorsätze außer Kraft. Bei dickem Personal bestellen wir nämlich viermal häufiger einen Nachtisch und auch alkoholische Getränke gönnen wird uns deutlich öfter. Im Schnitt trinken wir rund 17 % mehr als bei schlankeren Zeitgenossen.

9.

Nutella als Sonnenschutz

Nutella hat einen Lichtschutzfaktor von 9,7. Ob wir uns damit wirklich am Strand einschmieren wollen, sei dahingestellt.

10.

Dinos haben dein Wasser getrunken

Die Wahrscheinlichkeit, dass du ein Glas Wasser trinkst, das auch den Körper eines Dinosauriers durchlaufen hat, liegt bei nahezu 100%.

11.

Die Hand am Colt

Auch in den USA gibt es mancherorts kurioses Benehmen bei Tisch: In einigen Regionen schneiden Amerikaner ihre gesamte Mahlzeit vor dem Essen in Häppchen, danach legen sie das Messer weg und essen nur noch mit der Gabel weiter. Die freie Hand bleibt im Schoß liegen, denn so konnte man früher schnell nach dem Colt greifen.

Die perfekte Absatzhöhe

Warum du als Gastgeber(in) lieber keine allzu hohen Schuhe trägst

„Ich shoppe schon mein ganzes Leben lang. Und habe immer noch nichts zum Anziehen."

– Jede Frau. Immer.

Ja, es gibt in diesem Buch ein kurzes Kapitel über die perfekte Absatzhöhe. Denn weißt du, welches wichtige Thema bei der Eventplanung und -vorbereitung fast immer komplett vergessen wird? Die Klamotte! Mir ist aufgefallen, dass ich mich als Gastgeberin oft völlig falsch anziehe. Entweder will ich total schick aussehen und wähle dann eine unbequeme Hose oder eine unbequeme (aber total schöne!) Bluse. Oder ich zwinge mich in hohe Schuhe und habe spätestens nach einer Stunde dermaßen schmerzende Füße, dass ich meine Gäste nicht mehr entspannt bedienen und unterhalten kann. Manchmal haue ich modetechnisch auch dermaßen auf den Putz und werfe mich so in Schale, man nennt es *overdressed*, dass meine Gäste gleich erst mal einen unangenehmen Moment haben, wenn sie mich sehen. Denn sie denken: „Ach du Schreck, wir sind völlig falsch angezogen und underdressed!". Das ist natürlich ein völliger Stimmungskiller, wenn deine Gäste gleich zu Beginn einer Feier verunsichert werden. Sie fühlen sich von Beginn an nicht wohl. Das ist unbedingt zu vermeiden.

Nun sind vor allem wir Frauen sowieso schon in jeglicher Lebenslage völlig davon überfordert, was wir anziehen sollen und wollen. Unser Style soll unserer Persönlichkeit entsprechen, soll WOW sein und im besten Falle auch noch pragmatisch und funktional, ach, und bequem bitte auch. Das, was unsere Gastgeber-Performance am meisten beeinflusst, sind aber in der Tat unsere Schuhe. Deshalb möchte ich hier etwas ins Detail gehen. Denn gerade wir Gastgeberinnen wollen natürlich immer zu gern elegant und sexy über das Parket schweben. Und nehmen dafür Schmerzen in Kauf, wenn wir uns in die wunderschönen High Heels zwängen. Niemand gibt es offen zu: aber hohe Schuhe tun einfach immer weh. Die einen früher, die anderen später. Zudem sind wir, wenn wir nicht täglich darin *Sex-and-the-City-like* durch unsere Stadt flanieren, meistens unsicher, können kaum darin laufen. Statt einen souveränen Eindruck zu hinterlassen, degradieren wir uns selbst zur Witzfigur. Horrorvorstellung für jede Gastgeberin!

Aber ich habe mit dem angenommen und ein wenig recherchiert. Ein schlechter Gang und schmerzende Füße sollen nun Probleme von gestern sein. Denn zwei unterschiedliche Methoden sollen uns helfen, die für jede Frau individuell abgestimmte Absatzhöhe zu ermitteln.

High Heels: Segen und Albtraum zugleich

Wer liebt sie nicht? Ganz egal, ob Mann oder Frau, jeder ist begeistert von ihnen. High Heels lassen die Trägerin größer, den Gang graziöser und eleganter wirken (wenn man es denn geübt hat) und tragen zu einer besseren Körperhaltung bei. Ein aufrechter Gang macht die Frauenwelt attraktiver sowie selbstbewusster. Dummerweise beginnen diese positiven Eigenschaften erst ab einer Absatzhöhe von 7 cm aufwärts. High Heels sehen zwar sexy aus, das Gehen ist hingegen alles andere als sexy für die Trägerin. Schmerzende, angeschwollene Füße, die versuchen, sich krampfhaft auf den wackligen Stelzen möglichst gut zu halten.

Angeblich gibt es dafür eine Methode, die durch einfaches Ausmessen der Füße die optimale Absatzhöhe jeder Frau bestimmen soll. So ist eine Orthopädin der Überzeugung, dass jede Frau eine *persönliche High-Heel-Höhe* besitzt, die für sie am angenehmsten ist. Hierzu muss man nur eine gedachte Linie von der Fußspitze über den Ballen ziehen und den Abstand zur Ferse messen. Diese Differenz (zwischen Ferse und dieser Linie) soll demnach die optimale Höhe ergeben.

Das kann man leicht Zuhause nachmessen. Einfach barfuß auf den Boden setzen, den Fuß locker an eine Wand drücken bis der Fußballen die Wand berührt. Nun den Abstand zwischen Ferse und Wand messen und fertig ist eure individuell abgestimmte Absatzhöhe.

Die höchst wissenschaftliche High Heel-Formel

Es gibt aber noch eine weitere Möglichkeit, die *angenehmste* High-Heel-Höhe zu finden. Britische Physiker haben nämlich dafür eine eigene Formel entwickelt:

$$h = Q\ (12 + 3s/8)$$

Die Formel sieht zwar auf den ersten Blick etwas kompliziert und verwirrend aus, nach kurzer Erklärung macht sie aber deutlich mehr Sinn. Und das sage ich als Physik-Nichtversteherin.

- **h** ist die Höhe des Absatzes in cm
- **s** die Schuhgröße in britischen Maßen
- **Q** ist ein *sozioökonomischer* Faktor, der sich wiederum folgendermaßen bestimmen lässt:
  - **p** ist der *Aufreiß-Faktor* (0 Hausschuhe, unsexy und 1 maximal sexy),
  - **y** ist die Erfahrung im High Heels-Tragen in Jahren,
  - **L** der Preis der Schuhe in britischen Pfund.
  - **t** ist die Anzahl an Monaten, die vergangen sind, seitdem die Schuhe in Mode waren (je moderner, desto mehr Mühe gibt sich die Trägerin)
  - **A** ist die geplante Alkoholfestigkeit für ein sicheres Gehen in den Schuhen (nach wie vielen Drinks will Frau noch sicher stehen können?)

Ich bin mir nicht ganz sicher, was ich von dieser Formel halten soll, aber meine Neugier ist natürlich mal wieder geweckt und einen Versuch ist es auf jeden Fall wert. Mach doch einfach mal einen Selbstversuch, welches Ergebnis du als angenehmere Höhe empfindest. Gerne kannst du mir deine Meinung mitteilen, welche Variante dir besser gefällt. Ich werde es bei der nächsten Gelegenheit auch ausprobieren!

„Ich muss leider absagen."

„Warum? Ist was passiert?"

„Ja! Ich habe nichts zum Anziehen!"

Übrigens sind wir Deutschen im Europavergleich der Absatzhöhe (leider) nur im hinteren Drittel. England belegt mit durchschnittlich 8,4 cm den ersten Platz, gefolgt von Spanien mit 8,1 cm und Dänemark auf Platz drei mit 7,6 cm. Die deutschen Frauen tragen im Durchschnitt Absätze mit einer Höhe von 6,9 cm.

So, nun wisst Ihr, wie Frau ihre richtige und eigens für sie abgestimmte Absatzhöhe berechnen kann.

Foto: Phil Stev

Deutscher Wein, komm schenk dir ein!

Das spannende Image-Auf-und-Ab des deutschen Weins

„Der beste Wein ist der, den wir mit Freunden trinken."

Wir Deutschen dürfen auf unseren Wein stolz sein, auch wenn das Image des deutschen Weins eine interessante Reise gemacht hat. Die fünf größten Absatzmärkte für deutschen Exportwein sind USA, Großbritannien, Niederlande, Norwegen und Russland. Allein in die USA gingen 2011 rund 300.000 Hektoliter Wein mit einem Warenwert von über 100 Millionen Euro, was etwa ein Drittel der gesamten Exporterlöse aus dem Jahr ausmacht. Besonders beliebt sind deutsche Rieslinge, die inzwischen auch in großer Menge bei amerikanischen Gourmet-Restaurants auf der Weinkarte zu finden sind. Auch in China entstand in den letzten Jahren ein regelrechter Trend hin zu deutschen Weinen. 2011 stiegen die Exporte von deutschem Wein nach China um satte 15 % an, was die Volksrepublik zum achtgrößten Abnehmer deutscher Weine machte. Der Export von Weinen aus Deutschland befindet sich damit seit Jahren auf einem konstant hohen Niveau.

Nicht immer war dem deutschen Wein jedoch ein solcher Erfolg als Exportprodukt sicher. Lange Zeit galten deutsche Weine als billige Massenware. Schuld daran war die *Liebfrauenmilch* und der Glykolskandal der 1980er-Jahre. Der oftmals schlechte Ruf deutscher Weine als Supermarktweine von minderer Qualität basiert vor allem auf der *Liebfrauenmilch*. Dabei handelt es sich um einen süßen und billigen Weißwein, der sich in den 1970er und 1980er Jahren zu einem regelrechten Exportschlager entwickelte. Noch bis in die 1990er-Jahre machte die Liebfrauenmilch über die Hälfte der deutschen Weinexporte aus. So konnten zwar für die Erzeuger massive Gewinne erzielt werden, allerdings erlitt der deutsche Wein einen ebenso massiven Imageschaden, der teilweise noch heute anhält.

Zu einer Umorientierung weg von der billigen Massenware kam es erst 1985, zur Zeit des Glykolskandals. Der damalige Bundesgesundheitsminister Heiner Geißler warnte die deutschen Verbraucher davor, dass einige österreichische Weine mit dem Frostschutzmittel Glykol verseucht seien. Über Großabfüller in Deutschland, welche die kontaminierten österreichischen Weine mit deutschen Erzeugnissen mischten, gelang auch Deutschland in den Fokus des Skandals. Weine aus Deutschland wurden im Ausland praktisch unverkäuflich. Deutschland und Österreich reagierten prompt, indem sie neue, strenge Weingesetze erließen, um solchen Entwicklungen in Zukunft vorzubeugen. Doch der Imageschaden war enorm, die Verkaufszahlen blieben weiterhin auf niedrigem Niveau.

Doch wie so oft im Leben: Jeder Krise birgt das Potential für Neuerungen. Denn so sahen sich deutsche Winzer erstmals gezwungen, verstärkt auf Qualität zu setzen. Sie begannen, mit neuen Techniken, ausländischen Rebsorten und verfeinerten Anbaumethoden zu experimentieren. Mit der Zeit kam es so zu einer kompletten Umorientierung in Deutschland: weg von billigem Massenwein hin zu Qualitätsweinen. Der Anteil der Liebfrauenmilch am deutschen Weinexport ging kontinuierlich zurück und heutzutage spielt dieser einstige Kassenschlager kaum noch eine wirtschaftliche Rolle.

„Wein ist in Wasser aufgelöstes Sonnenlicht."

– Galileo Galilei

So gesehen war der Glykolskandal 1985 ein Segen für den deutschen Wein. Er setzte einen Prozess der Umorientierung in Gang, der noch bis heute anhält. An den konstant hohen Absatzzahlen deutscher Weine im Ausland zeigt sich deutlich, dass dieser Wandel auch von den ausländischen Käufern und Weinliebhabern bemerkt und honoriert wird.

Oh wundervolle deutsche Jahreszeitenküche

Bist du dir eigentlich unserer unglaublichen Vielfalt bewusst?

„Aus den Träumen des Frühlings wird im Herbst Marmelade gemacht."

– Peter Bamm, deutscher Arzt & Schriftsteller

Wenn ich darüber nachdenke, welche Länder für besondere kulinarische Raffinesse stehen, denke ich an die französische Sterneküche, das italienische Dolce Vita oder die belgische Patisserie. Denke ich an Deutschland als ein kulinarisches Land? Nein, zumindest nicht im direkten Vergleich mit der mediterranen Küche unserer Nachbarländer.

Dabei ist Deutschland ein ganz besonderes kulinarisches Land! Denn wir haben etwas, was in vielen Küchen weltweit fehlt. Gehst du geografisch eher in Richtung Osten, so kannst du von Russland bis ins tiefste Asien feststellen, dass die Köche vor Ort unsere Jahreszeitenküche hoch loben. Sie steht weit vor den anderen europäischen Küchen mit ihrer kulinarischen Vielfalt im Vordergrund, die sich je nach Jahreszeit und manchmal sogar nach Monat abwechselt. Und genau dafür steht Deutschland kulinarisch!

Na, hättest du es gewusst? Und bist du dir unserer Jahreszeitenküche überhaupt bewusst? Aber was heißt das? Nun, im Sommer dürfen wir uns auf Grillfeste freuen, auf Melonen und Pfirsiche. Im Winter sind die herzhaften Gewürze dran und Kürbisse, Pilze, Maronen. Die Schwere unserer typischen Wintergerichte, die sich Stück für Stück ein wenig lockert und gänzlich auflöst, ja sogar ins Gegenteil schlägt, wenn der Frühling mit seinem anmutigen Spargel, saftigen Erdbeeren und ebenso leichten Gerichten daherkommt. Die Sommerzeit mit Grillfesten, Kaltschalen und einheimischen Salaten, die ihre ganze Kompetenz mit feinen, frischen Kräutern entfalten. Und erst der Herbst! Wie lecker ist bitte die erste Kürbissuppe? Oder feines Maronenpüree und Pfifferlinge. Ich komme aus dem Schwärmen gar nicht mehr raus!

Ja, manchmal vergessen wir, dass viele Länder diese unsagbar genussreiche Vielseitigkeit unserer vier Jahreszeiten nicht haben. In vielen Ländern gibt es stattdessen landestypische Gerichte – aber diese gibt es de facto das ganze Jahr über.

Foto: Nadines Schmeckerei

Wie feiert eigentlich mein Nachbar?

Andere Länder, andere Fritten...

Ab jetzt! Wir warten nicht, bis Erlebnisse uns rufen! Wir sind dann schon längst unterwegs. Ein MEHR erleben an allem: mehr auf dem Weg, mehr am Ziel und ein mehr an Adrenalin und Herausforderung. Manchmal ist genug eben nicht genug.

Reisen. Kulinarik. Kulturen.

Drei Begriffe, die unseren Puls höherschlagen lassen und zusammen das Rezept für Erinnerung, Kraft und Lebensfreude für die Ewigkeit bedeuten. Darum lade ich dich ein: Komm' mit auf Reisen. Erfahre, wie fremde Kulturen ihre Partys ausrichten. Schmunzle über die Dynamik, die ferne Länder beim Feiern an den Tag legen und lass' dich inspirieren von zeitstabilen Traditionen der Völker dieser Welt.

Alkohol in Asien

Eine liebe Freundin, übrigens Vietnamesin, betreibt den meiner Meinung nach besten Sushi-Laden überhaupt. Als ich mal wieder in ihrem *CHI Sushi* saß und über die asiatische Kochkunst nachdachte – die im übrigen locker mit der Hälfte des Platzes auskommt (wie machen das Asiaten nur?) – stellte sich mir die Frage, ob es irgendein Gericht gibt, das typisch mit Wein, Brandy oder eben Sake zubereitet wird.

Kurz die liebe Thi Nogh Thu oder zu deutsch Marie gefragt, da die Suchmaschinen so gar nichts ausspuckten. Und tatsächlich: Asiaten kochen nicht mit Alkohol! Es gibt kein einziges Gericht, welches Alkohol beinhaltet. Spannend, oder? Nun war mein Interesse geweckt. Ich wollte mehr erfahren. Doch woher bekomme ich nun solche Informationen, wenn lediglich jeder Asiate nur weiß, dass Kochen mit Alkohol nicht üblich ist, aber nicht, warum. RECHERCHE! Oder besser Detektivarbeit, denn es wird tatsächlich chemisch! Und das obwohl ich nicht gerade die freundschaftlichste Beziehung zum Chemieunterricht hatte.

Was soll ich euch sagen? Sind wir hier einem Schubladendenken aufgesessen? Alles nur Vorurteile? Womöglich essen Asiaten nichtmal viel Reis? Nun, tatsächlich liegt sogar die Antwort auf die Frage: „Warum kochen Asiaten nicht mit Alkohol?" im, ja genau, REIS!

Etwa 50 Prozent der Asiaten fehlt ein bestimmtes Enzym, um Alkohol abbauen zu können, das ALDH-Enzym. Wissenschaftler sind sich sicher, dass Asiaten sich dieses Enzym evolutionär *abgewöhnt haben* und tatsächlich Alkohol nicht mal gerne mögen. Forscher der chinesischen Akademie der Wissenschaften konnten zeigen, dass die Genveränderung, die zur Alkoholintoleranz führt, erstmalig in der Anfangszeit des Reisanbaus in Asien auftrat. Damals vergören die Reisbauern ihren Reis mit Hilfe von Hefepilzen, um ihn haltbarer und nahrhafter zu machen. Bei diesem Konservierungsprozess entstand als Nebenprodukt Alkohol, den die Menschen mit dem Reis auch aufnahmen. Schon bald wurde Reis in Asien zum Hauptnahrungsmittel: große Bevölkerungsgruppen nahmen also – zusammen mit dem Reis – ständig und im Übermaß Alkohol zu sich. Zu viel Alkohol aber führt auf Dauer bekanntermaßen zu massiven Organschäden.

Unverträglichkeit von Alkohol als Schutz

Die chinesischen Forscher vermuten nun, dass sich damals eine Alkoholintoleranz als Schutz vor dieser Schädigung entwickelte. Grund: wer alkoholhaltigen Reis körperlich nicht verträgt, isst ihn nicht oder nur sehr selten. Er lebt dadurch gesünder und pflanzt sich auch eher fort. Über die Jahrhunderte hinweg scheint sich die Genvariante, die zur Unverträglichkeit von Alkohol führt, so in das Erbgut vieler Asiaten eingeschrieben zu haben.

Russisches Neujahr

Das alte neue Jahr? Russland feiert einfach direkt zweimal Silvester. Einmal zum 1. und zum 14. Januar. Ein alter Brauch, der aus dem julianischen Kalender hervorgeht. Weihnachten wird hingegen erst am 7. Januar gefeiert, ganz ohne Geschenke, die gibt es nämlich schon zu Neujahr, vom berühmten *Väterchen Frost*.

Und die Reden? Ja! Richte dich auf eine lange Zeit zu Tisch ein. Auf einen Toast! Oder 20, üblich ist, dass während einer russischen Feierlichkeit und im Besonderen während des Essens immer wieder aufgestanden und ein Toast ausgesprochen wird. Das macht an der langen Tafel dann auch wirklich jeder!

Fiesta Mexicana

Bunt, bunter Mexico! In Mexico ist es bunt. Einheitliche Teller, passende Tassen? Das wirst du nicht finden. Die Lebensfreude schwappt hier buchstäblich von Teller zu Teller und wird durch die großen Feuertonnen mit darin schmorenden Süßkartoffeln ergänzt. Oft wird in Mexiko Streetfood gereicht, zubereitet in großen Pfannen und Töpfen zum Essen auf die Hand. Die Piñata (eine mit Süßigkeiten gefüllte Pappfigur, die mit Stöcken zerschlagen wird) darf bei vielen Anlässen nicht fehlen und ist nicht nur Bestandteil des Kindergeburtstags.

Und dann ist natürlich noch das Totenfest zu nennen, das völlig aus dem Rahmen des uns Vorstellbaren fällt! Am Tag der Toten, spanisch *Día de Muertos* (auch *Día de los Muertos*), einem der wichtigsten mexikanischen Feiertage, wird traditionell der Verstorbenen gedacht. Die Vorbereitungszeit für die Feierlichkeiten beginnt Mitte Oktober.

Gefeiert wird vom Vorabend von Allerheiligen bis zum Gedächtnistag Allerseelen am 2. November. Dabei wird der Tag der Toten je nach Region auf verschiedene Weise gefeiert.

Dia de Los Muertos in Mexico
Foto: Loes Kieboom / iStock

Das Brauchtum zum Tag der Toten wurde 2003 von der UNESCO zum Meisterwerk des mündlichen und immateriellen Erbes der Menschheit ernannt und 2008 in die repräsentative Liste des immateriellen Kulturerbes der Menschheit übernommen. Die Feierlichkeiten in ihrer traditionellen Form gelten als bedroht, da sie nach und nach von dem eher kommerziell ausgerichteten Halloween-Brauch aus Nordamerika überlagert werden.

Der Tod als Teil des Lebens

Nach altmexikanischem Glauben kommen die Toten aus dem Jenseits einmal im Jahr zum Ende der Erntezeit zu Besuch und feiern gemeinsam mit den Lebenden ein fröhliches Wiedersehen mit Musik, Tanz und gutem Essen. In vorspanischer Zeit gewährten die Azteken sogar ihren Feinden einen Ort, an den die Geister zurückkehren konnten. Auf einem Tzompantli wurden die Schädel als Gefäß für die Geister ordentlich aufgereiht. Durch spanische Missionare, die vergeblich versuchten, das Fest abzuschaffen, wurden die Feiern mit dem Hochfest Allerheiligen und dem Gedächtnis Allerseelen zusammengelegt. Parallelen zwischen der christlichen Vorstellung vom Tod und dem indigenen Glauben ermöglichten diesen Synkretismus. Schon die Azteken sahen den Tod nicht als Ende, sondern als Anfang neuen Lebens – eine Übergangsphase zu einer anderen Daseinsform. In Vermischung mit dem christlichen Glauben entstand ein einzigartiges kulturelles Fest, das die Bräuche des vorspanischen Mexiko teilweise weiterleben lässt.

Die Straßen werden mit Blumen geschmückt. Symbole des Todes und der Vergänglichkeit, Skelette und Schädel in den unterschiedlichsten Ausführungen, stehen in den Schaufenstern, überall sieht man Abbildungen der *Calavera Catrina*. Konditoreien produzieren kurz vor Allerheiligen die Calaveras de Azúcar, Totenschädel aus Zucker, Schokolade, Amaranto, Marzipan, die die Namen der Toten auf der Stirnseite tragen.

El Pan de Muerto ist ein weiteres beliebtes Naschwerk in diesen Tagen: Das *Brot der Toten*, ist ein süßes Brot, das oft Anissamen enthält und mit Knochen und Schädeln aus Teig verziert ist. Die Knochen können in einem Kreis angeordnet sein, der den Kreislauf des Lebens repräsentiert. Kleine Teigtropfen symbolisieren Trauer.

Die *Ofrendas*, traditionelle Totenaltäre oder Gabentische in den Wohnungen, zum Teil auch auf öffentlichen Plätzen, sind das Zentrum der Feierlichkeiten. Sie sind mit reichlich Speisen und Getränken, Blumen und persönlichen Erinnerungsgegenständen gedeckt. Die Toten sollen sich nach ihrer langen Reise aus dem Totenreich stärken und einige der Gaben wieder mitnehmen. Fotos der Verstorbenen, Kerzen und Weihrauch sollen an gemeinsame Zeiten erinnern.

Auf den Straßen herrscht buntes Treiben. Wohnungen und Friedhöfe werden prachtvoll mit Blumen, Kerzen und bunten Todessymbolen aller Art dekoriert. An den Eingangspforten der Häuser werden Laternen aufgehängt. Die leuchtend orangefarbene *Cempasúchil*, oder auch *Flor de Muertos* (Blume der Toten) aufrechte Studentenblume eine Tagetesart (Tagetes erecta), wird zusammen mit Ringelblumen und gelben Chrysanthemen als Empfangsteppich und Wegweiser für die Verstorbenen vom Haus bis zum Friedhof ausgelegt, damit diese sicher zum Familienfest finden. Man glaubt, dass Verstorbene die Farben Orange und Gelb am besten erkennen können.

In der Nacht zum Fest Allerheiligen wird die Ankunft der gestorbenen Kinder erwartet, der *Angelitos*, der kleinen Engel. Nachdem in der Nacht auf den 2. November die Seelen der verstorbenen Erwachsenen ebenfalls im Haus empfangen wurden, findet anschließend der Abschied von den Verstorbenen auf den Friedhöfen statt. Dort werden mitgebrachte Speisen gegessen, es wird getrunken, musiziert und getanzt. Um Mitternacht ist für die Verstorbenen die Zeit gekommen, wieder ins Jenseits zurückzukehren. Das Fest ist zu Ende, bis die Toten im nächsten Jahr zurückkehren. (Quelle: Wikipedia)

Dankbarkeit

Demut, Liebe, Dankbarkeit

„Es gibt eine Art, Gastfreundschaft zu zeigen, die dem Wenigen, was man darreicht, einen höheren Wert gibt als große Schmausereien."

– Adolph Freiherr von Knigge, deutscher Schriftsteller

Eines meiner sicher größten Abenteuer und Geschenke war meine Zeit in Nepal im Herbst 2019. In Nepal habe ich gekocht. Und in Nepal habe ich einmal mehr unseren Reichtum in Deutschland zu schätzen gelernt. Wie kam ich nach Nepal? Wie so oft in meinem bunten Leben, in dem ich die Türen für jedes neue Abenteuer und jede Herausforderung ganz weit offenhalte: Es war ein Zufall. Es hatte sich so ergeben. Und da ich allen spannenden Gelegenheiten in meinem Leben den roten Teppich ausrolle und sie willkommen heiße, war ich auf einmal Köchin in Nepal.

Nepal, ein Land, das einen immensen Reichtum an Schönheit seiner Natur hat, das den Anapurna in rosa Licht taucht, wenn die Sonne aufgeht, das Friedlichkeit, Liebe und Respekt lebt. Ein Land, das nach jeder Kurve, die du nimmst, eine Überraschung bereithält und ein völlig anders sein kann, als es noch eine Straße vorher war.

Kommst du zu heiligen Plätzen, die dir einen prächtigen Stupa (buddhistisches Bauwerk, das Buddha selbst und seine Lehre, den Dharma, symbolisiert) offenbart, auf dem dir zu Glockenklingen singende Mönche begegnen und Mantra geschwängerte Luft dich aufatmen lässt, so bist du dir unsicher, ob du gerade in der Zeit zurück oder nach vorn gereist bist. Eigentlich bist du dir unsicher, ob du noch in Nepal bist. Saubere, geschmückte Plätze, mitten im sonst lauten, smoggigen, dreckigen Nepal werden durch ein Gate betreten und lassen dich vor Ehrfurcht erstarren.

Nepal, ein Land, das jedes Jahr, um sich zukunftsweisend, cosmopolitisch und *bereisbar* zu zeigen, das *Jazzmandu** in Kathmandu ausrichtet. Das größte Jazzfestival Nepals (und auch des gesamten Himalaya-Gebietes), das täglich an anderen Plätzen und Orten stattfindet, mal verbunden mit dem bunten Treiben eines Marktes, auf dem dich der starke Geruch nach Marihuana gleich mit *high* werden lässt, mal in dem nobelsten Hotel am Platz, wo du mit einem Aufgebot an Leinwänden, Big Bands und High-Class-Animationsprogramm wie Feuerspucker, Fotosets und der Highsociety der verschiedenen

* www.jazzmandu.org

Foto: Nadine Dorau

Gebetsmühlen
Foto: Nadine Dorau

Länder empfangen wirst, und mal eingebunden in das hektische Straßenleben der Nepalesen. Je nach Ort und Ausrichtungsstätte findet auch das entsprechende Rahmenprogramm statt. Immer verbunden mit sehr abwechslungsreichen Jazzmusikern aus der ganzen Welt, auch aus Deutschland, und immer natürlich mit der passenden Kulinarik.

Und so durfte ich in Nepal an ganz unterschiedlichen Locations kochen und zum Beispiel die Machart von *Momos* lernen. Einmal mehr lernen, was es bedeutet, jeden Tag improvisieren zu müssen. Untergebracht war ich in ganz einfachen Gästezimmern, ohne Luxus, ohne Komfort. Die Auswirkungen der verheerenden Erdbeben im Jahr 2015 sind immer noch zu sehen und zu spüren.

Als ich nach Deutschland zurückkam, haben einige feine Gewürze einen Weg in meine Gerichte gefunden. Ich wusste, egal, was hier auch passieren sollte, ich kann hier alles überleben und überstehen. Ich war unendlich dankbar, wie gut es uns hier geht und in welchem Luxus wir leben dürfen. Ich durfte lernen, wie gesegnet wir in Deutschland mit unserer Normalität sind. Wir gehen in den Supermarkt und es ist alles da. In Nepal weißt du nie, ob es morgen in deiner Küche z. B. Mehl und Zucker gibt. Die einfachsten Dinge müssen jeden Tag organisiert werden. Es war ein echtes Survivaltrainung, dort zu kochen und zu arbeiten. Es war ein Training, das alles Bekannte auf den Kopf stellte und Kreativität und Improvisationstalent forderte. Täglicher Strom? Fehlanzeige. Fließend Wasser? Manchmal. Gute Laune und Spaß am Tun? Immer!

Es forderte aber auch vor Ort Demut und Respekt. Ich habe z. B. mit Mönchen zusammen in einem Kinderheim gekocht. Die Kinderheime in Nepal werden von Mönchen betrieben. Während es in Deutschland unvorstellbar ist, sein Kind in ein Kinderheim zu geben und wir Kindern, die dort aufwachsen, den Stempel aufdrücken, dass nie etwas aus ihnen wird, ist es in Nepal das Gegenteil. Dort kann man froh sein, wenn ein Kind in ein Heim aufgenommen wird und Mönche sich um die Kinder kümmern. Denn dies gewährleistet vernünftige Schulbildung, eine bilinguale Ausbildung, Aufstiegsmöglichkeiten, aber eben auch eine akzeptable Unterkunft und jeden Tag Essen. Es war mir eine Herzensangelegenheit, für einige Tage meinen Beitrag im Kinderheim als Köchin leisten zu dürfen.

Wann immer ich gefragt wurde, woher ich denn komme, bekam ich für Deutschland so viele Komplimente. Ich war erstaunt, wie viel die Nepalesen über die deutsche Küche wussten. Auch hier wurde wieder von unserer vielfältigen und abwechslungsreichen Jahreszeitenküche geschwärmt. In Nepal gibt es das ganze Jahr über das Gleiche: Dhalbat. Das ist das Nationalgericht, welches ein scharfes Curry ist und mit Reis und Pidebrot gereicht wird.

Unabhängig von all den vielen Eindrücken und Erlebnissen, die ich

Diwali-Fest in Nepal
Foto: Nadine Dorau

Gebetsfahnen
Foto: Nadine Dorau

während meiner Zeit in Nepal sammeln durfte, wurde mir einmal mehr eins bewusst: Du kannst überall eine große Party schmeißen. Du kannst in Kathmandu ein Jazzfestival veranstalten. Das Lichterfest, welches ich auch erleben dufte und das Tiharfest, bei dem ich fester Bestandteil war. Alles sehr traditionell, bodenständig und geprägt von der Lust am Feiern und der Gemeinsamkeit. Du kannst improvisieren. Es geht dabei nicht um die perfekte Dekoration. Es geht um das Zusammensein der Menschen. Es geht darum, dass sie außergewöhnliche Momente miteinander teilen. Es geht um Verbundenheit. Es geht um Freude, um Liebe, um Hingabe, um Spaß. Genau das ist Feiern. Um das Leben zu feiern, brauchen wir keine Perfektion bis ins kleinste Detail. Um die schönen Seiten unseres wundervollen, bunten Lebens zu feiern, brauchen wir Herz. Und das ist die wichtigste Eigenschaft, die du als perfekter Gastgeber brauchst.

Ich hoffe, du hast nun ganz viele Ideen und Inspirationen für dich bekommen, um bei deinem nächsten Event als perfekter Gastgeber deinen Gästen und dir selbst unvergessliche Momente zu schenken. Danke, dass du mit mir auf diese Reise gegangen bist!

Alles Liebe für dich und viel Spaß beim Feiern wünscht dir

Deine Nadine

Foto: Nadine Dorau

Namensregister

T

V

W